出版资助：中央高校基本科研业务费专项资金资助项目（编号：0130-ZK1063）

MODERNIZATION OF THE LEGAL SYSTEM OF INTERNATIONAL FINANCIAL REGULATION

国际金融监管法制现代化研究

| 李国安 主编 |

法律出版社 LAW PRESS · CHINA

目录

序　言

本书的写作和完成，主要基于对2008年全球性金融危机爆发、传导、蔓延和救助、治理的全过程观测和考察。本次金融危机的爆发和蔓延，当属一场世纪性的全球金融大灾难，但若从危机后国际社会对全球金融监管体系的重新思考及对国际金融监管法制的重新构造高度重视的视角考量，则也可说是一个对国际金融监管法制进行全面梳理和改革的重要契机。如果没有这次金融危机的冲击，也许全球金融机构及其他金融市场参与主体还沉醉于收益可无限放大的美梦中，而金融监管当局也仍在全球金融快速发展的闪耀光环下忘形自得。正是这次危机，撞醒了人们对全球金融市场的无限贪婪，碾碎了笼罩在全球金融城阈的耀眼幻境。

金融危机所及，如飓风席卷，在全球留下了惨淡的一幕，也唤起了世人对金融监管法制的重新思考。在金融全球化、自由化的背景下，各国金融市场再也不是相互孤立、彼此隔离的区割式市场，而是一个彼此紧密勾连、相互牵动、相互缠绕的全球大市场。对于这个全球化的国际金融大市场,单靠一个国家的力量显然难以实现对其全面、有效的监管。各个国家各自为政的金融监管也许能够造就一方金融的暂时安宁,但在金融自由化驱动下层出不穷的金融创新,往往隐藏着无法预知的巨大风险和潜在危机,而风险和危机的全球传导,最终必然导致暂时的一方安宁也不复存在,摧毁表面上和暂时性的金融稳定。

2008 年金融危机的爆发,最具讽刺意味的正是其发端于号称全球金融监管法制最完备的美国。这就给各国监管当局敲响振聋发聩的一记警钟——当全球化的金融大市场的任何一个环节受到冲击并迅速向全球传导时,无论一国的金融法制多么完备,单靠该国的力量都是难以阻挡和挽回的。因此,在本次金融危机之后,由主要发达国家和新兴市场经济国家组成的“20 国集团”首先发起了改造金融稳定论坛和成立金融稳定理事会的行动,将金融监管国际合作摆在了无可替代的重要位置。

金融自由化和金融全球化的另一重要警示即是,对单一金融机构、单一金融产品和单一金融市场所实施的金融监管都可能使貌似无懈可击但相互割裂的金融监管措施显得徒劳无功。虽然任何金融监管都是从微观审慎监管开始的,只有各个金融机构依照安全经营指标稳健经营,才可能使整个金融系统得以稳定。然而单靠对各个金融机构的监管,并不能当然地实现整个金融系统的安全和稳定。其典型的一例就是对银行机构的监管,巴塞尔委员会 2004 年公布的、由“最低资本充足率、监督检查和市场约束”三大支柱构成的《巴塞尔资本协议Ⅱ》,在对单一银行机构监管方面可以说已达到相当完备的程度(在当时语境下),在危机爆发前,绝大多数银行也均达到《巴塞尔资本协议Ⅱ》设定的监管指标,但在 2007 年《巴塞尔资本协议Ⅱ》开始实施之际,却招来百年一遇的从银行市场向资本市场再向实体经济递进传导的全球性金融风暴。其中所包含的讽刺意味不言自明,集“十国集团”等西方发达国家中央银行行长和银监会主席智慧之大全的《巴塞尔资本协议Ⅱ》居然如此不堪一击！于是,全球金融监管当局开始深层次地探索综合性、系统性的监管思路。即在微观审慎监管的同时,似乎不应忽视宏观审慎监管,甚至应该把宏观审慎监管摆在比微观审慎监管更重要的位置。只有综合运用跨机构、跨产品、跨市场的金融监管模式,把金融监管措施的实施与经济周期联系起来,才可能对金融市场的风险传导和风险累积等系统性风险因素作出准确的识别并施以综合化的有效监管,忽视系统性风险监管考量的任何监管模式选择都是十分危险的。

综观历次金融危机发生的根源,都与经济发展周期存在必然的联系,但每次金融危机又都有其自身根本性的原因。本次全球性金融危机的爆发与蔓延,尽管存在多方面的原因交错,从不同的视角加以考察,更可查找出许多不同的原因,但不可否认的是,金融衍生品的滥用是本次金融危机影响范围最为广泛而深远和破坏力空前巨大的根本性原因。而在金融全球化的推动下,更使这场危机的破坏性和影响程度均发挥到了极致,以致在危机爆发已过去 8 年的今日,还有许多国家仍在危机的阴影下苦苦挣扎。资产证券化,这一被誉为 20 世纪 70 年代最伟大的金融发明的金融衍生产品,当其被毫无管束地无限滥用之后,其显现出来的并不像其创造者在创设该金融工具之初所期待的那样为人类带来令人振奋的福祉,而是成了把全球经济引入无限深渊的魔杖。由此可见,资产证券化本身并不存在所谓的基督原罪,而是被贪婪的金融机构毫无节制地滥用之后,才使其变成本次金融危机的罪魁祸首。从 MBS 到 CDO 和 CDS,甚至再进一步多重衍生的演进过程,将金融衍生工具的滥用发挥到了淋漓尽致的程度。

危机之后,各国监管当局和相关国际金融组织无不对金融衍生产品风险的防患进行深思和反省,并密集出台各种旨在防范金融衍生风险再次肆虐的监管措施。这些监管措施,有的直接针对金融衍生产品本身(如资产证券化产品),有的针对整个金融衍生市场(如场外衍生品市场),有的针对参与金融衍生品创设和交易的金融机构(如投资银行、对冲基金),有的则针对与金融衍生品交易有关的中介机构(如信用评级机构)。总之,金融衍生品及其交易市场存在的风险已经成为各国金融监管当局和国际金融组织共同关注的焦点之一,并已形成反思性的共识:忽视对金融衍生品市场的监管,即是对现代金融风险的肆意放纵。

历数本次金融危机的危害,其造成的众多金融机构的破产、对金融市场的摧残和对实体经济的破坏等,对各国金融监管当局来说一定都是不堪回首的一幕幕惨状。然而,对经历过本次危机的世人来说,更受关注和备受千夫所指的应是危机对广大金融消费者所造成的严酷伤害。对金融消费者而言,其所受到的伤害是多层面的。除了物质上的损失,如资产的缩水、货币的贬值,更重要的是心理上的创伤,主要表现为其对金融市场的信心已被完全摧毁,对许多金融消费者而言,金融市场已成了处处是陷阱、人人怀欺诈的龌龊场所,且对金融交易谈虎色变。因此,在危机之后,修复金融消费者心灵上的创伤,重新树立金融消费者对金融市场的信心,比起赔偿其在一桩交易中所遭受的损失更显重要,也更加困难。如何从源头治理金融市场环境,使金融消费者真正感受到其所处的金融消费场所是稳健和安全的,其所从事的交易是公平和不受欺诈的,应是危机后各国金融监管当局和国际金融监管组织着重考虑的首要问题。

总之,金融风险的传导和金融危机的爆发,并不会因为其为发展中国家或发达国家而有所不同。2015 年 6 月,当人们正逐渐从 2008 年全球性金融危机的恶梦中走出来,国际社会普遍认为金融危机已悄然离去的背景下,中国资本市场突然迎来一场令人错愕的证券市场危机,并引起全球证券市场的激烈震荡。本次股市暴跌虽然是由于外国资本有意搅乱中国资本市场和我国自身不规范的大规模场外配资引起的，但也从侧面暴露出我国金融监管当局对资本市场的监管存在缺失和金融监管法制存在漏洞。

2016 年 6 月 24 日因英国“脱欧”引起的全球金融混乱更使各国金融监管当局措手不及。一个全球化的金融市场，仅因英国“脱欧”这一偶然事件就陷入极度恐慌，几乎酿成全球证券市场、期货市场和外汇市场的全面崩溃，国际金融监管法制在此类突如其来的事件面前几乎形同虚设。

综上，国际金融监管法制的现代化，从本质上说应是构造符合现代国际金融市场需要的法制环境。而现代化的国际金融监管法制环境的构建，必然离不开对单个金融机构的微观监管、对金融市场的综合监管、对系统性风险的宏观监管、对全球化的跨国金融活动的国际合作监管，而在构建这一现代化的国际金融监管法制环境过程中，无不围绕金融消费者保护这一终极目标。因此，杜绝监管漏洞、消除市场陷阱、防范交易欺诈、防范金融危机及其传导与蔓延，最终实现维护金融市场稳定和保护金融消费者利益，都是国际金融监管法制现代化的应有之义。

CHAPTER 01 >>

第一章

国际金融监管法制的困境及其现代化反思

第一节　国际金融监管法制现代化的内涵和特点

一、国际金融监管法制现代化的内涵

国际金融监管法制现代化是一个综合性的概念，具有丰富的内涵。一般来说，法制现代化是法制从传统型向现代型的历史变革。[①] 现代化的路径涉及法律演进与法律发展。法律的演进，意指“法律制度在整体上从落后状态向先进状态的不间断但是长期而缓慢的发展或者进步的过程”，[②]法律发展则“关注法律制度在当下或者现在所发生的以及面向未来所可能发生的动态进步过程”。[③] 国际金融监管法制现代化

① 张文显主编：《法理学》，高等教育出版社、北京大学出版社1999年版，第169页。

② 同上注，第205页。

③ 同上注。

具有一般法律演进与发展的特点,同时又具有自身的某些特点:一般意义上的法制现代化,通常是在特定的社会条件下的现代化,具有较强的历史延续性和对传统的依赖性,即便是在金融法领域,特定国家金融法的变革也是如此。[①] 而国际金融监管法制的社会条件与国别意义中的监管法制不同,在监管法制关系中的主体、内容方面均有差异。总体而言,国际金融体系中的监管主体更加多元化,监管客体更为复杂,并且,国际金融监管法制是一个渊源复杂的体系,各国的经济制度、法律传统迥异,很难有一个确定的变革环境,其演变受到国际政治经济秩序决定性的影响。因此,国际金融监管法制的现代化在总体上具有非均衡性的特点。

国际金融监管法制现代化是国际监管法律制度在监管理念、监管规则和监管制度上的不断发展以适应变化中的国际金融市场的过程。[②] 在总体上,它是国际经济治理结构的一部分,良好的国际经济秩序是国际金融监管法制现代化得以顺利推进的前提条件,反之,国际金融监管法制的现代化有助于国际经济秩序的整体性改善。国际金融监管法制现代化在改善国际经济治理结构的同时,其所带来的整体福利效果会惠及包括发展中国家在内的国际社会;另外,国际金融监管法制现代化又具有相对性,这个过程对不同的国家意义是不一样的——对发达国家,金融监管体制的现代化与全球化基本上是同步的,它是一个将发达国家监管理念与监管法制推向世界的过程。由于发达国家通常具有发达的金融市场,以及与此相适应的监管法制,在推行其监管理念、输出

① 比如,美国金融法专家威廉·罗维特就认为,美国的货币金融制度的发展是其社会历史积淀与继承的结果,虽然政府在发生经济危机时往往会采取一些措施,对原有的金融政策进行修正或改变,但其金融制度通常呈现出极大的连续性,金融制度安排常会生发出抑制改革的传统因素,法律会偏向于渐进式的改良。See William A. Lovett, *Banking and Financial Institutions Law*, West Group, 2001, p. 28.

② 现代化与全球化都是容易引发争议的概念,本书取其发展之义与过程之义。

监管制度的同时，发达国家可以借以实现其在金融领域中固有的比较优势，甚至可能对发展中国家的金融市场和金融服务业形成某种程度的侵蚀从而损害其经济主权。对于发展中国家而言，在经济全球化的背景下，发挥经济转型与制度转型中的“后发优势”，释放改革中的制度红利，不失为一种较好的、既能保持自身独立性又能融入国际经济大格局的理性选择。但对发展中国家而言，金融监管法制的现代化不仅仅是对外来制度的简单模仿，而应该是充分汲取金融监管法制中的合理成分，经过本土化的改造和吸收，使之成为适合本国经济发展的模式。

国际金融监管法制现代化是一个持续的过程，监管法制的现代化作为制度变迁的一种情形，其过程并非一蹴而就，而是一个渐变的过程。决定这个渐变过程的原因是：其一，有关金融市场的知识与观念是逐步积累的，立法者对金融风险的性质、产生原因及其与监管制度的关系有一个逐步深化的过程，尤其是在“政府—市场”的二元关系的理解上，包括金融法学界在内的各界都进行了长期的探索，迄今仍存有重大分歧。以何种政策对待“政府—市场”关系，对金融监管法制的演进具有重大的影响。在金融监管法制变迁的历史上，从规制到放松规制再到重新规制的制度变化路径，均体现了监管思想的变化。[①] 其二，金融监管制度也是逐步形成的，监管工具的创设、监管制度的建构都随着市场的发展而逐步丰富。监管制度中的一些核心标准，经过反复的实践检验，不断深化，才得以推行，比如巴塞尔资本协议中的资本标准，历经了 1988 年《巴塞尔资本协议Ⅰ》、2004 年《巴塞尔资本协议Ⅱ》，再发展到 2010 年《巴塞尔资本协议Ⅲ》；在适用范围上，巴塞尔资本协议原来主要针对商业银行，随着混业金融的发展和金融创新的出现，资本协议

---

① ［美］艾伦·加特：《管制、放松与重新管制》，陈雨露等译，经济科学出版社 1999 年版，第 31 ~ 39 页。

所隐含的金融风险观,也影响到对其他金融机构的评价。金融机构在负债管理方面的标准,如流动性、杠杆率和拨备要求等也经历了这样的一个过程。

国际金融监管法制现代化具有多种维度——对发达国家而言,金融市场已经是较为成熟的开放市场,一般并不担心外来市场的冲击,其监管法制现代化与全球化处于同步状态;而对于发展中国家而言,除了要考虑国内市场外,还要顾及国际市场的影响,换言之,对发展中国家而言,影响监管体制的因素包括内生性和外生性的双重因素,存在复杂的平衡问题,其中,金融开放与金融深化两个主题极大地影响到发展中国家监管法制的建立。与此相适应的现实状况是:国际金融监管法制现代化的推动力量主要来源于金融发达的西方国家,而非金融市场不发达的发展中国家。按照常理,越是金融不发达的国家,越有变革的需要,否则无以融入当代国际经济秩序。从内生性需求来看,发展中国家应该采取合理吸收先进国家经验、逐步将国际标准本土化的立法路径。

二、国际金融监管法制现代化的特点

国际金融监管法制现代化是一种结合了渐变与突变两种方式的制度变革过程,其中,监管理念与制度演变的互动关系是这个过程的核心关系。从国际关系的角度来看,国际金融监管法制现代化的进程亦可看作一种新的国际经济秩序形成中的一部分,这种秩序的特点与传统国际关系有共同的地方,比如其形成过程受到国际权力政治、大国利益的重大影响。国家间的利益竞争,尤其是根源于货币秩序的金融利益分配失序,是历次国际金融危机爆发最重要的原因之一。[①] 基于金融利益的国际竞争,竞争性货币贬值、扭曲的汇率管制等措施恶化了国家间

① 朱雄兵:《三百年沉浮——国际货币秩序的变迁》,经济管理出版社 2011 年版。

的金融关系，对金融监管有很大的负面作用，是国际监管统一化中的“离心力”，影响了国际金融监管法制现代化的步调。另外，国际金融监管法制现代化进程相比于一般国际关系有其独有的特点：金融监管面对的是一个持续金融创新的市场，在这个市场中，金融工具花样不断翻新，金融机构的区分不断模糊化，金融交易不断隐形化甚至无形化。在互联网环境下，金融市场更呈现出跨国界、无疆域性的发展态势，这样的市场具有很大的不确定性，隐藏着巨量的风险之源。互联网环境下的金融创新给监管带来的挑战之一是监管者对市场、不确定性与风险的认识不足，监管理念不能跟上快速发展的市场变化；挑战之二是制度准备不足，容易出现监管主体缺位、监管措施不充分的窘境。因此，如果将国际金融监管法制现代化理解为国际经济治理结构完善过程中的一部分的话，监管理念的现代化与监管制度的现代化是这个过程中不可分割的两个方面。①

（一）监管理念的现代化

监管法制变迁的一项重要内容是监管理念的现代化。对国际金融监管法制而言，观念变革与经济、金融、法律科学的理论密切相关，同时，每次重大的金融危机都会促使人们对金融监管理论进行反思和修正。20 世纪 30 年代肇始于华尔街的股市危机，直接导致了金融业分业经营、分业监管理念的出现；而晚近出现的美国次贷危机和欧债危机，则使监管理念出现新的变化，监管的重心集中在对金融机构的资产质

---

① 就一般国际经济秩序而言，重视理念或观念对秩序塑造作用的是 20 世纪 90 年代出现的建构主义（constructivism），See J. G. Ruggie, International Regimes, Transactions, and Change: Embedded Liberalism and the Postwar Economic Order, *International Organization*, Vol. 36 (2), 1982, p. 379; See also, Andrew T. F. Lang, Reconstructing Embedded Liberalism: John Gerard Ruggie and Constructivist Approaches to the Study of the International Trade Regime, *Journal of International Economical Law*, Vol. 9, 2006, pp. 81 – 108。

量、衍生产品以及信用评级机构等方面。

大致可以这样描述金融监管理念的变化：早期的监管重心偏向于宏观的市场层面，比如20世纪30年代，以美国为代表的金融监管立法，着力于将商业银行与资本市场进行分离，建立彼此之间的金融防火墙，从而将金融市场分而治之，其实质还是体现了宏观经济政策对监管理念的影响，这个时期的监管立法与凯恩斯主义有着内在的一致性。20世纪六七十年代，由于美国等发达金融市场出现了明显的金融脱媒（Disintermediation）现象，金融机构为应对市场竞争的需要，创设了大量的新型金融工具，金融市场出现了空前旺盛的金融创新现象，但它在给市场带来活力的同时，也孕育了潜在的金融风险。与此相适应，金融监管立法的重心集中在对金融机构资产质量、对衍生金融工具的监管上，金融监管理念更加专业化了。

当代国际金融监管法制理念的现代化进程，则进一步呈现出以下特点：

1. 监管理念的变化来源于对市场认识的深化

金融监管关系中的一个核心问题是监管者与监管对象之间的关系，这是经济学中政府与市场关系在监管领域中的具体化。

现代金融市场的特点在于，迄今为止，纯粹意义上的世界市场还未形成。金融市场赖以存在的资本交易与金融产品流动存在巨大的结构性不平衡——研究发现，"资本自由流动并没有造成投资和就业从先进国家向发展中国家的大规模转移。相反，外国直接投资主要集中在先进的工业经济体，第三世界在投资和贸易两方面仍处于边缘地位，只有极少数新兴工业化国家除外"。[①] "世界经济远不是全球经济。相反，贸

---

① [英]保罗·赫斯特、格雷厄姆·汤普森：《质疑全球化——国际经济与治理的可能性》，张文成等译，社会科学文献出版社2002年版，第3页。

易、投资、金融流动集中在欧洲、日本和北美三大集团(the Triad),并且这一优势地位看来还要继续保持下去。”①

从金融市场的区域性质来看,存在国别市场与国际市场之别。除了少数金融发达国家,大多数国家的国内金融市场与国际金融市场仍存在区分。同时,由于各国政治经济制度不同,其金融体制也存在很大的区别,比如在政府与市场的关系方面,亚洲的诸多国家与西方国家均有很大的不同。② 历史经验表明,离开了一国的经济社会具体国情抽象地谈论金融监管法制现代化是没有实际意义的,且有害于一国金融体系的发展,尤其是对发展中国家和转型国家的金融体系。

国际金融市场的区域性特征影响到国际金融监管法制的统一性——在当代的国际经济治理结构中,由于主权的区隔,尚存在国内经济体系与世界市场的重大区别,金融市场尤其如此,国际金融监管法制因此并非一个统一的体系,在法域方面(包括空间、时间效力以及管辖对象等方面)存在非连续特征。概而言之,金融监管中最核心的关系——“政府—市场”的二元关系,在国际背景下具有极大的非均衡性。尽管国际市场在逐步扩大,扩大的市场因素有利于监管法制的统一化。

然而,金融监管法制的核心对象——金融服务业,尚处于全球化与国际化的发展进程当中,传统的金融服务业以银行业为主,已经带有本土化与区域化的特点,而以资本市场为依托的投资银行业或者证券行业,涉及资本项目的开放,事关国家的深层次金融安全,发展中国家于

---

① [英]保罗·赫斯特、格雷厄姆·汤普森:《质疑全球化——国际经济与治理的可能性》,张文成等译,社会科学文献出版社 2002 年版,第 3 页。

② 亚洲国家的金融体制特点,被吴志攀教授形象地称为“官金融”(韩国)、“军金融”(泰国)、“家金融”(马来西亚),这些“非经济”性的、非市场性的金融体制均对金融监管法制转型有重要的影响。参见吴志攀:《金融全球化与中国金融法》,广州出版社 2000 年版,第 13 页。

此更为谨慎。① 发展中国家金融开放的次序性使金融全球化和国际化的进程更显出不平衡的特点。金融市场的区域性特点决定了国内法在金融关系的调整中居于主导地位,②金融监管法制作为金融体系中的核心部分,也具有这个特点。

2. 监管理念的转变体现在对风险性质的认识上

“从历史发展过程来讲,金融活动的最初阶段,并不需要、实际上也没有专门的金融监管。”③这是因为在此阶段,金融风险尚没有成为影响经济社会稳定的因素。而现代金融市场中的金融风险具有以下特点:(1)数额巨大;(2)技术性强;(3)操作周期短;(4)潜在特性;(5)突发性和加速性;(6)扩散性和传染性。④ 金融风险的这种特点与现代经济发展的路径密切相关。经济史研究表明:金融本身固有的“数字化”编码的特性使经济体内一切要素获得可互相对比与自由交换的尺度,在此基础上,现代意义的生产组织方式和社会分工演化才得以展开,现代经济体制秩序才得以获得扩展的可能。一旦金融在经济中占据“操纵”地位,则一般意义上的风险便都转化为金融风险。⑤ 金融风险的性质具有历史演进的特点,从社会结构来讲,它是社会现代性的产物。从这个角度出发,金融风险并非来源于经济制度以外的事物,而是内嵌于经济制度结构之中,伴随着经济制度的变迁而存在。同时,金融风险的历史演

---

① 以中国为例,20 世纪 90 年代后期的东南亚金融危机后,中国吸取了这些国家过早开放资本市场的教训,因而在资本市场开放上变得更为谨慎,证券业至今仍不是一个完全开放的市场。

② 李国安主编:《金融服务国际化法律问题研究》,北京大学出版社 2011 年版,第 5 ~ 10 页;钟付和:《金融服务国际立法的政治构造》,载《海峡法学》2010 年第 2 期。

③ [美]艾伦 · 加特:《管制、放松与重新管制》,陈雨露等译,经济科学出版社 1999 年版,戴根有“中文版序言”第 1 页。

④ 许文斌、张亦春:《信息结构、制度变迁与金融风险演进》,中国财经经济出版社 2004 年版,第 107 ~ 109 页。

⑤ 同上注,第 109 页。

进特点决定了其技术性质。所谓的金融风险的技术性质，是指在现代社会经济分工结构中，金融风险的产生与集聚与专业金融机构的活动密切相关，出现了业界所谓的“纯金融风险”。“纯金融风险根源于金融编码体系内专家和普通大众的信息高度不对称”，[①]且金融专家“原则上可以利用自己的专业知识，通过复杂的金融操作使自己和普通大众的信息不对称达到最大程度”。[②] 在行业分工、金融风险技术化的条件下，普通投资者、金融消费者成为市场的“弱者”，因此当代国际金融监管法制的重要价值取向之一是对一般公众投资者与金融消费者的保护。

学界对金融风险根源的认识，也有一个深化的过程。金融风险的影响因素复杂多样，相关研究也存在多维视角。从监管制度的角度出发，晚近最重要的进展当属对金融风险中人性因素的再认识。

早期的金融投机风潮，比如荷兰的黑郁金香投机风潮、英国的南海泡沫事件等揭示了交易行为的狂热特点，强烈的逐利动机导致交易者非理性行为的泛滥，社会心理因素在金融风险的集聚和扩散中具有非常大的作用。英国 1720 年《反泡沫法》以立法的形式表明了对金融市场非理性行为的认识。在经济学者中，凯恩斯(John Maynard Keynes)较早提出了所谓的“动物精神”概念，凯恩斯的基本出发点是，投资行为不能用理论或理性选择去解释，因为经济前景根本难以捉摸，因此他提出投资的冲动要靠“动物精神”，即靠自然本能的驱动。

随着金融深化的推进，现代金融市场发展出复杂的金融交易技术，其中，资产的风险评估技术已经数量化和专门化，投资决策达到精算化的程度，各种风险均可以通过数学计算和模型进行评估，从个体或者局

---

① 许文斌、张亦春：《信息结构、制度变迁与金融风险演进》，中国财经经济出版社 2004 年版，第 107 页。

② 同上注。

部来说，投资者的行为有趋于理性的趋势。同时，现代金融市场的分工和技术化特征日益显著，机构投资者在金融市场的地位和作用越来越凸显，监管内容、监管重心进一步专业化，防范金融风险的关键集中在金融机构上，这容易形成一种趋向：金融监管法律中的人的因素被淡化甚至遭到忽视。然而，市场实践一再证明，严密的数学运算和周密的投资计划并不能根本消除市场风险，参与者最原始的逐利动机往往出人意料地成为金融危机的触发力量。

凯恩斯当初提出的“动物精神”，被乔治·阿克洛夫（George A. Akerlof）、罗伯特·希勒（Robert J. Shiller）等人进一步阐发，创立了行为金融学。[①] 行为金融学将心理作用和投资行为相结合，发展了动物精神的概念，其中包括对“躁动和恐慌”的行为研究。在金融市场，投资者的动物精神起到了鼓励人们承担风险、推动创新的作用，体现了人性中积极的一面。但动物精神也存在消极面，它可能导致羊群效应，使投资者之间出现非理性躁动。这种集体非理性行为不但容易出现在宏观经济不稳定时期，即便是在稳定的宏观经济条件下，也可能产生。如果市场出现问题，投资者又容易走向另一个极端，出现过度恐慌情绪，导致金融市场的剧烈波动，金融风险由此产生。行为金融学研究说明了人们的行为模式远非古典经济理论所假设的那样简单，贪婪、诱惑、嫉妒、怨恨和恐惧等情感不但会影响个人的决策，而且可能导致整体经济的动荡不安。希勒等人的行为金融学建立在心理分析的基础上，方法论是个人主义（Methodological Individualism）的，对金融市场与金融体系的分析方法可能带有整体不足的缺陷，但行为金融学的研究强调信心对现代市场经济的作用和意义，认为现代市场经济对信心的依赖比过去

---

① ［美］乔治·阿克洛夫、罗伯特·希勒：《动物精神》，黄志强等译，中信出版社2009年版。

任何时候都更强，这就为监管体制的建立提供了新的认识基础。不但如此，行为金融学提出信心、公平、诚信与透明度、货币幻觉以及隐含在人类非经济动机和非理性行为中的“动物精神”，深化了人们对金融交易本质的理解，揭示了金融风险的普遍的、深层次的原因。行为金融学的研究预示着金融风险并没有随着金融交易技术的进步而消除。金融行为学的原创性分析深入人性的基本方面，使人们认识到掩盖在制度背后的人性因素才是引致金融风险的真正原因。从这方面来看，行为金融学的结论具有普适的价值，适用于对世界上各种类型的金融市场风险的解释，这有助于纠正一种倾向——将金融风险的根源全部解释为制度原因和体制原因，从而忽略参与者的因素。

行为金融学的研究结论纠正了监管理念中只见制度不见人的倾向，重视金融秩序中的人的因素，尤其是非理性因素对金融风险产生的原发性影响。笔者认为，基于个体主义分析方法的行为金融学在一定意义上有助于监管理念朝更全面和深入的方向发展，将对国际金融监管理念和监管方式产生重要影响。

对金融风险传染性的认识进一步深化。早期，金融风险的传染性主要受市场情绪和社会心理效应影响，所传染的市场范围相对有限。现代金融市场的传染性则具有大规模、跨国性的特点。导致这种局面的原因首先是市场的全球化，在全球化市场环境下，金融交易呈现出跨国界的特点，通过跨国界的交易，金融风险迅速从一国市场蔓延至另一国市场。其次是现代金融市场的参与者以机构投资者为主。在混业经营的环境下，各类机构投资者在业务上彼此关联、资产上相互依赖，拥有统一或相似的会计标准，通过会计账户，风险很容易地在金融机构之间传导。金融风险的传染性导致了对金融市场的整体监管的必要性。

在经济全球化环境下，机构投资者日益成为金融市场的主要参与者。这使系统性风险成为国际金融风险防范中的重点。近年出现的

"系统性重要金融机构"概念,就表明了这种趋势。对系统性重要金融机构的重视实质上是监管者对"大而不能倒"理念的一种反思。在金融全球化的大背景下,由于系统重要性金融机构组织结构复杂、规模庞大、与其他机构和投资者关联度高,其经营失败不但危及自身的生存,往往还会对经济发展带来预期之外的溢出效应(Spillover Effect),影响交易对手和市场信心,加剧市场恐慌,造成金融体系的整体不稳定,引发系统性金融风险。不仅如此,对陷入危机中的系统性重要金融机构的救助会引发"道德风险",使政府救助所投入的财政成本转化为股东和高级经理人的巨额私人收益,将损失转嫁到政府与社会。因此,对"大而不能倒"金融机构的救助降低了公众对金融体系公平竞争的信任。基于此,2009 年年初,国际清算银行(BIS)提出用宏观审慎性概念来概括导致危机的"大而不能倒"等问题。将监管重点集中于系统重要性金融机构,表明了国际金融监管体系对监管对象的认识变化。

晚近出现的"影子银行"概念,从另一个角度反映了国际金融界对金融风险的新认识。一般而言,影子银行是指一类非银行金融机构,它们行使商业银行功能但却基本不受监管或仅受较少监管。[①] 在现代金融创新环境下,包括对冲基金、私募股权基金、特殊目的公司(SPV)等。影子银行的特征是:(1)与金融市场的发达程度相关,金融市场越发达,金融创新水平越高,影子银行的规模也就越大;(2)影子银行交易采用批发模式,有别于商业银行的零售模式,其产品结构设计非常复杂,金融衍生品的交易大都在柜台交易中进行,很少有公开披露的信息;(3)影子银行往往游离在监管之外,作为金融创新的产物,监管法律往往还来不及涉及其中,形成监管"真空";(4)影子银行杠杆率水平和流

① 周小川:《金融政策对金融危机的响应——宏观审慎政策框架形成的背景、内在逻辑和主要内容》,载《金融研究》2011 年第 1 期。

动性风险都很高,信息不透明;(5)影子银行与传统商业银行业务存在复杂的关系,多通过跨境投资在全球范围配置资产,很容易引发系统性风险。因此,影子银行的出现具有双重效果:一方面,它们具有创新功能,给金融市场带来活力和繁荣;另一方面,影子银行作为市场竞争的产物,其反监管的特性带来了风险隐患,可能成为金融危机的触发因素。

金融危机以后,对影子银行的认识逐渐清晰,对其监管成为国际金融监管法制的重要内容。其内容要点包括:扩大监管边界,将监管对象扩展至对冲基金、私募股权基金等,把这些影子银行纳入监管范围;强化影子银行的信息披露制度,规范其交易活动;对影子银行与传统银行的风险传导进行隔离;一些国家为此制定了相应的规则。①

当然,对影子银行的实际情况,须作辩证对待。对金融发达国家,影子银行的出现与过度发展,是金融创新的一种负面现象,在金融国际化的背景下,增加了监管的难度。而对发展中经济体的监管体系,在金融创新尚不发达的情况下,则可在适度监管的基础上,对影子银行给予适当的引导,使其在现代金融创新中扮演正面角色。②

3. 监管理念的现代化与金融全球化密切相关

尽管迄今为止,对发端于20世纪下半叶的全球化运动的性质与走向尚有不少争论,③但金融全球化构成经济全球化的一部分,是一个很明显的趋势。经济全球化运动中最重要的特点是国际市场的形成和扩

---

① 比如美国的"沃尔克规则",限制商业银行运用自有资金进行自营交易,将商业银行投资对冲基金和私募股权基金的规模限制在基金资本和银行一级资本的3%以内。

② 比如,中国人民银行副行长胡晓炼认为,中国的影子银行资金运用方式比较简单,与传统商业银行基本类似,借助金融衍生工具的信用创造比较少。http://finance.ifeng.com/a/20140928/13154213_0.shtml,2014年9月28日。

③ 参见[英]保罗·赫斯特、格雷厄姆·汤普森:《质疑全球化——国际经济与治理的可能性》,张文成等译,社会科学文献出版社2002年版。

大以及由此对民族国家经济主权边界的不断“侵袭”。金融全球化的最主要表现是金融服务的自由化。在全球化背景下,金融业之间的竞争越来越激烈。金融服务业的国际竞争并非局限在经济领域,其意义也非仅通过市场来解释。金融服务自由化的宏观经济效果具有较大的不确定性,有可能给一国经济和作为一国经济中枢的金融业带来灭顶之灾。[①] 出于对国家经济安全的考虑,金融市场往往是一国较晚开放的市场,而且在开放的步骤上,也往往呈现出渐次开放的特点。[②] 金融市场的开放进程在一定程度上制约着监管法制的发展。可以肯定的是,在发达国家与发展中国家之间,有关全球化的价值观仍不能统一,在金融市场,金融效率与金融安全何者优先,未有定论。如果将国际金融监管法制现代化进程理解为全球经济治理结构的一部分,那么,国际社会对全球化的认识将会深刻影响到这个进程的展开。

4. 监管理念现代化与金融创新理论的关系

创新(Innovation)理论由经济学家熊彼特在 20 世纪初首次提出。在熊彼特原初的概念里,创新包含诸多含义。[③] 在金融领域,创新的形式包括金融工具的创新和金融制度的创新。金融工具的创新是指在金融市场中金融工具的引入和运用。[④] 金融制度创新,则是指引入新的制度因素或对原金融制度进行重构。[⑤] 金融工具创新有利于增强金融机构的竞争力,给市场发展增添活力,但是金融工具的创新本质上是反监管的,过度创新可能带来金融风险。国际金融市场中的创新工具数量

---

① 李国安主编:《金融服务国际化法律问题研究》,北京大学出版社 2011 年版,第 43 页。

② 渐次开放的策略在理论上也获得一些经济学者的支持,比如美国经济学家麦金农就认为,发展中国家的金融开放应该是一个渐次开放的过程,资本账户应该晚于经常账户。参见罗纳德·麦金农:《经济发展中的货币与资本》,上海三联书店 1988 年版,第 194 页。

③ 范恒森:《金融制度学探索》,中国金融出版社 2000 年版,第 88 页。

④ 陆泽峰:《金融创新与法律变革》,法律出版社 2004 年版,第 2 页。

⑤ 范恒森:《金融制度学探索》,中国金融出版社 2000 年版,第 88 页。

积累到一定程度后，必然引起市场结构的变化。为保证金融市场的稳定，金融制度的适时创新成为必需。在一部分学者看来，金融制度创新不仅包括金融市场和组织创新，还包括基于金融市场与组织创新之上的对其进行监管的再创新。[①] 广义的金融监管创新是一种动态发展的理念，代表了监管者与市场的一种博弈关系，国际金融监管法制现代化进程的很多方面也具备这种博弈特征，如前述的对影子银行的监管。

（二）监管制度的现代化

1. 现代化之渐进性质

监管理念的现代化是国际金融监管法制现代化的认识基础和观念基础，理念转变需要由监管制度的转变来实现。在人类的认识发展史中，一直面临着知识不足、理性有限的困境，而在金融监管领域中，这方面尤为突出。如前所述，人类对有关金融风险、金融市场的知识是逐渐积累起来的，监管理念也因此逐步得以修正，这就决定了国际金融监管法制现代化的渐进性质。在实践角度，国内监管制度具有渐进性质，已为如美国金融法专家威廉·罗维特等学者所观察到，而国际层面监管制度的渐进性质，则可从经济全球化运动的逐渐发展历程[②]以及各国监管制度渐次开放的政策与法律环境得以证实。

如前所述，金融风险根源于人性与制度两方面因素，人性因素解释了金融风险的最初来源。从心理学和哲学来讲，人性中的逐利、投机本性“如山岳般古老”难以改变，但制度是可以改变的，金融风险的制度秉

① 范恒森：《金融制度学探索》，中国金融出版社2000年版，第125页。

② 一些学者认为“目前高度国际化的经济并不是没有先例的：它是自19世纪60年代以现代工业技术为基础的经济开始得到推广以来就存在的许多不同的国际经济局面或形态的一种”。[英]保罗·赫斯特、格雷厄姆·汤普森：《质疑全球化——国际经济与治理的可能性》，张文成等译，社会科学文献出版社2002年版，第2页。

性揭示了有缺陷的制度在促发风险、传染和扩散风险方面起到很大的作用,也揭示了良好的监管制度对人性中消极因素的遏制作用。因此,依靠完善的法律制度,遏制金融市场的非理性行为,从而消除系统性金融风险,是金融监管法律制度发挥作用的实践根据;同时,金融风险与经济制度变迁的关系也决定了金融监管法律制度的"与时俱进"。国际金融监管法律制度的现代化亦具有这个特点,它必须在金融风险的产生根源、表现形式发生变化的情况下,在适当的时候进行制度上的创新,以顺应经济全球化的新特点、新情况。

以巴塞尔资本协议为例。1988年《巴塞尔资本协议》代表了银行监管方式的一次重大变革,即从传统的合规性监管转向资本充足率和流动性监管。这种基于风险的谨慎监管,重点关注的是金融机构如何度量和管理风险及其管理能力,而不是其业务和风险水平是否符合事先规定的可能过时的量化标准。[①] 巴塞尔委员会倡导的审慎监管原则在此后修订的资本协议中进一步得到强化。在制度设计上,审慎监管可以摆脱对官方监管的过度依赖,创造充分发挥金融机构自身管理的效能,发挥市场的约束作用。在审慎监管原则下建立的监管制度,转向审查金融机构的风险管理体系,包括其风险管理模式是否合理、完善和有效,是否对风险进行及时、准确的监控,资产质量是否足以抵御风险。[②] 从《巴塞尔资本协议Ⅰ》到《巴塞尔资本协议Ⅲ》,是一个制度不断积累的渐变过程。

---

① 李文泓:《国际金融监管理念与监管方式的转变及其对我国的启示》,载《国际金融研究》2001年第6期。

② 同上注。

2. 现代化进程中的“分与合”

国际金融监管法制的分合关系表现在以下几个方面：

(1)分业监管与混业监管的分合

1929 年的经济危机导致了美国金融立法的巨大变化，其开创的金融业分业经营、分业监管模式曾影响和主导了世界主要金融大国的监管模式。20 世纪末，在全球化浪潮下，美国通过《1999 年金融服务现代化法案》，再一次成为国际金融监管法制变革的引领者，混业经营监管模式成为国际金融监管的主流模式。

(2)微观监管与宏观监管的分合

在 20 世纪的经济法制中，在“政府—市场”的关系上，曾出现过规制法与调控法分离的倾向，金融法也出现了监管法与宏观调控法的区别。[①] 规制法与调控法的分离有助于政府权力的有效发挥，监管机构的分工有助于监管的专业化，监管标准更加规范、统一，而统一的监管标准在一定意义上也推进了监管法制的国际化。当代金融市场的发展则使这种区分面临重新选择，这体现在监管制度在对待微观与宏观之间的关系方面，有“合”的趋势。在监管法制中，微观审慎监管强调对单个金融机构的监管，更关注个体金融机构的安全。宏观审慎监管则强调对金融市场的系统性风险的监管，其主要目的是维护金融体系的稳定。从实践来讲，微观监管工具的集合效应往往会产生宏观的经济效果，比如对金融机构的资本标准，影响到该类机构的资产规模，进一步影响到金融机构的经营规模。宏观审慎管理的核心，是从宏观的、逆周期的视角采取措施，防范由金融体系顺周期波动和跨部门传染导致的系统性风险，维护货币和金融体系的稳定。宏观审慎监管的政策框架具有集合的性质，是对微观审慎监管的一种升华。值得指出的是，微观审慎监

---

① 中国银监会设立、履行原由央行(中国人民银行)承担的监管职责，反映了这种倾向。

管与宏观审慎监管的这种合的关系，并非简单的加总关系，因为“健康的微观主体加起来并不能充分保证整体是健康的。因此，微观审慎性的总和不等于宏观审慎性”。①

（3）国内监管与国际监管的分合

到目前为止，在WTO以及其他区域性国际机制的推动下，贸易领域的自由化已具备较高的广度和深度，但在金融领域，国际金融市场仍是受到主权条块分割的市场。在相对封闭的经济条件下，一国固然可以相对独立地对其金融市场实施监管，但随着经济全球化的发展，这种监管条件正在逐步消失。因此，国际金融市场监管法制的现代化进程，一方面，呈现出各国金融市场发展水平不同，监管价值取向存在个别差异的特点；另一方面，各国之间在监管上相互依赖、相互合作，监管规范存在向统一化发展的趋势。国际金融监管法制的现代化，正是在这种分合关系中曲折地发展。

值得注意的是，国际金融监管法制现代化中的一个重要问题是，当今的国际金融市场仍是一个受到国际货币秩序影响、隐含国际利益分配的市场，监管规则的统一化与规范化并不能从结构上消除发展中国家与发达国家的差距，来源于国际经济秩序的深层次矛盾，必然会影响到国际金融监管法制现代化的进程。

① 周小川：《金融政策对金融危机的响应——宏观审慎政策框架形成的背景、内在逻辑和主要内容》，载《金融研究》2011年第1期。

第二节　金融创新的滥用与美国次债危机
——美国次债危机探源与启示

随着网络科技经济泡沫在21世纪初的破灭和2001年"9·11"事件的发生,美国经济受到极其沉重的打击。为了刺激低迷的美国经济,美国政府运用利率杠杆,推动了一波以住房市场和证券市场为核心的资产增值和经济繁荣过程。其中住房抵押贷款的大规模扩张成了最引人注目的一幕。① 然而从2007年年初开始,美国住房抵押贷款的违约率出现明显的提高,②使许多涉足美国住房抵押贷款的金融机构破产或出现严重经营危机。2007年4月,美国第二大次级抵押贷款公司"新世纪金融公司"(New Century Financial)宣告破产,同年8月,曾跻身美国抵押贷款市场前十名的美国住房抵押贷款公司(American Home Mortgage)向法院提出破产保护申请。2008年3月,美国第五大投资银行贝尔斯登出现巨额亏损,难以生存,被摩根大通公司低价收购。这家成立于1923年,挺过了1929年全球性经济大危机的老牌投资银行,却未能逃过美国次债危机的致命一击。同年9月7日,美国最大的两家住房抵押贷款担保公司"房利美"(美国联邦国民抵押贷款协会,Federal National Mortgage Association,以下简称Fannie Mae)和"房地美"(美国联邦住房贷款抵押公司,Federal Home Loan Mortgage Corporation,以下

---

① 宽松的住房抵押贷款政策,使美国住房自有率在2007年达到历史最高水平的近70%。参见沈彬:《关于美国次级贷款危机中的角色分工》,载《楼市》2007年第16期。

② 据统计,2006年第4季度,约有1/3次级抵押贷款面临被取消赎回权的窘境;2007年第3季度,次级抵押贷款实际违约率高达16.13%。See Cassandra Jones Havard,"Goin' Round in Circles" and Letting the Bad Loans Win: When Subprime Lending Fails Borrowers: The Need for Uniform Broker Regulation, *Nebraska Law Review*, Vol. 86, 2008, note 2, pp. 738 – 739.

简称 Freddie Mac)陷入全面危机,[①]美国政府为了防止系统性金融危机,紧急宣布接管该两大住房抵押贷款融资机构。9 月 15 日由于美国政府拒绝提供融资救助,拥有 158 年历史的美国第四大投资银行雷曼兄弟公司提出破产申请。同日,拥有 94 年经营历史的美国第三大投资银行美林公司被美国银行(或称美洲银行)低价收购。美国最大的两家投资银行高盛公司和摩根士丹利公司也在本次危机中深受重创,于 9 月 21 日向美国联邦储备委员会寻求救援,最终以接受美联储监管为条件,改组为金融控股公司,获得美国政府的救助。至此,美国五大投资银行全军覆没,无一幸免。此外,世界最大的保险公司美国国际集团(AIG)也因其为次级债券提供保险而陷入极度财务困境,于 9 月 16 日被美国政府接管,并由美联储授权纽约联邦储备银行向 AIG 提供 850 亿美元紧急贷款,才使这一国际保险巨子免遭破产之灾。

与此同时,在美国之外的世界各地,也弥漫着美国次债危机的阴霾。2007 年 8 月,澳大利亚麦格里银行宣布其旗下两只高收益基金面临 25% 的损失,同月,法国巴黎银行宣布暂停其旗下三只对冲基金的赎回。[②] 受美国次债危机的影响,越南股市连创新低,到 2008 年 6 月,跌幅达 58%,通货膨胀率高达 25%(8 月更达 28%)。[③] 中国股市更从 2007 年 10 月 15 日的 6124 点跌至 2008 年 10 月 28 日的 1665 点,跌幅

---

① "房利美"和"房地美"通过资产证券化和为资产证券化提供担保而拥有的住房抵押贷款占全美的约 40%。See Julia Patterson Forrester, Fannie Mae/Freddie Mac Uniform Mortgage Instruments: The Forgotten Benefit to Homeowners, *Missouri Law Review*, Vol. 72, Fall 2007, pp. 1082 – 1083.

② 张明:《透视美国次级债危机及其对中国的影响》,载《国际经济评论》2007 年第 9 ~ 10 期。

③ 金融网, at http://stock. financeun. com/news/200865/1452208829_0. shtml, 2008 年 9 月 15 日;新浪网, at http://www. sina. net/jr/2008 – 08 – 26/356516. shtml, 2008 年 9 月 15 日。

更达72.8%。[①] 2008年9月18日，英国最大的抵押贷款银行哈里法克斯银行(HBOS)陷入困境，被劳埃德TSB银行(British Bank TSB Lloyds)全面收购。[②] 10月7~9日，冰岛三大银行同时陷入经营危机，被冰岛政府全面接收，全国陷入几近“国家破产”的深度经济恐慌。[③]

如此惨烈的全球金融崩溃场面可谓百年难遇，那么这一场从美国次贷危机开始的金融危机到底是如何爆发并最终演变成全球性的金融大恐慌和经济大衰退？它又留给我们什么样的启示？

可以概括地说，美国次级债危机的生成和爆发，首先应归咎于未受有效监管的住房抵押贷款及其证券化市场，而美国政府导向下的市场利率激烈波动和由此引发的住房价格暴涨暴跌则成了引爆危机并把危机推向深渊的魔掌。[④]

一、美国次级住房抵押贷款市场的兴衰及其政策诱因

从2001年到2007年，美国次级抵押贷款及以次级抵押贷款为基础资产的证券化，走过了从繁荣、膨胀到衰退与危机的大起大落过程。在这一童话般的经济跌宕起伏过程的背后，似乎存在许多值得我们总结和回顾的经验教训。

---

① 《中国证券报》(网络版)2008年10月29日第A01版，at http://paper.cs.com.cn/html/2008-10/29/content_18619820.htm，2008年10月29日。

② 师琰：《英国被迫拯救大兵HBOS》，参见“21世纪网”：http://www.21cbh.com/HTML/2008/9/19/HTML_06Q8X6NYE0R4.html，2008年10月8日。

③ 《冰岛金融危机加剧，政府全面接管三大银行》，at http://news.sohu.com/20081010/n259946851.shtml，2008年10月12日。

④ See Raymond H. Brescia, Capital in Chaos: The Subprime Mortgage Crisis and the Social Capital Response, *Cleveland State Law Review*, Vol. 56, 2008, p. 282.

(一)低利率的引导,高房价的支撑,高收益的推动,催生房地产金融泡沫的形成

为了刺激在互联网科技泡沫破灭后进入衰退时期的美国经济,从2001年1月到2003年6月约两年半的时间内,美联储连续13次下调联邦基金利率(即银行间隔夜拆借利率),使之从调整前的6.5%降至1%的历史最低水平。基金利率大幅下调的直接后果是流动性的过剩,而过剩的流动性则推动了以房产为代表的资产价格的快速膨胀。对于房产价格持续上涨的强烈预期,使许多房地产金融公司已不满足于利润空间和客户源均日趋萎缩的优质住房抵押贷款,把目标移向具有更大利润空间和更广泛客户源的次级住房抵押贷款。[①] 而正是次级贷款的大规模扩张,促成了房地产泡沫的形成和风险的膨胀。

次级抵押贷款之所以在美国房贷市场上具有如此广阔的生存空间,首先是因为其贷款利率比优质抵押贷款利率高出2%~3%,[②]而另一方面是次级抵押贷款的申请人通常无需提交收入证明,甚至无需支付购房"首付",而且贷款人可为不同的借款人量身定做各种个性化的还款计划。正是这一系列"灵活"的贷款条件,使原不具备借款资格的住房需求者获得了"零门槛"的贷款购房机会。而随着购房群体的扩大,住房需求的增加,必然迅速推高房地产的价格,使借款购房成了利润丰厚的投资手段。即使借款人到期无力清偿贷款,也可通过出售已

---

① 在美国住房抵押贷款市场上,通常根据借款人的信用评分将贷款分为优质贷款、次优(ALT-A)贷款和次级贷款。借款人的信用评分通常根据费尔艾萨克公司开发的FICO评分法,分值设定在300~850分,优质贷款客户的信用评分在660分以上,次优贷款的客户评分在620~660分,借款人的信用评分在620分以下的贷款均归为次级贷款。

② See Kenneth C. Johnston, James B. Greer, Julie K. Biermacher and Joseph Hummel, The Subprime Morass: Past, Present, and Future, *North Carolina Banking Institute*, Vol. 12, Mar., 2008, p. 125.

增值的房产清偿其到期债务。相应地,对于房地产金融公司而言,由于有持续涨价的房产作为抵押,即使借款人违约拒绝清偿到期贷款,它们也完全可以通过处分作为抵押物的房产获得足额的清偿。

在这样的房地产金融背景下,房地产金融公司考虑更多的是流动性问题而不是风险问题,即如何获取并保持充足的资金,以满足借款购房者源源不断的资金需求。为了解决这一获取利润的本源(流动性)问题,房地产金融公司通过投资银行,创设了各种形式的资产证券化品种,使未来到期的远期贷款债权转化成可即时回笼资金的即期债权,从而为房地产金融公司消除了资金来源的困扰,实现了房地产金融滚雪球式的泡沫大循环。①

(二)银根紧缩,房地产价格暴跌,购房者违约,促成了房地产金融泡沫的破灭

随着房价的持续上涨和美国经济的快速反弹,房地产泡沫持续膨胀,通货膨胀的压力随之加重。于是,从2004年6月至2006年6月两年间,美联储采取反向操作,连续17次上调联邦基金利率,使该利率在2006年6月底迅速恢复到5.25%的较高水平。水涨船高,美国房地产贷款利率也随之节节攀升,有的次级贷款利率高达12%。这一利率政策的直接后果是潜在购房者对高利息负担的望而却步,而原购房者则因利率的提高而使还本付息负担日益沉重。在美国的次级抵押贷款市场上,通常根据借款人的要求,采用"前松后紧"的还本付息方式,即在贷款期的前几年,借款人只需按较低的利率承担利息,而后更长的贷款

---

① See Aaron Unterman, Exporting Risk, Global Implications of the Securitization of U. S Housing Debt, *Hastings Business Law Journal*, Vol. 4, Winter, 2008, p. 95. And See Kenneth C. Johnston, James B. Greer, Julie K. Biermacher and Joseph Hummel, The Subprime Morass: Past, Present, and Future, *North Carolina Banking Institute*, Vol. 12, Mar., 2008, p. 128.

期间则需按较高的利率支付利息,而随着基准利率的提高,后期的利息负担必然陡然加重。如所谓"2+28贷款",前2年只需支付按较低利率计算的利息,无需偿还本金,后28年则按照递进方式,逐步加重利息和本金负担。而在高利率的市场环境下,由于进入房产市场的投资者(购房者)急剧减少,甚至出现"有价无市"的现象,于是,无力清偿贷款的购房者已无法通过出售房屋偿还贷款,进而出现违约率的提高。[①] 而在借款人违约时,作为抵押权人的房地产金融公司虽然有权取消借款人对抵押房产的赎回权,并按照法律程序处分抵押房产。但随着被拍卖房产的增加,房地产的市场价格进一步下跌,并因此形成恶性循环,即因住房价格持续下跌,购房者即使出售房产,也无法清偿贷款。于是,借款人往往选择积极违约,即拒绝还款,放弃作为抵押物的房产(所谓"断供")。而由于房产的拍卖价格未能填补借款人未偿还的贷款本息,因此,因房地产价格下跌所造成的损失最终还是落到贷款人头上,许多房地产金融公司因出现巨额亏损而宣告破产,其中包括美国第二大次级房产抵押贷款公司"新世纪金融公司"(2007年4月)和美国住房抵押贷款公司(2007年8月)等抵押贷款市场的"名门望族"。这便是美国房地产金融泡沫破灭的直接后果,也是美国次级抵押贷款危机的第一波。

二、美国次贷危机的法律因素

美国次贷危机的爆发,虽说是因为美国的宏观经济政策(利率调控)的引导和房地产金融公司的推动所引起的,但是追溯其本源,则可归咎于法律的不完善和公司内控机制不健全。

---

① See Raymond H. Brescia, Capital in Chaos: The Subprime Mortgage Crisis and the Social Capital Response, *Cleveland State Law Review*, Vol. 56, 2008, p. 296.

（一）美国次贷危机的法律平台

美国是20世纪70年代汇率自由化的制造者，同时也是80年代利率自由化的推动者。1977年，美国通过《社区再投资法》（CRA），鼓励贷款者向低收入阶层提供贷款，使清偿能力低下的低收入阶层有机会获得银行的贷款。① 而1980年的《放宽对存款机构管制与货币控制法案》（DIDMCA），允许贷款人向低信用等级的借款人收取更高的利息，这一规定直接刺激了银行向低信用阶层提供贷款的热情。1982年的《可选择抵押贷款交易平价法案》（AMTPA）允许抵押贷款采用灵活的利率计算法，使银行贷款的利息计算能满足借款人的各种不同需求。1986年的《税收改革法案》（TRA），一方面废除消费贷款利息的税前扣除，另一方面保留抵押贷款利息的税前扣除优惠，实际上起到鼓励银行发放抵押贷款的效果。② 2003年12月，美国总统布什签署的《美国首付款法案》（American Downpayment Act），更直接为中低收入家庭的住房抵押贷款提供首付款补贴（1万美元或相当于购房款6%）。这一规定为美国住房抵押贷款的零首付提供了直接的法律依据。③ 然而，正是这一系列宽松的法律环境，使美国住房拥有率达到空前的68%以上，④同时激发了房地产投机商的投机逐利本能，并把房地产热潮推到了巅峰；再加上在2001年到2006年美国政府利率调控政策大张大弛的强力作

① 曹远征：《美国住房抵押贷款次级债风波的分析与启示》，载《国际金融研究》2007年第11期。

② See Raymond H. Brescia, Capital in Chaos: The Subprime Mortgage Crisis and the Social Capital Response, *Cleveland State Law Review*, Vol. 56, 2008, p. 288.

③ 从20世纪90年代开始，美国已将中低收入家庭的住房抵押贷款首付款从20%降至3%，因此，6%的首付款补贴已可完全覆盖3%的首付款要求。参见《美国购房零首付制度对我国的启示》，中国行业研究网，at http://www.chinairn.com/doc/70270/36720.html，2008年9月13日。

④ 同上注。

用,终于演绎了一场以住房价格的激烈波动为直接诱因的美国次级贷款危机。直到房地产金融市场已陷入风雨飘摇的2007年,美国才紧急出台《联邦住房金融改革法》,设立独立的住房金融监管机构——联邦住房金融署,强化对房贷市场的管理。[①] 同时紧急推出一系列经济刺激措施,包括下调联邦基金利率(从5.25%经过几次下调后降至2008年12月的0.25%)和出台由政府提供7000亿美元的救市计划等。[②] 但这些救市计划的密集出台,并不能有效阻止房地产市场下滑的惯性。

(二)房贷机构不守风险防范内控机制

房地产金融公司内控机制不完善,无视风险的存在,是导致次级贷款危机的又一直接原因。在市场经济环境下,竞争是激烈和残酷的。在市场处于高涨甚至疯狂的状态下,对许多房地产金融公司来说,如果要求借款人严格遵守抵押贷款条件,可能会因此失去众多的客户,从而失去获取高额利润的机会,甚至危及公司的生存。因此,许多房地产金融公司为了维持和扩大市场份额,罔顾防范风险的公司基本内部控制机制,对于本已蕴涵较高风险的次级贷款,进一步放宽贷款条件,从而推动了风险的进一步升级。

三、美国次级债的固有风险及其在证券化创新中的放大

(一)资产证券化与风险重置

抵押贷款证券化最早可以追溯到1970年美国政府国民抵押贷款

---

① 李云林:《美国为什么会发生次贷危机》,载《中国投资》2007年第12期。

② 《参考消息》2008年12月18日第4版("世界经济"版);并参见《2008年全球救市大事综述》,at http://finance.huanqiu.com/roll/2008-12/313286.html,2008年12月20日。

协会(Government National Mortgage Association,GNMA,俗称 Ginie Mae,即“吉利美”)首次发行的抵押贷款担保证券(Mortgage Backed Securities,MBS)。[①] 到20世纪80年代,资产证券化在美、日和欧洲一些国家已成为一些国家结构性融资和处理不良债权的有力法宝。21世纪以来,伴随美国房地产金融市场的活跃,住房抵押贷款的证券化更被许多房地产金融公司作为循环使用资金的重要手段加以灵活运用。

根据证券化资产质量的优劣,美国住房抵押贷款证券化可分为优质抵押贷款证券化和次级抵押贷款证券化。其中,以优质贷款为基础资产的证券化,通常都能获得“吉利美”、“房利美”和“房地美”等官方和半官方抵押贷款机构的担保,[②]并获得AAA信用评级,即通过外部信用增级[③]获得有效的信用提升。因此对优质贷款证券化的投资相应地具有风险小、收益稳定的特点。

但是,在美国住房抵押贷款市场上,除了优质贷款证券化,还存在高比重的次优贷款(Alternative - A,以下简称ALT - A贷款)和次级贷款的证券化。据统计,在美国住房抵押贷款市场上,次级抵押贷款和次优抵押贷款分别占房贷总额的13%和12%,其中2006年仅次级抵押贷款占抵押贷款总额的比例就高达20%。[④] 为了使这些蕴涵较高风险的

---

① 张媛、徐宝华、师文明:《我国住房抵押贷款证券的定价方法研究》,载《当代经济》(下半月)2007年第4期。

② See Julia Patterson Forrester, Fannie Mae/Freddie Mac Uniform Mortgage Instruments: The Forgotten Benefit to Homeowners, *Missouri Law Review*, Vol. 72, Fall, 2007, pp. 1080 - 1083.

③ 信用增级是为提高资产证券化产品信用等级而采取的各种合同安排。信用增级可分为内部增级和外部增级。内部信用增级是通过证券化结构的内部合同安排,使SPV所发行的证券的信用级别得以提高,降低资产抵押证券的风险,以保护投资者的权益。如超额抵押和发行次级债券均为典型的内部信用增级方式。外部信用增级是指由第三人就证券化产品的发行提供各种形式的担保,以提升SPV所发行的证券的信用级别。如备用信用证、金融担保、资产保险和证券保险等均为常见的外部信用增级方式。

④ See Raymond H. Brescia, Capital in Chaos: The Subprime Mortgage Crisis and the Social Capital Response, *Cleveland State Law Review*, Vol. 56, 2008, pp. 288 - 289.

次级和次优贷款也能以证券化形式实现资金融通，房贷机构除了采用传统的资产证券化方式（Mortgage-backed Securities，MBS），还委托一些投资银行开发了新的证券化产品"担保债务凭证"（Collateralized Debt Obligation，CDO）。即在SPV的同一个次优级或次级住房抵押贷款资产池中设计出三种清偿顺序不同的证券化产品——优先级、中间级和股权级（最低级）CDO。该三个级别的CDO虽然都以同一资产池的抵押贷款作为基础资产，但却被赋予不同的收益率，并相应地为其规定了不同的清偿顺序。[①] 据此，即使SPV资产池的现金流不足以清偿全部的债券本息，优先级CDO也具有较高的清偿保障，而中间级和股权级CDO则可能面临较大的清偿风险。这就是资产证券化信用增级中的"次级债"信用增级方式。由于劣后债权为优先级CDO提供了"担保"，因此优先级CDO通常都能获得较高的信用评级。作为资产证券化产品的创新，不同清偿顺序和风险含量的CDO，可充分满足不同风险偏好的投资者的不同需求。通常商业银行、保险公司、共同基金、养老基金等风险偏好较低的机构投资者都只愿意购买风险较低的优先级CDO，而对冲基金、投资银行等风险偏好较高的机构投资者则愿意购买风险较高、利润丰厚的中间级甚至股权级CDO。[②]

正是通过资产证券化这一管道，次级抵押贷款被巧妙地转化成各种形式的次级债券，使房地产金融公司得以将次级抵押贷款所蕴涵的绝大部分风险转移给不同风险偏好的机构投资者，同时也导致次级住房抵押贷款风险从货币市场向资本市场的传导。由于金融市场已实现

---

① See Cassandra Jones Havard，"Goin' Round in Circles" and Letting the Bad Loans Win：When Subprime Lending Fails Borrowers：The Need for Uniform Broker Regulation，*Nebraska Law Review*，Vol. 86，2008，p. 757.

② 张明：《透视美国次级债危机及其对中国的影响》，载《国际经济评论》2007年第9～10期。

全球化和网络化经营，虽然次级抵押贷款和次级债券（包括 CDO）是美国国内金融创新的产物，但却毫无障碍地通过全球化的金融市场这一平台迅速向全球范围传播，从而实现了美国国内金融风险全球转移和各国共同分担的全球金融战略。这正是美国的国内次债危机得以让全球为其“埋单”的背后原因。

（二）资产证券化风险的升级与扩散

资产证券化在经济繁荣时期往往被视为有效的融资工具加以广泛采用，银行为了扩大经营规模，感觉到依靠吸收存款已无法满足其拓展业务的资金需要，于是将未来到期的长期贷款资产出售给证券化机构（SPV）作为证券化的基础资产（担保资产），实现长期资产的流动化（现金化）。SPV 则通过对种类不同、期限各异的众多资产进行技术性的重组，并以这些长期资产为担保向投资者发行各种形式的债券。此种缺乏流动性的长期资产的证券化，对贷款人而言，无异于找到了为其拓展新业务和扩大经营规模所需的取之不绝、可循环使用的资金来源，同时也将借款人的信用风险转嫁给资本市场的证券投资者。因此，资产证券化被誉为 20 世纪 70 年代金融自由化以来最伟大的金融创新之一。而对于证券投资者而言，则可望从已设置多重信用增级、借款人的信用风险已得到有效稀释的证券化中获得稳定的投资利润。由此可见，资产证券化本身并未创造出额外的风险，而是对基础资产本身固有风险的重新配置和转移。

但是，如果市场风险超常规地集中爆发，并击穿貌似“固若金汤”的各项信用增级措施（如担保人破产，超额抵押变成不足额抵押等），资产证券化的风险必然随之而至，且伴随市场环境的不断恶化而进一步升级。美国次债危机的演变正是沿着这样的轨迹行进的，即首先，作为证券化基础资产的次级贷款出现高违约率(超过16%),[①]作为偿还证券持有人本息第一来源的证券化资产池所产生的现金流已无法完全清偿全部证券化产品,即出现清偿缺口。超额担保因担保物(证券化资产)的价值缩水而最终变成不足额担保。其次,由于房价持续下跌,证券化机构(SPV)虽有权收回作为贷款担保物的房产,但已很难从该房产的处分价款中获得全额的补偿。最后,虽然采取了相应的内部和外部信用增级措施,但在危机来临之时,由于担保机构或担保物本身也同样受到危机的影响,这些担保措施已失去原有的担保效果,如担保机构本身已处于"泥菩萨过江"——破产或危机状态,更遑论为他人承担清偿责任。如具有半官方性质的美国两大房贷担保机构"房地美"和"房利美"即因次债危机而濒临破产,其股价缩水达80%以上(房地美跌82.75%,房利美跌89.63%),美国政府不得不于2008年9月宣布接管该二家机构,并对其施以注资和收购股权的终极性救助手段。[②] 再如,虽然在证券化设计上安排了以股权级的CDO证券的劣后清偿作为优先级和中间级CDO证券优先清偿的保证,但如果资产池的现金流缩水程度超过股权级CDO证券的应偿金额(通常该三级证券的发行比例为8:1:1),[③]进而必然危及中间级甚至优先级CDO证券持有人的本息权益。换言之,股权级CDO证券持有人的全额损失,并不能换得优先级或中间级CDO证券投资者的任何清偿保障。由此可见,次级贷款存在的风险并不能因资产证券化而消灭,只是因证券化而由贷款人转移给

---

① See Cassandra Jones Havard, "Goin' Round in Circles" and Letting the Bad Loans Win: When Subprime Lending Fails Borrowers: The Need for Uniform Broker Regulation, *Nebraska Law Review*, Vol. 86, 2008, pp. 738 - 739.

② 《参考消息》2008年9月8日第4版("世界经济"版)。

③ See Cassandra Jones Havard, "Goin' Round in Circles" and Letting the Bad Loans Win: When Subprime Lending Fails Borrowers: The Need for Uniform Broker Regulation, *Nebraska Law Review*, Vol. 86, 2008, p. 757.

证券投资者。而各种信用增级手段在危机来临之时，却显得如此脆弱无力，正所谓“覆巢之下无完卵”，次级贷款环节所蕴涵的风险到证券化环节终究显露无遗。

如前所述，购买次级债券的投资者，都是风险偏好程度各异的各类机构投资者，如投资银行、对冲基金、共同基金或其他形式的证券投资基金，而作为基金持有人的公众投资者，在其基金收益出现缩水，感觉到一场暴风雨式的危机即将来临时，往往出现羊群效应，纷纷赎回其持有的基金份额，导致机构投资者（如各类基金公司）的流动性压力骤然加大。为了应付基金投资者的赎回需求，基金不得不抛售其持有的优质资产（主要是具有较强变现性的股票），而众多基金的抛售行动，又引起资本市场的激烈动荡。而在金融全球化和自由化的环境下，跨国金融机构之间相互持股极为普遍，基金的抛售，股价暴跌，资产缩水，市场恐慌，环环相扣，形成无法止步的多米诺骨牌式的恶性循环。这就是现代金融风险传播的典型模式，也正是美国次债危机迅速向全球各经济领域传导的市场基础。

四、美国次债危机的启示

在金融全球化背景下，美国次债危机引发的“蝴蝶效应”，使染指美国次级债券的各国投资者（包括金融机构）普受重创，并进而危及各国金融市场，使许多国家的经济惨遭损失。痛定思痛，美国次债危机为各国金融监管当局留下的诸多启示，发人深省，值得总结。

（一）过度疏松的住房抵押贷款立法

如前所述，资产证券化并不会创造新风险，充其量只能说是对基础资产固有风险的重新分割和组合（发行分级清偿证券）。其风险的根源仍在于其基础资产，美国次级债危机的根源正是在于对住房抵押贷款市场的过度纵容,尤其是《美国首付款法案》所缔造的“零门槛”住房抵押贷款法制。因此,次级债风险的防范应建立在次级贷款风险防范的基础上,构筑缜密的住房抵押贷款第一道防线,包括购房首付要求、借款人信用评级、月偿还额与月收入的比例、年收入与总借款额的比例等,使住房抵押贷款市场被规范在符合其自身发展规律的适度范围内。

(二)国家宏观调控政策的运用失当

美国次债危机的另一重要原因是利率政策的杠杆效应。在持续低利率政策将房价一步步推高之后,又通过高利率政策压迫房价迅速下降,就像从炎热的夏天突然变成寒冷的冬天,使借款人在低息期借入的抵押贷款利息负担陡然加重(如前述“2+28”贷款模式),许多不堪重负的借款人除了放弃抵押房产的赎回权已别无选择,而这正是导致房价进一步暴跌、房贷机构和次级债投资机构严重受损的重要原因。可见,在不适当的时机运用了不适当的宏观经济调控手段所造成的严重后果也将是超乎寻常的。

(三)对中介机构监管不力

如前所述,住房抵押贷款证券化过程中的主要风险仍然源于其基础资产,然而,对于资产池中各类基础资产的风险含量,证券投资者往往很难对其真正了解和准确评估,这种信息的不对称,导致投资者最终只能依赖于信用评级机构对证券化产品的评级结果,因此,信用评级机构的评级结论是否客观、公正,必然最终影响证券投资者的投资抉择。然而在美国次债危机中暴露出来的流弊是评级机构为了迎合房贷公司的融资愿望和投资者的投资需求,往往人为地提高资产证券化产品的信用级别,使投资者未能对投资风险作出准确的判断,并采取措施进行必要的风险控制,而是直到风险表面化时,评级机构才匆忙调低其原有的评级结论。对此,证券投资者除了眼睁睁地看着其投资受损,似乎别无他策。

而对于被广泛认为具有普遍公信力的信用评级机构(如穆迪、标准普尔、惠誉等世界知名的信用评级巨头)的舞弊行为,其中固然有评级机构自身的道德风险及违法问题,但美国监管当局在监管过程中的缺位和失职也是不可原谅的,其对于次级债投资者的损失和危机的全球传播都是难辞其咎的。①

(四)损人利己的政策导向

从美国次债危机的扩大和蔓延,甚至可以推断,美国政府的输出危机行为是有计划的,是与其近年来的美元贬值政策配套实施的损人利己行为,即把蕴涵高风险的次级债券向全球投资者推销,并以此募得的资金用于推动其国内经济的繁荣,包括房地产市场的繁荣,同时实行美元贬值政策,②使次级债券持有人以美元计算的收益大打折扣,甚至出现负价值。因此,即使不发生美国次债危机,次级债券投资者在美元巨幅贬值的市场环境下也是注定亏损的。而在美国发生次债危机后,这些投资者的损失则更随着住房价格的下跌而更加深重。从法律的角度考察,美国的上述行为甚至已构成严重的操纵市场行为,即使按照美国自己的法律,美国政府也是难逃法律责任的。

(五)投资银行的多重包装使证券化风险更具隐蔽性

如前所述,资产证券化是以未来到期的贷款资产为基础而发行的

---

① See Aaron Unterman, Exporting Risk: Global Implications of the Securitization of U. S Housing Debt, *Hastings Business Law Journal*, Vol. 4, Winter, 2008, pp. 122 – 125.

② 美元指数是反映美元价值的最主要参数,该指数从 2001 年 6 月的最高点 121 点下跌至 2008 年 3 月的最低点 70,跌幅达 42%。

债券。因此,这种资产抵押债券的风险主要来自原始资产本身,即原始借款人未能偿还贷款,致使资产池的资产总额小于证券化的债券总额,使证券持有人未能获得全额清偿。这种风险的存在,对于房贷机构、证券化机构及证券化产品的投资者都是了然于胸的。为了使以次级贷款为基础发行的次级债券也能获得较高的信用评级,并在市场上成为畅销产品,房贷机构和证券化机构委托专司证券发行包装、评级等业务的投资银行和信用评级机构对次级贷款进行包装和证券化评级。即把原来信用和风险均等的证券化产品重新进行风险的分割组合,以原来信用不佳的次级贷款甚至次级债券为担保,发行信用等级和风险不等的担保债务凭证(CDO)。即使针对风险明显高于优先级债券的股权级债券,投资银行也还可以进一步对其进行风险和利润的再分割组合,即以股权级债券为基础再发行具有不同优先清偿顺位的 CDO 债券。经过多重资产证券化,似乎只有最后一次证券化的最低级债券才承担到期未能受偿的风险。但实际上,作为 CDO 发行基础的次级贷款或次级债券、次级 CDO 本身已包含较高的风险,经过投资银行的包装后,只是使风险更加集中和隐蔽于后清偿顺位的债券,并不能就此消灭风险。

对于经过多重证券化的次级债券,本来只有高风险偏好的对冲基金愿意购买。然而,在房地产市场持续升温的经济繁荣时期,即使是最低信用等级的证券化产品,似乎也找不出发生清偿风险的理由,相反,其高收益的一面却成了吸引投资者目光的亮点,于是,作为包装手的投资银行本身也加入低等级证券化产品的投资行列。而投资银行和对冲基金为了购买更多的证券化产品,又以其持有的债券为抵押向银行借入资金,同时为了分散风险,又将其持有的证券化产品向保险公司投保。于是,房贷机构、证券化产品的投资者(主要是对冲基金和投资银行)、贷款银行、保险公司等金融机构便形成了互相牵制的资金和风险链条。在这一资产和风险链条中,只要作为其基本支撑的房地产市场出现危机,链条上的任何一个环节都无法独善其身,就像一根绳子上的蚂蚱,在深重的危机面前将无一幸免。在这一次美国次债危机中,美国许多著名的房贷机构(如"房地美"、"房利美"、新世纪金融公司等)、投资银行(高盛、摩根士丹利、美林、雷曼兄弟和贝尔斯登)、保险公司(美国国际集团)的破产或危机,正是上述多重证券化风险集中暴露的生动写照。

总之,以资产证券化为代表的金融创新,对于增强银行的流动性、活跃金融市场无疑都是值得称道的,然而,在一个缺乏严格规范的市场上,其所衍生出的一系列弊端和危害却是难以估量和不容忽视的。总结美国次债危机的经验教训,完善房地产金融法律环境、强化资产证券化的规范运作及对中介机构(包括投资银行、信用评级机构等)的规范管理、慎用国家宏观调控措施(如利率政策等)等,对一国房地产金融市场的稳定发展无疑都是有益和必需的。

第三节　金融自由化及其对金融监管法制的考验

随着金融自由化和全球化的不断推进,国际金融秩序已呈现出多元化格局,国际金融秩序与各国国内金融秩序交织与混同,使国际金融秩序的稳定不仅依赖于国际金融市场本身,更依赖于各国国内金融市场的稳定。相应地,国际金融危机也往往从国内金融危机开始,进而引向全球。虽然引发国际金融危机的事件(导火线)各不相同,但其制度层面的原因往往具有一定的类似性或可比性。因此,撇开引发国际金融危机的偶发性事件,探寻发生国际金融危机的制度性根源,从制度的层面构筑稳定国际金融秩序的平台,才是防范国际金融危机再次成为摧残世界经济和摧毁国际金融秩序的根本性路径。

一、金融市场自由化与金融危机全球化

新自由主义是对“二战”后国际货币体制所实行的固定汇率制及各国政府对经济活动所实行的严格管制的逆动和反叛,同时也是20世纪七八十年代开始的金融自由化的直接理论来源和实践基础。在新自由主义思想指导下,自由化、私有化和市场化成了政府管理经济的圭臬。金融自由化正是在这一理论指导下铺开的,从美国开始到欧洲、日本等西方发达国家,再到拉美、东南亚等地区的发展中国家和地区,随处可见金融自由化的身影和足迹。

然而,金融自由化在实现财富积累、资产增值的过程中,却埋下了金融混乱甚至金融危机的祸根。智利是最早接受新自由主义理论、进行经济自由化和金融自由化改革的拉美国家,①同时也是20世纪80年代拉美金融危机的严重受害者。从1973年开始,推翻阿连德政权的智利军政府接受美国学者弗里德曼和哈耶克的新自由主义理论,推行经济贸易自由化和金融自由化,实行银行私有化改革。这一举措,虽然带来1978~1981年的经济繁荣(该期间经济增长32%),②但由于这一时期的经济快速增长完全是由大量外资涌入所推动的,这种通过巨额负债所催生的经济增长模式注定只能是暂时的,难以实现发展的可持续性。同时,更由于智利实行货币比索与美元保持固定汇率的僵硬汇率政策,随着美元的升值,比索被高估,必然出现对外贸易逆差和导致外资抽逃。1982年以债务危机为主要表现形式的智利金融危机就是这样演进的:该年,智利国内生产总值暴跌15%,中央银行储备锐减45%,大

① 关于智利按照新自由主义理论所进行的金融自由化改革,可参见王晓燕:《智利—拉美新自由主义改革的先锋》,载《拉丁美洲研究》2004年第1期。

② [美]格里格·葛兰汀:《弗里德曼与皮诺切特在智利的新自由主义实验》,李春兰、杨柳译,载《国外理论动态》2007年第3期。

量企业破产，失业率高达30%，银行体系处于崩溃状态，政府不得不接管约70%的银行，重新控制原被私有化的金融业，并向国际货币基金组织寻求援助，才最终摆脱这一危机困境。[①] 另一个积极践行新自由主义理论的拉美国家是阿根廷。阿根廷为了摆脱20世纪80年代席卷拉美各国的债务危机，[②]不得不接受IMF的援助条件，于1989年开始按照新自由主义理论进行经济自由化和金融自由化改革。阿根廷的自由化改革确实曾一度使其获得快速的经济增长，且被誉为“新自由主义改革在拉美的成功样板”。[③] 然而，阿根廷的新自由主义改革并没有使其最终摆脱经济危机的困扰，反而陷入更长期和更严重的经济衰退，并在1999～2002年连续4年出现经济负增长（分别为－3.4%，－0.8%，－4.4%，－10.9%），全国银行业损失达约540亿美元（相当于阿根廷银行业总资产的2倍），2004年全年GDP只有1460亿美元的阿根廷，其外债总额竟高达1644亿美元，[④]即对外负债已超过其国内生产总值，形成新一轮更严重的经济危机。在东南亚地区，泰国是较彻底接受新自由主义理念并进行包括资本市场自由化在内的金融自由化改革的国家，其金融自由化程度和金融管制放松程度甚至超过美国等发达国家。[⑤] 泰国从1989年实施金融自由化改革以后到1997年爆发金融危机之前，在快速涌入的外来资金的支撑下，其资本市场和房地产市场均获得空前的

---

① ［美］格里格·葛兰汀：《弗里德曼与皮诺切特在智利的新自由主义实验》，李春兰、杨柳译，载《国外理论动态》2007年第3期。

② 1982年阿根廷的外债总额达436亿美元，约占其国民生产总值的84%。参见吴洪英：《智利和阿根廷新自由主义改革与社会转型的成败》，载《拉丁美洲研究》2005年第10期。

③ 宋晓平：《阿根廷危机和新自由主义在拉美实践的启示》，载《拉丁美洲研究》2004年第2期。

④ 吴洪英：《智利和阿根廷新自由主义改革与社会转型的成败》，载《拉丁美洲研究》2005年第10期。

⑤ 吴元作：《金融深化过度——泰国金融危机成因探析》，载《国际金融研究》1998年第2期。

发展,其经济发展模式甚至被 IMF 捧为新兴市场经济国家的楷模。然而不幸的是,正是由于其金融市场的过度自由化,为国际投机资金创造了获取暴利和制造金融危机的平台。在国际投机资金的冲击下,泰国的资本市场、房地产市场和货币市场陷入全面危机。即国际资本利用泰国货币实行钉住美元浮动的僵硬汇率政策及资本市场高度自由化的便利,制造包括外汇市场、房地产市场及股票市场在内的全面市场混乱,在泰铢被低估时期(美元贬值时期)大规模进入泰国市场,推动泰国股市和房地产市场的快速膨胀,同时在泰铢被高估时期,以廉价的泰铢兑换成美元迅速逃离泰国市场,而巨额的外资出逃,使泰国股市、房地产市场和货币市场不堪重负,并最终造成大规模的市场动荡和金融危机。为了拯救泰国货币,泰国政府不惜动用其仅有的 370 亿美元外汇储备,但面对来势凶猛的国际投机资金,370 亿美元几乎如泥牛入海。到 1997 年年底泰国外汇储备仅剩不足 2.5 亿美元,泰国政府已无力再实施任何救市行动。1998 年年底,泰国 15 家当地银行的不良贷款比例高达 49.4%,亏损额达 90 亿美元,该年泰国的经济增长率降至 -8%。至此,泰国经济陷入全面崩溃。①

金融自由化的重要特征表现为金融资源的全球配置多元化。也正是这一特征催生了形式多样的金融创新和金融资本跨国流动的自由化。金融资源配置的全球化和多元化,为投机资本找到了获取最大利润的广阔途径,同时也活跃了全球金融市场,使全球化的国际金融市场的价值得到充分彰显。同时,金融创新受到投资银行的极力追捧,金融创新的信用创造能力得到充分的展现,其创造虚拟财富的一面得到极度的张扬。相反,以市场化为导向的金融自由化所固有的风险性一面却遭到不应有的忽视和冷遇,或至少在丰厚的利润和巨额的财富累积

① 李继:《从财务数据看经济危机对泰国银行业的冲击》,载《金融会计》1999 年第 8 期。

面前已显得无足轻重。而正是这些在金融自由化进程中所累积的潜在风险,成了点燃一次次金融危机的火种。

由此可见,新自由主义所倡导的金融自由化及作为其主要表现形式的资本市场自由化和金融创新自由化,在金融全球化的环境下,实际上成了西方发达国家自由攫取全球财富和向全球尤其是发展中国家输出风险的借口和手段。无论是拉美地区屡次发生的金融危机,还是东南亚金融危机,都是资本市场自由化、外汇兑换和输出入自由化等金融自由化实践的直接后果。

资本市场自由化是美国等西方发达国家输出新自由主义理论的首要推进目标。在长期的国际金融实践中,发达国家投资者深知,发展中国家市场最难以攻克的就是资本市场这一道铜墙铁壁。而觅利是资本的本性,面对利润丰厚、但管制森严的发展中国家资本市场,发达国家投资者难道会自甘望洋兴叹或望梅止渴?答案不可能是肯定的。于是,代表美国等发达国家资本家利益阶层的理论家,作为制造国际舆论的喉舌,一方面抨击封闭的资本市场阻碍了发展中国家自身乃至全球经济的发展;另一方面则借机鼓吹资本市场自由化在推进本国经济发展方面的价值和作用,以诱导发展中国家积极开放本国金融市场。而首先接受美国新自由主义理论、推行金融自由化急先锋的应数拉美国家,包括智利、巴西、阿根廷、墨西哥等国。不可否认,这些国家在积极推进金融自由化改革的过程中,确实从美国等西方国家获得巨额的资金来源,使其国内经济在短时期内获得快速发展,实现快速脱贫的立竿见影效果。然而,正是这些如火如荼、大刀阔斧的金融自由化改革,为外国资本的自由进出敞开了大门。许多发展中国家在金融自由化推动下获得经济上快速发展的同时,也为外国资本跨国获取超额利润构筑了坚实的平台。更不幸的是,许多外国资本正是利用发展中国家在推进金融自由化过程中存在的政策漏洞和监管不足,在最大限度地获取超额利润的同时，在当地兴风作浪，制造市场混乱，致使当地金融秩序陷入动荡和失控状态，乃至酿成金融危机。东南亚金融危机就是在这样的背景下爆发和蔓延的。

而在2007年4月开始的美国次债危机中，[①]危机之所以得以从美国向全球迅速蔓延，也完全“得益于”全球范围的金融自由化浪潮的推动。如所周知，美国的次债危机源于美国宽松的货币政策和房地产金融政策所营造的宽松次级抵押贷款环境，[②]然而，无论是次级贷款本身还是以次级贷款为基础资产的各种金融创新，作为美国的国内金融交易行为，其负面影响似乎不应严重危及其他国家，尤其是范围如此广阔的全球各国。但是自从20世纪70年代以后，金融自由化理论不仅在西方国家已深入人心，即使在许多发展中国家，也正在被逐步接受甚至被极力推崇和积极推进，并使各国的金融市场相互连贯，形成一个全球性的大市场。因此，即使是一个国家国内金融市场的活动，由于金融市场的全球一体化和计算机网络的普遍运用，也已无法以国界为标准对其进行简单的范围界定。许多国内金融市场的参与者也已不限于其本国的居民，而是以互联网为媒介、广泛涉及来自全球各地的投资者群体。因此，如果说美国的住房抵押贷款只发放给在美国购置房产的购房者，其交易行为纯属国内的房地产金融交易的话，那么，以住房抵押贷款

① 关于美国次债危机的开始时间，学界存在两种看法，一种认为应以2007年4月2日美国第二大次级房贷机构新世纪金融公司申请破产保护为起算点。因为该事件后，同年8月6日，美国第十大抵押贷款机构美国住房抵押贷款投资公司申请破产保护。8月9日，次贷危机波及欧洲。10月30日美林CEO辞职，11月4日花旗CEO辞职，诸如此类事件，均已表明金融危机在美国的全面铺开，并有向外界蔓延之势。但另一种观点认为应以2008年9月美国第四大投资银行雷曼兄弟公司破产为金融危机的起算点，因为从这时开始才出现难以挽救的“危机”局面，同月，美国第三大投资银行美林公司被收购，美国最大的两家投资银行高盛和摩根士丹利公司接受美联储的改组，世界最大的保险巨头美国国际集团(AIG)被美国接管。

② 为了刺激低迷的美国经济，美联储连续降低基金利率，使利率达到历史最低水平。同时于2003年12月推出《美国首付款法案》，直接刺激房地产金融的发展。参见李国安：《资产证券化与美国次债危机的法律研究》，载《厦门大学学报》2009年第4期。

(尤其是次级贷款)为基础资产、以各种形式的创新金融产品为载体的金融活动,则已完全突破国际法意义上的美国疆界,成为全球性的金融活动,其参与者已包括遍布全球各地的各类机构和个人投资者。就一个国家而言,其金融自由化程度越高,投资者的跨国金融活动越频繁,其参与美国次级债券交易的数量可能越多,受美国次债危机的影响也越深重。众所周知,欧洲债券市场是全球最大的场外交易市场,尽管其投资者来自全球各地,但其主要的投资者群体来自欧洲国家则是毋庸置疑的,因此在本次美国次债危机爆发伊始,欧盟即斥巨资发出强烈的救市信号。① 在 2008 年 9 月美国出台 7000 亿美元救市计划后,欧盟更出台了金额为 2.6 万亿美元的救市措施。② 这与奉行金融自由化的欧洲国家深陷次债危机显然关系密切。在欧洲市场上,仅英、德、法、荷及瑞士五国的 28 家损失最严重的银行,其在本次金融危机中遭受的损失即达 2537 亿美元。③

二、金融创新自由化与金融危机的原发性

新自由主义理论所构造的金融自由化除了金融市场高度开放,并形成资本市场的高度自由化,使各国的资本得以在相互贯通的全球金融市场上自由流通,实现全球投资自由化(尤其是资本市场的投资自由化),其另一重要内容则表现为金融创新的自由化。

---

① 2007 年 10 月初,英国率先推出救市方案,包括向银行提供 2000 亿英镑的短期融资贷款,建立总额 500 亿英镑的"银行资本调整基金",提供大约 2500 亿英镑的银行间相互贷款担保。同月,欧盟 27 国领导人在欧盟峰会上就救市行动达成共识,并各自抛出规模巨大的救市方案。参见宋玮:《欧盟救市重点由金融转向实体经济》,中国社会科学院金融研究所网站,http://ifb.cass.cn/show_news.asp? id=20260,2009 年 10 月 29 日。

② 参见《聚焦——全球与中国经济热点问题》,at http://m.dangdang.com/rdbook,2009 年 10 月 29 日。

③ 宋玮:《欧洲银行业在次贷危机冲击下黯然失色》,载《银行家》2009 年第 3 期。

众所周知,几乎所有的金融创新产品都具有避险和投机两重截然相反的功能。然而在实践中,金融创新产品的避险保值功能往往未能受到应有的重视,而其投机的属性却得到充分的彰显和备受青睐。这一现象在美国次债危机中表现得尤为突出,无论是以传统的资产证券化为外壳的次级贷款资产证券化(如 ABS、MBS),还是以次级债券为基础的担保债务凭证(CDO),甚至是以资产证券化产品或 CDO 产品为对象的信用违约互换(CDS),无不包含着不断升级的高杠杆性风险,彰显出金融风险高倍放大的特点和过程。据统计,到美国次债危机爆发前夕的 2007 年 3 月,美国次级贷款存量约为 1.4 万亿美元,仅占美国住房抵押贷款总额的约 14%,其中,到 2007 年 7 月,约 1/3 的次级贷款发生违约,即违约金额约 4700 亿美元。然而,截至 2008 年 7 月,以美国次级贷款为基础资产的担保债务凭证(CDO)的流通市值却超过 9 万亿美元,而以 CDO 等创新金融产品为标的的信用违约互换合约的总市值更达 62 万亿美元。[①]

由此可见,通过金融创新的虚拟化和杠杆化组合,以美国次级贷款为基础的金融创新产品的市值和所蕴涵的风险已被放大数十倍。在这一过程中,次级贷款的总量并无明显的变化,发生市值和风险放大的环节主要出现在 CDO 和 CDS 的运作过程中。对于房贷机构而言,资产证券化的过程,只是其提前收回中长期住房抵押贷款的过程,收回次级贷款后,该笔贷款即不复存在,房贷机构再以提前收回的资金向购房者提供新的次级贷款,因此,对于房贷机构而言,次级贷款的总额并未发生变化。然而其每发放一批新的次级贷款,即向证券化市场提供一批新的证券化资产,因此证券化产品的市值规模必将随着证券化次数的增

---

① 汤震宇等:《从美国次贷危机看金融创新过程中信用创造的缺陷》,载《开放导报》2009 年第 2 期。

加而不断扩展。而 CDO 的发行过程,实际上是将证券化产品按照清偿顺序的先后,无限次地进行分割组合和分等级发行销售的过程。每次的分割组合都能形成清偿顺序不同的优先级、中间级和权益级(最低级)CDO,因此 CDO 的总量(市值)也随着资产证券化规模的扩大而不断增长,并随着 CDO 层级(分割组合次数)的增加而不断膨胀(每次分割都能创造出大部分低成本的畅销产品)。

而信用违约互换(CDS)更是以低廉的保险费换取 CDO 违约风险赔偿,即将 CDO 的违约风险转移给保险公司(或其他愿意承担此类风险的金融机构),因此,对于专司资产证券化和 CDO 业务的投资银行或其他投资者而言,在购买 CDS 之后,已无证券化产品和 CDO 产品的违约之忧,换言之,即使证券化产品的原始资产债务人(次级贷款的借款人——购房者)违约,该违约损失也由保险公司赔付,因此,在获得 CDS 保险之后,投资银行便可放心地大量承做资产证券化和 CDO 业务,不必为违约风险作其他任何准备。而对保险公司而言,在市况良好、房地产市场高涨的背景下,CDS 的保险费收益几乎是无风险和无代价的。于是,CDS 市场随着 CDO 市场的繁荣而不断膨胀。然而,由于 CDS 所固有的以低保费承担高赔付率的潜在风险性及风险的杠杆性,一旦房地产市场下滑,原始资产风险提高,CDS 高杠杆性的巨大风险便充分显现,即保险公司可能只从投资银行或其他投资者收取 1% 的保险费,却不得不在风险来临、保险标的发生违约事件时赔付 100% 的保险金。这正是作为世界最大的保险公司美国国际集团(AIG)几近破产的原因。可见,CDS 实际上成了美国次级贷款、次级债券及相应的 CDO 市场的最后一根救命稻草。当这一根稻草难承重负之时,所有相关的市场必然陷入全面危机和走向毁灭。这也是金融创新所构筑的交易链的脆弱性和致命性之所在。

三、防范国际金融危机的理念与制度考量

可见,金融自由化在一定的时期内对推进及维持经济快速发展具有强大的助推和润滑作用,同时也是促进金融全球化、实现金融资源全球配置的重要基础。然而,这只是金融自由化内容的一部分,而不应是其全部。金融自由化还应有与之相匹配的另一部分功能或机制,即严格的监管体制,尤其是其中的风险控制机制。道理十分简单,就像汽车设计师在设计一部高速汽车一样,如果这部汽车没有设置有效的刹车和防撞设备,相信这样的汽车是无人敢于贸然驾驶的,而且车速越快,其危险程度越高。可见,缺乏有效的风险防范机制和严格监管机制的金融自由化是何其危险的。屡次爆发的金融危机均是十分可贵的前车之鉴。

为了构建稳定的国际货币金融秩序,对金融自由化进行重新定义和重新认识已刻不容缓。其实,在 1997 年亚洲金融危机后,对金融业的效率与安全问题的讨论就持续不断。反观国际金融危机的历史可知,对金融危机的防范已不是简单的效率与安全如何匹配、孰重孰轻问题。透过效率与安全的表面,我们似乎更应看到追求金融高效率与金融高效益或持续效益并非同一概念。综观那些片面追求金融高效率的国家,最终并不能实现金融高效益,在本国金融市场环境和金融法制环境尚欠成熟的阶段,片面地推行金融自由化,追求金融效率,最后可能招致严重的金融破坏,而这种破坏所付出的代价很可能是使金融业乃至国民经济发展水平大为倒退,使多年推行金融自由化的成果付诸东流,面对这样的后果,一定没有人会说这是高效率的。因此,只有培植稳健的金融市场环境,构建完备的金融法制环境,使金融市场自由化的运行有良好的平台作为依托,使金融创新有与之相匹配的法制加以有效约束,才可能形成良性的金融发展环境,从而消除滋生金融危机的

温床。

反观本次金融危机发源地美国的金融监管行为,早在20世纪七八十年代,美国即通过一系列法案鼓励美国储贷机构向低收入阶层发放住房抵押贷款,[①]并引发了几乎持续整个80年代的美国储贷危机。进入21世纪之后,美国为了刺激因网络科技经济泡沫破灭及受“9·11”事件影响而陷入严重低迷的美国经济,相继出台了一系列宽松的货币政策。尤其是其中被称为“零首付法案”的立法的出台,辅之以低利率政策,[②]推进了一轮以房地产金融市场和股票市场为中心的资产增值过程。同时也形成该两大市场不断膨胀的泡沫。而泡沫越大,其破灭的危险性也随之提高,而且一旦破灭,其破坏性也越大,美国次债危机就是一个巨大的泡沫破灭的直接后果。当然,美国次债危机具有如此巨大的能量和破坏性,则是美国政府在推行宽松的货币政策和房地产金融政策之时所始料未及的。

实际上,本次金融危机爆发的另一重要根源还在于缺乏有效监管的金融创新自由化的推动。无论是资产证券化还是担保债务凭证(CDO)的发行,抑或是信用违约互换(CDS),都直接造成金融市场信用创造的极大扩张,而三者的共同作用,更使该信用创造功能形成杠杆式的多倍放大效果。在这一系列金融创新过程中,房贷机构对借款人未尽适当审查之责、投资银行对创新金融产品的欺诈性包装、信用评级机构的不实(虚假)评级,都成了积聚风险和最终爆发金融危机不可缺少的因素。而美国金融监管当局对于上述违法或不当行为未能予以事先

---

① 如1980年3月的《对存款机构管制与货币控制法》等,参见李国安:《资产证券化与美国次债危机的法律思考》,载《厦门大学学报》(哲社版)2009年第4期。

② 2003年12月出台的《美国首付款法案》,2001年1月至2003年6月,美联储连续13次下调联邦基金利率,使之从6.5%降至1%。参见李国安:《资产证券化与美国次债危机的法律思考》,载《厦门大学学报》(哲社版)2009年第4期。

防范和未能施以有效的监管,显然难辞其咎。

适度的信用创造是银行的基本功能之一,然而,当信用扩张失去控制和缺乏监管时,实际上形成对国家货币调控政策的挑战和冲击。如住房抵押贷款的证券化,使房贷机构有如获得一台可使其信贷资金快速回流和循环使用的"永动机",而 CDO 的发行和 CDS 交易,则为这一台"永动机"提供充足的市场保障和违约赔偿保障。然而,当众多的作为资产证券化基础的次级贷款债务人发生违约,CDS 的卖方(保险公司)不得不向众多的 CDS 买方(投保人)支付远高于其所收取的保险费收入的巨额赔偿金时,作为 CDS 卖方的保险公司往往因无力支付该巨额赔偿金而宣告破产,而作为 CDS 买方的投资银行及 CDO 投资者也因得不到保险公司的赔付而遭受巨额亏损甚至倒闭,于是,以次级贷款为源头的一系列金融交易的链条一节节断裂,最终陷入难以挽回的金融大灾难。而这一灾难性的危机则通过金融全球化这一平台迅速向全球蔓延和扩散,并导致所有参与次级贷款证券化、CDO、CDS 交易的机构和个人,均难逃遭受巨大损失的厄运。至于本次国际金融危机给全球各国造成多大的损失,至今尚无确定的答案,也无人能对其作出准确的评估,也许只能用"难以估量"加以表述。

显而易见,新自由主义所奉行的金融自由化,极力倡导资本市场的自由化和金融创新自由化,实现了资金跨国流动的自由化和金融资源配置的全球化,达成了资本输出国的高额利润追求和资本输入国利用外资发展本国经济的双赢目标。

然而,金融自由化所固有的两面性却往往为监管者所忽略。首先,以美元为本位货币的国际货币制度,助长了美元垄断性的霸权地位,为美国损人利己的货币政策的推行创造了有利的条件,尤其是在许多国家仍以美元为主要国际储备货币及大量持有美国政府债券的现实背景下，由于美国长期实行美元贬值政策，[1]以美元为主要国际储备货币或大量持有美国政府债券的国家，即使没有本次金融危机的冲击，也是注定要遭受巨额损失的。何况美国大量发行美元所引发的通货膨胀实际上就是推动美国房地产市场泡沫的形成以及后来美国次债危机爆发和蔓延的不容忽视的原因之一。因此，改革现行国际货币体制，推进稳定国际货币秩序的“一揽子”货币和多元化货币本位制的形成已成为当务之急。其次，许多国家在推行金融自由化政策过程中，或为金融业的表面繁荣所迷惑，或为金融创新中根据数学模型所推演出来的安全性所蒙蔽，往往未能施以强有力的监管，使金融自由化所固有的、原生性的风险如影随形地长期潜伏于表面的繁荣和杠杆性收益的背后，而金融创新的风险杠杆性与收益杠杆性是相伴而生的，收益的杠杆性往往使金融机构和监管者对风险控制和监管失去兴趣，而当风险的杠杆性显露出来时，金融机构本身乃至监管者均已难以对其进行有效控制，美国次债危机的爆发显然就是金融机构和监管者在追求房地产金融的表面繁荣和金融创新的收益杠杆性的同时，完全忽视了其背后所隐藏的杠杆性风险所催生的。

第四节　金融风险全球化与全球金融治理机制之构建

金融风险的全球传播是 2008 年从美国开始的全球性金融危机的突出表现。而在金融风险全球化面前，现行国际金融监管体制表现得软弱无力，也因此致使发生于一个国家内部的金融危机很快撬动各国

① 在布雷顿森林体制下，35 美元可兑换 1 盎司黄金，1971 年美国宣布美元与黄金脱钩后，美元汇率随即迅速下滑，2009 年 10 月 14 日创下 1070 美元兑换 1 盎司黄金的历史新低。

的监管大门,肆虐于全球各个角落,全球各国几乎无一幸免。反思本次金融危机的传播路径,它时刻拷问着各国金融监管当局和众多专业性国际金融监管组织:国际金融监管体制到底存在哪些方面的严重缺失?金融危机之后国际社会对已有的国际金融监管体制做了哪些有益的改革尝试? 应如何构建同时具有风险防范和危机处理能力的全球金融治理机制? 本节试图循着这一思路对全球金融治理相关问题展开讨论和思考。

一、金融风险全球化再评估

金融全球化作为经济全球化的重要内容正日益深刻影响着全球经济的格局,引领着全球经济的走向,成为全球经济稳定的风向标。在此金融全球化的大环境下,各国金融市场紧密相连、形成全球性的金融大市场,金融资本在全球范围内快速流动,金融企业通过各种形式的分支机构在全球范围内综合开展各种金融活动,金融资源在全球范围内得到更有效的重新配置,全球金融资产得到快速增长,金融投资者从全球范围内获得前所未有的超额利润。

然而,如所周知,金融全球化的根源在于“新自由主义”理论导向下的金融自由化。汇率自由化、资本跨国流动自由化、金融企业的跨国和跨行业经营自由化、金融产品创新自由化等,都是金融自由化的应有内涵。而在自由竞争的市场法则下,利润和风险总是相伴而生的。金融市场的竞争法则看似一场零和博弈的游戏,但当一层又一层的创新面纱被揭开之后,人们突然发现,在以杠杆模式为依托的游戏博弈中,自由竞争所蕴涵的利润和风险已被无限放大。① 而金融全球化所营造的

① See Dan Awrey, Complexity, Innovation, and the Regulation of Modern Financial Markets, Vol. 2, *Harv. Bus. L. Rev.*, 2012, pp. 267 – 277.

金融产品全球流动环境，则使利润的全球获取和风险的跨境传导成为司空见惯。20世纪90年代后期开始的金融混业经营的如潮推进，使传统的银行、证券、保险、信托等金融各分支行业的划分已成为不必要或不可能，从而形成了金融风险的跨行业、跨领域流动，而正是金融活动的自由化及其全球化效应，形成了系统性风险及其势不可当的全球性蔓延。[①]

如果说20世纪30年代的全球性金融危机纯属世界金融史上的偶发事件，那么2008年爆发的全球性金融危机则是70年代以后历次局部性或区域性金融危机所累积的金融风险的总爆发。尽管20世纪30年代的金融危机其破坏性在当时已是空前的，但其对世界各国造成的经济创伤很快就被第二次世界大战给全人类造成的更严重的全局性摧残所取代，毕竟经济的困扰与国家、民族的存亡相比已不值一提。而70年代布雷顿森林体制瓦解之后，从汇率自由化开始的一系列金融自由化措施，在推进各国金融业快速发展的同时，也形成金融风险的积累和叠加。[②] 尤其是伴随计算机技术的变革性发展和金融业全球战略布局的全面推进，金融创新成了可以脱离实体产业而无限扩大资产规模的魔术师，而脱离实体经济的虚拟资产的快速膨胀过程，往往也是金融风险的形成和累积过程。一旦构成虚拟资产的链条的任何一个环节无法承受该快速膨胀所形成的压力而断裂时，风险的爆发就像一个虚幻的世界的破灭一样，摧枯拉朽、风卷残云。2008年的美国次贷危机的爆发

---

① See Geoffrey R. D. Underhill, The Emerging Post-Crisis Financial Architecture: The Path-Dependency of Ideational Adverse Selection, *The British Journal of Politics and International Relations*, 2014, pp. 3 – 7.

② 尽管也有学者对金融自由化与金融危机的关联性并不持肯定的观点。See Puspa Delima Amri and Brett Matthew Kocher, The Political Economy of Financial Sector Supervision and Banking Crises: A Cross-Country Analysis, *European Law Journal*, Vol. 18, No. 1, January 2012, p. 36.

及其向全球的蔓延,演绎的就是这样一条路径。

20 世纪 80 年代美国储贷协会危机可以说是 2008 年美国次贷危机的一次全面预演。1980 年和 1982 年,美国先后通过了《存款机构放松管制和货币控制法》和《存款机构法》,一方面放宽储贷协会吸收存款的利率上限(取消 Q 条例对存款利率上限的限制),使储贷协会可以通过发行大面额的、高利率的可转让存单以吸引更多存款;另一方面允许储贷协会从事各种高风险业务,包括发放各种房地产贷款、从事垃圾债券投资等。尔后,随着 80 年代中期因油价下跌引发的美国经济的衰退,大量借款人无力还贷,储贷协会的贷款和投资难以回收,从而引发了大规模的美国储贷协会危机。① 本次危机成为第二次世界大战后到 20 世纪 90 年代之前全球最严重的一次金融危机,也成为 2008 年美国次贷危机的预演版,昭示了美国金融监管当局的严重监管缺失。幸而本次危机主要集中在以房地产贷款为主的储贷协会和商业银行,并未向其他国家蔓延。

进入 90 年代以后,全球各地更是"危机四伏",典型的有 1994 年的墨西哥金融危机、1997 年的亚洲金融危机、1998 年的俄罗斯金融危机、1999 年的巴西货币危机和 2001 年的阿根廷金融危机等,其中 1997 年从泰国开始的亚洲金融危机,已表现出了当代金融危机的全球传导性特征,成为继 20 世纪 30 年代金融危机以来对世界经济造成严重破坏的大危机,其蔓延的范围遍及东南亚各国,地处东北亚的韩国、日本也饱受重创,甚至 1998 年的俄罗斯金融危机实际上也是受亚洲金融危机的余波所殃及。至此,金融风险的全球传导性已暴露无遗。

2008 年由美国次贷危机演化而来的全球性金融危机,更进一步彰

---

① 张慧莲:《金融危机的历史共同性和差异性——从美国储贷协会危机到次贷危机》,载《郑州航空工业学院学报》第 27 卷第 3 期。

显了金融全球化背景下的金融风险全球性传导威力。与20世纪80年代初美国政府鼓励储贷协会大量发放住房抵押贷款如出一辙，为了刺激新世纪初低迷的美国经济，美国政府连续下调联邦基准利率，助推美国房地产金融公司大量发放住房抵押贷款。尤其是向一些不具备偿还能力的借款人发放的次级抵押贷款，在2006年美国政府大幅提高联邦基准利率后，出现大范围的无力还贷现象，加之在高利率压力下房地产市场行情的暴跌，使大量房贷公司因无法收回住房抵押贷款而纷纷破产。然而，与美国储贷危机不同的是，由于金融创新的推动，2008年住房抵押贷款无法回收的受害者已远非房地产贷款机构本身，而是包括参与住房抵押贷款证券化的投资银行、保险公司及其他机构投资者，从而使住房抵押贷款的风险通过资产证券化渠道实现了从货币市场向资本市场的传导，并通过金融全球化的平台，实现了美国国内金融风险的全球传播，从而形成席卷全球、波及领域广泛的世纪性金融大灾难。

二、现行国际金融监管体制的困境

在金融自由化理念主导下形成的金融全球化直接催生了金融风险的全球化。[①] 金融风险的跨国传导作为金融全球化直接产生的“负产品”，早在20世纪70年代即已引起各国银行监管当局的关注，并通过成立巴塞尔银行监管委员会和由其发布银行监管最低标准，敦促各国按照巴塞尔协议的最低要求对各自管辖范围的银行业进行有效监管，以防银行风险的跨境溢出及对他国银行业市场产生冲击。然而，现行国际金融监管体制总体仍存在诸如只重视单个金融机构的风险监管、缺乏系统风险监管意识，只强调自由创新和提高效率、缺乏金融安全和

① See Sharon Horgan, The Impact of Globalisation and the Global Financial Crisis, Vol. 17, *Int'l Trade & Bus. L. Rev.*, 2014, pp. 46 – 62.

有效监管意识，只注重国内金融风险监管、缺乏风险全球化和监管合作意识，只强调对金融行业的监管、忽视宏观货币政策与财政政策对金融风险的助推效应，忽视国际货币制度对全球金融稳定的作用等。

（一）系统性风险监管机制缺失

系统性风险之于金融系统有如免疫系统疾病之于肌体，一旦发病，必对人体的免疫系统造成系统性和全局性的破坏。在现行国际金融监管体制下，尽管存在国际货币基金组织等全球性的国际金融机构，也存在巴塞尔银行监管委员会、国际证券监管者组织、国际保险监管官协会等民间性、专业性的国际金融监管机构，此外，G20、全球金融稳定理事会等非正式的国际金融监管平台也发挥重要的金融监管协调作用，但总体而言，其活动是相互独立和缺乏衔接与协调的，更多地只关注各自管辖范围内的金融事务与金融风险。

然而，现代国际金融活动和金融市场是紧密联系、相互勾连的，各金融领域的风险除了具有原来意义的内部风险传导性，更表现为风险的外溢效应，各金融领域的风险相互传导，进而对整个金融系统造成整体性的破坏，这正是现代金融系统性风险的重要表现。其中，尤其突出表现为具有系统重要性的金融机构的活动及具有系统性影响的金融行为对全球金融系统可能造成的摧毁性影响，①如 2008 年美国次贷危机中的五大投行、②房地美与房利美及美国国际集团等金融机构，其活动对金融系统所造成的整体破坏均是举足轻重的，而资产证券化及由此演化而来的金融创新产品如 CDO、CDS 等，在金融自由化理念所营造

① See George G. Kaufman, Banking and Public Policy: Too Big to Fail, *Economic Inquiry*, Vol. 53, No. 1, Jan. 2015, pp. 2 – 4.

② 美国五大投资银行包括高盛、摩根士丹利、美林、雷曼兄弟和贝尔斯登。

的混业经营和金融全球化环境下，则成了金融风险系统性和全球性传导的重要工具。

对于系统性风险的全球传播，现行国际金融监管体制表现出捉襟见肘和无力应对的窘态，尽管在风险爆发之前，各类金融机构在各自的监管指标下均未显露明显的不良迹象，但金融危机却在号称金融监管体制最完备的美国悄然爆发并向全球蔓延，各类国际金融监管机构及其设定的监管标准均未能有效阻止金融危机的集中爆发、跨行业传导和全球蔓延，其系统性风险监管机制的缺失已暴露无遗。

（二）综合监管失调

金融业是全球经济中最活跃和最敏感的因素，政府对整体经济的宏观调控每每对金融行业的运行产生直接而广泛的影响。历次重大的金融危机表明，正是政府的不适当调控所产生的负面效应，在金融创新的演绎下积聚了巨大的风险存量，再借助金融自由化和金融全球化浪潮的推动，使该巨量金融风险顺利实现其跨行业传导和跨境传播乃至全球性蔓延。如果说 1997 年的东南亚金融危机是一国国内不成熟的金融市场和不完备的金融法制与过度开放、自由的对外经济政策不匹配所引致的，那么，2008 年美国次贷危机则是美国国内宏观调控政策对房贷市场的助涨助跌、金融创新对金融风险的漠视及金融全球化为金融风险的传播提供平台等多种因素的综合作用所致。

1997 年东南亚金融危机实际上是金融风险跨境传导的一次区域性演练。泰国缺乏弹性的汇率政策与金融自由化政策所铸就的金融市场不和谐，为国际投机资本迅捷冲击股市、房市和汇市创造了绝佳的机会和条件，而东南亚地区与日、韩等国在经济上的紧密联系性，则为金融危机的跨境传导创造了有利的平台，危机的发生与蔓延，为不成熟的国内金融市场与自由化的金融政策的推行所蕴涵的风险敲响了一记警钟。

然而,美国主导下的金融自由化政策并未因此而稍停,尤其是从金融自由化的膨胀式快速发展中尝到甜头的新兴经济体,似乎从未意识到金融风险固有的长期破坏性。而美国更是不顾经济运行的基本规律,为了刺激因互联网科技泡沫破灭而处于低迷状态的美国经济,强行运用行政手段,连续降低联邦基准利率,甚至通过立法引导资金流向房地产市场,①并因此促成了美国房贷市场泡沫的快速膨胀;之后,又在紧接着的一轮高利率政策的压制下,致使该房贷市场的泡沫快速破裂,进而引发美国次贷危机;再通过资产证券化等金融创新渠道使该危机从货币市场向资本市场传导,并经过金融国际化平台向全球蔓延。

从东南亚金融危机到美国次贷危机,都充分暴露了各国对金融市场综合监管的缺失,不适时机的金融自由化政策和不合时宜的宏观货币调控政策以及对金融衍生市场的监管缺失,导致综合性金融监管的严重失调,使金融风险得以在错配的金融监管体制下快速聚集和扩散,进而触发金融危机的爆发和全球蔓延。

(三)金融风险全球防控合作的缺位

金融风险的国际防控合作往往需要适当的国际金融契机、各国监管当局的高度共识和适当的监管合作平台。历次有效的国际金融监管合作,都是在国际金融市场和秩序遭到严重破坏之后被提出并实施的。典型的如1974年欧美银行倒闭风潮后,巴塞尔委员会的设立及其相关银行监管规则的出台,1997年东南亚金融危机后金融稳定论坛和“20国集团”的成立和运行,2008年全球金融危机后,金融稳定理事会和“20

① 美国前总统布什于2003年签署了《美国首付款法案》。根据该法案,对于无力支付购房首付款的美国中低收入家庭,美国政府可为其提供1万美元或购房价款6%的首付款资助。

国集团”国际金融监管合作功能的强化,均是历次金融危机催生的结果,并在金融危机后的国际金融监管合作中发挥了重要作用。可见,国际金融监管合作平台的构建和措施的实施,均是各国共同金融利益的推动和对国际金融监管合作必要性的共识。

然而,上述国际金融监管平台的构建和措施的出台,主要都表现为应急性、局部性和松散性特征,均是在发生严重的国际金融危机后,才意识到国际金融监管合作的重要性,且不具有长期稳定的机制构建,出台的措施也多为宣言性和倡导性层面的文件,各国均可根据自身的利益考量而决定是否加以实施。尤其是那些率先从金融危机中解脱出来的国家,将暂时的脱险视为经济发展的“机遇”,往往弃危机的惨痛教训于不顾,我行我素,实施助推经济走向新一轮泡沫的金融政策,未能从全球金融长期稳定的高度实施监管措施,任由金融风险再次形成和积聚。这种缺乏稳定、长远视野的监管合作机制,实际上难以实现全球金融的长期有效治理,最终仍难免堕入跟随经济周期沉浮的怪圈。

三、全球金融治理机制的有效性构建

全球治理理论最初由德国前总理勃兰特于 1990 年首先提出。在勃兰特的倡导下,1992 年在联合国成立了“全球治理委员会”,该委员会于 1995 年发表的《天涯成比邻》成了指导各领域全球治理的纲领性文件。[①] 然而,全球金融治理作为全球治理的重要领域和重要环节,则是在 2008 年全球性金融危机爆发后才被提出和加以诠释的。尽管现行全球金融治理及其实践仍存在诸多不足,但在“20 国集团”倡导下实施

① See Commission on Global Governance, *Our Global Neighbourhood: The Report of the Commission on Global Governance*, Oxford Paperbacks, Feb., 1995.

的全球金融治理框架所取得的效果则是有目共睹的。[①]

(一)全球金融治理机制构建的现实基础

从历次国际金融危机尤其是本次全球性的国际金融危机严酷的教训中,国际金融监管组织和各国金融监管当局已基本形成共识:国际金融监管和风险防范需要全新的全球金融治理理念和机制,既应具有强制约束力的国际金融监管机构,又应有宽松、灵活的非正式的国际金融监管决策平台;既应有综合性的国际金融治理机构,也应有专业性的国际金融监管规则制定机构,以构成多元化、协调性的全球金融治理体制。[②]

在现行国际金融监管体制中,国际货币基金组织无疑处于核心地位。尽管 IMF 的职能仅占全球金融治理体制有限的某些方面,甚至有许多学者质疑 IMF 防范金融危机的功能有效性,[③]然而 IMF 在宏观层面的全球金融治理的作用是无可替代的。实践证明,IMF 对国际金融秩序的评估和影响对各国货币金融政策的制定具有强大的导向作用。尽管多数金融危机的爆发和蔓延,都是由一国不适当的宏观货币金融政策引起的,而 IMF 原则上并无干涉一国货币政策的权力,但 IMF 对其成员国货币金融政策的引导作用则是不可否认和不容忽视的,尤其是一国汇率政策的制定,将无可回避地受到《IMF 协定》和 IMF 理事会相

① See Ross P. Buckley, The G20's Performance in Global Financial Regulation, Vol. 37, *U. N. S. W. Law Journal*, 2014, pp. 65 – 78.

② See Roberta Romano, For Diversity in the International Regulation of Financial Institutions: Critiquing and Recalibrating the Basel Architecture, Vol. 31, *Yale J. on Reg.*, 2014, pp. 26 – 66.

③ IMF 对全球和各成员国的金融体系及金融脆弱性和风险性未能加以有效监测和防范,缺乏对金融衍生品和金融市场参与者的有效监管等。谢世清:《后危机时代国际货币基金组织的职能改革》,载《国际贸易》2011 年第 11 期。

关决议的直接约束。[①] 而在历次严重的金融危机发生后，IMF 对危机国的救援更是举足轻重甚至是无可替代的。

金融稳定理事会作为非正式国际金融组织，无论从其参与主体还是其讨论的议题甚至其决策机制考量，都是一个比 IMF 要灵活得多的国际金融治理平台。虽然该平台在协调其他专业性的国际金融组织能力方面仍属缺乏，在运行机制上也仍显松散，在决策过程中及政策导向上更加难以摆脱发达国家的主导，但其在发展中国家较广泛参与及对国际金融系统性风险的关注等方面，都是其他国际金融组织无法比拟的。2014 年 4 月召开的金融稳定理事会全体会议就明确以“全球金融体系脆弱性及其应对方案”作为其讨论和审议的重点，表明其对国际金融监管大方向的明确定位和积极关注。从金融稳定理事会 2009 年完成其改制以来，其对国际金融监管方向的定位和所出台的具体措施，已表明其俨然成为 IMF 之外的另一国际金融监管中心。

此外，各个专业性的国际金融监管组织对各自监管领域的风险防范均已达到较成熟的阶段。巴塞尔银行监管委员会通过发布系列性的银行监管规则，尤其是《巴塞尔资本协议》的适时更新和调整，对国际银行领域的风险防范已具有较强的适应性。国际证监会组织(IOSCO)和国际保险监管协会在证券和保险领域也各自发挥着重要的规范和协调作用。[②]

尤其难能可贵的是，在国际货币基金组织和世界银行的有效运行严重受制于美国等少数西方国家的背景下，为了防范国际金融风险对

① 如国际货币基金组织于 1977 年通过的《汇率政策监督的决定》和 2007 年通过的《对成员国汇率政策监督的决定》。

② See Geoffrey R. D. Underhill, The Emerging Post-Crisis Financial Architecture: The Path-Dependency of Ideational Adverse Selection, *The British Journal of Politics and International Relations*, 2014, pp. 18 – 23.

脆弱的发展中国家金融市场的冲击,新兴市场经济国家借鉴欧洲货币联盟的实践,凝聚发展中国家自身的力量,于 2014 年建立了金砖国家开发银行,同时设立了金砖国家应急储备安排。该两项国际金融设施的建立,可望为发展中国家尤其是金砖五国的经济稳定和可持续发展及应对突发性的金融动荡提供重要的物质援助基础。

审视现行国际金融监管实践可知,以上政府间及民间性的国际金融监管组织均能从不同的侧面对国际金融秩序的稳定发挥各自的规范效果。这些分散的国际金融监管组织的存在,虽因缺乏整合与协调而显得零碎、松散和凌乱,但显然已为全球金融治理机制的构建奠定了重要的基础。

(二)全球金融治理机制的模式定位

金融风险的全球性存在早已呼唤金融监管全球化的同步跟进,全球金融治理也成了金融全球化环境下维护全球金融稳定的全新监管理念。传统的国际金融合作监管模式在解决全球化的金融问题(尤其是金融风险)过程中总是难掩其捉襟见肘的窘态。IMF 在金融监管方面的职能缺乏和行动迟缓早已引起国际社会的普遍诟病,加之其严重受制于美国等少数发达国家的运行机制弊端,以及在历次国际金融危机面前的不佳表现,更使其在国际金融监管方面的作用备受质疑。巴塞尔委员会局限于发布银行业监管规则,未涉及其他金融领域的监管问题;反洗钱金融行为特别工作组(FATF)专注于国际反洗钱活动,几乎未涉及国际金融风险的防范与监管;金融稳定论坛在经历本次金融危机洗礼之后,才被改造成更具金融监管全球合作实体价值的金融稳定理事会,其金融监管理念也才开始定位于国际金融风险,尤其是系统性金融风险的监管。长期主宰世界经济导向的“8 国集团”在本次金融危机之后,似乎已经将主导世界经济的权能转交或植入“20 国集团”,但这种缺乏约束力的权能让渡能否持久有效仍有待时间考验,甚至正在受到质疑。尤其是在西方国家的经济再度步入繁荣,新兴发展中国家支撑世界经济复苏的力量和作用正在下降时,发展中国家能否仍会被作为讨论世界经济大政的平等主体,恐仍有待实践进一步检验。

因此,如何有效整合现有分散的国际金融监管资源,充分发挥其国际金融监管合力,应是全球金融治理的核心内涵。毫无疑问,全球金融治理涉及众多国际金融监管机构的合作问题,尤其是来自不同监管机构的具体监管措施的国际协调问题。而由于金融监管直接涉及一国的金融主权,全球金融治理必然无法绕开极具敏感性的各国金融主权问题。这就要求全球金融治理机制的构建应建立在相互尊重国家主权和发展中国家有效参与的基础上,并形成更富弹性和更具多元化的立体性治理框架。不仅需要具有强制约束力的政府间国际组织,还需要治理环境更宽松的非政府间、非正式的对话协调机制。既包括专业性的金融治理平台如巴塞尔银行监管委员会,也应包括协调范围更加广泛的全球合作机制如 G20;既包括开放性、全球性的治理平台如金融稳定理事会,也应包括范围相对狭窄的专项性治理机制如反洗钱行动特别工作组、国际证监会组织和国际保险监管官协会,还包括区域性的金融合作机制如欧洲货币联盟、金砖国家开发银行和金砖国家应急储备安排等。而其中最重要的一环,也是全球金融治理机制的最终定位,则应是将现存零碎、松散的各个国际金融监管机构和设施加以科学整合,凝聚各自的优势,使其形成发展中国家与发达国家公平参与的、长期有效和协调稳健的全球治理合力。

(三)全球金融治理的合理体制安排

2008 年全球性金融危机的爆发和蔓延,充分暴露了现行国际金融基础制度和国际金融监管体制无法适应日益复杂化的全球金融市场发展与风险防范需要的现实。危机后,各国金融当局和国际金融监管组织均从各个方面表现出了对金融危机与风险防范的共同决心。[①] 但从现有构建国际金融危机监管体制的努力情况来看,却显现出碎片化有余、协调性不足的杂乱景象。而正是对系统性金融风险缺乏整体性、协调性的监管理念和措施,导致了 2008 年全球金融危机的传播与蔓延,也显露出了各个金融监管组织各自为政的现行国际金融监管体制的弊端。

然而,在金融全球化的背景下,金融不稳定因素的作用已不可能被抑制在一个国家或一个狭小的领域范围内,其跨行业、跨市场传导乃至全球传播已成为当今金融危机的最主要特征。现代全球金融秩序的稳定已强烈要求各国货币金融政策的多边协调和对金融风险的全球性、跨行业和全方位的防范。因此,综合性、多元化的全球金融治理机制的构建与协调已成为全球金融危机防范的不二选择。

在构建全球金融治理机制过程中,首先遇到的是各国金融主权这一难以逾越的屏障,因此,在多大程度上协调各国金融主权,形成发展中国家拥有公平发言权的、各国共同参与的治理平台,是有效构建全球金融治理机制的重要基础和制度保障。如前所述,IMF 是国际货币领域唯一的协调各国货币政策的政府间国际组织,其最大的特点是《IMF 协定》及 IMF 理事会决议的强制执行力,因此其对国际货币秩序的稳定无疑发挥着举足轻重的作用。但无可否认,《IMF 协定》及 IMF 理事会的决议对各成员国货币政策的协调仅停留于宏观层面则是毋庸讳言的。各国国内货币政策的制定和执行最终仍属一国主权事务,只要不违反《IMF 协定》和理事会决定,IMF 无权干涉。

---

① See Pierre-Hugues Verdier, The Political Economy of International Financial Regulation, Vol. 88, *Ind. L. J.*, 2013, pp. 1459 – 1472.

从国际货币金融实践可知,国际货币金融秩序的稳定首先来自各国国内货币金融秩序的稳定,只有各国国内货币金融秩序稳定,国际货币金融秩序的稳定才是有保障和有现实基础的。而国内货币金融秩序的稳定又来自各国国内货币金融立法与政策的稳健推行。任何一次金融危机,包括区域性甚至全球性的金融危机,都是首先来自一国不稳健的货币金融政策推行的结果。正如20世纪90年代泰国所推行的过度自由化的货币金融政策直接导致了东南亚金融危机的爆发;21世纪开始美国不适当的房地产金融政策及对次贷资产证券化的不适当运用,直接引发了2008年的美国次贷危机乃至全球性的金融大危机。而由于IMF的职能所限,作为一个全球最重要的政府间国际货币金融组织,对如此重大、对全球金融秩序造成剧烈震荡的一国金融事件事先竟一无所知。因此,如何强化IMF的职能,使其在条约允许的范围内及在决策机制公平、公正的前提下,对可能影响全球货币金融秩序稳定的一国范围内的金融事件也能有所预知,有所预判,并最终采取审慎和适度的防范甚至干预措施,应是今后IMF体制改革(包括决策机制改革)的主要努力方向,也是IMF体制作为全球金融治理体制重要构成部分的职能要求和价值体现。

金融稳定理事会自其成立伊始,就已确定了自身的努力方向,包括防范全球系统性金融风险,研究和解决全球金融体系脆弱性问题,推动国际金融监管标准和规则的制定与完善,促进全球金融监管框架的完善,推进国际金融监管和危机处理合作机制的建立。与IMF作为政府间国际货币组织所固有的强制性特征相比,金融稳定理事会作为非正式的国际金融监管协调平台,具有更突出的灵活性和协调功能。在对其运行机制加以扬长避短的改造之后,金融稳定理事会可望成为全球金融治理机制的核心。[①] 目前金融稳定理事会受到普遍质疑的软肋是其成员的代表性、程序的正当性及决议的可执行性问题及其自身凝聚力和权威性的欠缺。因此,改造金融稳定理事会也应从以上欠缺入手。

就金融稳定理事会的代表性而言,虽然其成员已由其前身金融稳定论坛的"G7"扩展到包括"G20"全体成员和国际货币基金组织、世界银行、欧洲中央银行、巴塞尔委员会、国际证监会组织、国际保险监管官协会等国际金融机构和监管组织在内的更广泛成员,但从国家的代表性来看,更多弱小的发展中国家仍被排除在商讨和议决国际金融监管大政的行列之外。全球金融治理应是全球各国共同的使命,任何基于少数国家利益和意志的制度安排都是不合理的,也得不到国际社会的普遍拥戴和自觉遵守。因此,更加开放的成员参与形式将是考验金融稳定理事会能够在全球金融治理中发挥多大作用和能够走多远的重要筹码。

伴随代表性不足问题存在的就是程序的正当性和决策的可执行性问题,任何试图把由少数国家作出的决策强加于国际社会全体成员的安排必然都存在缺乏程序正当性的问题。同时,鉴于金融稳定理事会所作出的决议并不具有法律上的强制执行力,其可执行性完全取决于各国金融监管当局对其内容的转化和运用,因此,只有更广泛的国家参与其中,才可能使其作出的决议取得程序上的正当性并得到更多国家的自觉采用和遵守。否则,再有效的国际金融稳定决策,如果得不到众多国家的认可和自觉执行,都很难收到预期的稳定金融秩序效果。在全球金融治理中,直接涉及国际社会全体成员的金融安全利益,必然更加需要全球各国的共同参与,以取得全球金融风险防范中的"众志成城"效果。

---

① See Stavros Gadinis, The Financial Stability Board: The New Politics of International Financial Regulation, Vol. 48, *Tex. Int'l L. J.*, 2012 - 2013, pp. 164 - 175.

如前所述,在当前全球金融治理方案中,最核心和亟须解决的是现行国际金融监管体制中存在的碎片化问题。缺乏一个能够强有力整合各个国际金融机构和国际金融监管组织乃至各国金融监管当局的权威性核心组织,是当前全球金融治理的致命难题。IMF 虽然具有较高的成员代表性,但因其决策机制的先天不足(受制于少数强国)、职能的有限性及其决策执行机制的缺乏弹性,在全球金融治理中已不具备担负整合全球金融监管资源的国际声望和权威性。相比之下,金融稳定理事会则具有机构稳定性和决策富有弹性、运行机制更具灵活性等特点。[①] 以"G20"为主体的金融稳定理事会的成员构成,虽仍存在代表性不足的缺憾,但已体现了其对发展中国家的包容性和应有的尊重,加之理事会已将具有较广泛代表性的大部分全球性国际金融机构和国际金融监管组织囊括其中,[②]只要能以更加开放的姿态接纳更多国家和国际金融组织的加入,定可使金融稳定理事会的监管理念和措施得以在各个国际金融监管领域推行和运用,进而对全球金融监管形成共鸣式的整体效应,并形成全球金融秩序稳定的长效治理机制。[③]

当然,由于金融稳定理事会的决议和声明本身并不具有强制性和

---

① 金融稳定理事会已于 2013 年 1 月根据瑞士法律注册为非营利性法人组织,已从松散型的论坛成功转型为稳定的国际金融监管组织,at http://www. financialstabilityboard. org/about/history/,2014 年 11 月 30 日。

② 金融稳定理事会除了包括 20 国集团全体成员在内的 24 个国家和地区(含欧盟),还包括国际货币基金组织(IMF)、世界银行(WB)、国际清算银行(BIS)、经济合作与发展组织(OECD)、巴塞尔银行监管委员会(BCBS)、国际会计准则理事会(IASB)、国际保险监管者协会(IAIS)、国际证监会组织(IOSCO)、支付与市场基础设施委员会(CPMI)、全球金融系统委员会(CGFS)等,at http://www. financialstabilityboard. org/about/fsb-members/,2014 年 11 月 29 日。

③ 也有学者提出应借鉴世界贸易组织的经验,在国际金融领域建立"世界金融组织",以强化对国际金融市场的规范。See Rosa M. Lastra, Do We Need a World Financial Organization? *Journal of International Economic Law*, 2014, pp. 11 – 18. 但反观国际货币基金组织在国际货币领域的强制规制效果的有限性,同时顾及在长期以"软约束"为主导的国际金融领域推行强行规范的可接受性,该建议在短期内恐难实际推行。

约束力,作为其成员的各国金融监管当局和国际金融监管组织是否能够全力加以推行,完全根据其自身的需求性和利益性判断,具有明显的随意性。因此,在全球金融治理机制构建中,亟须提升作为其核心的金融稳定理事会的凝聚力和权威性,使其提出的全球金融治理理念和金融监管措施能够通过各个国际金融机构和国际金融监管组织的强力推行,辐射到包括理事会成员国在内的全球范围,使金融风险防范效果深入到全球各个角落,从而阻断金融风险在各金融行业之间及各国家之间的传播,甚至通过高规格的国际金融监管标准和规则的普遍推行,从根源上消除金融风险的萌发。而提升金融稳定理事会凝聚力和权威性的难点则突出表现在如何处理金融监管理事会与其他国际金融监管组织的职能对接及如何协调各国监管当局对金融利益和金融监管成本的不同考量。

首先,根据金融稳定理事会的章程,理事会拥有广泛的国际金融监管权限和职能,包括从国际层面上协调各国金融监管机构和国际金融标准制定机构各自之间和相互之间的工作,制定和实施促进全球金融稳定的监管政策,解决全球领域的金融脆弱性问题等。①

然而,这些稳定全球金融秩序职能的有效发挥,仍有赖于作为其成员的其他国际金融机构和监管组织的协力推行,而不能仅仅依靠其有限的成员国政府的自主选择实施。因此,金融稳定理事会与其他国际金融机构和监管组织的协调运行必然是其职能有效实现的首要保障。如金融稳定理事会所作出的国际金融宏观审慎监管决策,显然需要倚仗 IMF 和国际清算银行等由各国中央银行行长构成的国际金融监管机构的积极推动,才能使之在更广泛的国家(而不仅是理事会的成员国)范围内推行。而涉及微观审慎监管的决策和措施,也需要通过巴塞尔银行监管委员会、国际证监会组织、国际保险监管官协会、国际互换与

① 《金融稳定理事会章程》第 1 条、第 2 条。

衍生品协会等制定国际金融监管标准与规则的国际组织的转化和促进，才可能使之为更多的国家所接受。[①] 尽管这方面的协调工作已作为理事会的宗旨明确规定于理事会章程，[②]但具体的协调和推进工作仍然十分艰辛。可喜的是，理事会在实践中已在努力践行其章程所赋予的该项协调职能。如2014年11月理事会针对具有全球系统重要性银行发布的“总损失吸收能力”(TLAC)最低标准新规，[③]就是在与巴塞尔银行监管委员会磋商的基础上作出的。[④] 这一做法所折射出的明显意图就是借助巴塞尔委员会这一国际银行监管标准制定机构使这一新规得以在更广的范围内实施。惟有如此，方可取得广泛和高效的国际金融监管规则的推行效果。

其次，如前所述，国际金融监管首先遇到的就是国家金融主权的障碍问题，如果一国金融监管当局认为推行一项国际金融监管措施所形成的监管成本高于可获得的金融利益，恐怕很难推动该监管措施在该国范围内的实施。因此，金融稳定理事会在推行一套国际金融监管措施过程中，有必要辅之以一套科学合理的援助机制，当一项国际金融监

---

① See Emilios Avgouleas, Effective Governance of Global Financial Markets: An Evolutionary Plan for Reform, *Global Policy*, Vol. 4, Supplement 1, July 2013, pp. 79 – 81.

② 《金融稳定理事会章程》第1条：The Financial Stability Board (FSB) is established to coordinate at the international level the work of national financial authorities and international standard setting bodies (SSBs) in order to develop and promote the implementation of effective regulatory, supervisory and other financial sector policies. In collaboration with the international financial institutions, the FSB will address vulnerabilities affecting financial systems in the interest of global financial stability。

③ 2014年11月10日，金融稳定理事会就具有全球系统重要性银行的监管提出一项重要新规则。根据该新规，具有全球系统重要性的30家银行从2019年1月起将被要求持有相当于杠杆比率两倍的缓冲资本(总损失吸收能力，Total Loss-Absorbing Capacity, TLAC)。根据该项指标测算，具有全球系统重要性的银行应持有的缓冲资本将相当于其风险加权资产16%到20%，其中包括强制性的最低核心资本要求，at http://finance.qq.com/a/20141110/056712.htm，2014年11月29日。

④ At http://www.financialstabilityboard.org/wp-content/uploads/TLAC-Press-release.pdf, 2014年11月30日。

管措施的推行对全球金融治理是必不可少时,如果该项措施在特定国家的实施将对该国的金融利益构成重大的冲击,“国际金融监管援助机制”应在考量该项措施若未能在该国实施可能存在的风险性的基础上,以该国实施该措施为条件对其施以必要的援助,从而形成监管利益的全球平衡和监管措施的全球推进。在现实中,国际货币基金组织、欧洲金融稳定基金、金砖国家应急储备安排等均已承担着类似“国际金融监管救援机制”的职能,只不过前者的救援通常出现在危机发生之后,而后者的援助则专注于风险爆发之前。而从救援成本的角度考量,全球金融治理机制的构建似乎更应在借鉴事后救助的经验教训的基础上,尝试金融风险事前防范机制的构建。正如金融稳定理事会最近针对具有全球系统重要性的银行所采取的预防性新规,①实际上已蕴涵着理事会倡导“事前防范胜于事后救助”的金融监管理念和金融治理思路。

综上所述,金融风险全球传播对全球经济的严重破坏性在2008年开始的全球性金融危机中已表现得淋漓尽致。已有的众多国际金融监管组织对具有系统传染性的国际金融危机的肆虐几乎是束手无策。因此,总结国际金融监管的经验教训,构建灵活性、多元化的全球金融治理机制已成为当前应对复杂的金融风险的必然选择。鉴于此,以金融稳定理事会为中心,以国际货币基金组织、巴塞尔银行监管委员会等国际金融机构和国际金融监管组织为国际金融监管理念和措施的推进主体,在发展中国家获得更多参与机会和公正待遇的基础上,凝聚全球金融监管合力,使碎片化的现有金融监管模块凝聚成有机和有活力的全球金融监管体系,可望形成新型、高效的全球金融治理新范式,为国际金融有效监管寻回一条全新的出路。

① 即通过提高具有全球系统重要性银行的缓冲资本要求,以增强其吸收损失和抗风险的能力。

CHAPTER 02 >>

第二章

综合金融监管理念及其运用

2008年金融危机的发生和发展极大地促进了主要金融国家监管当局和国际金融监管组织对各国金融监管法制和国际金融监管体制进行反思和重整,加强了对金融监管的全方位深化变革,从金融监管理念、金融监管体制和具体制度等方面进行改革。其中一个突出的特点就是树立并强化全面的综合监管理念,力争消除金融监管"盲区"和"真空地带",建立和健全能够覆盖全部金融市场的综合性、多元化监管格局,并进一步完善金融监管机构的协调机制。为实现该目标,金融危机后各国监管改革方案均主张无论金融机构、金融产品还是金融市场,只要可能引发系统性风险,都应纳入监管中来。

近年来,随着金融市场的深化和金融创新的发展,我国跨行业、跨市场金融业务与金融产品发展迅速,传统的分业经营、分业监管体制已经难以适应当前金融发展的特点和趋势,特别是一些金融业务与产品的交易结构复杂,风险不易识别,更增加了风险监管的难度。因此加强跨行业、跨市场的金融监管研究已迫在眉睫。从监管体制变革的角度看,当前我国应重点加强协调不同领域、不同行业的监管政策,统一把握监管标准和尺度,努力解决跨市场、跨行业监管交叉和监管空白问题,真正不留“监管盲区”。

第一节 多元化与综合均衡监管格局的构建

2008 年金融危机肇始于号称金融市场最发达、金融监管最严密的美国并迅速蔓延至全球,不仅暴露了西方主要金融机构业务模式与发展战略存在缺陷,反映出国内与国际金融体系的脆弱性,也充分揭示出现行的国际金融监管体制以及主要金融大国的国内金融监管制度存在诸多缺陷。金融危机充分显示了加强对国际金融体系和国际金融监管体制改革的必要性与紧迫性。

一、国际金融监管体制的缺陷及其变革

(一)金融危机前国际金融体系与国际金融监管体制

毋庸置疑,当前的国际金融市场已经相当发达,即使是 2008 年金融危机前的国际金融体系也是相对完善的,并且伴随着全球经济发展与金融深化而不断发展。金融危机前的国际金融体系由国际货币基金组织、世界银行、国际清算银行立、世界贸易组织、巴塞尔银行监管委员会、国际会计准则委员会、国际证券委员会组织、国际保险监管协会和金融稳定论坛等众多国际组织组成。尽管世界各国尤其是主要发达金融市场的国内监管纷繁复杂,国际金融监管体系也是盘根错节,然而遗憾的是仍然无法阻止金融危机的发生和蔓延。2008 年的金融危机充分

反映出国内与国际金融体系的脆弱性以及发达金融市场的根本性缺陷,同时也彻底暴露出“二战”后建立的由发达国家主宰的国际金融体系和国际金融监管框架存在的致命性弱点。

目前,理论界关于国际金融监管的既有体系及其存在问题的研究可以说是硕果累累、著述颇丰。也有学者对现行的国际金融体系和监管治理结构的致命性缺陷进行了充分的揭露。综合已有的研究观点,金融危机前的国际金融监管框架主要呈现出以下特点:

1. 国际金融监管框架主要在发达国家主导和推动下完成。如国际货币基金组织与世界银行同是在布雷顿森林会议上由美国主导决定成立的组织,国际清算银行是由英、法、德、意、比、日等国的中央银行与代表美国银行界利益的摩根银行、纽约和芝加哥的花旗银行组成的银团共同组建的,巴塞尔银行监管委员会是由10国集团共同发起成立的,金融稳定论坛则由“7国集团”成立。因此,国际金融组织在制定国际金融监管制度与措施时,对发展中国家和新兴经济体的市场结构、货币结构、金融监管制度和金融风险差异性并未给予足够的重视。

2. 各个国际金融监管机构的成立与银行破产或金融危机都有着密切的联系。如巴塞尔银行监管委员会的成立与德国赫斯塔特银行和美国富兰克林国民银行的倒闭直接相关。金融稳定论坛则是为应对亚洲金融危机、维护全球金融稳定而发起和设立的国际论坛。

3. 主要国际金融监管机构的定位与效能不匹配。“定位高,效能低”是主要国际金融监管机构值得深思的问题。国际货币基金组织和世界银行在国际金融监管中居于核心地位。但《国际货币基金协定》只在第4条“磋商”中泛泛涉及成员国的金融体系健康问题。而世界银行在金融风险预警和防范中的介入不足也造成各成员国的强烈不满。

4. 国际金融监管范围存在真空和漏洞。一方面金融创新让不同金融机构之间的功能相互渗透,特别是新近出现的影子银行体系使巴塞尔银行监管委员会无能为力。另一方面对跨国银行跨境交易也存在监管漏洞。在母国负有主要监管责任的当前,单个国家的监管不到位很有可能引发全球性的金融风险。如冰岛政府允许其国内银行在国外急剧扩张,在荷兰、英国吸收了大量存款,但是当其国内的银行破产之后,冰岛又拒绝偿还荷兰和英国储户的存款。

5. 复杂程式化的监管原则与部分国家实际情况不符。国际金融监管合作不能代替各国国内的金融监管,统一的监管原则不一定适应每一个国家,如巴塞尔协议框架对市场力量存在一定的盲目相信,它注重资本充足率,忽视流动性风险。同时过分依赖大银行的自我风险评估。这对于不成熟的发展中国家和新兴经济体市场是致命的。

6. 主要国际金融监管机构之间缺乏有效的协调载体和机制。目前的国际金融监管框架是在分业经营模式的基础上搭建的,呈现出各自为政,功能割裂的态势,虽然也能够进行一定的协调,但其有效性还需要进一步提升。①

在关于国际金融监管制度的缺陷方面的分析中,现有研究对金融创新的监管有效性不足、监管滞后性明显、国际金融监管体系协调机制效率低下、国际金融监管机构的国际监管职能失灵等方面的共识尤其明显。

(二)后危机时代国际金融监管体制的变革

2008 年金融危机发生后,国际社会和各主要金融市场都对危机发生进行追根溯源,在痛定思痛之后大刀阔斧地对金融监管体制进行改革或变革。综合各种不同的监管改革来看,可以说当前国际金融监管

① 邱兆祥、王修华:《试论后危机时代国际金融监管协调与合作》,载《教学与研究》2010 年第 11 期。

体系出现两个方面的发展趋势：一是全球统一金融监管体制改革取得了较大进展；二是主要发达国家的金融监管模式进一步向综合化均衡监管格局发展。

国际金融监管体制改革目标的实现，要通过国际金融监管合作，制定国际社会普遍接受的较为一致的国际金融监管标准和规范，加强对金融创新的评估与监管，建立覆盖全球的金融危机预警机制和风险防范与化解的机制，提升化解全球性金融危机的能力和水平。

金融危机后国际金融监管体制变革主要表现在两个层面：宏观层面上，国际社会在金融监管的国际合作与协调方面取得了许多新的共识，重组国际重要的金融监管机构，更新了国际金融监管的理念与原则。

1. 国际金融监管的治理结构发生重大变革：(1) G20 峰会成为国际经济金融治理的重要平台。G20 峰会负责明确金融监管改革方向和时间表，审议国际金融监管改革进展，确定国际金融改革最终方案；(2) 金融稳定理事会(FSB)建立。2009 年 4 月初，在金融稳定论坛(FSF)扩员的基础上组建了金融稳定理事会。根据 G20 领导人峰会授权，金融稳定理事会承担监督国际金融体系发展、协调制定国际金融监管规则、评估成员国实施金融监管国际标准等职责；(3) 巴塞尔银行监管委员会(BCBS)扩员。响应 G20 领导人倡议，2009 年 4 月和 5 月巴塞尔委员会两次扩员，以增强其代表性和公信力，目前巴塞尔委员会成员已包括 27 个国家或地区、7 个国际组织，扩员后的巴塞尔委员会主导了关于银行资本和流动性方面的国际监管改革。

2. 更加明确国际金融监管改革的重点领域。2008 年金融危机的巨大冲击，使国际监管机构认识到，必须进行全方位金融监管改革，才能解决危机暴露出的制度缺陷。2008 年之后的金融监管改革涵盖了微观、中观和宏观三个层面。微观机构层面改革的目的是提升单家金融机构稳健性，强化金融体系稳定的微观基础。改革措施包括：资本监管改革、引入杠杆率指标、建立流动性标准、动态拨备制度、改革金融机构公司治理监管规则以及推动实施稳健薪酬机制等。中观市场层面改革的目的是强化金融市场基础设施建设，修正金融市场失灵。改革措施包括：改革国际会计准则，建立高质量会计制度；扩大金融监管范围，将“影子银行体系”纳入金融监管框架；加强外部评级机构监管，降低金融机构对外部评级的依赖程度；推动场外交易合约标准化，鼓励通过中央交易对手进行交易。宏观系统层面改革的目的是将系统性风险纳入金融监管框架，建立宏观审慎监管制度。改革措施包括：建立与宏观经济金融环境和经济周期挂钩的监管制度安排，弱化金融体系与实体经济之间正反馈效应；强化系统重要性金融机构监管，降低“大而不能倒”导致的道德风险；加强母国和东道国监管当局间的协调，降低风险跨境和跨市场传递。①

在微观层面上，主要的国际金融监管机构对自身制定或通过的一些金融监管原则和规范进行重新梳理，更新或制定许多更能够反映近年来国际金融市场发展变化的金融监管标准和规范。主要表现在巴塞尔委员会加强了银行资本监管与流动性监管标准的改革。②

二、金融危机后主要金融市场的金融监管体制变革

（一）金融危机后主要金融市场监管体制变革的主要特点

2008 年金融危机后，各主要金融市场均进行了较大幅度的监管改革，虽然各国在具体措施上存在一些差异，但无论是在监管理念、监管

---

① 刘明康：《国际金融监管改革及中国的对策》，载《中国农村金融》2010 年第 11 期。
② 参见本书第四章第一节“四、《巴塞尔资本协议Ⅲ》银行监管理念的提升”的相关内容。

体制还是监管制度方面，各国均存在诸多共同点，反映了全球资本市场监管发展的普遍趋势，具体表现如下：

1. 进一步确立全面覆盖的监管理念，建立多元化与综合均衡并存的监管格局

传统多元化监管格局和传统一元化金融监管格局均存在诸多缺陷，难以适应金融创新的需要。多元化金融监管模式存在交叉监管、重复监管问题，增加被监管对象的运行成本；也可能使被监管对象积极追求因监管者之间的恶性竞争所导致的监管套利，设立游离于法律或监管之外的新机构，并且还可能对金融混业经营条件下金融风险在金融业关联机构之间的迅速传播束手无策。在一元化监管模式下，监管者的道德风险特别突出，官僚主义可能导致监管失灵；加上历史上英国金融监管素以法制宽松和行业自律极强著称，强调监管机构的自由裁量权，这也可能导致监管权的失控。传统金融监管往往对金融机构和金融市场的内部自律性监管普遍存在不同程度的忽视，金融监管机制因缺乏自律性和平衡性而具有明显的缺陷。

经历2008年金融危机之后，境外主要资本市场国家均认识到应坚持全面覆盖监管，填补监管漏洞，消除监管“盲区”和“真空地带”。为此，各国监管改革方案均主张无论金融机构、金融产品还是金融市场，只要可能引发系统性风险，都应纳入监管范围。具体而言，推动立法扩大微观审慎监管的范畴，在金融机构监管方面，要将所有具有系统重要性的机构如大型银行、保险公司、对冲基金、私募股权基金等纳入监管，对具有系统重要性的金融机构在资本、流动性、杠杆率等方面的监管要求应该更加严格。在金融产品监管方面，各国明确提出要实施覆盖所有场外衍生品交易的综合监管，所有标准化的衍生品交易都必须在受监管和透明的场所加以执行。在金融市场监管方面，要对监管薄弱或缺乏监管的市场如融资市场、资产证券化市场加强监管。危机后主要

金融市场国家也从过去注重外部强制性监管向外部强制性监管与内部自律性监管并重转变，力求实现二者的协调平衡，为金融体系的安全稳健运行提供可靠的监管机制保障。

2. 各主要金融国家普遍在传统微观监管的基础上加强宏观审慎监管的制度建设

宏观审慎视角的缺失以及未能通过宏观审慎监管减少系统性风险，被普遍认为是形成2008年金融危机的重要原因，为此，加强宏观审慎监管成为金融监管制度改革方案的重点。其主要举措为：新设独立的宏观审慎监管机构或者增强现有机构的宏观审慎监管职能，以防范系统性风险，维护金融稳定。例如，美国建立了金融稳定监督委员会（FSOC），并授权美联储监管所有可能对整个金融体系造成系统性风险的机构。英国由英格兰银行、金融服务局和财政部共同组成金融稳定委员会（CFS）以承担维护金融系统稳定的职责。欧盟建立了欧洲系统性风险管理委员会（ESRB），负责欧盟整体金融体系的宏观审慎监管。德国则加强中央银行—德意志联邦银行在宏观审慎监管方面的作用，由其全面负责银行监管，以防止金融危机重演。与此同时，各国宏观审慎监管部门正致力于实施宏观审慎监管政策工具，建立适合国情的宏观审慎监管框架，将对金融市场系统性风险的监测、评估和管理贯穿于日常监管工作之中。

3. 进一步强化和合理平衡政府监管与市场机制的关系

在本次金融危机发生之前，伴随着资本主义世界发生多次金融危机，金融监管理念先后经历了自由放任、加强监管、金融创新、放宽监管等多次转折，每次都是在危机发生后，随即采取严厉的监管措施，但随着经济的繁荣高涨，在放松监管的舆论压力下，又会出现松动。2008年金融危机的爆发再次以血的教训向世人证明，缺乏监管的金融市场蕴涵巨大的风险和破坏性。在危机过后，监管活动有了明显的加强。各国政府、监管当局和重要的市场参与者都一致认为，金融市场的监管在许多地方需要深度的改革。自律监管被正式国家监管所替代已成为普遍的趋势。[①] 不过，正如市场存在失灵一样，政府监管并不是无代价的，也存在政府失灵问题。由于市场与政府都存在缺陷，只有将市场机制与政府监管有机结合起来，合理平衡二者的关系，才能达到经济发展的最佳效果。为此，以美国为首的西方国家进行了积极的反思，在尊重市场主体地位的基础上，对现行监管体系进行了一系列的改革，重新划分监管权限，完善监管法律，更合理地平衡政府监管与市场机制的关系。

（二）主要金融市场监管改革方案

1. 美国金融监管改革

发端于美国并蔓延全球的金融危机充分暴露出美国等发达经济体金融体系的脆弱性及其监管架构的诸多缺陷。为了重塑美国金融体系，防范系统性风险和危机再次重演，美国从 2009 年起进行了一场声势浩大的金融法再造活动。2009 年 6 月美国奥巴马政府公布了《金融监管改革的新基础：重建金融监管》的改革方案。2010 年 7 月 21 日，美国总统奥巴马签署了《多德—弗兰克华尔街改革与消费者保护法》（以下简称《多德—弗兰克法案》）。该标志性法案由 16 部分组成，多达 800 多页，1000 多条文，对包括银行、证券、保险、对冲基金、信用评级机构、交易商、投资咨询机构、会计制度、上市公司等在内的金融体系运行规则和监管机构进行了全面的改革与修订。该法案还规定有关监管机构进一步制定监管规则和细则，并对相关领域进行研究，并定期发布报告。该立法的目的是“通过改善问责制和提高透明度来促进金融稳定，

---

① Rüdiger von Rosen：《后危机时期主要金融市场监管改革述评》，中国证监会与德国技术合作公司合作研究课题报告，2010 年 6 月 30 日，第 52 页。

结束‘大而不能倒’的现象,通过结束紧急救助以保护纳税人利益,防止滥用金融服务业务以保护消费者,并实现其他目标”。该法案是美国政府在金融稳定和金融竞争力两方面进行艰难均衡的产物。综观整个法案,其贯穿的主要线索是基于防范系统性风险,维护金融稳定,并凸显保护金融投资者和消费者利益的重要性。基于该主要线索,新监管法案推动了美国金融监管变革,建立顺应金融体系发展需要的新金融监管架构,该架构重在重构金融监管体制,提供最佳的监管,而不是压制创新或强化管制。

(1)重构美国的金融监管格局

①成立金融稳定监督委员会

该委员会的职能被规定为识别威胁美国金融稳定的系统性风险,并对其作出反应和进行监管协调。金融稳定监督委员会不受联邦咨询委员会法案的约束,可以调动联邦政府任何部门和机构的资源,可以收集联邦金融监管当局和州金融监管当局的所有信息,以及银行控股公司和非银行金融公司的所有信息,但是要受美国审计总署的审计监督。该委员会由10个有投票权的联邦金融机构监管者、金融服务监管委员会成员和5个独立的无投票权成员组成,投票成员包括财政部长、联储局主席、货币监理署署长、储蓄机构监理局局长(并入货币监理署后取消)、证监会主席、期货交易委员会主席、联邦存款保险公司总裁、联邦住房金融局局长、全国信用社管理署署长等,主要职责是识别和防止影响金融体系稳定的因素、协调各监管机构、分享信息、处置重大事件和重要制度变化(如会计制度)。该机构为非常设机构,工作人员由各监管部门指定,临时召集,财政部必须指定永久性工作人员;经费则由投票权决定的比例由各监管部门支出。委员会向国会负责,每半年须向国会提交一次报告。

具体职责包括识别实质性系统风险,鉴别、监督、解决由大型复杂金融机构、金融产品、金融交易可能引发的系统性风险。为弥补金融危机中暴露出来的监管漏洞,保障金融体系稳定,在法案中专门授权金融稳定监督委员会为各金融机构及其金融活动制定审慎标准,由相关监管机构具体监督和执行。如委员会有权确定美国大型金融公司的银行或非银行地位,进而执行相应的监管规则,避免金融公司选择监管标准。同样,在美国拥有相当资产规模的外国金融公司,也将由金融稳定监督委员会规定监管标准。

法案授权委员会根据企业财务健康情况加强监管力度,包括强制企业重组、限制高管薪酬、出售业务甚至拆分;委员会有权对大型金融机构设立专门的资本充足率、杠杆率、流动性、风险管理和其他要求,防止其向"大到不能倒"方向发展;对存在"大到不能倒"可能的机构,有权对其进行拆分、解散;为防止纳税人承担最终风险,法案确定向具系统重要性的金融机构征收费用,建立 1500 亿美元的"破产清算基金",用于处理"问题金融机构"。

②成立消费者金融保护局

此前消费者金融保护职能分散于财政部货币监理署、储蓄监理局、联邦存款保险公司、联邦储备局、全国信用社管理署和联邦贸易委员会,新法案将其整合于消费者金融保护局。消费者金融保护局旨在整合各监管当局的消费者保护职能,确保金融消费者能够及时得到关于抵押贷款、信用卡和其他金融产品的准确信息,杜绝隐性费用、掠夺性条款和欺诈。消费者金融保护局有权对资产超过 100 亿美元的银行和信贷机构、大型非银行金融机构及所有与抵押贷款有关的业务进行检查,并制定规则。新法案规定消费者金融保护局:有权对房屋、汽车按揭贷款、信用卡、支票和储蓄账户等一切消费金融产品进行监管;对利率、费率、合同条款等设立标准规范,要求商业银行在按揭贷款合同中,采用"简单明了"的协议条款,并充分显示利息水平、还款期限、违约责任和后果等信息;由各家银行缴费成立一项消费者保护基金,用来补偿消费者因银行的交易违规造成的损失;对违章银行实施惩罚。

③成立保险监管局

美国保险机构的监管职责历来被置于州政府监管层面,鉴于美国国际集团等保险机构遭到重创的教训,该法案决定在财政部内部设立联邦保险监管局,其负责人由财政部长任命。保险监管局负责收集保险行业信息,监管保险行业的系统性风险暴露,向金融稳定监督委员会汇报需要加以特别监管的保险机构;协调国际保险业务监管事宜;与州监管机构协调涉及全国或国际监管的事宜。

表1 美国金融改革前后监管机构变化一览表

	银行	证券	保险	消费金融
改革后	金融稳定监督委员会;联邦储备局;联邦存款保险公司;财政部货币监理署(并入储蓄监理局);全国信用社管理署;各州银行监管部门	证监会(新增信用评级机构监管局); 金融行业监管局; 各州证券监管部门	财政部全国保险监管局; 各州保险监管机构	消费者金融保护局
改革前	联邦储备局;联邦存款保险公司 全国信用社管理署; 财政部货币监理署; 财政部储蓄监理局; 各州银行监管部门	证监会; 金融行业监管局; 各州证券监管部门	各州保险监管机构	

(2)厘清监管边界,弥补监管漏洞,树立全面综合监管理念

《多德—弗兰克法案》不仅为美国重构金融监管格局奠定了新基础,也为更新监管理念、厘清金融监管的权力与边界,弥补监管漏洞和监管真空指引了方向。《多德—弗兰克法案》力图解决跨市场、跨行业

监管交叉和监管空白，真正不留“监管盲区”。无论金融机构、金融产品还是金融市场，只要可能引发系统性风险，都应纳入监管范围。其主要表现在以下几个方面：

①对系统重要性金融机构实施统一、综合监管。《多德—弗兰克法案》规定只要被金融稳定监督委员会认定为系统重要性的金融机构，无论是银行金融机构还是非银行金融公司，都要纳入联邦储备委员会的监管之下。同时法案还赋予联邦储蓄委员会监管具有系统重要性的清算、支付和结算组织的权力。

②加强对对冲基金、私募股权及其他私募基金的监管。金融危机中，对冲基金使用各种方法规避监管，其中对对冲基金注册管理不足受到了较大的批评。《多德—弗兰克法案》明确规定对冲基金的金融顾问必须在美国证监会注册，管理资产在1.5亿美元以上的私募股权或私募基金投资顾问也必须在证监会注册，并保存投资顾问记录，以备证监会、联邦储备局和金融稳定监督委员会查档，并确认其对金融系统的影响。《多德—弗兰克法案》要求基金所持有的客户资金必须在独立方存管，以避免侵占和滥用客户资金的行为。为加强联邦政府的监管能力，《多德—弗兰克法案》规定了新的基金规模界限：管理资金规模在1000万美元以上的基金由联邦政府监管（原来的界限为2500万美元），具体注册和执行由证监会完成。

③加强对金融控股公司的监管。金融控股公司信息披露不充分、资本充足率监管不足，也使美国监管者备受批评。鉴于此，《多德—弗兰克法案》规定，由金融稳定监督委员会授权联邦储备局制定相关标准，对具有系统重要性的机构实施严格监管，重点包括资本杠杆、风险资本、流动性、集中度和短期借贷等指标，其中特别规定借贷与资本金的比例不得超过15：1。该法案还首次将金融控股公司的表外业务，如担保、回购、期货交易、调期保值等均列入监管范畴，实施审慎监管。

④加强对场外衍生品交易市场的监管。场外衍生品市场是金融危机的起源,《多德—弗兰克法案》陈述了国会对衍生品市场引发危机的共识:衍生品交易的风险转移不断集聚系统风险,交易透明度低,缺乏监管等,是造成金融危机的主要原因。《多德—弗兰克法案》明确规定由证券交易委员会和商品期货交易委员会共同监管场外衍生品交易,以防止其吸纳更多的风险。《多德—弗兰克法案》要求衍生品交易必须通过中央清算和票据交易中心,交易信息即时汇总到监管机构,同时要求提高衍生品交易的市场透明度,通过票据清算所或者掉期参与者公开的数据进行数据的收集与整理,为监管者提供重要的分析工具和监控风险的途径。《多德—弗兰克法案》还要求监管部门对未清算的交易保持警惕,要求对未清算交易的规模进行监管,以控制可能给金融体系带来的风险。对于各方重点关注的掉期合约,《多德—弗兰克法案》明确规定由证监会和商品期货委员会共同监管,统一规范,其中证监会负责监管基于股权和信用违约的掉期合约交易,其他则由商品期货委员会监管。如双方不能协调统一,金融稳定监督委员会将制定相应的规则并负责执行。《多德—弗兰克法案》规定,所有在经纪商之间或主要市场参与者之间交易的标准化的掉期交易都必须在交易所或电子平台进行交易和清算。《多德—弗兰克法案》还制定了一个用于识别掉期合约是否标准化的模型。掉期合约的经纪商或主要参与者必须在相关监管机构注册。

⑤加强对信用评级机构的监管,促进投资者保护。一般认为,信用评级机构的有失公正、客观,对危机起到了推波助澜的作用。《多德—弗兰克法案》规定证监会设立信用评级机构监管局,对其内部控制、独立性、透明度及惩罚作了详细规定。如评级机构内部运作与流程、模型与方法、评级表现和评级的有效期限等信息都应便于查询;评级机构董事会至少应有1/3是独立董事,用以监督利益冲突和提高内部控制;证

监会有权对信用评级机构工作人员进行处罚。《多德—弗兰克法案》授权美国证券交易委员会监督建立一个信用评级征信委员会,负责为银行等金融机构指派其认为可靠的信用评级机构。《多德—弗兰克法案》同时还要求包括联邦存款保险公司在内的监管部门开发自己的信用评级标准,避免对信用评级公司的过度依赖。

⑥改善对抵押贷款运作的监管,完善对证券化资产的风险监管,加强投资者保护。抵押贷款一般来说是金融机构尤其是银行机构的主要资产,抵押贷款证券化机制引入后,使相关的市场风险进一步向证券投资者扩散。这在次贷危机发生过程中尤为突出。《多德—弗兰克法案》对抵押贷款进行一系列规定旨在重申以往各项规则并要求严格执行。《多德—弗兰克法案》将为住房抵押制定新的全国最低承销标准,要求贷款发放银行严格核实借款人的收入、信用记录和工作状况,以确保借款人有足够的偿还能力。严禁银行为让经纪商引导借款人举借高息贷款而向经纪商支付费用,禁止银行对提前还贷进行惩罚等,对不负责任的贷款建立惩罚机制。《多德—弗兰克法案》对资产支持证券进行重新定义,强调了证券化资产的自我清偿功能,以杜绝以转移风险为核心的复杂金融衍生品。《多德—弗兰克法案》要求商业银行等金融机构在出售抵押贷款证券化产品时需要自担5%的信贷风险,但允许银行监管部门对符合某些最低标准的低风险抵押贷款予以监管豁免。《多德—弗兰克法案》要求证券化产品的发行人披露更多的资产信息,并分析打包资产的质量,确保不向投资者出售垃圾债券。

⑦重新厘定美联储的监管权力,赋予其更大的监管权,同时加强对其审计监督。虽然《多德—弗兰克法案》构设了一个新的综合监管机构即金融稳定监督委员会,但是在委员会内部的机构权力重新分配方面却赋予美联储更大的权力与职能:系统性风险监管职能由美联储实施执行;银行、证券、保险、基金各业界的大型机构均纳入美联储的监管范

围之下；美联储还可以对企业高管薪酬进行监督，确保高管薪酬制度不会导致对风险的过度追求。《多德—弗兰克法案》规定美联储对金融机构实施审慎监管，包括资本要求和杠杆限制，其中在确定资本要求时，也应考虑表外业务、流动性要求、风险管理要求、救助计划、信用风险报告、集中度限制、信息披露和短期债务限制等。《多德—弗兰克法案》规定，接受美联储监督的金融机构必须定期向美联储提交计划和报告，包括：快速增长和有序清算计划，以防止发生危机或破产；信用风险敞口报告，要求信用风险敞口不能超过股本金的25%。《多德—弗兰克法案》还赋予美联储监管具有系统重要性的清算、支付和结算机构的职能，并规定接受问题资产救助计划的大银行控股公司不能以任何理由逃避美联储的监管。当然，《多德—弗兰克法案》在赋予美联储更大权力的同时也加强了对美联储的制衡，要求美联储接受审计总署的严格审计监督，并对美联储根据《联邦储备法案》规定提供紧急信贷的权力进行限制：美联储通过提供紧急信贷救助某一机构的信贷方案必须获得财政部长的批准，禁止已破产公司参与美联储信贷项目，确保纳税人的利益不受损失。

此外，《多德—弗兰克法案》也对商业银行的自营交易行为作了限制性规定，限制商业银行的自营交易行为必须用于对冲风险、利率掉期或外汇掉期；允许银行投资对冲基金和私募股权，但是资金规模不得超过自身一级资本的3%。同时该法案在公司治理民主化与薪酬管理方面提出了新的监管要求。在加强公司治理的民主化方面，其规定在公司董事的选举过程中，如无竞争对手，候选人必须获得超过半数的支持；如有竞争，且为差额选举，得多数票者当选；如公众公司拟进行董事选举，必须经过股东大会事先同意。在高管薪酬方面，其为股东提供更多的话语权，规定股东有权投票决定管理层的薪水和退职补偿的金额；如公司财务报表不实，股东有权追索已经付出的薪酬；《多德—弗兰克法案》允许监管机构强行中止金融机构不恰当、不谨慎的薪酬方案，并要求金融机构披露薪酬结构中所有的激励要素。

综上所述，美国金融危机后出台的金融改革法《多德—弗兰克法案》为美国新金融体系的完善提供了新的蓝图和基础。该法案为世界各国进行金融监管制度变革提供了蓝本，对全球金融监管制度产生了深远的影响。但是美国的金融监管改革并未止步于此法案，该法案还责成有关监管当局进一步制定243项具体规则，并就67个领域进行研究，并发布22份报告，《多德—弗兰克法案》之后更具执行性、实施性的规则制定与实施更显意义悠长。

2. 欧盟的金融监管改革

(1)金融危机前的欧盟金融监管格局

随着美国金融危机的蔓延，欧洲国家却成为不亚于美国的重灾区，一些国家从金融危机进一步滑向国家债务危机，甚至使得少数国家出现"破产"的恶境。由此可见在经济全球化的背景下金融危机的瘟疫性，同时也凸显了欧洲现有的国家分散监管框架的弱点。2008年金融危机之前，为了配合欧盟一体化发展的需要，欧盟发布了一系列政策法规，建立了欧盟监管协调委员会，有力推动了欧盟层面的金融监管协调。2000年，欧盟启动《莱姆法路西框架》(Lamfalussy Framework)，这一框架成为欧盟进行监管协调的主要依据。2004年，欧洲议会通过了《欧盟委员会金融服务行动计划》，将全部42项中的39项列入共同体法律，要求各成员国执行。[①]

《金融服务行动计划》促使欧洲金融监管协调进入了一个新的阶段，各国监管制度的一体化有了大幅度的提升。但是该行动计划并没

① 汤柳：《欧盟金融监管一体化的演变与发展——兼评危机后欧盟监管改革》，载《上海金融》2010年第3期。

有从根本上改变《莱姆法路西框架》,根据该框架,欧洲金融监管协调架构由四个层级组成:第一层级是框架性、原则性的立法层级,由欧盟委员会提出立法建议,欧盟理事会、委员会和议会三方共同决策。这些立法原则适用于欧盟范围内所有的金融机构。第二层级包括欧洲银行委员会、欧洲证券委员会、欧洲保险和公司年金委员会及欧洲金融集团委员会,主要在各自的领域建议、确定和决定有关对第一层级指令和条例的实施细则和技术标准,解决法律的实施程序问题,建立一套法律规章制度,这一层级可以根据需要迅速变更和修整。第三层级由欧洲银行监督委员会、欧洲证券监督委员会、欧洲保险和公司年金监督委员会组成。这三个机构的成员由欧盟各国银行、证券和保险领域中的国家监管机构中选出。该第三层级并不负责对金融机构实行日常的微观审慎监管,而是作为一个联系欧盟委员会和各国监管机构的平台和桥梁,促进国家间监管者的信息交流,推动监管趋同。第三层级提出的监管方案都是非约束性的。第四层级即执行层级,由各国监管机构执行实施欧盟指令、条例,欧盟委员会也担当监督和促进实施的责任。在第四层级立法中,主要是以欧洲理事会单独或理事会与欧洲议会共同颁布指令的方式进行协调立法。[①]

然而,《莱姆法路西框架》也存在其特有的缺陷。在欧盟追求一体化的进程中,金融监管职责却仍基本属于欧盟成员国的主权范畴。这种相对分散的金融监管结构势必在金融监管机构之间引发冲突,进而不利于甚至是损害欧盟的区域金融稳定。在2008年金融危机中,欧洲各国采取的财政救助措施虽然避免了本国危机进一步恶化,但却造成各国各自为战的局面,无法从全局利益角度采取行动。由于政府必须对本国纳税人负责,因此很难采取措施救助境外银行,导致一些欧洲大

① 张孟霞:《论欧盟金融监管改革与启示》,载《政治与法律》2011年第5期。

国采取自保自救行动后，却对其他一些小国家造成不利影响。虽然根据欧盟条约的规定，欧洲中央银行应当在实施审慎监管和维持金融体系稳定等方面向成员国提供支持。但是欧洲中央银行毕竟还不是一个专门的超国家金融监管机构，其货币政策的首要目标是维护欧元区的物价稳定并保持高度的独立性。欧盟层面缺乏对宏观审慎风险进行监测和紧急情况下进行统筹的机构是欧盟现有金融监管框架的症结之一。另外，欧洲大型银行或金融集团通常拥有跨国经营的规模，在各国境内不同监管机构的监管方式以及一旦银行倒闭不同国家之间分担损失等问题都会引起各成员国的争议。但是现有监管体系只是依靠第三层级的委员会以非约束性的指令进行协调和促进监管趋同，实际上无法真正有效地解决成员国监管机构之间的争议。①

（2）金融危机后欧盟的金融监管变革

2008 年金融危机爆发以后，欧盟的已有金融监管体系备受指责，尤其是冰岛银行破产事件的发生，反映出欧盟各成员国的监管合作存在严重的缺陷。欧盟意识到分散的监管体系并不利于金融体系的稳定，与欧盟金融一体化以及全球性的金融市场也不相匹配，因此，加强主要资本市场监管与各成员国监管协调成为欧盟金融监管改革的主题。改革的具体内容包括：②

①坚持全面监管理念。2008 年 10 月，欧盟委员会委托以法国央行前行长雅克·德拉罗西埃（Jacques de Larosière）为首的 8 人工作小组对欧盟金融体系进行整体评估，并提出金融监管改革建议。2009 年 2 月 25 日，《德拉罗西埃报告》完成。同年 3 月初，欧盟委员会以该报告为蓝

① 张孟霞：《论欧盟金融监管改革与启示》，载《政治与法律》2011 年第 5 期。

② 关于欧盟金融监管体制改革的详细介绍和评析，参见李国安主持的证监会课题《金融危机后境外主要资本市场监管制度的调整及对中国的启示》的相关研究成果（收藏于厦门大学国际经济法研究所资料室），2010 年 12 月 10 日。

本,出台了一系列内部改革建议。《德拉罗西埃报告》强调了全面监管的理念,认为所有能够引起系统性风险的金融机构、金融产品和金融市场都必须受到监管,其中,大型跨国银行、对冲基金和私募基金将成为重点监管对象;应加强对投资银行、对冲基金、其他基金、各类表外业务和抵押中介机构等“平行银行体系”的监管;所有从事金融活动并可能具有“系统性影响”的金融公司和实体在未来都应受到某种形式的监管。①

②加强宏观审慎监管。学界普遍认为,宏观审慎视角的缺失以及未能通过宏观审慎监管减少系统性风险,是2008年金融危机迅速扩散的重要原因。因此,加强宏观审慎监管成为欧洲金融监管改革的重点。

2009年6月19日,欧盟理事会通过了《欧盟金融监管体系改革》(Reform of EU's Supervisory Framework for Financial Services),成立了欧盟系统风险委员会。这是2008年危机之后欧盟最为重大的金融监管改革事件,它强调欧盟对监控系统性风险、加强宏观审慎监管的重视。

欧盟系统风险委员会是一个独立的监管机构,其职能包括:在欧盟层面上负责宏观审慎监管,控制系统性风险,定期分析系统性风险,向欧洲议会和理事会报告;对于在宏观经济发展以及整个金融体系发展过程中所出现的已威胁到金融稳定的各种风险进行监控、评估和识别,并对这些风险进行排序;出现重大风险时发出预警,并在必要时向政策制定者提供包括法律方面的各种建议和措施;执行预警后的相关监控;与国际货币基金组织(IMF)、金融稳定理事会(FSB)以及第三世界国家进行合作。

③完善金融监管协调机制。欧盟金融监管改革方案的主要目的是

---

① 黄莺:《欧洲金融监管改革》,载《国际资料信息》2009年第11期。

实现在欧盟层面上的统一监管。在宏观方面，建立欧洲系统性风险委员会，负责监测欧盟金融市场，防止可能出现的系统性风险。同时，在微观方面，通过建立欧洲金融监管系统，强化欧盟的微观金融监管和协调机制。

2009 年 6 月 19 日，欧盟理事会通过了关于建立欧洲金融监管系统（European System of Finance Supervisors，ESFS）的决议，建立欧洲金融监管系统，旨在通过更强大、一致性更高的趋同规则以提高各国的监管能力，打破各成员国之间在金融监管领域的分割，实现对跨国金融机构的有效监管。其主要内容包括三个层次：在欧盟层面上，分别将原先欧盟的银行、证券和保险监管委员会升级为三个欧盟监管局——欧盟银行监管局（European Banking Authority，EBA）、欧盟保险与公司年金监管局（European Insurance and Occupational Pensions Authority，EIOPA）以及欧盟证券市场监管局（European Securities and Markets Authority，ESMA），通过建立一整套趋同规则和一致性监管操作，发展约束性协同技术标准，制定非约束性技术标准供各国监管者自行决定是否采纳，确保欧盟共同的监管文化和一致性监管操作，收集微观审慎监管信息，协助解决成员国之间由于监管分歧而出现的问题。

在各国层面上，对金融机构的日常监管由各国监管局负责。在相互配合的层面上，为了加强欧盟监管机构之间的合作、确保监管方法的一致性以及对金融混业经营的有效监管，欧盟系统风险委员会的指导委员会（Steering Committee）将负责建立与三个监管局的信息交流与监管合作机制。

与欧盟系统风险委员会不同，欧盟三个监管局除了继续承担以前的监管委员会职责以外，拥有独立的财政依托，在相应的职责范围内对欧盟理事会、议会和欧盟委员会负责，拥有独立法人资格。

④扩大对金融市场参与主体的监管。欧盟认为金融业应当遵循实

体经济发展规律,而非脱离实际地自我膨胀。为此,欧盟开始致力于扩大对金融市场参与主体的监管改革。主要体现在:

A. 强化对银行的约束

2009年9月,欧盟委员会提出了《关于赋予欧洲中央银行在欧洲系统风险委员会中的特定任务》的提案,明确了欧洲中央银行在宏观审慎监管中的特殊地位。首先,在人员安排上,欧洲中央银行行长、副行长必须成为欧洲系统风险委员会董事会的当然成员;其次,对系统风险委员会提供支持,包括欧洲中央银行对系统风险委员会提供分析、统计以及管理、后勤等方面的支持,收集并处理包括统计数据在内的有关信息,为系统风险委员会的分析作准备,在国际间宏观审慎监管合作中,从管理层面上给予支持等。

欧盟银行监管委员会(The Committee of European Banking Supervisors, CEBS)还向欧盟委员会提出了关于流动性风险管理的30项原则性建议。其中前18项是关于欧盟信贷和投资机构在流动性正常和出现流动性紧张的情况下如何确保充分的流动性管理,后12项是关于流动性风险监管的相关建议。①

B. 提高金融机构资本要求

2009年5月,欧洲议会通过了修订后的资本指令,要求从事资产证券化业务的金融机构至少保留5%的证券化资产,以增强金融机构的审慎义务,保护投资者利益。② 同年7月,欧盟委员会进一步提出四点建议:第一,提高银行从事再证券化业务的资本要求。第二,银行应披露证券化头寸。第三,提高银行交易账户的资本要求。第四,改革银行薪酬制度,即银行和投资公司不应奖励过度承担风险的行为。对于不遵

① 杨柳、尹振涛:《欧盟的金融监管改革》,载《中国金融》2009年第17期。

② See *The Deficits of EU Finacianl Reform*, at http://www.somo.nl/, Apr. 13, 2010.

守新规定的银行,银行监管机构有权予以处罚。

C. 严格保险业监管

2009 年 4 月 22 日,欧洲议会通过了《偿付能力监管指令Ⅱ》(EU Solvency Ⅱ),[①]该指令的关键任务是建立以资本标准为核心的保险公司整体风险管理体系。2008 年金融危机暴露出保险系统风险防范机制中存在着巨大问题。危机表明,保险公司特别容易受到重大市场风险和集中度风险的冲击。与银行相比,保险公司对股票市场的变化也更为敏感。防范这些风险成为《偿付能力监管指令Ⅱ》的重要内容。[②]

D. 严管信用评级机构

2009 年 4 月 23 日,欧洲议会以压倒多数的表决结果,通过了欧盟委员会提出的加强信用评级机构监管的立法建议。该建议对该类公司在业务范围、治理结构、评级方法、透明度等方面采取比国际证监会组织(IOSCO)原则更为严格的监管措施,欧洲因此成为世界上对信用评级机构采取最严厉措施的监管者。

新监管规则对在欧洲开展业务的信用评级机构提出以下具体要求:第一,必须在欧洲证券监管机构委员会统一登记注册,由各成员国证券主管部门负责监管。该规定结束了信用评级机构长期游离于欧盟金融监管体系之外的局面。第二,不得提供咨询服务。第三,不得在缺乏评级所需充分信息的情况下为金融工具作出评级。第四,必须披露

---

① 欧盟委员会在 1997 年米勒报告(Müller Report)基础上,分两步对保险偿付能力监管标准进行修改。第一步对偿付能力额度监管标准进行修改——《偿付能力监管指令Ⅰ》。第二步探索能够全面评估保险企业风险的以风险为基础的偿付能力监管办法——《偿付能力监管指令Ⅱ》。欧盟《偿付能力监管指令Ⅱ》被看成保险偿付能力监管更复杂方法的最好实践。参见陈志国:《欧盟保险偿付能力Ⅱ——改革的最新进展》,载《保险研究》2008 年第 9 期。

② See "Solvency Ⅱ": European Parliament approval of proposed Directive brings modern insurance regulation nearer, at http://europa.eu/rapid/pressReleasesAction.do? reference = IP/09/621&format = HTML&aged = 0&language = EN&guiLanguage = en.hm, Apr. 13, 2010.

信用评级所依据的模型、方法以及关键假设。第五，必须以特定符号对复杂产品的信用评级结果加以区别。第六，必须每年出具透明度报告。第七，必须成立内部机构，对评级质量予以审查。第八，完善内部治理，要求信用评级机构的董事会中至少有两名独立董事，其工资与评级机构业绩无关，任期不超过五年且不能连任。

E. 增强对冲基金和私募股权基金的透明度监管

欧盟委员会通过了关于对冲基金和私募股权基金等投资基金监管框架指令的提案。① 为避免投资基金规避监管，欧盟将针对投资额超过1亿欧元的投资基金实施全面监管；对投资价值链上的所有主要风险来源进行监管；促进投资基金对于监管者、投资者以及股东的透明度；要求投资基金建立适当的治理标准和稳健机制以促进风险管理和减少利益冲突；在统一的监管标准下允许投资基金对专业投资者销售基金等。

⑤加强国际监管合作。2008年危机使欧盟更加深刻地认识到欧盟国家金融稳定合作机制的缺乏对危机救助的效率与效果形成的严重影响和制约。2008年6月，欧盟各成员国的监管局、中央银行以及财政部联合签订了关于危机管理和处置的合作备忘录，其中着重强调了成员国之间的金融监管合作。在涉及动用财政资金等公共资源的情况下，强调在平等和平衡的基础上，按照金融危机对各国的经济冲击的程度以及母国和东道国的监管权力的分配来决定相应的公共资源支出的分配。在促进国际监管合作方面，首先考虑成立跨国稳定小组（Cross-Border Stability Group，CBSG），建立跨国金融监管合作机制。其次，考虑通过多国峰会和国际组织来推动监管合作，提出国际监管组织应定期（至少每年一次）与主要的全球性银行磋商，评估风险；应加强对混业经营的金融集团的监管，特别要持续关注其杠杆率和筹资方式的变化；

① 杨柳、尹振涛：《欧盟的金融监管改革》，载《中国金融》2009年第17期。

应进一步完善《巴塞尔协议》;改革并加强国际货币基金组织的监管职能等。①

⑥完善逆周期监管。欧盟认为,目前对银行风险的许多监管手段,如资本金要求、会计标准等,是导致金融机构顺周期性行为的重要因素。因此,在2009年7月7日的欧盟经济与金融会议上,各国就如何减少金融监管的顺周期性达成共识,包括:强化欧洲系统风险委员会的作用,认为缺乏逆周期缓冲措施和僵化的会计制度是放大危机危害的重要因素;结合G20成员国、金融稳定理事会以及巴塞尔委员会等国际组织关于降低顺周期性的共识,引入前瞻性会计标准,发展坏账准备动态模型,并在景气时期从贷款利润中提取预期损失准备;建立逆周期资本缓冲,在萧条时期银行可以使用在景气时期积累下的资本缓冲度过危机;推动对公允价值会计准则(Fair Value Principle)的修改,克服当前会计制度下对资产价格的不确定性、银行的经营模式以及市场实际流动性等问题考虑不足的缺陷;敦促各成员国贯彻欧盟委员会关于金融机构报酬激励机制的建议,通过加强业绩与报酬相联系、综合考虑长期与短期业绩评价等方式,防止激励制度的短期行为,从而消除薪酬制度在推动顺周期性方面影响。

3. 英国金融监管改革

英国金融体系的历史发展已经有600多年的历史,历经数次的调整与变革,英国的金融体系也在不断地发展和完善。具有历史性意义的1986年金融"大爆炸"带来的金融变革对英国与国际金融市场的冲击无疑是世界金融史上具有重要意义的大事件。英国的金融体系由中央银行(英格兰银行)、银行金融机构与非银行金融机构三大部分组成。除英格兰银行作为中央银行外,其他银行与非银行金融机构包括以经

① 黄莺:《欧洲金融监管改革》,载《国际资料信息》2009年第11期。

营短期贷款为主的商业银行业务的清算银行,以企业金融、证券发行业务为主的商人银行,类似于日本的短期信贷公司的票据贴现所,满足银行法基本条件的被许可使用银行名称的其他国内银行,保险公司、信托投资银行、国民储蓄银行、房屋互助协会、伦敦票据交换所及证券交易所等非银行金融机构,以及主要从事住宅贷款的住房金融公会、外国金融机构等。① 经过1986年的金融"大爆炸",英国的金融业发展迅猛,以新型化、多元化和电子化为特征的金融创新深刻改变了传统的金融系统的运作模式,银行、证券、保险、信托的行业相互参股和进行并购,使得金融业的传统分野日益模糊,使英国迅速成为全球金融业混业经营程度最高的国家之一。随着世界上其他国家金融管制的放松以及国际金融市场的不断创新,英国的金融业也在不断变革与完善,相应的金融监管体制也在变革之中。

英国在传统上是实行金融分业经营的国家,金融机构种类繁多、分工细致。与此相应的金融监管在体制上形成了以金融机构自律管理为主、英格兰银行监管为辅,监管者与被监管者之间的相互信任与合作的传统。1986年英国金融"大爆炸"后,各种金融业务相互渗透,在英国逐渐形成了没有业务界限的多元化金融集团,金融混业经营高度发展。1997年5月,英国成立了金融服务监管局,取代了原来的多头金融监管体系,统一行使对银行业、保险业、证券业的监管职能,从而成为英国整个金融行业唯一的监管机构。2000年6月,英国通过了《2000年金融服务与市场法》(Financial Services and Markets Act 2000),从法律上进一步明确了金融服务局与被监管者的责任、权利和义务,统一了监管标准,规范了金融市场的运作,实现了英国金融监管的统一,对英国和全球金融业的发展产生了深远的影响。

---

① 魏燕慎:《国际金融体制与监管变革》,社会科学文献出版社2011年版,第274页。

英国金融服务监管局作为英国唯一的、独立的、对英国金融业实行全面监管的监管机构,拥有制定金融监管法规、颁布与实施金融行业准则、指引和建议以及一般政策和准则的职能。根据《金融服务与市场法》,金融服务监管局拥有监管金融业的全部法律权限,并从2001年12月1日起开始行使全部监管职能。但金融服务监管局并不是政府机构,而是一个独立的非政府的监管组织。[①] 金融服务监管局下设9个职能部门,分别司职相关金融领域的业务监管。金融服务监管局在实施监管过程中主要以风险监管为核心。金融服务监管局通过建立一套新的运作框架,对阻碍金融服务监管局实现法定目标的主要风险加以认定,并制定与之相协调的风险处置方案。金融服务监管局的运作包括六个步骤:认定风险、评估风险并确定风险的轻重缓急、制定监管措施、分配监管资源、实施监管措施,以及效果评估。[②] 从完善监管的角度出发,英国金融服务监管局成立后对原有的金融监管的空白或薄弱环节进行了弥补。包括制定了清晰的市场行为准则,严格界定行为规范,完善"提起公诉"的法律框架;明确监管者的监管责任,使被监管者合规经营,便利消费者行使"知情权"。[③]

在英国设立金融服务监管局后,英格兰银行、英国财政部与金融服务监管局仍然进行分工合作,以确保整个金融体系的稳健运行。英格兰银行虽然被剥离了金融监管专门职能,但其仍负责英国金融和货币体系的整体稳定及其基础设施;财政部则负责法规和制度的整体框架建设和支持;金融服务监管局则对金融机构、金融市场以及服务于该市场的专业机构和个人、清算和支付系统、有问题的金融机构进行审慎监

---

① 魏燕慎:《国际金融体制与监管变革》,社会科学文献出版社2011年版,第281页。

② 同上注,第283页。

③ 同上注,第285页。

管。可以说,英格兰银行、财政部和金融服务监管局这三驾马车构成了既是统一监管又是多元格局的金融监管体制,既有英国传统监管体制的遗风又有顺应时代发展和金融创新的金融监管新意,既反映了英国金融监管当局的高度独立性又不失有效的金融监管协调机制。

2007 年 8 月,美国次贷危机很快蔓延到欧洲,以银行间拆借为主要流动性来源的英国北岩银行(Northern Rock)出现了融资困难并引发了挤兑事件。北岩银行挤兑事件引发了金融市场的担忧并很快导致英国房地产市场的深度调整。这标志着英国已经受到美国次贷危机和金融危机的影响。虽然英国政府自 2008 年 9 月开始对北岩银行进行拯救,包括由英格兰银行提供 250 亿英镑紧急贷款,但北岩银行在 2010 年 2 月也最终难逃被国有化的命运。作为全球性金融中心之一的英国,在 2007 年的次贷危机和 2008 年的金融危机中已明显受到冲击,因此英国也成为率先推动金融监管改革的国家之一。英国金融监管改革主要表现在三个方面:

(1)2009 年 2 月,英国议会通过了《2009 年银行法案》。该法案明确规定了英格兰银行作为中央银行在金融稳定中的法定职责和所处的核心地位,并强化了相关的金融稳定政策工具和权限。该法要求在英格兰银行理事会下面成立金融稳定委员会(Financial Stability Committee, FSC),与英格兰银行已有的货币政策委员会(MPC)平级。该委员会由英格兰银行行长(担任主席)、两位副行长及四位英格兰银行非执行理事组成。该法案还赋予英格兰银行保障金融稳定的新政策工具,如授权英格兰银行对银行支付系统进行监控的职权以及对问题银行的流动性支持等措施;赋予英格兰银行在政策操作中更大的灵活性,如在进行流动性支持时,可以采取非公开的方式秘密进行等。《2009 年银行法案》还建立了特别处理机制(Special Resolution Regime, SRR)来干预和处置问题银行。[①]

(2)2009年3月,英国金融服务监管局发布报告,计划改革英国现有金融监管体系,并为全球金融监管改革提出建议。在新金融监管计划中,“为建立稳定、有效的银行体系而采取行动”成为其核心思想。其详细内容包括:提高银行资本充足率;加强资本流动性监管;建立反周期“缓冲基金”;加强对影子银行、对冲基金的监管;对信用评级机构进行监管,有效管控因有偿评级而产生的利益冲突;改革鼓励高风险投资的薪酬制度,尽快制定有关薪酬的最佳行为准则;加强欧盟各国在金融监管方面的合作。[②]

(3)2009年7月,英国财政大臣达林公布了《改革金融市场》(Refor-ming Financial Markets)白皮书。《改革金融市场》白皮书提出建立一个新的金融稳定理事会(Council for Financial Stability,CFS),全面负责监控金融业的风险和稳定。金融稳定理事会由英格兰银行、英国金融服务局和财政部共同组成,由财政大臣担任主席。这三个机构的人员将定期会商,报告并讨论与系统性风险和金融稳定相关的问题。金融稳定理事会的目标是分析和调查英国经济金融稳定中出现的风险,并作出反应。该理事会每年定期召开会议,讨论系统性风险的评估并考虑需要采取的行动,定期发布一些重要的出版物,如半年度的《金融稳定报告》以及《金融稳定理事会年度金融风险展望》,以表明其态度和观点。该理事会在必要时会召开会议讨论威胁金融稳定的具体行业和公司的风险,对监管行为进行协调和干预。《改革金融市场》白皮书则强调通过英国金融服务局的监管来降低系统性风险的危害,包括加强对具有系统重要性的大型复杂金融机构的审慎性监管,通过改进公

---

① 胡滨、尹振涛:《英国的金融监管改革》,载《中国金融》2009年第17期。

② 魏燕慎:《国际金融体制与监管变革》,社会科学文献出版社2011年版,第289页。

司治理机制、提高市场透明度和其他激励性措施来强化市场纪律约束；强化对具有系统重要性的批发金融市场，尤其是证券和衍生品市场的监管；加强市场基础设施建设，抑制过度信用条件要求，防止过分的风险承担行为，以降低金融风险传染，平滑金融系统与实体经济的波动；强化英国金融服务局在监控、评估和缓解由于金融体系中的相互关联所导致的系统性风险方面的职能。

《改革金融市场》白皮书从以下几个方面发表了强化国际金融监管合作的观点和措施：第一，各国国内金融监管体系的可靠性是全球金融稳定的基础，因此需要通过统一的监管标准和措施来提高各国金融监管的水平，防范监管套利所带来的金融风险。第二，加强以金融稳定理事会（FSB）为核心的国际金融监管架构的建设，更有效地在世界范围内确认和防范潜在的金融风险。第三，欧洲金融一体化的发展使得其内部金融风险传染的可能性大大增加，因此欧洲范围内的金融监管合作需要加以特别的强调。第四，英国是全球金融中心之一，英国金融服务局的金融监管需要有国际视角。第五，加强跨境监管合作，其中的一项重要内容是加强国际金融风险预警系统的建设。第六，作为危机处置的一个重要组成部分，跨国金融机构的危机不是单一国家可以有效处理的，需要跨境合作。①

从上述英国的金融改革方案看，2008 年金融危机后英国监管者对系统性风险的监管表现出高度的重视，在已有的英格兰银行、财政部和金融服务监管局的基础上建立一个新的金融稳定理事会（CFS），以全面负责监控金融业的风险和稳定，构建既统一又多元的综合监管格局或体系。

然而英国的金融监管体制的改革并未止步于此。在 2010 年后英

① 胡滨、尹振涛：《英国的金融监管改革》，载《中国金融》2009 年第 17 期。

国政府对金融监管体制进行了更加彻底和系统的改革。为提升公众对金融市场和金融服务的信心,并致力于建立一个更加稳定有效的金融系统,2008 年起英国政府先后公布了《金融稳定和存款者保护:强化现有框架》、《金融稳定和存款者保护:特殊解决机制》等改革方案。卡梅伦政府上台后,英国政府又陆续公布了《金融监管新方案:判断、焦点和稳定》、《金融监管新方案:建立更稳定的体系》、《金融监管新方案:改革蓝图》等一系列监管改革方案。直到《2010 年金融服务法案》和《2012 年金融服务法案》出台后,英国金融监管改革才基本告一段落。

《2010 年金融服务法案》出台后,金融服务监管局不再承担消费者金融教育的具体工作,而是将其内部的金融教育部门独立出来,成立了消费者金融教育局,独立、系统、全面地开展消费者金融教育工作。修订后的《2012 年金融服务法案》于 2013 年 4 月 1 日正式生效。该法案对英国金融监管体系进行了彻底的改革,撤销金融服务监管局,将其职能分拆由金融行为局和审慎监管局分别承担。金融行为局作为一个独立机构,直接对英国财政部和议会负责,以保证金融市场良好运行、金融消费者获得公平待遇为目标,负责约 26000 家金融机构的行为监管,并负责审慎监管局监管范围外的约 23000 家金融机构的审慎监管;审慎监管局作为英格兰银行的附属机构,以提升受监管机构的安全性和稳健性为目标,负责存款机构、保险机构和系统重要性投资公司的审慎监管。①

---

① 高田甜、陈晨:《基于金融消费者保护视角的英国金融监管改革研究》,载《经济社会体制比较》2013 年第 3 期。

三、优化我国金融监管格局的若干建议与对策

（一）顶层设计：设立国家金融稳定与监管委员会

随着我国金融业的深化改革，金融综合经营或者混业经营已是大势所趋，我国长期实施的“分业经营、分业监管”的金融监管格局显然已经难以适应金融业态发展的客观实际，需要从顶层设计的高度构建顺应金融监管需要的金融监管体制，在现有的央行、银监会、证监会、保监会之上设立更高级别的金融监管机构。即以国务院下属常设机构的方式设立国家金融稳定与监管委员会，下设金融监管协调委员会和三个专业委员会，即保留现有的证监会、银监会、保监会。国家金融稳定与监管委员会主席可由主管金融工作的国务院领导担任。国家金融稳定与监管委员会应是一个实质性监管机构，区别于过去建立的央行与银监会、证监会和保监会之间的监管联席会议。三个金融监管专业委员会仍然各司其职专司其各自行业的金融监管职能。增设的金融稳定与监管委员会作为综合统筹与协调机构，除了负责协调三个专业委员会的监管职能外，将主要解决金融控股公司的监管、影子银行创新金融业务领域以及其他监管真空地带，亦即主要解决跨市场、跨行业的金融监管工作。

（二）坚持全面覆盖的监管理念，强化宏观审慎监管

经历 2008 年金融危机后，境外主要资本市场国家均认识到应坚持全面覆盖监管，填补监管漏洞，消除监管“盲区”和“真空地带”。为此，危机后的各国监管改革方案均主张无论金融机构、金融产品还是金融市场，只要可能引发系统性风险，都应纳入监管范围。具体而言，在金融机构方面，要将所有具有系统重要性的金融机构如对冲基金、私募股

权基金等纳入监管,对具有系统重要性的金融机构在资本、流动性、杠杆率等方面的监管要求应更加严格。在金融产品方面,各国明确提出要实施覆盖所有场外衍生品交易的综合监管,所有标准化的衍生品交易都必须在受监管和透明的场所加以执行。在金融市场方面,要对监管薄弱或缺乏监管的市场如融资市场、资产证券化市场加强监管。随着我国金融改革的深入和市场开放,金融市场逐渐多层次、金融市场的参与者也日益多元化、金融业务和金融产品也在不断创新和丰富,确立并坚持全面监管理念尤显意义重大。

随着金融全球化趋势日益明显,加强宏观审慎监管成为各国金融监管部门防范系统性风险的重要手段。建立适合我国国情的宏观审慎监管框架,必须建立三方(中国人民银行、财政部门和专业监管部门)的制度性框架,尤其要明确中国人民银行在宏观审慎监管框架中的地位,并厘清中央银行与其他相关部门的关系。目前,在分业经营、分业监管的模式下,银监会、证监会和保监会三家专业监管机构之间已就监管分工合作签订了备忘录,但这还只是微观监管机构之间的协调机制。当前,迫切需要解决的是宏观层面的协调机制,即中国人民银行与三家专业监管机构、财政部、发改委等部门之间的协调机制。只有建立相关部门之间的协调机制,明确各自的职责,增强透明度,降低成本,提高监管效率,才能真正维护宏观金融稳定。

(三)优化金融监管协调机制,进一步明确分工与职责

我国目前实行的是分业监管的模式,分别由银监会、保监会、证监会对银行业、保险业和证券业进行监管,而中国人民银行则主要负责宏观经济调控和防范与化解系统性金融风险。这种分业监管的金融监管协调模式对于发挥各个监管机构的专业优势,提高监管效率,促进货币政策与监管政策的协调起到了一定的作用。但这种以金融机构类别为

标准划分监管职能的传统监管体制存在比较严重的监管重复和监管空白,各个监管部门之间的协调存在困难,信息传递不畅通,因而从整体上无法适应我国金融集团化和金融业务混业化趋势下金融监管的需要。《中国人民银行法》第9条明确规定"国务院建立金融监管协调机制",2003年,我国开始形成了"一行三会"的金融监管协调框架。2008年8月,国务院批准了《中国人民银行主要职责内设机构和人员编制规定》(以下简称"三定"方案)。"三定"方案规定中国人民银行会同银监会、证监会、保监会建立金融监管协调机制,以部际联席会议制度的形式,加强货币政策与监管政策之间的协调,以达到防范、化解金融风险,维护国家金融安全的总体目标。虽然"三定"方案为我国金融监管协调体制的定位指明了发展方向,但如何具体构建金融监管协调机制,仍然处于探索过程中。要降低监管协调成本、提高监管的效率,国务院必须制定具体的金融监督管理协调机制条例,依法将监管协调机制中的主体、职责、运作程序、监督和责任等问题予以明确,实现金融监管协调机制的制度化、规范化和程序化。从完善金融市场的宏观监控以及金融风险的防范和化解等职能的角度而言,在目前的"一行三会"的金融监管协调机制中,应进一步完善央行的监管职能,赋予中国人民银行实施金融监管协调的地位和职能。明确总协调人和各金融监管部门在金融监管协调机制中的职责、地位,赋予其相应的权力,承担相应的义务,并对协调方式、程序、时限、内容等作出具有可操作性的规定,使金融监管协调机制有法可依,有章可循。

为切实贯彻中央银行的金融监管协调职责,应考虑在央行内部设立"金融监管协调委员会(金融监管协调局)",作为金融监管协调机制的常设机构,指导金融监管协调工作,为成员单位提供一个沟通、磋商、决策的场所。金融监管协调委员会负责协调各成员单位的关系,搭建金融信息平台,建立健全金融风险和金融危机处置预案,受理和处理金融机构对金融监管部门的投诉。中国人民银行行长可兼任金融监管协调委员会主任,银监会、证券会、保监会主席分别兼任副主任,各成员单位应指定日常联系部门和人员,负责日常的信息交流。金融监管协调委员会应定期和不定期召开会议。

在金融监管机构的协调方面,首先要明确各自的分工。中央银行的主要职责是保持金融稳定,加强宏观审慎监管,应对系统性金融风险,在必要的时候执行最后贷款人的职能。此外,中央银行也承担一定的监管职能:实施外汇管理,负责对国际金融市场的跟踪监测和风险预警,监测和管理跨境资本流动,监督管理银行间同业拆借市场、银行间债券市场、银行间票据市场、银行间外汇市场和黄金市场及上述市场的有关衍生产品交易,负责反洗钱工作的监管等。

2004 年国务院通过了《中国银行业监督管理委员会、中国证券业监督管理委员会、中国保险业监督管理委员会在金融监管方面分工合作的备忘录》(以下简称《备忘录》)。根据《备忘录》第 8 条的规定,对金融控股机构实行主监管制度,即对集团层面按其主业性质归属相应的部门监管;对子公司按照业务性质实行分业监管。由于混业经营的趋势和界定业务属性的实践操作困难,主监管制度难以完整地把握跨领域金融机构的全貌,对金融混业集团统一的资产负债表、资本充足率也无从了解,无法监控关联交易。为了改变金融集团的监管困境,可以借鉴美国对金融控股公司监管的经验,实行伞型监管架构,即由金融监管协调委员会监管金融控股母公司,附属机构分别由银监会、证监会和保监会等功能监管者监管。

根据伞形监管框架的职能分工,金融监管协调委员会负责金融控股母公司的总体监管,其监管目标主要集中于金融控股公司的稳定,以及风险管理和保持整个集团的资本充足率水平。在监管方法上,以对金融控股公司并表监管为主,同时加强对集团内关联交易的监管。至于金融各行业的具体监管,则仍由银监会、证监会和保监会等行业监管当局负责微观层面的监管,进行日常监督,防范单个金融机构的风险,以保障金融机构的稳健运作。

除此之外,对于监管的空白领域(如担保业监管)、交叉性金融业务和金融创新产品,也可以一并纳入金融监管协调委员会的监管范围。尤其是金融创新产品和交叉混合型的金融产品的准入,应由金融监管协调委员会统一行使审批权和直接管辖权。审批权保证了金融创新产品和业务不因某一监管部门的利益而受到抑制,最大可能地为金融创新创造便利的制度环境;直接管辖权保证了金融监管协调委员会在交叉性业务领域的监管地位。

第二节 跨行业金融监管

随着我国金融市场和金融体系的不断发展壮大,尤其是金融创新层出不穷,传统业界分明的银行业、证券业、保险业和基金业等金融行业日益相互渗透,甚至彼此之间通过相互合作谋求共同发展,实现跨行业跨领域经营以谋求通过提供全方位的金融服务实现规模效益或利益最大化。金融融合和金融创新打破了传统的分业经营的金融运营模式,也对分业经营、分业监管的金融监管体制提出了挑战。经过几年来的渗透式发展甚至通过并购重组,在我国目前已经出现了中国平安集团、中信集团、光大集团等大型金融控股集团,这些金融控股集团事实上已经构成我国混业经营(或者成为综合经营)的主要模式,早就突破了我国20世纪90年代金融体制改革时确立的分业经营的金融经营模式。这种金融跨行业或混业经营的发展趋势已对现有的金融监管法律体系和监管体制带来较大的冲击,尤其是可能通过风险外溢使得金融风险在不同的金融行业迅速传递,进而演化为系统性风险,威胁整体金融稳定。

一、我国的金融跨行业经营现状及其新发展

国内目前的相关研究报告认为,有关金融跨行业的主要商品和组织形式及其风险主要表现为四种形式:①

(一)交叉性金融工具。交叉性金融工具是指在分业经营条件下银行、证券、保险机构通过协议规定,实现不同功能的金融服务之间融合而提供的金融商品,这是一种属于金融综合经营初期金融同业之间简单的分工型业务合作。一般交叉性金融工具的开发都是为了绕开政策和法规的约束,加之开发时间都比较短,在技术支持、操作过程控制等方面还不成熟,因而极易发生法律政策风险、市场风险、行业风险、技术风险和道德风险。

(二)金融衍生产品。金融衍生产品是指根据货币利率或债务工具的价格、外汇汇率、股票价格或股票指数、商品期货价格等金融资产的价格走势的预期而定值,并从这些金融产品的价值中派生出自身价值的金融产品。由于金融衍生产品的交易脱离了原生商品而虚拟存在,并且具有极强的杠杆效应,因此在信用、法律、流动性和运作方面存在极大风险。

(三)金融控股公司。金融集团是金融业实现综合经营的一种主要经营模式,实行"多个法人、多个执照、多种业务"经营,综合经营只存在于总公司范围内,下属的各个金融子公司分别经营不同的金融业务,实

① 参见中国人民银行张家口市中心支行课题组:《对我国跨市场跨行业金融风险防范问题研究》,载《华北金触》2005 年第 9 期;李项南:《跨市场、跨行业金融风险防范研究》,载《河北金融》2006 年第 10 期;李峥:《综合经营趋势下我国金融风险防范问题研究》,载《金融理论与实践》2008 年第 3 期。

施分业经营管理。在此经营模式下,一方面金融控股公司内部各子公司可以获得业务互补,具有资本扩展余地大、资金调整空间大等优势;但另一方面,如果内部防火墙建设不完善,或存在"暗箱操作",就极易出现资金在各子公司间的非法流动,放大和传递不同市场之间的风险,引起链条式的金融风险。

(四)全能银行。全能银行实行的是"一个法人、多个执照、多种业务"经营,通常是在银行内部设置不同的业务部门,全面经营银行、证券、保险等业务,这些部门的组织结构、财务体系等都由所属的银行管理,本身只作为一个部门,不具有法人地位。银行作为唯一的法人对其开展的各项业务负责。在全能银行体制下,已经完全实现了真正意义上的金融业综合经营,银行成为各个金融市场风险的最终承受者。

上述研究认为,由于我国金融业情况比较特殊,且实行的是严格的分业经营、分业管理,可能产生的跨市场、跨行业金融风险主要集中于交叉性金融工具和金融控股公司两种形式。

然而上述关于金融跨行业、跨市场经营的主要形态的划分主要是以金融危机之前的金融发展状况和特点进行的。笔者认为,对金融跨行业、跨市场问题应该从两个主要方面即组织形态与金融业务与产品进行界定,并应根据整体金融市场不断创新及发展趋势进行客观考查。就目前国际、国内金融市场发展的特点来看,笔者认为除了前述交叉性金融工具、金融衍生品、金融控股公司和全能型银行外,当前各种形式的"影子银行"系统以及炙手可热的"互联网金融"都是目前国内外金融跨行业、跨市场发展的应有内容,并且在一定程度上代表着今后的发展趋势。

二、后危机时代我国金融跨行业经营问题

(一)影子银行的发展及其监管挑战

影子银行(The Shadow Banking)的概念最早是由美国太平洋投资管理公司执行董事麦卡利在2007年8月提出来的。麦考利将影子银行体系定义为有银行之实但却无银行之名的、不受监管的(Untouched by Regulation)各类银行以外的机构,包括投资银行、对冲基金、货币市场基金、债券、保险公司、结构性投资工具(SIV)等非银行金融机构。金融稳定理事会(FSB)2011年11月发布报告将"影子银行"定义为"银行体系之外,从事实体以及非实体活动的信用中介机构"。我国学者自金融危机后也对影子银行系统进行了广泛的研究,但是对影子银行的内涵和外延观点不一,并未形成统一明确的定义。供职于中国人民银行上海总部的钟磊认为:影子银行体系又称"平行银行系统"或"准银行",它是指向企业、居民和其他金融机构提供流动性、期限配合和提高杠杆率等服务,从而在不同程度上替代商业银行核心功能的机构、市场、工具和方法。[①] 从功能作用来看,影子银行体系通过有形或无形实体发挥着信用中介的信贷融通职能;从风险角度来看,影子银行体系与传统银行体系之间相互渗透、密切关联,其风险会传导至传统银行体系,进而影响整体宏观经济运行;从监管角度来看,影子银行体系游离于传统银行体系之外,相对来说未受或少受到监管。根据金融稳定理事会的定义,影子银行是指游离于银行监管体系之外、可能引发系统性风险和监管套利等问题的信用中介体系(包括各类相关机构和业务活动)。

由于各国金融市场的成熟度不同,国内外影子银行系统的构成情

---

① 钟磊:《我国影子银行体系的发展及监管》,载《浙江金融》2012年第12期。

况也存在差异。就全球范围来看,“影子银行”体系主要由三种类型的机构组成:证券化机构,主要功能是将传统金融产品证券化;市场化的金融公司,主要包括对冲基金、货币市场共同基金、私募股权投资基金等,主要从事在传统金融机构和客户之间融通资金;此外,还有结构化投资机构及证券经纪公司。钟磊在其研究中认为,按照与传统金融的关联性以及监管状况,我国的影子银行体系大体由四部分构成:(1)传统金融体系内部的影子银行业务,主要包括商业银行委托贷款、表外理财和信贷资产证券化;(2)由金融监管部门批准设立的非银行金融机构,主要包括信托公司、财务公司、金融租赁公司、汽车金融公司、消费金融公司等;(3)由政府部门批准设立的各类准金融机构,主要包括小额贷款公司、融资性担保公司、私募股权基金、典当行等。这类机构属于为支持特定的群体或达到特定目的而创设的,具有融资性中介作用的功能性机构;(4)其他融资中介,主要是民间借贷。作为体制外资金池,其资金来源一般是自有资金,资金投向包括实体企业、房地产以及其他投机与投资活动;资金运用方式包括直接借款、融资性中介机构贷款和银行承兑汇票的买卖等。① IMF 于 2011 年发布的《中国金融系统稳定评估报告》以列举的方式界定了我国影子银行的范围,主要包括非正规金融部门(典当行、信用担保公司、小额贷款公司和地下金融中介)、私募和理财产品三类。国务院 2013 年发布的《关于加强影子银行监管有关问题的通知》(以下简称 107 号文)也将我国的影子银行界定为三类:(1)不持有金融牌照而完全不受监管的信用中介机构;(2)持有金融牌照但监管不足或规避监管的业务;(3)不持有金融牌照,存在监管但监管不足的信用中介机构。按照 107 号文的分类,“人人贷”是典型的第一类影子银行,理财产品属于第二类,担保公司、贷款公司等中

① 钟磊:《我国影子银行体系的发展及监管》,载《浙江金融》2012 年第 12 期。

介机构属于第三类。

与传统银行业相比,影子银行具有以下特点:

1. 影子银行交易模式往往采用批发形式,有别于商业银行的零售模式。

2. 影子银行大量进行不透明的场外交易。影子银行的产品结构设计非常复杂,而且鲜有公开的、可以披露的信息。这些金融衍生品交易大都在柜台交易市场进行,信息披露制度很不完善。

3. 影子银行经常采用高杠杆率进行交易。由于没有商业银行那样厚实的资本金,影子银行大量利用财务杠杆举债经营。

4. 影子银行的主体是金融中介机构,载体是金融创新工具,这些中介机构和工具充当了信用中介功能。

5. 影子银行还常采取金融资产证券化的方式来分散和化解风险,并且存在监管套利的行为。

影子银行的产生是金融发展、金融创新的必然结果,作为传统银行体系的有益补充,在服务实体经济、丰富居民投资渠道等方面起到了积极作用。但是影子银行的风险具有复杂性、隐蔽性、脆弱性、突发性和传染性,容易诱发系统性风险。金融稳定理事会(FSB)于2011年4月发布的一项报告认为,影子银行所带来的主要威胁是系统性风险和监管套利。影子银行引发系统性风险的因素主要包括四个方面:(1)期限错配风险:期限错配的影子银行产品存在较大的信用违约风险。影子银行业务的一个突出特征是用短期负债支持长期资产,即存款期限通常短于贷款期限。由于资产期限明显长于负债期限;一旦出现资金的大规模流出,就容易陷入流动性危机。一旦被投资资产出现质量问题,那么银行理财产品就可能面临违约的局面。(2)流动性转换风险:影子银行资金来源的不稳定性可能引发流动性风险。影子银行通常通过批发融资市场发行短期债券取得融资,购买高风险高收益的长期资产,资金来源的稳定性较差，一旦市场流动性匮乏时，就会面临巨大的流动性风险。(3)信用违约风险：影子银行对应业务产品的弱质性可能引发信用违约风险。在宏观调控的时候，银行的信贷活动受到控制，银行首先保证供应的自然是风险较低的贷款。一些信用风险较高的信贷需求在银行那里得不到满足，就会转向影子银行。相对较高的信用风险只有通过更高的利率得到足够的补偿，但实质上，理财产品资金池资产方的投资收益率可能会显著低于负债方的投资收益率，造成理财产品最终难以还本付息，从而出现系统性的信用违约。(4)高杠杆投资风险：由于没有商业银行那样丰厚的资本金，影子银行大量利用财务杠杆举债经营；在投资决策中也追求高回报项目，杠杆越大风险也必然越大。在监管套利方面，影子银行从事与传统银行类似的信贷中介活动，但是却并未如同传统银行一样受到法律监管的约束，容易成为监管套利的工具。这种监管套利包括两种方式：一是从主体身份转换入手，从原先受审慎监管的机构转换成监管豁免或者少受监管的主体；二是从业务形式转换入手，设计不受法律监管的业务形式从事原本受到法律限制的业务。[①] 监管套利带来的消极影响是显而易见的。传统银行可以将风险转移到影子银行，利用影子银行从事高风险的活动，规避监管法律对其自身施加的资本或流动性要求，这无疑使相关监管法律无法达到其防范风险和危机的目的，同时又给整个金融体系增加了额外的风险。

(二)互联网金融的发展及其监管问题

1. 互联网金融的兴起与特点

所谓互联网金融，一般指以互联网、大数据、云计算、社交网络和搜索引擎为代表的互联网信息技术与金融行业深度融合所形成的金融新

---

① 袁达松：《对影子银行加强监管的国际金融法制改革》，载《法学研究》2012年第2期。

业态,具有融资、支付和交易中介等金融功能。[1] 目前互联网金融的主要模式包括:(1)P2P 模式。该模式是指拥有资金并且有理财投资意愿的机构或个人,通过网络平台以信用贷款的方式将闲置资金贷给资金需求方。(2)互联网支付模式(包括移动支付)。该模式是指客户为购买特定商品或服务,依托互联网发起支付指令,实现货币资金转移的行为。(3)众筹模式。众筹(Crowdfunding)模式即大众筹资,是指用团购加预购的形式,向网友募集项目资金。(4)金融产品互联网销售。是指基金、银行理财产品、保险产品等金融产品借助互联网渠道和电商平台实现快速和规模化销售的模式,以余额宝、微信理财通、众安在线以及方正证券在天猫商城开设的泉友会官方旗舰店等为代表。(5)互联网货币。互联网货币是指采用一系列经过加密的数字,在全球网络上传输的可以脱离银行实体而进行的数字化交易媒介物,表现为数字货币、在线货币、电子钱包、电子信用卡等形式,以比特币、Q 币、亚马逊币等为突出代表。(6)其他模式。互联网金融还创造出金融搜索、网上 OTC 业务、基于交易历史信用记录的网上贷款等新模式。比如,金融搜索是将互联网的大数据、搜索引擎技术与金融咨询、贷款初审等金融专业技术相结合的新型模式,“融 360”就是我国融资贷款搜索平台代表之一。[2]

2. 互联网金融存在的问题及其法律监管挑战

与传统金融业相比,互联网金融呈现出业态分散、形式复杂多元、主体地位不明确、金融产品创新性强以及涉及许多复杂的技术性问题等特点。随着互联网金融的快速发展其引发的风险也是不容忽视的。互联网金融面临的主要风险突出表现在以下几个方面:(1)信用风险:

---

① 刘兴:《互联网金融的主要模式、运行逻辑及对经济金融发展的影响和挑战》,载《海南金融》2014 年第 5 期。

② 刘兴:《互联网金融的主要模式、运行逻辑及对经济金融发展的影响和挑战》,载《海南金融》2014 年第 5 期。

相关融资方(借款人)无力偿还贷款而造成投资人损失的风险;(2)交易风险:主要指在交易支付结算环节,借贷双方资金的划拨需经过中间账户,但对于中间账户的监管处于空白状态而引发的风险;(3)技术风险,互联网金融所依赖的计算机通讯和网络技术性可能引发技术和通讯障碍问题;(4)法律风险。目前互联网金融存在的法律风险经常被人们与非法吸收公众存款和金融集资诈骗相联系。

相应地,金融互联网的发展对传统的金融监管也带来极大的挑战,主要表现在如下几个方面:(1)已有专门的金融法律体系较少涉及互联网金融;(2)涉及互联网金融发展的相关支撑性基础立法缺乏或者较为薄弱;(3)传统的金融监管标准和规范对于互联网金融具有不适合性;(4)缺乏专门的监管机构,监管体系尚不完善。

作为一种新的金融模式,互联网金融给金融监管、金融消费者保护和宏观调控提出了全新的挑战。因此,必须充分认识和合理评估互联网金融业发展的特点及潜在影响,加强立法和监管制度建设,包括明确监管部门,提高监管的针对性和有效性,引导互联网金融业健康发展;推进社会信用体系建设,加强对金融消费者的教育和保护,为金融体系创新以及金融支持实体经济发展创造良好的市场环境。笔者认为当前互联网金融监管的思路及重点应该包括以下几个方面:(1)明确互联网金融的监管主体与监管标准;(2)加强互联网金融的市场准入监管(主体、产品);(3)互联网金融经营的合法性与合规性监管;(4)协调互联网金融发展与金融消费者权益保护问题;(5)理顺互联网金融与通讯安全和第三方责任问题。

三、建立完善的金融跨行业监管制度

1. 树立全面监管、分类监管、协调监管与监管创新的理念与原则

随着金融体制改革的深化,金融跨行业的发展具有其必然性,对此在

坚持遵循全面监管理念,不留监管真空和监管漏洞理念的同时,应该坚持鼓励创新与适度监管相结合的原则。在金融监管方式方面,应当实行全面监管、分类监管、协同监管和创新监管,使金融改革和金融跨行业经营能够实现健康稳健发展,从而服务于宏观调控和经济稳定,保护消费者权益。

2. 构建涵盖跨行业的金融业宏观审慎监管框架

我国金融业目前实行分业经营、分业监管的格局。银监会、证监会和保监会各自负责银行业、证券业和保险业的微观审慎监管,而有关跨行业的宏观审慎监管则存在职、权、责不清的问题。随着我国金融市场的创新与发展,金融分业监管体制已经越来越难以适应跨行业、跨市场金融风险的监管需要。特别是产品的交易结构复杂,风险不易识别,更是增加了风险监管的难度。从当前国际实践看,由于宏观审慎监管要求其主管部门必须能够宏观地把握全局,协调各部门的共同发展并及时处理单个机构或部门中出现的问题,从而保证整个行业的安全与稳健发展,由中央银行担当宏观审慎监管主体成为各国金融监管改革中的不二选择。在我国目前的现实条件下,中央银行可能并不见得比专业监管机构更能识别金融风险,但是不可否认,中央银行在宏观把握经济趋势和控制市场风险上更具优势,能够弥补系统性风险监管的缺失,此外作为流动性的最后提供者具备专业监管当局无法比拟的金融风险处置优势与效率。因此,由中央银行承担系统性金融风险监管职责,负责跨行业、跨市场金融风险监管,可能是在不触动分业监管体制的前提下提升金融风险监管效率的最好选择。

当然,为确保央行在实施宏观审慎监管中能得到其他微观审慎监管部门的配合与支持,我国也应进一步优化当前的四方监管联席机制,赋予中国人民银行作为监管协调牵头部门的权限与职责。

3. 强化对金融市场创新业务和创新产品的监管

金融市场跨行业经营最终都体现在金融业务和金融产品的跨界创

新方面。在美国次贷危机的演进过程中，以MBS、CDO、CDS为代表的创新产品放大了房产资产泡沫并最终引发了系统性风险。诚如美国“总统金融市场工作组”(PWG)在金融危机调查报告中所指出的，次贷衍生证券以及其他结构化信贷产品的估值、披露等出现严重缺陷，大型金融机构风险管理薄弱，监管机制未能弥补金融机构风险管理薄弱环节等共同引发了危机。此外，创新产品的“投资陷阱”问题也随着资产泡沫破灭逐步浮出水面，其中高盛“欺诈门”事件更是将创新产品投资者保护问题推向了风口浪尖。笔者认为，在我国，金融业务和金融产品创新必须与我国金融改革进程相适应，坚持有节制发展的指导思想，采取渐进、有选择、有步骤的方式推进。在推进金融创新战略过程中，应重点在金融创新业务和产品的市场交易结算监管、市场风险信息披露监管、投资者适当性监管等方面构建、完善相关制度。

4. 构建风险预警制度与内部防火墙制度

即在审慎监管的基础上，应严格业务标准，加强流程管理和风险控制，并加大对违规行为的惩罚力度，完善金融机构参与融资性中介机构的规模限制和防火墙机制。

第三节 跨市场金融交易监管

目前关于跨市场金融交易有广义和狭义两种理解。广义的跨市场金融交易包括跨境金融交易，而狭义的跨市场交易是指投资者在境内不同资本市场上进行的交易。本节的讨论特指狭义的跨市场金融交易，比如证券交易所的投资者又在银行间市场或柜台市场上进行交易，或现货市场投资者在期货市场上进行交易。投资者在不同金融市场就同一证券或相关联的证券品种或衍生品种如期货、期权进行交易，可以达到套利或者避险的目的。本节仅从狭义上对当前我国股票和股指期货跨市场交易方面问题进行探讨。

一、跨市场监管的逻辑前提:股票市场与股指期货市场的关联性

股指期货作为标的资产(股票资产组合)的衍生工具,其价格波动的来源就是标的资产价格的变化,在标的资产价格遵循的随机过程和股指期货价格遵循的随机过程中,由于它们之间风险源相同,它们之间的价格就会交互影响。跨市场交易者可以利用这一机理实施跨市场操纵得以牟利,或者实施跨市场交易策略来避险或获利,因此,在共同的市场参与者的推动下,股指期货与股票资产组合的价格形成过程具有极为显著的相关性,股票与股指期货市场也势必表现出明显的风险关联特征。

从沪深 300 指数期货交易推出后的实际情况来看,股票市场与股指期货市场的关联性主要表现为以下两个特点:

(一)股指与期指走势具有高度一致性,日涨跌方向吻合率达到 85%,且基差随着合约到期日临近出现大幅降低

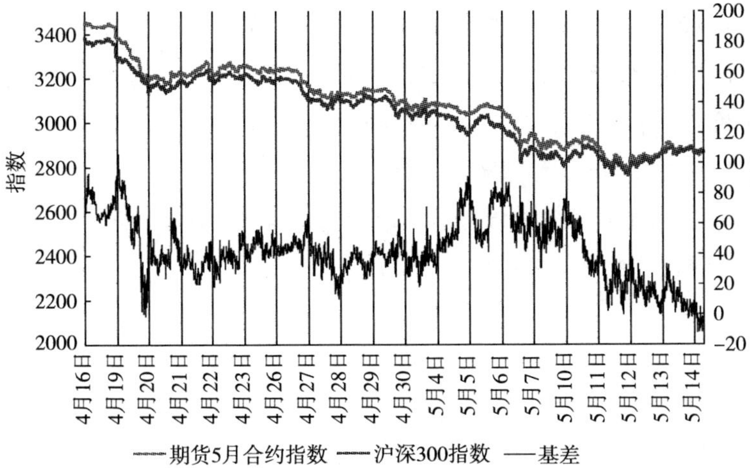

图 1　期货主力合约和沪深 300 指数分时走势

首先,股指期货主力合约(5月)指数从首日收盘的3415.6点降至5月14日的2862.6点,下降16.19%,同期沪深300指数则下降14.57%,幅度相差不大。从图1可以看出,二者的分时走势具有高度一致性。进一步统计发现,沪深300现货指数与股指期货主力合约日涨跌方向不一致的仅有3个交易日,一致的有17个,占85%。

其次,股指期货推出以来,主力合约与沪深300指数基差一直处于高位,5月11日之前日均基差为42点,而5月11日之后基差受到期日影响骤然下降,11日至14日日均基差仅为5点,14日基差甚至已为负值。

(二)期指领先股指2~3分钟,期指的价格发现功能较为显著

境外成熟市场实证研究表明,由于股指期货市场实行"T+0"多空双向交易机制,又具有低交易成本、高交易杠杆和高流动性等特征,[①]适于投资者快速调整投资持仓来应对新信息冲击。因此,期指市场较股票市场更具有价格发现功能。从沪深300股指期货与现货的运行情况来看,期指价格的变动通常超前于股指的变动。

首先,我们采用1分钟的高频数据分别计算了期货主力合约指数和沪深300指数的分钟收益率,然后对两个收益率序列进行了格兰杰因果检验。结果表明,期货和现货的分钟收益率互相引导,但期货收益率引导现货收益率的结果更加显著。

其次,我们计算了期货(现货)收益率与滞后的现货(期货)收益率的相关系数和符号一致百分比(见表2)。

---

① 股指期货采用保证金交易,投资者支付部分保证金即可买入或卖出全部价值的合约,因此,投资者通过这一交易杠杆可以放大盈利或损失。

表 2　期货与现货的相关系数和符号一致百分比

	相关系数		符号一致百分比	
	期货领先现货	现货领先期货	期货领先现货	现货领先期货
当期	0.1446	0.1446	0.5151	0.5151
滞后 1 分钟	0.2585	-0.0250	0.5723	0.4416
滞后 2 分钟	0.2873	-0.0083	0.5853	0.4485
滞后 3 分钟	0.2052	0.0100	0.5864	0.4534
滞后 4 分钟	0.1282	-0.0048	0.5521	0.4500
滞后 5 分钟	0.0628	0.0043	0.4468	0.4449
滞后 6 分钟	0.0054	-0.0171	0.4902	0.4583
滞后 7 分钟	-0.0135	-0.0165	0.4692	0.4660
滞后 8 分钟	-0.0128	-0.0288	0.4533	0.4595
滞后 9 分钟	0.0135	-0.0268	0.4585	0.4706
滞后 10 分钟	-0.0298	-0.0236	0.4559	0.4653

结果显示，现货收益率与滞后 2 分钟期货收益率的相关系数最高(0.2873)，而期货收益率与滞后现货收益率的相关系数大部分为负，且均小于当期相关系数；现货收益率与滞后 3 分钟期货收益率的符号一致百分比最高(58.64%)，滞后 2 分钟的取值次高(58.53%)，而期货收益率与滞后现货收益率的符号一致百分比均小于 50%。因此，从收益率角度来看，期货指数领先现货指数 2～3 分钟。

此外，我们还选取了沪深 300 指数前二十大权重股的八只权重成分股进行研究，结果表明股指期货对沪市的六只股票都有领先关系，领先其中五只成分股 3 分钟以上，领先另外一只股票 1 分钟；对于深市两只股票，股指期货与这两只股票间不存在领先滞后关系。综合来看，股指期货与权重股间的领先滞后关系尚无法得出确定的结论。

二、构建基于反操纵与防控系统性风险的跨市场监管制度

跨市场操作行为及其引发的风险是跨市场监管的基础。一方面，跨市场操纵行为侵犯了投资者权益，并可能导致跨市场连锁反应；另一方面，跨市场交易行为在一定契机下还可能引发系统性风险。因此，跨市场监管目标不仅是为了打击跨市场操纵违法行为，保护投资者权益，也为了防范系统性风险，维持市场的公正交易与秩序稳定。

（一）确定跨市场交易行为合法合规的边界

市场监管通常通过设置行为规范、采取防范措施、进行有效监管、追究法律责任四个方面来实现任务。只有充分认识了跨市场操作行为，才能界定跨市场操作行为合法合规边界，进而推进其他三方面任务。

在信息技术时代，跨市场交易主要围绕着股指期货的基本功能（风险管理、投机获利和价格发现），并通过程序化交易和算法交易等方式展开。跨市场交易包括了跨市场套期保值、跨市场期现套利、跨市场风险管理、跨市场方向性交易等类型。

跨市场操纵包括两种模式：一是基于股指与期指的联动性，操纵股指，从而带动期指；二是直接操纵期指，使期指走出偏离于现货指数的短期独立行情。在我国《证券法》、《期货交易管理条例》、《证券市场操纵行为认定指引》中，市场操纵行为主要包括连续交易操纵（集中资金、持股优势或利用信息优势联合或连续买卖，操纵交易价格或交易量）、约定交易操纵（“对敲”，即与他人串通，以事先约定的时间、数量和价格交互买卖，影响交易价格或交易量）、洗售操纵（“对倒”，即在自己控制的账户之间进行交互买卖，影响交易价格或交易量）和其他操纵。其他操纵主要有蛊惑交易操纵、抢帽子交易操纵、虚假申报操纵、特定时间的价格或价值操纵、尾市交易操纵等方式。

在跨市场交易的方式下，可以将股票市场、股指期货市场视作“同一

市场”的两个子市场，只要跨市场交易者的行为符合法定操纵要件，其在各个子市场的单独操纵行为或者在两个子市场同时施行的操纵行为，皆可归为违法的操纵行为。

从国际经验来看，尽管同时操纵商品期货与(库存)现货市场的案例层出不穷，但通过交互操纵股指期货与股票市场牟利的案例却比较少见。就目前所掌握的资料来看，比较有名的跨市场操纵案例有七个，即澳大利亚野村证券操纵案、瑞士信贷第一波士顿(CSFB)企图操纵斯德哥尔摩证交所指数(OMX Index)成分股案、印度 UBS 操纵案、中国台湾国安基金护盘失败案、中国台湾外资操纵摩台指数结算价案、中国香港金融保卫战、韩国 Jackpot 到期日操纵 KOSPI200。(见表 3)

表 3　境外跨市场操纵典型案例概要

案例	操纵者	时间	操纵对象	操纵手法	后果
1. 澳大利亚野村证券操纵	野村证券	1996 年 3 月	澳大利亚普通股价指数	在到期日收盘前最后几分钟里卖出市值 6 亿澳元的指数成分股，同时通过一些经纪商下达了批量埋单，有些股票买单甚至设定了 20% 以上的跌幅，从而以“对倒”方式使卖单与埋单成交	澳大利亚普通股价指数在最后半个小时里下跌约 1%
2. 瑞士信贷第一波士顿(CS-FB)企图操纵斯德哥尔摩证交所指数(OMX Index)成分股	瑞士信贷第一波士顿	1998 年 12 月	斯德哥尔摩证交所指数(OMX Index)	知晓指数权重股 Stora 股票埋单不足后，将该股价格从 90 元抛售至 60 元	斯德哥尔摩证交所指数异常下跌

续表

案例	操纵者	时间	操纵对象	操纵手法	后果
3.印度UBS操纵	UBS	2004年5月	印度Sensex和Nifty	5月14日,UBS在期货市场上建立了726千万卢比的空仓。在17日集中抛售,卖出了188.35千万卢比的股票,是该日最大的卖出方	市场暴跌,Sensex跌幅16.6%
4.中国台湾国安基金护盘失败	“国安基金”	2000年11月	台湾加权股价指数	企图操纵期货价格,稳定现货价格。在10月30日与31日,以及11月9日与10日,买进期货13,749单,这一数字占中国台湾期货市场整体成交手数的98.09%	到11月16日交割期出货时,立刻被投机者大力打压,不到一天,“国安基金”就损失近9亿元新台币
5.中国台湾外资操纵摩台指结算价	外资法人	2003年5月、7月、8月、11月	新加坡摩台指数	外资尾盘迅速拉升或者打压摩台指数权重股	尾盘指数异常波动,尾盘成分股成交量巨幅放大

续表

案例	操纵者	时间	操纵对象	操纵手法	后果
6. 中国香港金融保卫战	宏观对冲基金等	1998 年 8 月	香港恒生指数	中国香港政府自 8 月 14 日起大量买入恒生指数成分股,同时拉高 8 月,打压 9 月恒生指数期货合约,大幅提高银行拆借利率,指示香港公司不要拆借股票现货给对冲基金	香港政府将恒生指数 8 月 13 日收盘的 6660 点推高到 28 日的 7829 点报收,并迫使炒家们在高价位结算交割 8 月份股指期货
7. 韩国 Jackpot 到期日操纵 KOSPI200	Jackpot	2006 年 5 月	KOSPI200 股指期货	5 月 11 日,在 1 小时内建立了总数大 6000 手以上的净头寸,大幅拉升 KOSPI200 的 5 月股指期货价格。5 月 12 日,反手做空股指期货	5 月 11 日,KOSPI200 的 5 月股指期货价格从 188.50 点拉升到 191.05 点。5 月 12 日,指数跌至 180.75 点

根据操纵的手法不同,可以大致将跨市场操纵分为两类:第一类是利用宏观经济的不确定性,操纵市场走势。这以 1998 年中国香港金融保卫战和 2004 年印度 UBS 操纵案为代表。第二类是到期日操纵结算价。这类操纵的特点是资金规模相对较小,持续时间短,通常在合约最后交易日尾盘操纵现货指数权重股收盘价,在期指结算后现货指数快速回复正常,因此这类操纵对价格水平只有短期冲击。这以中国台湾

国安基金护盘失败案、中国台湾外资操纵摩台指数结算价案、韩国 Jackpot 到期日操纵 KOSPI200 为代表。

(二)跨市场交易行为可能引发的风险

1. 跨市场操纵行为可能抬高市场局部或系统性风险

从境外成熟市场经验来看,随着交易、监管制度的完善,市场自发的价格纠错机制运行已日趋良好,价格人为扭曲时间也已极大缩短。因此,跨市操纵主要为利用宏观事件跨市场操纵和到期日操纵两种类型。

在国际宏观对冲基金或大型投机资金利用宏观事件实施跨市场攻击的实践中,操纵者在汇市、股市(包括股指期货市场)双向做多(或双向做空)的战术通常为:做多(做空)该国货币→迫使央行为维持汇率而抛出(收购)本币→利率下行(利率上行)→股票、期指市场上涨(股票、期指市场下跌),基于利率与股指的负相关性,投机资金至少会在一方大型头寸中获利。

更有甚者,大型投机资金还会利用汇率与商品期货的相关关系在主要商品期货品种上大肆狙击。在 1990 年欧洲货币危机和 1998 年香港金融保卫战中,国际投机资金双向做空战术已屡试不爽。

再从行为人在股指期货合约结算日特定时间实施操纵的实践来看,这类操纵的特点是资金规模相对较小,持续时间短。通常在合约最后交易日尾盘操纵现货指数权重股收盘价,以扩大期指合约部位盈利,并在期指结算后现货指数快速回复正常。因此这类操纵对价格水平只有短期冲击。

但在宏观事件冲击时期或期指合约结算日,行为人跨市场操纵可能破坏期现市场平价关系,致使期现市场之间出现背离走势,从而抬高跨市场的整体风险,进而在程序化交易的推动下形成跨市场的"瀑布效应”（股市与期市交互螺旋下跌），引致跨市场系统性风险。

2. 特定期间跨市场交易行为可能引致跨市场系统性风险

从境外交易所经验来看，在宏观事件冲击和股指期货到期日的特定时间段，跨市场交易可能导致股市价格、成交量出现异常波动，并可能引起连锁的系统性风险，若再被跨市场操纵力量所利用，还会导致更严重的继发性波动。

美国1987年“黑色星期一”和中国香港1998年金融保卫战，是宏观事件触发跨市场交易、再引发系统风险的典型案例。由于宏观事件诱发了股市急跌，套期保值者与组合保险交易商为了避免股票下跌的风险、尽快出清所持有的资产头寸，被迫在期货市场上大量抛售股指期货合约，导致期货价格下跌，股指期货合约价格明显低于现货市场对应的“篮子股票”价格，从而引致指数套利者入市进行指数套利，买入期货并在现货市场抛出股票，由此期货市场的价格下跌导致现货市场的价格下跌，并进而引发更多的套期保值和组合保险交易产生，如此恶性循环最终导致了系统风险爆发。

此外，由于跨市场交易严重依赖计算机程序和通讯系统，非常时期涌入的交易指令可能引发交易堵塞或故障，造成更大规模的股市恐慌。以“黑色星期一”（1987年10月19日美国股灾）为例，由于股指期货市场本就有拉动股票市场的“公告栏效应”（Billboard Effect），再加上股指期货市场开盘时间早于股市，股市开盘后，计算机程序驱动的大规模卖出指令引致买卖失衡的同时造成股市系统堵单，在代表股指价值30%的95只S&P股成分尚未开盘的情况下，股市报价信息严重过时（Stale），而期指交易却快速运转，并呈现出超跌现象，反过来造成股市更大的恐慌。

股指期货“到期日效应”主要指以股票市场指数为标的的期货、期权在到期日时对现货市场的异常影响。这种影响一般表现为价格、波动率的异常波动和成交量的急剧放大。抛开到期日结算价设计问题不论，在到期日，长期持股机构投资者实施期指空头的迁仓行为（从近月合约转为远月合约）、正向套利者对冲现货部位或反向套利者对冲期指部位、组合保险商依期指涨跌情况持续买进期指多头或持续卖出期指空头，均会产生到期日价格、交易量等异常波动。如果市场是有效的，这种短暂性波动会很快消失，如果市场交易机制（深度、广度和弹性）无法确保价格迅速对买（卖）方压力作出反应，若再加上主动操纵者、“噪声投机者”的推波助澜，可能导致股市与期市价格的螺旋式上涨或下跌。

目前，中金所沪深300股指期货合约以当月、下月及随后两个季月的第三个周五作为期指合约的到期日，并且指数的样本股权重较为分散，本身已具有较强的抗到期日短期操纵能力，但是因为到期日的特殊性且到期日涨跌停板的幅度为±20%，到期日可能出现的市场大幅波动风险仍可能爆发。

（三）防控跨市场风险的主要监管对策

目前成熟市场主要适用证券、期货法律制度来双重规制跨市场操纵，从防控系统性风险的角度来规划跨市场监管制度。较为成熟的制度设计主要包括跨市场监管协作机制、跨市场资本充足度规制和跨市场稳定机制。

1. 继续完善跨市场监管协作机制

由五方共同签署的“1+3”协议①框架，主要借鉴境外经验，在有效

---

① “1+3”协议是指1个备忘录和3个具体操作规程，包括《股票市场与股指期货市场跨市场监管备忘录》、《股票市场与股指期货市场跨市场监管信息交换操作规程》、《股票市场与股指期货市场跨市场监管反操纵操作规程》和《股票市场与股指期货市场跨市场监管突发事件应急预案》。

的信息沟通基础之上，进行跨市场监管协作。根据上交所、深交所与中金所之间签订的《跨市场监管信息交换备忘录》，通过常规信息交换和定向信息交换，上交所、深交所可以在交易日后及时跟踪、评估机构投资者股指期货合约交易及持仓情况对沪深市场的影响，可以定期掌握机构投资者在期市上的违规违约行为，还可以查询可疑机构投资者在特定时间段对股指期货合约的委托明细、委托汇总、成交明细、成交汇总、持仓明细数据，在排查机构投资者跨市场操纵的基础上，强化跨市场交易策略监管，敦促其在深市与中金所的交易行为与事先上报的交易策略保持一致。

在实际监察工作中，可分解为受监管对象监察与受监管股票监察，前者系为“普查”，即对跨市场机构的股票账户交易情况和持仓情况进行持续监控，掌握异动情况；后者系为“倒查”，即监控沪深300指数权重较大的股票交易情况，追踪出交易异常的股票账户。

从境外市场经验来看，机构投资者的财务健全是防范跨市场系统风险的第一道屏障，因此，沪深交易所还应加强与证监会派出机构的信息沟通，加强与中金所会员部的信息沟通，及时掌握机构投资者的财务状况，监督其财务状况与交易行为的匹配程度，以便及时启动风险预警。根据《证券公司风险控制指标管理办法》、《期货公司风险监管指标管理试行办法》和《关于基金管理公司提取风险准备金有关问题的通知》，机构投资者的跨市交易应当符合资本充足度的要求。更为重要的是，其净资本与负债的比例、净资产与负债的比例均不得低于法定要求，这就严格限制了机构的杠杆交易规模，防范其财务风险爆发。

按照目前制度设计，属于非中金所结算会员的机构投资者主要通过结算会员以自有资金或资产管理计划实施跨市操作，而成为中金所结算会员的机构投资者则可以自行实施跨市场操作。由于中金所对结算会员实行以资本充足度为基础的总量限仓，非结算会员的仓位累加到结算会员账上,因此非结算会员的资本充足监管主要通过结算会员的净资本充足度来间接实现。显然,中金所结算会员财务信息是沪深交易所监督跨市操作的非结算会员财务信息的基本来源。

《证券公司风险控制指标管理办法》准许证监会派出机构根据监管需要,要求辖区内单个、部分或者全部证券公司在一定阶段内按周或者按日编制并报送净资本计算表和风险控制指标监管报表,沪深交易所可以藉此通过派出机构及时获取券商的财务信息。但《期货公司风险监管指标管理试行办法》尚未授权证监会派出机构实施高频度的财务检查,可能难以跟上未来跨市场监管需求,建议证监会及时作出规章条文修订。

2. 构建跨市场价格稳定机制

保证金制度是期指交易机制的核心,若期指价格波幅过大,而投资者又做错方向,投资者保证金账户资金将以杠杆乘数的方式加速耗尽。实证检验表明,通过跨市熔断(Circuit Breaker)机制干预宏观事件和股指期货到期引发的市场冲击,赋予投资者更多的时间和机会来重新评估市场,将有利于化解信息不充分投资者“羊群行为”所引致的市场过度波动。但是,根据境外市场经验,在股票交易所与期货交易所之间设置协同熔断机制是建立在股市无涨跌幅限制(Price Limit)之基础上的。

股票市场与股指期货市场高度相关、交互作用,各自运行情况对另一市场的影响极大。涨跌幅限制措施实际上降低了股票市场价格发现效率,并产生流动性干扰和涨跌停后的助涨助跌效应。作为期指基础的股市出现这些问题,将使期指“非自足性”运行的合理性产生动摇,期指定价不当将通过交易的杠杆度高速引发市场风险。显然,现行的股市涨跌幅限制制度对股指期货交易、跨市场交易都将构成较为严重的障碍。

笔者认为,为了适应跨市场交易需要,沪深交易所理应逐步取消股票涨跌幅限制，代之以国际通行的熔断制度，创新沪深交易所乃至跨市场的价格稳定机制。

在境外市场中，跨市场协同熔断机制一般以股票市场指数作为判定基础，一旦股票市场指数波幅触发熔断点而中止交易一段期间，股指期货市场也将进入熔断阶段。选定合适的股票市场指数，是构建跨市场熔断机制的基础。这涉及两种模式，一种是以美国、韩国为代表的单一指数模式，如美国选择道琼斯工业平均指数，韩国选择 KOSPI 指数，作为众多股票市场的共同熔断基准指数。另一种是以印度为代表的两个指数模式，只要孟买证券交易所的 SENSEX 指数或印度国家证券交易所的 S&P CNX Nifty 指数触发熔断点，另一市场将跟随触发。笔者认为，将股指期货的标的指数设为熔断机制的基准指数，可以最大限度地提升股指与期指之间运行的协同性，因此，借鉴纽交所的做法，在每一季度初，以上一月沪深 300 指数平均收盘价涨跌 10%、20%、30% 为基准设置本季度跨市场协同熔断点应较为可行。

此外，为了防范指数熔断前指数成分股的过度波动风险，可借鉴欧洲市场经验设置成分股熔断制度。其基本思路是，当前后两笔交易价格达到一定幅度（动态涨跌幅）或最新价格达到参考价格（如前一日收盘价）一定幅度（静态涨跌幅）时，该股的连续竞价中断，集合竞价启动，当集合竞价形成后再恢复连续竞价。显然，成分股熔断制度系“熔而不断”，一直保持着成分股交易的持续性，与指数协同熔断制度的“熔而断”有着鲜明的差异。

CHAPTER 03 >>

第三章

宏观审慎监管的法制化

第一节　金融自由化与宏观审慎监管

一、金融自由化与宏观审慎监管的缺失

20 世纪 80 年代初以来，以美国为首的西方国家掀起了一场以放松金融管制为主要目标的金融自由化运动，大大缩小了金融监管的范围和边界，显著扩大了无监管或少监管的金融业务范围，这既促进了金融创新的发展，也催生了新的系统性金融风险隐患。在快速发展的金融创新过程中，大部分金融中介业务被转移到各类场外结构性金融产品和投资银行、对冲基金、货币市场基金、特殊目的实体以及其他私人资金池等影子银行体系（又称类银行机构），这类机构高杠杆率的短借长贷行为，具有较高的流动性风险。[①]金融体系的整体风险大小取决于其组成部分（金融机

① 金荦、陶玲：《新一轮国际金融监管体制改革的核心——强化宏观审慎监管》，载《比较》2009 年第 4 期。at http://magazine.caixin.com/2009-08-01/100209445_all.html.

构、金融市场及其他市场参与者)的个体风险程度,但又不完全等同于个体风险的简单递加。个体的风险从微观角度而言可能并无不妥,但若综合起来,却有可能对整个金融体系造成冲击。历次金融危机都证明,金融体系的整体风险不容易察觉和防范,金融体系的宏观审慎监管难度很大。[①] 发生在美国的次贷危机更是说明,无论金融市场如何发达,都不能放松宏观审慎监管。金融自由化程度越高,金融体系的脆弱性越大,发生金融危机的概率越高。[②]

微观审慎监管(Micro-prudential Supervision)在保证整个金融体系稳健运行方面存在不足。2008 年开始的金融危机引发了国际社会对现行金融监管制度的深刻反思,[③]G20、G30[④] 等具有重要影响力的国际组织/论坛和美国、英国、欧盟等国家和地区在总结危机原因和教训的基础上,相继提出了金融监管建议和改革方案。这些建议和方案的一个核心内容就是构建宏观审慎监管(Macro-prudential Supervision)框架,并将其与微观审慎监管有机结合,以有效监测、识别和防范系统性金融风险,确保金融体系整体稳定。[⑤] 因此强化宏观审慎监管成为现代化国际金融监管体制改革的核心。

---

① 朱小川:《国际宏观审慎监管对我国的启示》,载《中欧陆家嘴国际金融研究院研究报告》2009 年第 7 期。

② 沈悦、阎亮、徐有俊:《基于金融自由化的中国金融安全预警研究》,载《金融发展研究》2009 年第 6 期。

③ 有学者认为宏观审慎监管缺失是国际金融危机未得以有效防范的重要原因,体现为:(1)没有一个机构具有监测和防范系统性风险的明确职责和相应手段;(2)监管体制落后于金融创新,为监管套利创造了空间;(3)监管权力分散导致难以获得金融体系综合信息;(4)金融监管协调和合作缺乏顺畅渠道。参见金荦、陶玲:《新一轮国际金融监管体制改革的核心——强化宏观审慎监管》,载《比较》2009 年第 4 期。at http://magazine. caixin. com/2009 - 08 - 01/100209445_all. html.

④ 即"30 人集团",成立于 1978 年,由相关国家金融部门负责人及其他国际金融领域的知名人士组成,每年举行再次会议,主要探讨国际金融领域的重大问题,现有正式成员 31 名。

⑤ 金荦、陶玲:《新一轮国际金融监管体制改革的核心——强化宏观审慎监管》,载《比较》2009 年第 4 期。at http://magazine. caixin. com/2009 - 08 - 01/100209445_all. html.

二、宏观审慎监管理念的提出

“宏观审慎”并不是次贷危机后才出现的概念。由于意识到金融监管过分关注个体金融机构的安全，忽视保障整个金融系统稳定这一更为重要的目标，早在20世纪70年代末，国际清算银行（BIS）就提出了“宏观审慎”的概念，以此概括一种关注防范系统性金融风险的监管理念。80年代，宏观审慎监管的概念正式出现在BIS的报告中，但由于微观审慎监管仍然是理论研究与政策实践的焦点，直到21世纪初，宏观审慎监管的内涵才得到较为清晰的界定。

Clement研究认为，国际清算银行的记录表明，宏观审慎的概念第一次出现在国际文本中，可追溯到1979年6月28～29日举行的库克委员会会议，在此次会议上，指出“当微观经济问题开始形成宏观经济问题时，微观审慎性问题变成了所谓的宏观审慎性问题。”[①]“宏观审慎”一词第一次出现在公共文件中可以追溯到1986年。欧洲货币常务委员会在《国际银行业的创新活动》报告中提出了宏观审慎政策的概念，将其定义为促进“广泛的金融体系和支付机制的安全和稳健”的一种政策。该报告重点从金融衍生产品和证券市场两个方面分析了金融创新如何提高了整个金融体系的风险，并表示对金融监管的担忧。[②] 但这些担忧仅集中于单个银行层面，并且在巴塞尔协议的框架下逐渐得到了解决。首届巴塞尔委员会主席Blunden在一次演讲中也强调，要从系统的角度控制银行从微观角度看似审慎的行为。[③] 在随后的几年中，“宏观审慎”一词消失在公众的视野里，只有在国际清算银行的《国际银行

① See Piet Clement. The Term “Macroprudential”: Origins and Evolution. *BIS Quarterly Review*, March, 2010, pp. 59－65.

② See BIS. Recent Innovations in International Banking. *BIS Report*, 1986, pp. 2－4.

③ 史建平、高宇：《宏观审慎监管理论研究综述》，载《国际金融研究》2011年第8期。

关系的最新进展》(BIS,1992)和《衍生品市场的规模测度及宏观审慎风险问题研究》(BIS,1995)两份文件中被正式使用。这两份报告主要关注金融衍生品市场风险以及金融机构在其间的作用,“宏观审慎”在此被用作改善整个金融体系稳定性的工具。[1]

随后,“宏观审慎”一词开始被越来越多地提到,但在亚洲金融危机之前仍然没有受到足够的重视。1997 年的亚洲金融危机作为一个驱动因素,此后“宏观审慎”一词开始大规模应用,并开始应用于中央银行之外的领域。1998 年 1 月,国际货币基金组织在《迈向一个健全的金融体系框架》的报告中最先将宏观审慎监管的理念明确用于系统性风险的防范和金融体系监管。[2] 国际货币基金组织认为:“必须对银行进行持续有效的监管,这主要通过微观审慎和宏观审慎的非现场监管来实现……对银行的宏观审慎性分析要建立在市场信息和宏观数据的基础之上,同时还要关注重要的资产市场、其他金融中介机构、宏观经济发展趋势以及潜在的失衡问题。”以此为基础,国际货币基金组织提出用宏观审慎性指标(Macroprudential Indicators,MPIs)来评估金融系统的薄弱环节,并逐渐发展成一套完整的金融部门评估项目(Financial Sector Assessment Program,FSAP)。其目的在于为宏观审慎分析提供数据支持,藉此评估和监督一国金融体系的实力和脆弱性,防范金融体系中最重要组成部分的风险。

2000 年 10 月,时任国际清算银行总裁的 Crockett 指出:“微观和宏观审慎性监管的最大差别在于影响经济的方式和实现的目标不同,与实现这些目标所使用的工具无关。”他认为,宏观审慎性监管着眼于金

---

① 史建平、高宇:《宏观审慎监管理论研究综述》,载《国际金融研究》2011 年第 8 期。

② 余绍山、陈斌彬:《从微观审慎到宏观审慎:后危机时代国际金融监管法制的转型及启示》,载《东南学术》2013 年第 3 期。

融体系整体，目标是限制金融危机的成本；而微观审慎监管的目标是限制单个银行倒闭的风险，最佳的衡量指标是对储户和投资者的保护，且微观审慎监管排除了在个体理性前提下的集体不理性的可能。此外，Crockett 还提出了宏观审慎监管应关注的两个方面及其不同的政策：一是风险如何随时间的推移而不断演变的（后来所说的“时间维度”），对此应建立逆周期的资本缓冲机制；二是风险在金融体系内部在任何时点是如何分布的（后来的“横截面维度”），要关注系统内具有相似风险的金融机构，尤其是具有系统重要性的金融机构。①

在随后的数年中，宏观审慎监管仅定期出现在国际清算银行的工作论文和出版物中。国际清算银行将宏观审慎监管定义为：宏观审慎监管是微观审慎监管方法的有益补充，该方法不仅考虑单个金融机构的风险敞口，更是从金融体系的系统性角度出发对金融体系进行风险监测，从而实现金融稳定。② Borio 在 Crockett 的基础上对宏观审慎监管和微观审慎监管进行了详细区分，认为宏观审慎监管通过防范系统性风险来避免金融危机对宏观经济造成破坏，而微观审慎监管则是防范单个金融机构的风险从而避免给消费者带来损失，不考虑对整体经济的影响。因此，宏观审慎监管更多关注的是宏观经济层面，而微观审慎监管则主要考虑金融机构的微观经济行为。

Borio 还正式提出了系统性风险的两个分布维度：第一，时间维度，考察的是金融系统的总体风险随时间如何发展；第二，横截面维度（也称行业维度），指在特定时间内，风险如何在金融体系中的各金融机构之间的分布和相互作用。在时间维度上，宏观审慎监管不仅要注意整

① See Andrew Crockett, *Marrying the Micro-and Macroprudential Dimensions of Financial Stability*, BIS Speeches, September, 2000, at http://www.bis.org/speeches/sp000921.htm.

② See BIS. Cycles and the Financial System, , 71*st Annual Report*, June, 2001, pp. 123 – 141, at http://www.bis.org/publ/arpdf/ar2001e7.pdf.

体风险随着时间的推移形成的累积，更重要的是处理顺周期性问题，即考虑系统性风险是如何通过金融体系内部及金融体系和实体经济间相互作用而扩大的。在横截面维度上，实施宏观审慎监管的关键在于如何处理特定时间内金融机构共同的且相互关联的风险敞口。[①] White 指出，多年来以低通胀率为目标的货币政策实现了通货膨胀率和 GDP 的稳定增长，但是也存在诸多经济、金融失衡的现象，这些失衡有可能对实体经济造成极大的冲击。因此，有必要建立起一个宏观稳定框架，使货币政策和监管政策能够有效地避免失衡的爆发。

此外，White 还从全球经济失衡调整的角度论述了建立全球宏观稳定框架的必要性。上述研究大多关注金融体系的顺周期性的影响，以及对与宏观经济相关的金融体系薄弱环节的监管方面，对系统重要性金融机构的监管均未提及。[②]

21 世纪的今天，一国金融体系的稳定性已经不完全是该国国内的监管措施或经济政策所能完全左右的。首先，全球经济一体化造成了金融全球化以及金融机构的国际化，发生在一个国家的金融危机很容易通过各种导管（市场、机构、产品等）传到另一个国家；其次，不少涉及风险管理的金融创新，如信用违约互换等，使风险传递更为隐蔽，不易为有关金融监管机关所察觉；最后，经济运行的顺周期性特征使近些年资产价格的不断上涨、居民信用消费日益膨胀，金融资本的市场配置发生偏差，系统性风险的阴影越来越大。由于存在全球金融监管结构的分割和信息共享的障碍，一些国家的金融监管机关没有采取有效行动遏制过度的冒险行为，没有重视受管制与不受管制的机构以及资本市

---

① See Claudio Borio, Towards a Macroprudential Framework for Financial Supervision and Regulation?. *CESifo EconomicStudies*, Vol. 49, No. 2, 2003, pp. 181 – 216.

② 史建平、高宇：《宏观审慎监管理论研究综述》，载《国际金融研究》2011 年第 8 期。

场、借贷市场等不同市场之间的相互联系,使得金融危机一旦爆发就具有很强的国际破坏力。[①] 在2007年发端于美国次贷危机的全球金融危机爆发后,宏观审慎政策的重要性得到了前所未有的关注。在2009年召开的各种国际会议上,宏观审慎监管被多次提及,在2009年4月2日的G20伦敦金融峰会发布的《加强金融体系的宣言》,[②]对加强宏观审慎监管做了重要说明,宏观审慎监管的重要性日益被国际社会所认同。因此,宏观审慎监管进入了一个里程碑式的发展阶段。[③]

三、宏观审慎监管的概念、内容与特征

2011年2月全球金融稳定理事会、国际清算银行和IMF提交了《宏观审慎政策工具和框架》报告,该文件将宏观审慎监管政策解释为:以防范系统性金融风险为目标,主要采用审慎工具(包括资本、杠杆率、拨备金、贷款成数等),且以必要的治理框架为支撑的相关政策。[④] 国内也有学者认为,宏观审慎监管是“通过对风险相关性的分析、对系统重要性机构的监管来防范和化解系统性风险,它是保障整个金融体系良好运作,避免经济遭受重大损失的一种审慎监管模式”。[⑤] 但从国际文献和国内学者的论述来看,鲜有能够明确地、言简意赅地提出宏观审慎监管概念者,多是从与微观审慎监管的区别来界定宏观审慎监管。可以达成共识的是:宏观审慎监管的目标着眼于整个金融体系,防范系统

---

① 朱小川:《国际宏观审慎监管对我国的启示》,载《中欧陆家嘴国际金融研究院研究报告》2009年第7期。

② See G20, *Declaration on Strengthening the Financial System-London*, p. 1, at http://www.g20.org/Documents/Fin_Deps_Fin_Reg_Annex_0204091615_final.pdf.

③ 黄孝武、唐毅:《宏观审慎监管理论研究新进展》,载《财经问题研究》2012年第5期。

④ 黎四奇:《后危机时代宏观审慎监管法律化问题研究》,at http://www.hnlx.org.cn/2013/0117/22288.html。

⑤ 巴曙松、王璟、杜婧:《从微观审慎到宏观审慎:危机下的银行监管启示》,载《国际金融研究》2010年第5期。

性风险,维护金融稳定,与微观审慎监管针对单个金融机构的目标存在本质差别。但我们仍缺少一个普遍认可的宏观审慎监管定义,对宏观审慎监管框架的内容和体系也未形成一致看法。①

宏观审慎监管是为了维护金融体系的稳定,防止金融系统对经济体系的负外部溢出而采取的一种自上而下的监管模式。与微观审慎监管不同,宏观审慎监管以防范金融危机为目的,关注金融系统风险的部分内生性特征而不仅仅只重视外生性风险。同时,宏观审慎监管关注给定时点上风险的跨机构分布及整个系统中风险的跨时间分布,即横向与时间两个维度。其中,横向维度关注因金融机构之间的相关性与同质性而产生的共同风险敞口问题,而共同风险敞口被认为是危机时期大量金融机构相继破产的重要原因;时间维度方面则关注如何抑制金融体系内在的顺周期特征。

宏观审慎监管的具体目标可以分解为两个方面:一是限制金融风险的累积,降低金融危机的可能性或强度;二是强化金融体系对经济下滑和其他负面冲击的恢复能力。限制风险累积可以理解为对系统风险的事前预防,强化恢复能力是对系统风险爆发后的事后补救。宏观审慎监管的职能定位是对微观审慎监管的补充。这意味着在审慎监管的框架内仍然以微观审慎监管为主,宏观审慎监管处于协助性地位。在具体的监测方法和监管工具上,宏观审慎监管可以成为微观审慎监管的延伸和扩展。

宏观审慎监管包括三个方面:一是识别系统风险,即发现、监测和计量系统风险及其潜在影响;二是降低系统风险的发生概率,即通过提高监管标准和采取针对性监管措施等,预防系统风险爆发;三是缓解对金融体系和实体经济的溢出效应,即在系统风险爆发后,限制破坏的程

① 史建平、高宇:《宏观审慎监管理论研究综述》,载《国际金融研究》2011年第8期。

度和范围,尽可能降低经济损失。

宏观审慎监管框架分为宏观审慎监测框架和宏观审慎监管工具两个部分。前者通过建立一定的指标体系识别和监测系统风险,后者侧重于研发干预系统风险的政策工具。作为两者的基础,还应确立宏观审慎监管的制度安排,建立监管主体之间的分工合作机制。

宏观审慎监管与微观审慎监管的区别主要显现在不同的监管目标以及由此而采取的不同监管措施上。宏观审慎监管的目标是防范系统性风险,维护金融体系的整体稳定,防止经济增长(如GDP)受影响;而微观审慎监管的目的则在于控制个体金融机构或行业的风险,保护投资者利益。在监管内容上,宏观审慎监管侧重在对金融机构的整体行为以及金融机构之间相互影响的监管上,同时关注宏观经济的不稳定因素;而微观审慎监管侧重于对金融机构的个体行为和风险偏好的监管。

从具体监管对象上看,宏观审慎监管更关注具有系统重要性金融机构(如银行和金融集团)的行为,金融市场整体趋势及其与宏观经济的相互影响;而微观审慎监管则更关注于具体金融机构的合规与风险暴露情况,避免使投资者和储户等个体遭受不应有的损失等事件。良好的宏观与微观审慎监管可以相互促进,增强彼此的监管效果。比如,对于银行的信用风险敞口监管,微观审慎监管措施会关注该银行信贷资产的集中度和相关放贷政策,而宏观审慎监管措施则会关注银行业整体的信贷规模及其与有关资产价格的关系,并据以判断银行体系是否正在积累信用风险。由于宏观审慎与微观审慎监管的目标不完全一致,宏观与微观审慎监管手段也会大相径庭,比如宏观审慎监管会因为强调整体的稳定性而忽略对个体利益的保护,而微观审慎监管则相反,首先关注的是个体风险控制。[①]

四、宏观审慎监管的最新发展[②]

2008年金融危机后,G20、G30等国际组织/论坛和美国、英国、欧盟等国家和地区相继提出了金融监管建议和改革方案。从这些建议和方案可以看出,加强宏观审慎监管、防范系统性风险被提到一个前所未有的高度,成为全球金融监管体制改革的核心内容。加强宏观审慎监管也是金融稳定理事会(FSB)、国际货币基金组织(IMF)、国际清算银行(BIS)以及巴塞尔银行监管委员会(BCBS)应对金融危机的工作重点。[③] 对比研究这些建议和方案可以看出一个清晰的脉络,即各国的金融改革方案大多吸收了G20、G30等国际组织/论坛的建议的核心内容,并结合各自国家和地区现有监管体制的特点及在危机中暴露出的问题,提出不同的解决方案。

(一)防范系统性金融风险成为完善金融监管的着力点

与单个金融机构的风险相比,系统性金融风险是不可转移和分散的,它的产生途径更为复杂,对整个金融体系的破坏作用也更大。因此,无论是G20、G30,还是欧美各国,其金融监管改革建议和改革方案都把提高系统性风险防范能力作为改革的一个重要内容。

---

① 朱小川:《国际宏观审慎监管对我国的启示》,载《中欧陆家嘴国际金融研究院研究报告》2009年第7期。

② 本部分内容主要参见金荦、陶玲:《新一轮国际金融监管体制改革的核心——强化宏观审慎监管》,载《比较》2009年第4期。at http://magazine.caixin.com/2009-08-01/100209445_all.html.

③ 尹振涛:《对全球金融监管改革核心内容的再认识》,载《国际经济评论》2011年第6期。

1. G20 的金融监管改革建议

2008 年 11 月 15 日，G20 成员国领导人在华盛顿举行峰会，共同商讨如何应对全球金融危机。根据此次峰会确定的行动计划，建立四个工作组，分别围绕加强稳健监管和提高透明度、加强国际合作和促进金融市场诚信、改革国际货币基金组织、改革世界银行和多边开发机构这四个议题开展工作。2009 年 4 月 2 日，G20 领导人在英国伦敦召开第二次峰会期间，发布了《加强金融系统宣言》，并公布了四个工作组的工作报告。第一工作组在报告中向 G20 领导人提出了加强稳健监管和提高透明度的 25 条建议，其中前四条建议均围绕“金融监管的系统性方法”，包括：

(1)各国金融监管机构、中央银行和管理当局以及所有国际金融组织和标准制定机构的法定职责都应包括促进金融体系的稳定，作为对其核心职责的补充。

(2)各国都应当建立有效机制，使国内有关金融当局能够联合评估系统性金融风险，并采取联合行动防止系统性风险的累积。这一协调机制的机构应公开、透明，各方分工、责任和义务应清晰明了。

(3)金融管理当局应当拥有适当的应对系统脆弱性的宏观审慎工具。为了达到全球一致的目标，国际机构和标准制定机构将开发并向各国金融当局提供此类工具。

(4)扩员后的金融稳定理事会(Financial Stability Board，FSB)(与国际货币基金组织一起)应为每个国家的主要金融监管当局建立一套有效机制，定期举行会议，共同评估全球金融体系的系统性风险，并协调政策应对。

2010 年 11 月召开的 G20 首尔峰会上正式通过了加强全球金融安全网建设，构筑全球宏观审慎管理框架的议案，将宏观审慎管理实践推介给全部成员国。[①] 在2011年11月法国戛纳峰会上发布的最终宣言《构筑我们共同的未来:为全体利益而重新制订共同计划》[②]提出“构建更加稳定、有活力的国际货币体系”,具体措施包括提升应对危机的能力,强化IMF监督等;“执行和深化金融部门改革”,具体措施包括解决“大而不能倒”问题、填补金融部门监管的漏洞以及增强FSB的能力和治理。2012年6月墨西哥洛斯卡沃斯峰会的最终宣言指出“要加强国际金融基础”,“强化国际货币基金的监管,使其具有足够的资源来发挥其系统性功能”,“对金融部门进行改革,促进金融稳定性,强化FSB国际层面上的监管”。[③] 在2013年9月圣彼得堡峰会的宣言中指出“要建立一个能够支持强劲地、持续地平衡经济增长的金融体系”,“创设灵活的金融规则并终结大而不倒”,“提高透明度”,“解决影子银行所导致的风险”等。[④] 在2014年召开的峰会上,为了消除危机产生的根源,G20围绕下列四个核心领域展开工作,即创设灵活的金融规则;终结大而不倒;解决影子银行危机;增进衍生品市场的安全。[⑤]

2. G30的金融监管改革建议

2009年1月15日,30人集团(G30)发布了《金融改革——促进金融稳定的框架》(Financial Reform:A Framework for Financial Stability,以下简称G30报告),提出审慎监管的根本目标应是维护稳健的金融体

---

① See The Seoul Summit Document, p. 5, at https://www.g20.org/sites/default/files/g20_resources/library/Seoul_Summit_Document.pdf, Sept. 19, 2014.

② See *Cannes Summit Final Declaration "Building Our Common Future: Renewed Collective Action for the Benefit of All"*, at https://www.g20.org/sites/default/files/g20_resources/library/Declaration_eng_Cannes.pdf, Sept. 9, 2014.

③ See 2012 Los Cabos, Mexico, G20 Leaders' Declaration, at https://www.g20.org/sites/default/files/g20_resources/library/G20_Leaders_Declaration_Final_Los_Cabos.pdf.

④ See 2013 St Petersburg, Russia, G20 Leaders' Declaration, at https://www.g20.org/sites/default/files/g20_resources/library/Saint_Petersburg_Declaration_ENG_0.pdf.

⑤ See G20 2014 Agenda, Financial Regulation, at https://www.g20.org/g20_priorities/g20_2014_agenda/financial_regulation.

系,防范系统性风险。通过实施全面、均衡的改革建立起能够抵御系统性金融风险的金融体系。在设计金融体系改革方案时,需要认识到自由开放的金融市场的内在波动性及其危害,这种波动性有时会达到威胁经济稳定的程度。为此:

(1)应按照国际最高标准对具有系统重要性的大型复杂银行机构实行持续而密切的监管。应按照正规的审慎监管标准对具有潜在系统重要性的非银行金融机构进行监管,确保其资本、流动性及风险管理达标。

(2)应建立健全包括清算结算体系和相关法律框架在内的、对金融体系起到支撑作用的关键基础设施,以便出现问题时能有序地关闭大型复杂金融机构。应避免会计、监管及其他方面的做法无意中导致反复出现过度偏好或规避风险的行为。

(3)审慎监管的主要目的是维持金融体系整体的健康,控制系统性风险。判断监管有效性的一个适宜标准是避免大范围、毁灭性的金融机构倒闭,通过强化对高管人员和股东的约束,对金融机构倒闭过程进行适当管理,从而防止金融机构倒闭可能引起的市场动荡。①

2010 年 G30 又发布《提高金融稳定和弹性:未来的宏观审慎政策、工具和体系》(Enhancing Financial Stability and Resilience:Macroprudential Policy,Tools and Systems for the Future),在这份报告中对金融体系中系统性风险的性质做了分析,并指出宏观审慎政策可以解决两类特别重要的系统风险。首先,宏观审慎政策可以减轻通过互相关联的金融机构之间迅速传递的内部冲击。其次,宏观审慎政策可以识别并抵消导致经济周期波动的扩张机制。宏观审慎政策旨在减轻这些风险

---

① See *Financial Reform:A Framework for Financial Stability*, at http://www.group30.org/images/PDF/Financial_Reform - A_Framework_for_Financial_Stability.pdf.

并使金融体系更富有弹性。[①] 2011 年发布《监管改革及其他挑战》(Regulatory Reforms and Remaining Challenges)临时报告[②],其中指出在《巴塞尔协议Ⅲ》中规定逆周期缓冲仅是创设宏观审慎机制的第一步。在 2011 年 G30 另一份出版物《宏观审慎政策:解决未知的问题》中列明了各国当局在采取宏观审慎政策时应当加以考虑的十项重要事项。[③] 2012 年,G30 发表了《促进金融机构的有效治理》研究报告,表明系统重要性金融机构薄弱和低效率的治理如何导致报告所称的"金融机构决策的重大失误导致了金融危机"。[④] 报告发表后,监管界和金融稳定理事会呼吁 G30 进一步研究如何加强金融机构董事会与监管方的互动,研究如何加强和评估风险文化,尤其是针对系统重要性金融机构。2013 年 G30 在《金融机构董事会和监管机构关系的新规范》(A New Paradigm:Financial Institution Boards and Supervisors)特别报告中指出:"金融危机以来,人们将注意力更多地放在风险资本、流动性、处置和风险管理等领域的新监管规则上,而对于一些软件问题,如促进监管机构与金融机构董事会关系以及加强金融机构的企业文化等,给予的关注则较少,而这些软件问题是监管规则本身不能单独处理的。大多数观察家认为,上述软件问题推动了金融危机的爆发。监督(Supervision)不同于规制(Regulation),但与规制相同的是,高质量的监督事关金融稳

① See *Enhancing Financial Stability and Resilience*: *Macroprudential Policy*, *Tools and Systems for the Future*, at http://www.group30.org/images/PDF/Macroprudential_Report_Final.pdf.

② 执笔者为 Mark Carney, Paul Tucker, Philipp Hildebrand, Jacques de Larosière, William Dudley, Adair TurnerRoger W. Ferguson, Jr. , at http://www.group30.org/images/PDF/ReportPDFs/OP81.pdf。

③ See Macroprudential Policy: Addressing the Things We Don't Know, at http://www.group30.org/images/PDF/OP83.pdf.

④ See Toward Effective Governance of Financial Institutions, Chinese Version, at http://www.group30.org/images/PDF/G30%20Governance%20Report_Chinese.pdf.

定。金融机构董事会与监管机构的互动应持续进行，一旦互动取得成效，将大大降低发生严重问题或爆发危机的概率。”①

3. 美国金融监管改革方案

在对引发危机原因的思考和争论中，一个基本的共识是，美国在金融监管中的制度漏洞和监管缺位对危机的形成乃至蔓延负有不可推卸的责任。鉴于此，美国当局针对金融监管制度方面的缺陷采取了积极的立法行动。

2008年3月31日，时任美国财长保尔森向国会提交了《金融监管体系现代化蓝图》(Blueprint for a Modernized Financial Regulatory Structure)，对改革美国金融监管体系提出了短期、中期和长期建议。

该蓝图认为，金融监管体制的“割据”意味着任何一家机构都没有能力以广泛的视角审视市场，发现其中的系统性风险迹象。为防范系统性金融风险，弥补市场约束的不足，应授予美联储监管系统性风险的权力。美联储除了执行货币政策和提供流动性等传统渠道来维护市场稳定外，还必须能够评估整个金融体系的资本、流动性和盈利性等情况以及这些因素对金融稳定的潜在影响，并有权力将监管权覆盖至金融体系的任何地方，以维护金融稳定。

2009年6月17日，奥巴马政府正式向国会提交了《金融监管改革方案》(Financial Regulatory Reform Plan)。该方案提出，业务复杂的大型金融集团(跨银行业、证券业和保险业经营)是引发系统性风险的重要原因，如何有效评估和管理这些机构对整个金融体系的风险至关重要。方案提议将系统性风险监管职责赋予美联储，并创设金融服务监督委员会(Financial Services Oversight Council, FSOC)，以促进信息共享

---

① 参见G30:《金融机构董事会与监管机构间关系的新规范》(中文版)，at http://www.group30.org/images/PDF/Chinese%20version%20of%20New%20Paradigm.pdf。

和协作，甄别暴露风险(Emerging Risks)。

方案还建议提高对所有金融机构的资本和流动性要求，对业务复杂的特大型金融机构设立更高的监管要求；鉴于一级金融控股公司(Tier 1 FHCs)的倒闭可能给金融系统带来更大的风险，因此，对一级金融控股公司的审慎监管标准包括资本、资产流动性和风险管理标准等，应较其他金融公司的监管标准更为严格和保守；强化对具有系统重要性的支付、清算和结算体系以及相关活动的监管。

从2009年6月17日奥巴马政府正式公布全面金融监管改革方案始，到美国众、参两院分别经过两轮投票，为该法案最终成为法律清除了最后障碍，至2010年7月21日奥巴马正式签署《多德—弗兰克法案》止，整个过程历时一年有余，内容也几经修改。

该法案可以说是美国在反思2008年金融危机的金融监管漏洞的基础上完成的金融监管改革方面的阶段性成果，被认为是20世纪30年代"大萧条"以来最全面、最严厉的金融改革法案，其历史地位将可与《格拉斯—斯蒂格尔法案》(《1933年银行法案》)相媲美，成为美国金融监管制度的又一个基石，并为全球金融监管改革树立了新的标杆。

法案就金融监管方面的缺陷作了相应的制度安排：

(1)从宏观审慎监管的角度出发，建立由财政部长担任主席的金融稳定监督委员会(Financial Stability Oversight Council，FSOC)，促进信息共享和协调；识别新出现的风险；就如何识别其破产可能威胁金融体系稳定的公司问题向美联储提供建议，并提供讨论不同监管机构管辖争议的平台。

(2)避免"大而不倒"金融机构对经济的潜在威胁，设立新的破产清算机制，由联邦储蓄保险公司负责，责令大型金融机构提前做出自己的风险拨备，以防止金融机构倒闭再度拖累纳税人救助。

(3)提高监管标准,对薪酬进行监管。

(4)加强对影子银行,包括对冲基金、场外交易等的监管。[①]

4. 英国的金融监管改革方案

2009年3月18日,英国金融服务局发布了《特纳报告》(The Turner Review: A Regulatory Response to the Global Banking System)。[②] 报告认为,英国在2008年国际金融危机前有关金融机构资本、流动性、账户和范围的监管方法过于关注单个机构,对系统性风险和整体业务模式的分析不够,未能设计出监管工具应对不断出现的系统性风险。金融监管需要一种更深入、更具系统性的新方法,包括:

(1)建立宏观审慎分析框架。英格兰银行和金融服务局应共同、深度介入宏观审慎分析,并开发相应的政策工具。金融稳定委员会应由英格兰银行和金融服务局共同组成。英格兰银行和金融服务局需加强合作,共同分析宏观审慎情况(Macro-prudential Condition)的发展变化趋势,共同决定需要采取的措施,避免泡沫膨胀。宏观审慎分析需要考虑的因素包括:信贷发放和定价、杠杆率、到期日转换的形式及相关流动性风险、房地产和证券等资产价格,以及各类金融机构尤其是未受审慎监管的金融机构在金融体系中的作用等。这些分析为货币政策提供参考,并决定需要采取的宏观审慎措施,如逆周期的资本和流动性要求等。

(2)将"彻底的监管"(Intensive Supervision)作为新的监管方法,从关注微观层面向关注整个金融体系和系统性风险管理转变。具体方法包括:加强对高影响性机构特别是高影响性和复杂性银行的监管,监管

---

① 穆良平、钟山:《美国金融监管改革法案评述》,载《财经科学》2013年第7期。

② 该报告可从以下网站获得:At http://www.ecgi.org/tcgd/2009/FSA_Turner_Report_on_Financial_Crisis_2009.pdf。

方式从注重机构体制和运营过程向注重核心业务风险、业务发展模式的可持续性以及经营战略转变，对高管人员的监管不仅要关注专业水平还应包括道德水准，加强对行业和机构的比较分析，加强对支持金融监管团队的专家技能的投入，更深入地分析与主要风险相关的信息以及将对薪酬政策的监管纳入对金融机构全面风险的评估中。

2010 年大选后，联合政府宣称将撤销金融服务监管局，将其功能并入英格兰银行，分为两个独立的监管机构即“金融行为局”和“审慎监管局”，[①]并陆续推出了《金融监管的新举措：判断、焦点及稳定》和《金融改革新方案：构建更强的监管体系》等方案，旨在构建更稳定的金融体系。尽管前后两任政府对金融监管体系架构的改革存在不同意见，但在防范系统性风险、维护金融稳定方面却表现出高度的一致，均作出了较大的努力。

第一，成立专门的部门负责宏观审慎监管，强化英格兰银行维护金融稳定的职能。《2009 年银行法》明确规定了英格兰银行在金融稳定中的法定职责及其核心地位；2010 年 6 月的金融监管改革方案则提出在英格兰银行下设立金融政策委员会（Financial Policy Committee，FPC），以承担宏观审慎监管职能。该委员会为金融稳定的最高决策部门，负责制定维护金融稳定的各种政策，而新设的审慎监管局（Prudential Regulatory Authority）则为金融监管政策的执行部门。

第二，加强对系统性风险的监管。《2009 年银行法案》明确规定英格兰银行可以实施各种政策工具来保障金融稳定，同时赋予其更大的灵活性。同时要求系统重要性金融机构制定“生前遗嘱”，使问题机构迅速并有效地实施破产，降低其倒闭所产生的影响。此外，银行业独立委员会（Independent Commission on Banking，ICB）的报告还提出要彻底

① 英国金融服务局仍然存在，但不再更新，at http://www.fsa.gov.uk/。

分离零售业务和批发、投资业务，尽可能地降低系统性风险的传染效应。

第三，强化金融监管合作。《改革金融市场》白皮书认为强化国际金融监管合作至关重要，并提出了具体措施：通过实施统一的监管标准提高各国金融监管水平，避免监管套利所带来的系统性风险；以金融稳定理事会为核心，加强国际金融监管框架建设；特别注重欧洲范围内的金融监管合作；加强跨境金融监管合作，逐步建立起国际金融危机预警系统；增强对跨国金融机构的跨境处置能力。①

5. 欧盟的金融监管改革方案

受2008年金融危机的强烈冲击，欧盟委员会开始反思自身金融监管体系的漏洞，于2010年9月7日通过了《欧盟金融监管改革法案》，对原有的莱姆法路西框架进行了较大的调整，建立起新的欧盟金融监管框架。其改革的核心是在原有莱姆法路西框架的基础上加入了两大支柱——欧洲系统性风险理事会（European Systemic Risk Board，ESRB）②和欧洲金融监管体系（European System of Financial Supervisors，ESFS），从宏观和微观层面同时加强了欧盟的统一监管。

新的欧盟金融监管框架全力凸显了宏观审慎监管的重要性，将其提升到与微观审慎监管同等重要甚至更为重要的地位，主要包括三方面的内容：

（1）成立独立的宏观审慎监管部门，防范系统性风险。专门成立了

① 高宇：《后危机时代主要国家金融监管改革分析与述评》，载《国际经济合作》2012年第7期。

② 2014年7月14日该机构发布的 *The ESRB and national macro-prudential measures - its role and first experiences* 指出，ESRB负责EU内金融体系的宏观审慎监管，作为欧盟内部主要的管理机构分享各司法管辖区宏观审慎措施相关信息。ESRB在国家宏观审慎措施方面的作用因2014年1月1日生效的新的银行资本规则而进一步加强。详见以下网址：http://www.esrb.europa.eu/pub/pdf/commentaries/ESRB_commentary_1407.pdf?48b4d6204f9d055e357-2888629a7e7e。

欧洲系统性风险理事会,负责监测、预警系统性风险,并提出应对措施。其具体职责包括负责欧盟层面的宏观审慎监管,识别、监测、评估各种可能威胁到金融稳定的系统性风险,在可能出现重大风险时及时发出预警,并向政策制定者提供必要的防范和化解潜在系统性危机的措施。

(2)提高金融监管要求。一方面强化了对金融机构的资本约束,要求其增加不同时期在险价值的额外资本缓冲;另一方面要求金融机构加强流动性风险管理,建立内部流动性管理方案,定期进行压力测试,增强抗风险能力,确保流动性保持正常,或者是在出现流动性紧张的情况下具有充足的流动性来源。此外,欧洲议会还于2010年11月正式通过了《欧盟对冲基金监管法案》,将对冲基金纳入监管之中,并引入信用评级机构注册制,集中由欧盟统一监管。

(3)更加注重金融监管协调与合作。将原有的银行、证券、保险监督委员会升级为欧洲监管局(European Supervisory Authorities, ESA),同时成立指导委员会(Steering Committee)以加强各个监管当局的协调与合作。同时,先后出台了跨国金融危机九项原则、跨国稳定小组、欧洲金融稳定基金(European Financial Stability Facility, EFSF)等实施方案,旨在加强各成员国的金融监管合作,共同防范系统性危机,并对陷入危机的国家实施救助。①

(二)宏观审慎监管与金融监管架构的变革

监管架构是监管体制的一个重要方面,涉及一个还是多个监管者的选择问题。最佳监管架构一直是理论界和实务界激烈争论的话题,迄今仍无定论。2008年10月,G30发布了《金融监管架构:方法和全球

---

① 高宇:《后危机时代主要国家金融监管改革分析与述评》,载《国际经济合作》2012年第7期。

市场下的挑战》(The Structure of Financial Supervision: Approaches and Challenges in a Global Marketplace),在该报告中,G30列出了四种金融监管结构:一是"分业监管",即根据公司的法人类型决定它受谁监管,银行、证券与保险公司分别由不同的监管当局对其稳健性及商业行为实施监管,中国内地、香港特别行政区及墨西哥实行的是此类监管结构;二是"功能监管",即根据公司的业务类型决定其监管当局,不同业务由不同的监管当局监管,法国和意大利实行的是此类监管结构;三是"混业监管",由一个全能监管机构对所有金融机构的稳健性及商业行为实施统一监管,德国和日本实行的是此类监管结构;四是"双峰式监管",同时存在两个履行不同监管职能的监管当局,其中一个监管金融机构的安全性及稳健性,另一个监管金融机构的商业行为,如澳大利亚和荷兰实行的就是此类监管结构。G30报告建议各国重新评估本国的监管架构,以减少监管重复和监管真空,降低监管复杂性,防止监管套利并改进监管协调。所有的银行均应当被一个监管者监管,以保证银行接受统一的监管标准。①

从相关国家或地区目前出台的监管改革方案可以看出,在当前没有任何有力证据表明哪一种监管架构更有效的情况下,相关国家或地区更倾向于在现有架构的基础上加强宏观审慎监管。

1. 美国的金融监管架构与宏观审慎监管

2008年金融危机爆发后,针对是否改革现行的"双重多头"金融监管体系问题在美国引发了广泛争论。一种意见认为,现行监管体制复杂、机构重叠,应当创设一个单一监管者(USFSA),强化对整个金融体系的监管。反对意见则认为,赋予一个监管者过大的权力在政治上是

① 金荦、陶玲:《新一轮国际金融监管体制改革的核心——强化宏观审慎监管》,载《比较》2009年第4期。at http://magazine.caixin.com/2009-08-01/100209445_all.html.

危险的。

保尔森的《金融监管体系现代化蓝图》提出了基于短期、中期和长期的一系列金融监管改革建议：

(1)短期建议提出了立即提高监管协调和监督能力的可行性措施，包括：总统工作组(PWG)的现代化改革；创建一个新的联邦住房按揭委员会(Federal Commission for Mortgage Origination)，负责对各州住房按揭的市场准入和监管进行评估、评级并报告；明确由美联储提供流动性拨备，并给予美联储所需信息。

(2)中期建议着重于消除一些功能重复的监管，更为重要的是在现行框架内对某些金融服务部门的监管架构进行现代化改革。包括：将储蓄机构牌照(Thrift Charter)过渡成国民银行牌照(National Bank Charter)，将储蓄机构监管办公室(OTS)和货币监理署(OCC)合并；保险业可选择联邦注册(Optional Federal Charter for Insurance)，以增强保险业的竞争力；通过合并证监会(SEC)和商品期货交易委员会(CFTC)以及融合它们的监管理念，统一对证券和期货实施监管。

(3)长期建议力求从整体上弥补现行监管体制的不足，提出以目标为本(Objectives-based)的监管方法最能代表优化的未来监管模式，相应的监管架构包括市场稳定监管机构(Market Stability Regulator)、审慎监管机构(Prudential Regulator)和基于保护消费者利益的商业行为监管机构(Business Conduct Regulator)。

奥巴马政府的《金融监管改革方案》提出，在强化美联储系统性风险监管职责的同时，保留现有的基本监管架构，按照银行业、证券期货业和保险业分别设置监管者。此外，设立金融服务监督委员会(Financial Services Oversight Council，FSOC)和消费者金融保护署(Consumer Financial Protection Authority，CFPA)。设立金融服务监督委员会，以促进信息共享和合作，甄别暴露风险，为美联储确定一级金融控股公司提供咨询，为监管部门间解决管辖权争端（jurisdictional disputes）提供场所。通过立法授予该委员会向所有成员公司收集信息的权力以及将风险暴露提请监管部门注意并责成其作出回应的权力；成立一家新的联邦政府机构——全国银行监管署（NBS），负责对全部联邦特许存款机构、全部外资银行的联邦分支机构及分理处实施审慎监管。商品期货交易委员会和证券交易委员会应向国会建议，对有关管理条例和规定进行必要修改以协调对期货和证券的监管。证券交易委员会拥有更大的权力，以增强对投资者信息披露的透明性，要求提供投资建议的证券经纪商应承担相应的受托责任，并调整对投资顾问和证券经纪交易商的监管规则，以增加投资者保护的公平性。

通过立法成立隶属于财政部的全国保险办公室，以收集信息，培养专家，并就国际协议进行磋商以及协调保险业政策。

设立新的消费者金融保护署，该机构是一家拥有稳定、充足资金来源的独立机构，专门从事消费者保护的联邦级主监管机构，对接受信贷、储蓄、支付和其他金融产品和服务的消费者实施保护，并对上述产品和服务的提供商实施监管。在消费者金融产品和服务领域，消费者金融保护署应拥有实施消费者保护的广泛管辖权限。

在金融服务业监督委员会的领导下，成立由联邦和州消费者保护机构、证券交易委员会投资顾问委员会组成的金融消费者协调委员会。

美国2010年通过的《多德—弗兰克华尔街改革与消费者保护法案》，强调监控系统性风险的重要性，成立了金融稳定监督委员会和金融研究办公室。金融稳定监督委员会由10个联邦金融机构监管者和5个独立的无选举权成员构成，由财政部部长担任委员会主席（见图2）。在建立跨部门的系统性风险防范机构的同时，明确了美联储的权力和在宏观审慎监管框架中的地位、作用，包括由它监管金融控股公司、系

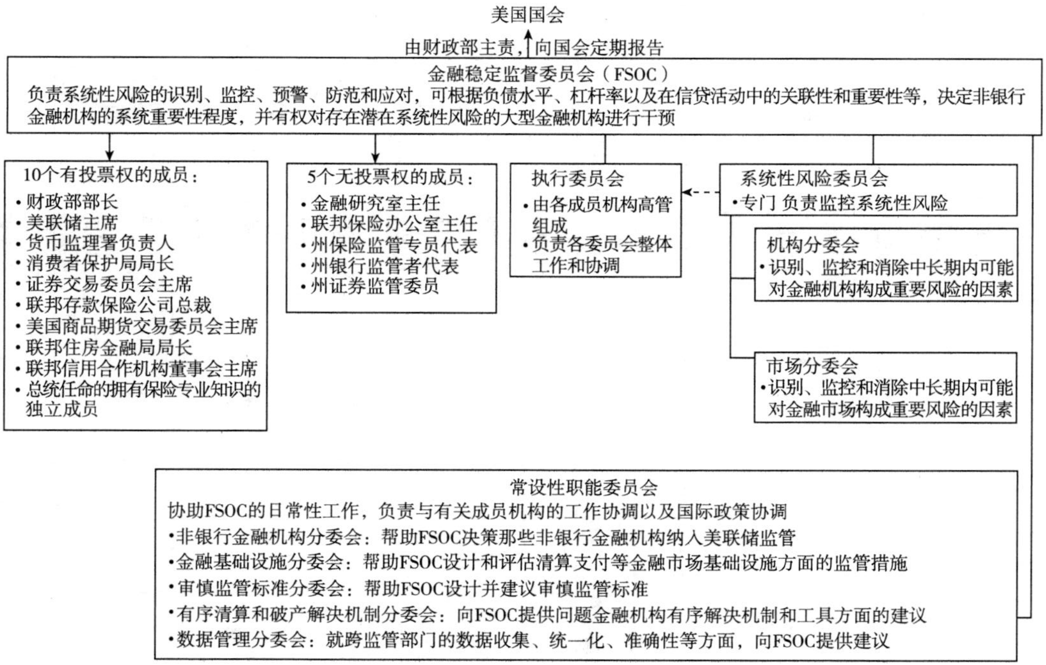

图2　改革后的美国金融监管框架

统重要性金融机构等方面。[①]

2. 英国的金融监管架构与宏观审慎监管

2009 年 2 月，英国议会通过了《2009 年银行法》，明确规定了英格兰银行作为中央银行在金融稳定中的法定职责和所处的核心地位，并赋予其相应的金融稳定政策工具和权限。卡梅伦政府上台后，对原有的金融监管体系进行了彻底改革：2011 年 6 月出台了《监管改革新举措改革蓝图》的白皮书，并计划于 2013 年年初开始，正式废除原先的"三方监管"体系，建立新的金融监管框架。新的监管体系以英格兰银行为核心，成立金融政策委员会（Financial Policy Committee，FPC），负责监

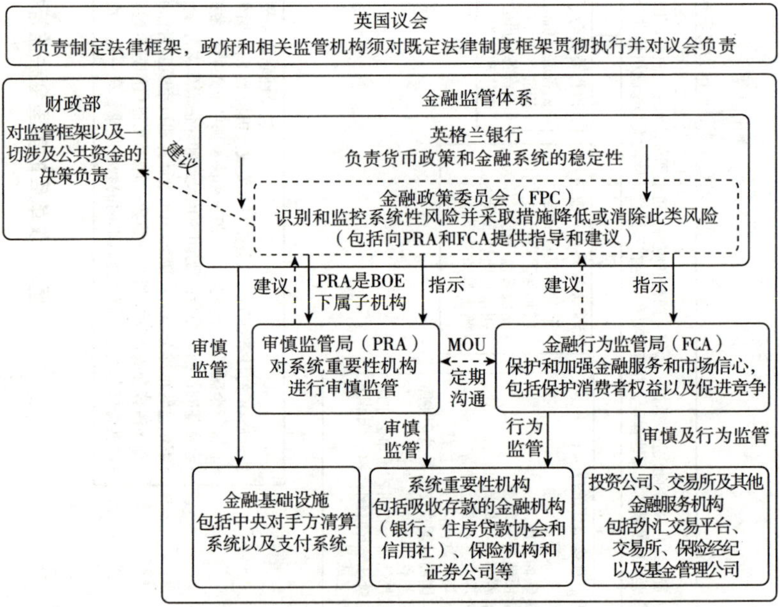

图 3　英国改革后的金融监管框架

① 戴慧、陈国权：《美国应对大萧条与次贷危机的金融政策比较及启示》，载《理论探讨》2012 年第 12 期。

控和应对系统性风险,以及宏观审慎管理。原金融服务监管局的职能则分别由新设立的负责微观审慎管理的审慎监管局和负责监管所有金融服务行为的金融行为监管局取代,审慎监管局和金融行为监管局受金融政策委员会的指导。改革后的英格兰银行集货币政策制定与执行,宏观审慎监管与微观审慎监管于一身。[①] 英国监管体系可以见图3。[②]

3. 欧盟的金融监管架构与宏观审慎监管

欧盟层面原有的金融监管协调架构在2008年危机中暴露出明显缺陷,导致金融体系信心骤减、严重削弱了欧洲金融业的全球竞争力,这促使欧盟决定建立一个全新的金融监管框架。根据欧盟领导人批准的《欧洲金融监管》计划,欧洲金融监管框架由宏观和微观两大支柱组成(见图4)。

宏观方面,设立欧洲系统性风险委员会(ESRC),负责监测评估欧洲金融市场的整体和系统性风险。其主席由代表所有欧盟国家的欧洲央行理事会选举产生。主要监管目标是建立泛欧层面的系统性风险评估系统,完善早期风险预警机制,并敦促成员国对已识别风险进行跟踪监控,培育可持续发展的单一欧洲金融市场。

其具体职责是收集并处理有关宏观经济、金融稳定和金融监管等信息,监测和评估宏观经济与金融体系发展中产生的金融稳定潜在威胁,着重关注金融体系对行业风险以及跨行业风险转移的敏感性问题;识别这些风险并对这些风险进行排序;在风险趋于严重时发出风险预警;必要时对如何应对已识别的风险提出建议;监督有关当事方对预警和建议的后续落实;与IMF、FSB和第三方参与国建立有效联系。为识

---

① 陈向聪、腾凡:《英国金融监管体制改革立法及对我国的启示》,载《海峡法学》2011年第3期。

② 孟辰、汪建熙:《英国金融监管改革的最新进展及其对中国的启示》,载《金融监管研究》2012年第10期。

别欧盟金融体系稳定所面临的潜在风险并确定其严重程度等级,ESRC有权获取微观审慎监管有关数据——尤其是大型和复杂跨国金融集团的数据;有权就特定问题直接对各国监管机构和市场经营者开展特别调查。

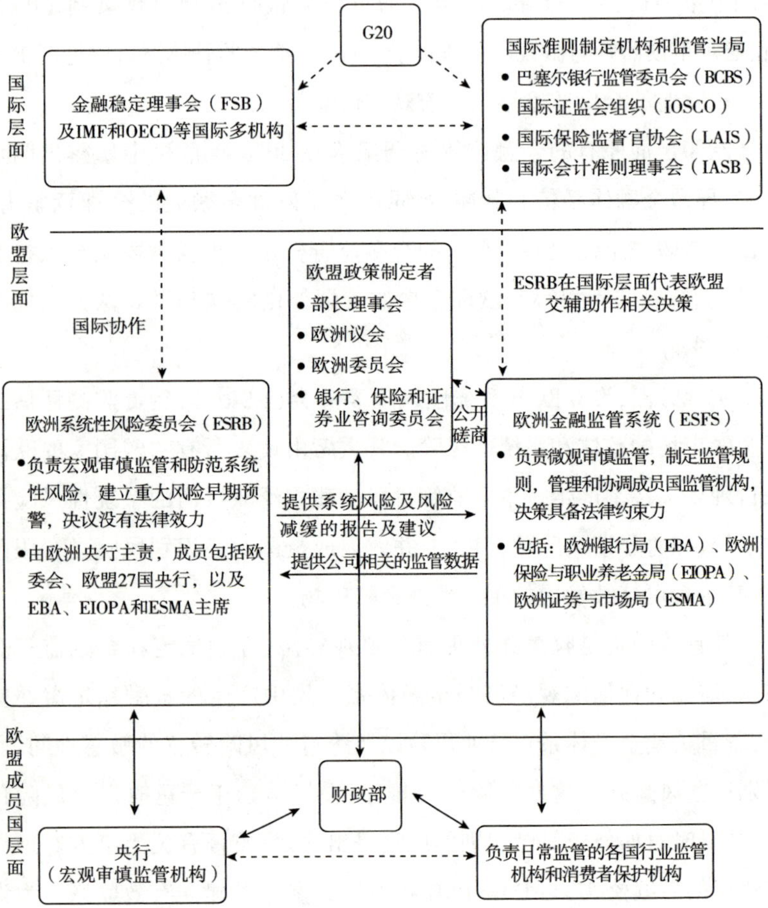

图 4　改革后的欧盟金融监管框架①

---

① 孟辰、汪建熙:《英国金融监管改革的最新进展及其对中国的启示》,载《金融监管研究》2012 年第 10 期。

在微观方面，建立一个由三家新欧洲监管机构组成的欧洲金融监管体系（European System of Financial Supervision，ESFS）。ESFS 与各国监管机构一道制定能够覆盖所有金融机构的统一监管措施，以保护金融服务领域的消费者，并推动形成协调一致的统一监管规则。ESFS 还应制定有助于确保欧盟法律一致实施、解决监管机构间争端的相关技术标准。ESRC 和 ESFS 之间必须加强互动，包括共享与宏观审慎监管相关的微观审慎监管信息，针对风险预警或建议共同采取行动，加强与国际机构间（特别是 FSB 和 IMF）的沟通。

（三）强化中央银行在宏观审慎监管中的作用

20 世纪 80 年代后期以来，源自北欧和加拿大，后以英国为代表的一些国家对金融监管体制进行了改革，将金融监管职责从中央银行分离，成立统一的综合性金融监管机构。2008 年金融危机表明，中央银行与金融监管彻底分离不利于有效监测和防范系统性金融风险。为此，相关改革和改革方案都在不同程度上强化了中央银行在防范系统性风险、加强宏观审慎监管中的作用。例如，美国保尔森的《金融监管体系现代化蓝图》认为，次贷危机发生的最重要原因是没有一个单一的监管机构拥有所有的信息和必要的权限监控系统性风险。为此，建议将美联储的监管权覆盖至整个金融体系，能够评估整个金融体系的资本、流动性和盈利性等情况以及这些因素对金融稳定的潜在影响；授权美联储从商业银行、投资银行、保险公司、对冲基金、私人股权公司和商业运营机构直接收集信息；美联储应有足够的权力和必要的惩罚措施以处理那些可能对金融稳定构成负面影响的行为；美联储对相关联的场外衍生品市场具有监管权，其监管范围还应扩展至对金融体系有潜在影响的对冲基金、私募基金等。奥巴马政府的《金融监管改革方案》也赋予美联储对系统性风险的监管职责。英国更是将宏观审慎监管职能收归英格兰银行及其下属的金融政策委员会、审慎监管局和金融行为监管局。欧盟委员会的《欧洲金融监管》中明确指出中央银行应该在宏观审慎监管中发挥领导作用,其主要职责是维护货币与金融稳定。实际上,实施宏观审慎监管所必需的分析,可以部分借助于中央银行为制定货币政策而进行的经济和货币形势分析,同时还需要金融体系脆弱性的相关信息和分析。另外,中央银行承担最后贷款人的角色,在金融安全网中发挥关键作用。

另外,相关监管改革建议及改革方案都明确提出应扩大监管范围,并对同质性的金融业务实施同样的监管,将监管范围覆盖至所有金融机构、市场和工具。为了抑制金融体系中风险的过度累积,需要建立一个全球宏观审慎金融监管体系,并将其作为目前微观审慎监管和市场一体化监管的重要补充。2009 年 4 月 2 日结束的二十国集团峰会宣布成立金融稳定理事会作为全球金融稳定的宏观审慎监管国际组织,该组织将评估不同金融体系的脆弱性,推动不同监管机构之间的协调和信息交换,监测市场发展及其对监管政策的影响并提出建议,对国际监管标准制定机构的标准制定工作进行联合战略评估,对具有系统重要性的大型跨境金融机构提供监管指导和支持,支持跨境危机管理的应急预案,以及与国际货币基金组织共同开发金融体系的早期预警系统。FSB 的成立有助于在全球层面加强宏观审慎监管的合作与协调。

五、构建我国宏观审慎金融监管框架

2003 年 4 月银监会成立后,我国正式形成了银行、证券和保险分业经营、分业监管的格局。应该说,形成由中国人民银行、银监会、证监会和保监会(以下简称一行三会)构成的金融监管体制既有适应国内金融体系发展变化的客观需要,也有顺应国际监管体制改革趋势的主观意愿。总的说来,我国现行的金融监管框架基本停留在微观审慎监管层

面,防范系统性风险还没有成为金融监管的着力点。在目前分业经营、分业监管的格局下,没有一家机构对防范系统性风险负总责。鉴于此,迫切需要吸取国际金融危机的教训,适应金融业改革发展和创新的需要,尽快构建我国的宏观审慎监管框架,切实防范和化解系统性风险,维护金融稳定。

(一)对现行金融监管体制微调,构建宏观审慎监管框架

宏观审慎监管将金融体系作为一个有机互动的整体,要求负责不同金融行业的监管者和中央银行之间行为和决策的协调。为此,有学者建议尽快建立由一行三会及相关部门组成的金融监管协调机制,这是构建我国宏观审慎监管框架的体制基础。该机制应有明确的授权、清晰的职责和正规的运作方式,主要任务是:

1. 监测和评估金融体系(包括所有市场、机构和金融基础设施)存在的系统性风险并督促相关部门采取联合行动防止系统性风险的累积;

2. 提出宏观审慎监管政策建议并督促相关部门付诸实施;

3. 加强货币政策与监管政策之间以及监管政策、法规之间的协调;

4. 建立金融信息共享制度。①

也有学者认为,应当在现有“三会”之上成立实体性的“金融监管委员会”,金融监管委员会应该作为国务院的一个职能部门,其职责主要是负责监测和评估我国金融业的系统性风险,对系统性风险的重大问题进行讨论、分析、判断与决策,在必要时采取应急措施防范系统性风

① 金荦、陶玲:《新一轮国际金融监管体制改革的核心——强化宏观审慎监管》,载《比较》2009 年第 4 期。at http://magazine.caixin.com/2009-08-01/100209445_all.html.

险。[①] 笔者认为可以采取“两步走”策略，首先，在现行金融监管体制下建立金融监管协调机制，加强一行三会及相关部门协调。其次，在适当的时候建立实体性的“金融监管委员会”，作为国务院的一个职能部门，将一行三会及相关部门的部分金融监管职能转移给金融监管委员会。

(二)中央银行具体对系统性金融风险的监管负责，并赋予其相应的工具和手段

从中国金融业发展需要和金融监管格局的现实出发，建议明确赋予中央银行监管系统性风险的职责，具体职能包括：(1)监测和分析宏观经济变量对金融体系稳健性的影响；(2)监测和分析整个金融体系的资本、流动性和盈利性等情况及其对金融稳定的影响；(3)监管跨机构、跨市场的金融风险；(4)分析金融机构间及金融机构与市场间的潜在连锁效应；(5)监测对金融体系构成威胁的监管漏洞。

为此，需赋予中央银行相应的工具和手段包括：(1)监测具有系统重要性的金融机构、市场和工具，有权从上述机构直接采集信息，开展现场检查，在必要情况下可采取早期干预措施；(2)负责监管支付结算体系及业务，制定相关规则和标准；(3)共享金融监管部门及其他相关部门的信息；(4)牵头制定金融集团(金融控股公司)的监管规则和交叉性金融业务的标准、规范；(5)具有在非常时期运用其资产负债表挽救金融体系于危机之中的超常规职能，包括提供紧急流动性支持、救助个别机构以防止连锁反应等。[②]

---

① 陈向聪、腾凡：《英国金融监管体制改革立法及对我国的启示》，载《海峡法学》2011 年第 3 期。

② 金荦、陶玲：《新一轮国际金融监管体制改革的核心——强化宏观审慎监管》，载《比较》2009 年第 4 期。at http://magazine.caixin.com/2009-08-01/100209445_all.html.

(三)进一步健全和完善金融安全网,加快建立存款保险制度

综观各国存款保险制度应对2008年国际金融危机的实践,存款保险制度不仅承担通常意义上的存款担保以稳定存款人信心的传统功能,还不断拓展作用范围,发展成为落实政府相关救市政策的特殊应急平台。功能完善的存款保险制度对维护金融稳定和防范系统性金融风险有着重要的作用。金融稳定理事会在2009年6月的全会上,讨论了由巴塞尔银行监管委员会和国际存款保险机构协会共同制定的《有效存款保险体系核心原则》(以下简称《核心原则》),决定将该原则纳入监管体系标准。《核心原则》强调,当前显性存款保险已经取代隐性保障制度成为各国政策制定者的首选;存款保险可以明确当局对存款者的责任,提升公众信心,控制银行倒闭的处理成本,并为处理银行倒闭提供明确的程序。《核心原则》规定,存款保险机构应具有实施职能所必需的监管权力;所有吸收存款的金融机构都应是存款保险体系的成员,以避免出现"逆向选择";保险覆盖范围应包括大多数存款者,并实现从全额到限额存款保险体系的转型。总之,存款保险体系应成为一个健全的金融安全网的重要部分。

《核心原则》从制定到最终出台,得到了国际社会和各国政策当局的充分认可。目前,金融稳定理事会已将《核心原则》纳入其主导推行的标准大纲,该大纲主要包含了国际通用的维持一个稳健和运行良好的金融体系所需遵循的一系列标准。IMF和世界银行已开始共同开发对《核心原则》的评价方法。国际存款保险协会、IMF和世界银行将据此方法对各国存款保险制度的有效性进行评估。

国际经验表明,各国的存款保险制度通常都是在银行发生危机后或银行重组基本完成、经济环境相对稳定时建立的。从我国的情况看,近年来,我国法治、经济、监管环境日趋进步,银行体系稳健运行,国际

金融危机对我国金融体系的直接影响有限,建立存款保险制度的内部条件和外部环境已经基本成熟。

当前,应紧密结合经历金融危机严峻考验的国际存款保险最新实践和改革动态,完善我国存款保险制度设计,加快建立符合我国市场经济发展和金融稳定需要的存款保险制度,增强公众对金融体系的信心,切实维护金融稳定。[①]

第二节 逆周期宏观审慎监管

一、逆周期监管的必要性

宏观审慎监管的重要目标是防范系统性风险。就作用范围而言,宏观审慎监管旨在解决金融系统中两个维度的风险:一是时间维度的风险,即随宏观经济周期变化而累积的风险,与之相关的政策问题是如何应对金融体系的顺周期性;二是跨行业维度的风险,即在给定时点上,风险在金融体系中的分布,与之相关的政策问题是如何应对系统性金融风险的集中。时间维度的系统性风险与经济周期直接相关,应对危机的出发点就是减少顺周期性,增加逆周期性。[②] 金融体系自身就带有十分明显的顺周期性,金融创新放大了该金融顺周期性,同时,顺周期性也受经济周期等其他因素的推动而不断强化。因此,针对金融体系的顺周期性,有必要实施逆周期的措施,使内在的顺周期性得以缓解,以达到控制金融体系系统性风险的目的。

---

① 金荦、陶玲:《新一轮国际金融监管体制改革的核心——强化宏观审慎监管》,载《比较》2009 年第 4 期。at http://magazine. caixin. com/2009 - 08 - 01/100209445_all. html.

② 周小川:《金融政策对金融危机的响应——宏观审慎政策框架的形成背景、内在逻辑和主要内容》,载《金融研究》2011 年第 1 期。

2004年《巴塞尔协议Ⅱ》所确立的三大支柱在这次国际金融危机中,并没有很好地起到降低银行业风险及保证国际金融体系安全的作用,甚至使金融机构顺周期性问题更加明显。为此,2010年的《巴塞尔协议Ⅲ》在总结和反思国际金融危机的基础上对相关制度进行了修订,除了要求进一步加强微观审慎监管之外,更加注重从宏观审慎监管的视角设计相关监管思路和政策工具,尤其是逆周期宏观审慎监管,成了后危机时代规范和监管国际金融秩序的重要依据以及各国金融监管改革的重要参考。因此有学者认为逆周期监管原则可视为宏观审慎监管三大基本原则之中的首要原则。[①]

二、逆周期监管的工具

为了防范和应对流动性风险,《巴塞尔协议》中很重要的一个资本缓冲规则,包括了基本资本要求、留存缓冲和逆周期资本缓冲(Countercyclical Capital Buffers)。其中,逆周期资本缓冲是《巴塞尔协议Ⅲ》的重要组成部分。[②] 逆周期资本缓冲是指经济上行情况下计提一部分逆周期资本缓冲,以便在信贷增长过激而导致经济下滑的时候有充足的缓冲资金可以运用,属于未雨绸缪型的金融监管手段。

逆周期资本缓冲旨在确保银行业资本要求充分顾及银行所处的宏观金融环境。当信贷总额过分增长与整个系统累积的风险相联系,该司法管辖区将部署逆周期资本缓冲以确保银行系统能够避免将来发生损失。通过对信贷总额增长的关注,司法管辖区可能只需要不定期部

---

① 根据现有的国际和国内实践,宏观审慎监管的基本原则可以归纳为逆周期监管原则、协调监管原则和全局监管原则。参见马诗琪:《论宏观审慎监管的基本原则》,载《时代法学》2013年第6期。

② See Basel Ⅲ:A global regulatory framework for more resilient banks and banking systems, at http://www.bis.org/publ/bcbs189.pdf.

署资本缓冲即可。对于国际银行,在存在信贷风险的所有区域内加权部署资本缓冲。这意味着可能会发现要更经常地部署少量资本缓冲,因为信贷周期并非始终与司法管辖区高度相关。

逆周期资本缓冲机制由下列要素组成:(1)国家当局将监控信贷增长和表明系统风险累积的其他指标,并评估信贷增长是否过分且正导致系统风险累积。根据此评估,其将会设置逆周期资本缓冲要求(如果环境允许)。当系统风险消除后,即会免予此要求。(2)国际银行将查明其私人部门信贷风险的地理位置,并计算其银行特定的逆周期资本缓冲要求(按其信贷风险所在司法管辖区所适用的加权平均要求)。(3)银行要遵循的逆周期缓冲要求可以扩展到资本留存缓冲。银行如果未能满足此要求,布局将会受到限制。

巴塞尔委员会的每个成员国都应指定一个机构负责确定逆周期资本缓冲规模。如果相关国家当局判断信贷过分增长持续一段时间将会导致系统风险累积,将会考虑其他任何可用的宏观审慎工具来设定逆周期缓冲要求。根据对系统风险累积规模的判断,该要求可能介于风险加权资产的0~2.5%。在名为《国家当局运用逆周期资本缓冲指南》(Guidance for National Authorities Operating the Countercyclical Capital Buffer)的巴塞尔委员会文件中列出了国家当局在进行资本缓冲决策时业已同意遵循的原则。该文件提供的信息有助于银行理解并预测存在信贷风险的国家当局所做的缓冲决策。为了使银行有时间调整缓冲水平,国家可提前12个月预告其提高逆周期资本缓冲水平的决定。国家决定降低逆周期资本缓冲水平的决定将立即生效。所有巴塞尔委员会成员国预先宣告的缓冲决定和实际到位的资本缓冲将在BIS网站上公布。①

① See Basel Ⅲ:A global regulatory framework for more resilient banks and banking systems, at http://www.bis.org/publ/bcbs189.pdf.

资本缓冲规则在应对周期性的系统性风险方面起到了很重要的作用，在本轮改革中，拨备规则也体现了逆周期调节的性质。拨备是进行财政预算时，估计出现亏损时所预留的准备资金。拨备是用来应对风险资产可能引致的损失。拨备包括前瞻性拨备、动态拨备等，主要是考虑经济周期的变化。在经济景气周期上升阶段，可以多计提拨备，以便在景气周期下降阶段可以消耗这些拨备，这也是逆周期调节的体现之一。

三、对我国建立和完善逆周期监管的启示与建议

建立宏观审慎监管体系的一大目的就是消除现行金融系统的顺周期性现象，因此，应进一步研究金融体系顺周期的内在机理，并通过逆周期的政策建立适当的逆周期监管机制。[①] 从巴塞尔委员会主要成员国逆周期监管的思路来看，主要是提高金融机构的资本质量、资本充足率，并建立与经济周期挂钩的杠杆率标准、前瞻性拨备制度等；同时推进公允价值会计制度、信用评级制度以及衍生品交易和清算体系等的改革、加强对影子银行的监管改革等，其主要目的是将微观层面的监管机制纳入宏观管理框架内，缓解金融机构的顺周期性，减少其对经济波动的影响。[②] 具体而言，在经济繁荣时，提高资本充足率指标、增加损失拨备计提、杠杆率指标低位运行，达到影响金融机构资本总额的目的；相反，当经济萧条时，监管当局可以采取相反措施，使金融机构有足够的资金应对危机，从而达到熨平经济周期的目的。因此，借鉴境外资本市场逆周期监管改革经验，我国的逆周期监管改革可以从以下几个方

---

① 何德旭、吴伯磊、谢晨：《系统性风险与宏观审慎监管：理论框架及相关建议》，载《中国社会科学院研究生院学报》2010 年第 6 期。

② 黄溪、周琼、周华：《逆周期监管理论的最新进展与启示》，载《证券市场导报》2012 年第 3 期。

面入手：

（一）增加资本监管的弹性

资本监管是银行业审慎监管的核心，其目的在于以资本充足率为约束，营造更加公平的竞争环境，从而提高银行体系的安全性。[①] 从监管主体的角度来说，资本监管是通过将资本量化，以此为手段，对银行风险进行监督管理；而从银行自身发展来说，资本监管的目的则在于提高其经营管理的能力。具体到我国，我国银监会对银行资本充足率监管的规定显得过于原则，缺乏弹性。[②] 一方面，在不同的经济发展阶段，市场对资金的需求水平是不同的，经济上行阶段的需求量大，经济下行阶段的需求量缩小，同时违约风险增大。另一方面，各类银行在经营规模、资本结构、经营状况和风险管理能力等方面均不相同，监管当局对各类银行实行整齐划一的资本监管，这种做法忽视了各类银行之间的差异。在2008年的危机中，美国大量倒闭的银行的资本充足率都超过了8%的标准，这就说明8%的标准并不能保证所有银行的资本安全，对高风险的银行应该提高资本充足要求。[③]

---

① 资本监管，是《巴塞尔资本协议Ⅰ》至《巴塞尔资本协议Ⅲ》对资本的监管核心。1988年的《巴塞尔资本协议Ⅰ》中的资本充足率，以及2004年的《巴塞尔资本协议Ⅱ》的新规定，乃至《巴塞尔资本协议Ⅲ》对资本充足率的修订，无不彰显着资本监管在银行监管中的重要地位。

② 为了提高商业银行抵御风险的能力，2009年10月21日中国银监会颁发《关于完善商业银行资本补充机制的通知》，对2004年颁布的《商业银行资本充足率管理办法》的相关条款进行了补充和调整，提高了核心资本要求，规定发行次级债务及混合资本债务等监管资本工具补充附属资本时，主要商业银行（含国开行、国有商业银行和股份制银行，下同）核心资本充足率不得低于7%，其他银行核心资本充足率不得低于5%。根据2010年9月12日巴塞尔委员会达成的《巴塞尔资本协议Ⅲ》的规定，全球各商业银行的一级资本充足率下限从现行的4%上调至6%，由普通股构成的核心一级资本占银行风险资产的下限从现行的2%提高至4.5%。该规定从2013年1月起开始执行，执行后核心一级资本充足率要求提高至3.5%，并在2015年1月前彻底达到4.5%的要求。

③ 朱静平、唐永涵：《论经济周期波动中的银行资本监管》，载《湖南商学院学报》2010年第4期。

鉴于此，为了实现资本监管的逆周期性，我国应增强资本监管的弹性，具体而言，包括两个方面的措施：一方面，在不同阶段采用不同的资本监管要求。在经济上行阶段，银行本身的资本就比较充足，应当相应地提高资本要求，避免经济的过度繁荣；在经济下行阶段，则应当降低资本要求，避免经济的进一步衰退，从而缓解银行资本监管的顺周期性。另一方面，应对不同的银行实行分类监管。资本充足率的最终目的是增强银行的抗风险能力，由于不同的银行风险不同，出于对银行风险管理的激励，未来对银行的资本监管原则应该实行差异化，对不同的银行适用不同的标准。

一个可行的方法是，在正常的资本充足率要求底限的基础上，要求商业银行增加额外的逆周期资本充足率，范围在 0 ~ 5 个百分点。监管部门可以根据实际情况对不同的银行提出不同的逆周期资本充足率要求，如对财务状况良好的银行提出更低的逆周期资本充足率要求，而要求个别放贷过多的银行保有更高的逆周期资本充足率。此外，借鉴国际金融监管的经验和教训，我国监管部门应该强化表外业务的资本要求，扩大包括复杂的衍生品领域的风险价值计量范围，积极调整风险价值计量方法与参数设置，并加强风险价值检验和模型参数验证工作。

（二）完善公允价值会计计量方法

公允价值的优势在于能及时反映因市场变化而产生的收益或损失，如实反映企业财务状况和经营成果以及资产或负债的真实价值。但是，公允价值的运用也会加剧金融体系的顺周期性，这是 2008 年危机后公允价值备受争议的主要原因。在经济上行阶段，市场行情推动资产价格持续上涨，造成相关金融产品被高估；而在经济下行时期，价格下跌会导致资产立即缩水，形成亏损并打击市场信心，造成相关产品价值被低估。因此，随着公允价值会计在我国的广泛适用，如何缓解其顺周期性日益成为一个亟待解决的问题。[①] 笔者认为，结合境外主要资本市场逆周期监管改革和我国国情，我国可从以下几个方面完善公允价值会计法：

1. 进一步明确在不活跃市场运用公允价值准则的指引，特别是明确对流动性不足的复杂金融产品的估值方法。从公允价值的定义看，公允价值应适用于自愿、公平、有序的市场交易，但在 2008 年金融危机中，对于很多流动性不足的复杂结构性产品，所形成的价格并不符合公允价值的运用条件，而由于会计准则中缺乏对市场强制价格和有序交易的明确定义，使得会计主体不得不按照极低的市场价格进行公允价值计量，结果进一步增加了账面损失，加剧了市场跌势。[②] 因此，为了解决流动性不足的金融产品的估值问题，我国监管者应进一步明确不活跃市场运用公允价值准则的指引。

2. 合理、恰当地使用公允价值。由于交易不活跃的金融工具需要参考同类产品或运用模型进行估值，致使公允价值带有较强的主观色彩，其估值模型假设前提和参数的可靠性也会在很大程度上影响公允价值的准确性。美国和欧盟金融机构适用公允价值的资产中就有 69% 为第二层次的金融工具，并不是按照活跃市场价格来估值的。在危机发生之后，采用第二层次和第三层次方法估值的金融工具比重又进一步增大。[③] 因此，为了确保估值的客观性和准确性，应当提高估值模型的合理性和科学性，并由监管机构或外部审计师对金融机构的估值方法和程序进行严格的检查。

---

① 如我国 2006 年公布的新企业会计准则，要求在金融工具、债务重组、投资性房地产、非共同控制的企业合并和非货币交易等方面采用公允价值计量。

② 李文泓：《关于宏观审慎监管框架下逆周期政策的探讨》，载《金融研究》2009 年第 7 期。

③ 同上注。

3. 增强信息披露和透明度。公允价值是用“脱手价格”来估计的价值,这种估计的价格终究是有偏差的。因此,对公允价值的结果所反映的信息进行更为详细的披露,对于进一步提高公允价值计量的相关性和可靠性无疑大有裨益。考虑到对不活跃市场交易,特别是流动性不足的复杂结构性产品确定公允价值所包含的主观性和不确定性,应要求会计主体对其采用的估值方法、模型、假设前提、参数、是否引入外部评估师的评估等予以更充分的披露,并进行敏感性分析,以便投资者自行判断其所用的公允价值是否恰当反映了市场情况,从而做出更合理的投资决策。

4. 增强公允价值计量属性的可操作性。我国新《企业会计准则》中有 17 项适用公允价值计量,其中仅有“资产减值”、“金融工具确认和计量”和“企业年金基金”三项提供了具体计量指南,这就使企业在具体实务运用上缺乏相关依据和指导方法,故有必要在会计准则与会计制度上以及有关法律规章上给予明确的有利于具体实务操作的规范要求。①

(三)引入杠杆率监管

随着国内资本市场业务日趋复杂,资产更加多元化,实施杠杆率监管有助于降低银行经营的顺周期性,增强监管的有效性。就我国而言,可从以下几种途径进行杠杆率监管:一是限制杠杆倍数。为了控制资本市场的风险,对市场主体的杠杆倍数进行直接限制较为重要。出于逆周期监管的目标,在限制杠杆倍数时,应参考经济周期而定。建议监管当局应通过跟踪较长的经济周期来确定合理的杠杆倍数作为杠杆率监管的基础,并根据经济周期对合理的杠杆倍数进行上下调整。当经

① 王利群、王燕妮:《金融危机引发的对公允价值应用前景的思考》,载《中国证券期货》2009 年第 10 期。

济发展过热，资产泡沫较大时，通过缩小市场主体的杠杆倍数，降低市场主体的杠杆率水平；而当经济下行，资产低估时，通过扩大市场主体的杠杆倍数，提高市场主体的杠杆率水平。二是限制抵押贷款的抵押率。为了防止抵押资产价格下降造成的资不抵债引发金融风险，建议监管当局直接限制抵押贷款的抵押率。与直接限制杠杆倍数大致相同，我国应通过跟踪较长的经济周期来确定合理的抵押贷款抵押率，并根据经济周期对合理的杠杆倍数进行上下调整。①

（四）实行前瞻性的动态拨备制度

前已述及，采用跨周期的拨备计提方法，提高拨备计提的前瞻性是缓解坏账损失准备顺周期性的一大途径。就我国而言，在上市公司、金融机构和结构性金融产品的坏账损失准备上引入前瞻性的动态拨备制度，就是在现有会计准则的减值拨备和一般风险拨备的基础上，增加动态拨备。动态拨备是根据统计方法估算的长期平均贷款损失率，对资产组合中的潜在风险提取的拨备。当经济处于上行期时，根据会计准则计提的专项准备通常较少，银行需要增加动态拨备，相当于从当前利润中为未来经济衰退期的损失预提拨备；同时，利润减少还有利于抑制银行的信贷扩张行为，缓解经济过热。当经济进入衰退期时，银行需要增提专项准备，上述公式的计算结果为负，表明动态拨备减少，即需要

① 尽管对于监管当局而言，准确预测经济所处的周期难度相当大，但还是有一些数据可资借鉴，例如，市盈率、资产价格、物价指数等指标。以市盈率为例，尽管个股市盈率没有参考意义，但是一个巨大市场的股指市盈率却能反映很多问题。比如在美国，互联网泡沫顶峰时期，股市的市盈率为30多倍，100年来的平均值为18倍，一旦美国市盈率高于30倍，就应该要求降低杠杆率，这就是典型的逆周期监管。对于我国而言，正处于经济快速发展时期，市盈率平均水平比发达国家高，但平均市盈率一旦达到一定的临界点，如高于40倍，则预示着资本市场存在较大的泡沫，此时显然应该降低市场主体的杠杆比率和抵押率。反之，当市盈率、资产价格等指标显示的经济发展处于下行通道时，监管当局应放松对杠杆倍数、抵押率的限制。

增加的专项准备可以从现有动态拨备而不是当期利润中提取,从而使银行有更多的剩余资金用于放贷,避免信贷紧缩进一步加深经济衰退。这样,虽然动态拨备和专项准备会随着经济周期而波动,但每年计提的总拨备波动性大幅减小,因此具有明显的顺周期缓解作用。[①] 在我国,建议可将动态拨备视作一项监管要求,上市公司、金融机构和结构性金融产品仍然按照会计准则提取坏账损失准备。

在如何确定科学、合理的动态拨备水平时,我国应重点考虑如下几个因素:

1. 监管对象在较长时期内的总体坏账损失情况。通过跟踪坏账变化以及坏账在整个周期内的平均违约率及违约损失等情况,合理确定当前坏账风险和组合计提要求,作为动态拨备的基础。

2. 细化对不同类型坏账组合计提的标准。如按照产品分类、按照企业成长周期分类、按照行业分类等。

3. 经济周期的影响。国际和国内经验都表明,当经济快速繁荣后,往往伴随着不良账款的反弹。因此在经济高速增长时期,可以适当提高动态拨备要求,以对未来可能发生的损失提前进行准备。

因而,在我国实施动态拨备中,要坚持“规则”与“相机抉择”的有机统一。即要建立一套相对清晰透明的规则,对动态拨备考虑的目标、相关要素、计算方法和触发条件等作出规定。同时监管当局对某些变量参数以及触发值等可以保留调整的权力,当经济处于特殊情况,或是对于特定机构,监管部门可采取“相机抉择”的方式进行处理。通过这种将规则与相机抉择有机结合的方式,一方面可以引导上市公司或金融机构的预期,鼓励其建立合理的内在约束机制,将动态拨备要求与内部

① 李文泓:《关于宏观审慎监管框架下逆周期政策的探讨》,载《金融研究》2009 年第 7 期。

管理相统一；另一方面也为监管部门应对复杂局面和特殊情况，有效实施动态拨备提供制度保障。①

总之，我国应在《巴塞尔资本协议Ⅲ》的基础上，根据我国金融体系特点选择合适的逆周期监管工具。在对目前国际通行的资本监管、贷款损失拨备率、公允会计计量方法等监管工具进一步完善的基础上引入杠杆率监管和前瞻性动态拨备制度等新型的手段作为商业银行的逆周期监管工具。此外，我国也可以借鉴商业银行逆周期监管的理念，对证券公司以净资本、风险资本准备为主要监管工具实施逆周期监管；以保险偿付能力、基金最低投资比例、投资组合的风险价值等指标为核心，对保险与基金行业实施逆周期监管。②

第三节　强化系统重要性金融机构的监管

综观现有的国际金融监管文件，“系统重要性金融机构”（Systemic Important Financial Institution，SIFI）一词最早见于国际货币基金组织（IMF）、国际清算银行（BIS）和金融稳定理事会（FSB）于2009年11月联合发布的《金融机构、市场及工具的评估指引》这一国际性研究报告中，而首次对之做出正面定义则为FSB。FSB在其2010年11月向G20首尔峰会提交的《降低SIFI道德风险：建议与时间表》的报告中将SIFI界定为一种“由于自身规模、复杂性、系统性关联等原因，一旦无序倒闭

① 苗雨峰：《商业银行动态拨备与监管》，载《中国金融》2010年第2期。

② 黄溪、周琼、周华：《逆周期监管理论的最新进展与启示》，载《证券市场导报》2012年第3期。

将对更大范围的金融体系和实体经济运行造成显著破坏的金融机构”。[①] 虽然当前各国学者对SIFI的内涵和外延莫衷一是,但该定义从“大而不倒”的角度突出强调了SIFI的影响力及其潜在的严重倒闭后果,较好地刻画出SIFI的“系统重要性”特质,是迄今被学界公认的最具权威性和代表性的定义。[②] 可见,SIFI并非一类新生的金融机构,而是人们对以往那些大型、复杂的,被冠之“大而不倒”金融机构在后危机时代的一种新称谓,在本质上是对传统“大而不倒”的继受与发展。[③] 故笔者以下拟以“大而不倒”为立论切入点,将视角投向当今SIFI数量最多的美国,试图探寻和归纳危机后其在破解“大而不倒”难题方面的思路与进展,并从中总结出能为我所用的成熟经验,以助益于今后我国更好地加强SIFI的监管。

一、“大而不倒”:SIFI的特征及其弊端

所谓“大而不倒”,是由“Too big to fail”直译过来,意指当某一经济行业中的大型或重要性机构经营陷入困境、濒临破产时,政府为防止其倒闭所产生的严重社会影响而对其援手相助的一种危机监管理念或制度。具体到金融领域,该制度滥觞于1984年美国政府对当时全美第七大银行伊利诺伊斯大陆国民银行(Continental Illinois National Bank)的救助。在此救助事件中,美联储和联邦存款保险公司(FDIC)向该银行提供了20亿美元的次级贷款,并对所有存款人及普通债权人提供特别

① IMF, BIS and FSB. Guidance to Assess the Systemic Importance of Financial Institutions, Markets and Instruments: Initial Considerations, Report to G20 Finance Ministers and Governors, Nov. 2009.

② Rob Tammero. Reigning In Systemically Important Financial Institutions. 30 Rev. Banking & Fin. L. 595, 2011, p. 123.

③ 黎四奇:《后危机时代“太大而不能倒”金融机构监管法律问题研究》,载《中国法学》2012年第5期。

保护，同时动用35亿美元资金购买银行45亿美元的坏账。此举措不仅使该银行短时间内得以起死回生，而且及时、有效地阻止了其破产倒闭可能给其他2200家关系银行造成的冲击，成为美国金融史上的一段佳话。鉴于此，"大而不倒"的救助理念开始为美国金融监管当局所认可和践行，并迅速演化为当时全美金融监管领域的"公理"性法则。①

因为"在一家银行倒下去会拖累一大片其他银行的年代，人们普遍信奉防止银行连锁倒闭的最好办法就是阻止第一家银行倒下去"，所以在金融业景气下滑，特别是某些大型金融机构经营失败而濒临破产、系统性风险苗头渐现时，确保其"大而不倒"自然成为当时美国政府维护本国金融稳定的不二法则。然而，本轮全球金融危机的惨痛教训却表明，恰恰就是政府的这种"大而不倒"理念使SIFI成为系统性风险的一大重要来源。② 因为人们发现，那些过去屡屡获得政府救助并以"大而不倒"自居的SIFI在危机中依然我行我素：不仅疏于自身内部风险的管理，而且还肆无忌惮地通过各种高杠杆投资将风险外溢，使得危机"火上浇油"，愈演愈烈。为此，美国民众对政府在危机后再次大手笔援手金融机构的"慷慨"做法和"治标不治本"的循环救助表示了极大的质疑与批评。甚至有学者直谏政府，坏银行就应该淘汰，不管其大小，因为援助一家现在的坏银行无异于阻止建立一家未来的好银行。③

以G20为代表的国际组织也开始密切关注包括美国在内的各国金融监管当局奉行SIFI"大而不倒"所带来的短视效应和长期潜在的负作

---

① 1991年美国出台了《联邦存款保险公司促进法》(FDICIA)，该法案通过"系统性风险"例外条款的规定允许FDIC等监管机构对大银行进行救助，标志着"大而不倒"救助原则在法律上的正式确立。

② 王湉：《系统重要性金融机构国际监管改革进展及对我国的启示》，载《金融发展评论》2011年第8期。

③ See Helwege, Jean. Financial Firm Bankruptcy and Systemic Risk. Regulation, Summer, 2009.

用。被誉为“全球央行”的FSB在对全球主要国家的金融业历经一年多的调查后，也于2010年11月向其成员机构出具了《加强SIFI监管强度及其有效性》的监管指引。该指引建言各国监管当局将降低和终结SIFI“大而不倒”的道德风险列为危机后金融监管改革的一大重任。① 随后，在2012年6月的G20墨西哥峰会上，FSB又发布了题为《关于加强金融稳定之建议的实施进度总结》的工作报告，并以“结束‘大而不倒’”为题专节讨论了加强SIFI监管的必要性。与此同时，包括巴塞尔银行监管委员会（BCBS）、国际证券监管委员会组织（IOSCO）以及国际保险监管官协会（IAIS）等在内的多个国际金融监管组织也纷纷在其所负责的银行、证券和保险等领域出台相应的SIFI识别指引与监管文件，积极参与到FSB主导的SIFI全球治理框架中，以寻求如何更好地缓解本行业中SIFI“大而不倒”带来的负效应，防杜系统性风险的形成。②

那么，究竟SIFI“大而不倒”会带来哪些令人不易察觉的负效应？或者说，在政府信奉“大而不倒”的危机监管理念下，SIFI会有哪些损及金融业健康发展的道德风险表现呢？对这个问题的回答有必要先从SIFI的本质特征谈起。

顾名思义，SIFI最本质的特征就是“系统重要性”。而根据上述FSB的定义描述，SIFI的这种“系统重要性”有两个方面的表现：一是业务规模大，承载着金融市场的关键功能。SIFI不仅在一国金融市场中占有较大的资产份额与庞大的客户群体，还拥有宽泛复杂的组织结构与业务范围，且其提供的金融服务往往与一国的货币政策中介、支付中

---

① See FSB, Intensity and Effectiveness of SIFI Supervision: Progress Report on Implementing the Recommendations on Enhanced Supervision, Oct. 27, 2011.

② 如巴塞尔委员会于2011年11月发布了《全球系统重要性银行：评估方法和额外损失吸收能力要求》，国际保险监管官协会于2012年10月发布了《全球系统重要性保险人：建议的政策措施》，国际证监会组织于2013年1月发布了《全球系统重要性证券机构：建议的评估措施》。

介、信用中介等功能密切相关;二是影响程度大,易引发系统性风险。SIFI 自身的规模及所承担的关键功能决定了其为一国金融体系的枢纽,有着众多来自四面八方的交易对手,故一旦陷入经营危机或无序倒闭,必将导致其在相关金融交易中出现违约,致使其他交易对手处于极大压力之下甚至被拖入危机之中,由此风险将大范围地被传导、扩散至整个金融体系,形成系统性风险。

以上分析表明,正是缘于"系统重要性"的存在,才使得 SIFI 的破产倒闭会带来多米诺骨牌效应,引发金融市场的系统性风险与危机,继而损及实体经济的发展。而正是出自于对这种金融体系动荡的担忧,各国政府才在历次金融危机中不遗余力地救助濒临破产的 SIFI,从而赋予了 SIFI"大而不倒"的优势地位。就此而言,SIFI 的"系统重要性"与"大而不倒"特征乃为一枚硬币的两面,两者并无实质的差别。是故,SIFI 在各国引发的问题在很多情况下都被称为"大而不倒"问题。而这个问题的实质,就是政府在"大而不倒"下长期救助 SIFI 所累积形成的弊端与负效应。2008 年金融危机的爆发使得这些弊端与负效应暴露无遗,引起国际社会前所未有的关注,主要表现在:

(一)激发道德风险

各国政府长期恪守"大而不倒"理念而对 SIFI 施以救助,结果必使整个金融市场道德风险频仍,陷入逆向选择之中。其因在于:首先,就 SIFI 本身而言,"大而不倒"使其对政府的危难救助始终抱有明确预期,故而会有恃无恐、肆无忌惮地通过冒险经营来提高盈利水平,甚至在资不抵债之际铤而走险地向其高管人员派发高额奖金,大肆侵占股东及债权人利益。这从美国国际集团(AIG)在危机前豪赌资本市场衍生产品,接连从事高风险信用违约掉期(CDS)投资和破产前向其高管人员秘密发放高达 2.18 亿美元的奖金中可窥一斑。其次,就 SIFI 相关利益者(如债权人、存款人等)方面而言,基于政府“大而不倒”的担保,他们同样也会作出政府在危难中必救 SIFI 的预判,故而不仅无心于 SIFI 经营之监督,而且还会因 SIFI 受到政府格外“恩惠”之故,愿意以更低的利率向 SIFI 提供资金。

足见,在 SIFI“大而不倒”的不良效应“示范”下,一国的金融机构在市场竞争中最终都会走向一种重规模、轻质量的逆向选择中。金融机构的终极目标似乎只有一个:那就是将规模做大到极致,以尽早挤入政府“大而不倒”的救助名列,彻底摆脱破产之“困扰”,使自己和政府“共生共荣”,实现“一生”运作的“高枕无忧”。

(二)损及市场公平竞争秩序

众所周知,市场经济奉行“优胜劣汰”,故金融机构无论规模大小,经营失败退市乃市场竞争使然,不足为奇。故“大而不倒”要求政府为陷入危机的 SIFI 埋单纾困,这本身就是对非 SIFI 的一种歧视与不公。其不仅导致一国金融公共资源人为分配的失调,而且还会冲击、侵蚀其他中小型金融机构的生存根基。因为有了政府救助的特殊保证与支持,SIFI 就能获得相对于中小型金融机构的独特竞争优势,以更低的成本从第三方筹借资金。① 有数据表明,在 2008 年危机中政府承诺对大型银行注资后,全美所有的中、小型银行与那些资产超过 1000 亿美元的大型银行在 2008 年 9 月至 2009 年 6 月的融资成本差额由危机前的 0.29% 飙升至 0.78%。此意味着美国政府实际上向这些大银行每年提

① 有学者以银行为例,通过研究发现,大银行常常挟“大而不倒”地位向存款人和债权人暗示其不会倒闭,因而能以比小银行更低的成本吸引更多的存款,因而认为即便是进取型的小银行也无法战胜这些政府支持的赢家。See Wallison, Peter J. “Too Big to Fail, or Succeed.” *Wall Street Journal*, June 18, 2009.

供了约63亿美元的补贴。[①] 无独有偶,IMF于2010年末对87个奉行"大而不倒"成员国的主要金融机构的收益进行了年度统计和回归测算,结果表明,在过去的5年内,这些国家资产超过500亿美元的大银行整体的资产收益至少平均有20%得益于政府的各种隐性支持和担保,而同期的其他中小金融机构则付诸阙如。[②] 毋庸置疑,政府对SIFI这种"大而不倒"的救助承诺已无形中扭曲和破坏了市场"优胜劣汰"的竞争法则,结果只能导致金融业整体的低效与创新力的缺乏。这不能不说是这些国家政府适用"大而不倒"所始料不及的。

(三)加重纳税人的负担,激化社会矛盾

尽管确保"大而不倒"展现了政府在危机中力挽狂澜、维护金融稳定的本色,但SIFI体量庞大,故政府的这种救助常常耗资巨大。最终是,羊毛出在羊身上,纳税人要背负高额的救助成本。以美国为例,2008年危机爆发后,政府用于实施《问题资产救助计划》(Troubled Asset Relief Program,TARP)的财政预算资金就高达23.7万亿美元。平摊下来,在该计划实施的5年内,每个美国人至少要额外承担7.59万美元,以致有学者惊呼政府对大金融机构的救助已经达到"史无前例的范围、规模以及复杂程度,令人忍无可忍"。[③] 可见,"大而不倒"不仅直接或间接加重了纳税人的负担,让全体纳税人为无良的SIFI埋单的不

---

① See Johnson, Simon and James Kwak. 13 Bankerers: *The Wall Street Takeover and the Next Financial Meltdown*. Pantheon in New York, 2010, p. 131.

② See IMF, World Economic and Finance Surveys: Global Financial Stability Report, at http://www.imf.org/external/pubs/ft/gfsr/2011/01/pdf/text.pdf, Mar. 1, 2013.

③ See Following the Money: Report of the Special Inspector General for the Troubled Asset Relief Program: Hearing before the H. Comm. on Oversight & Gov't Reform, 111th Cong. 2. 2009. 转引自伏军:《论银行太大不能倒原则:兼评美国2010年华尔街改革与消费者保护法案》,载《中外法学》2011年第1期。

正义局面合法化，而且久而久之，还会触怒底层社会民众，激化社会矛盾。2011 年西方国家接连发生的针对和仇视大型金融机构的系列“占领”运动（如“占领华尔街”、“占领伦敦证交所”等）可谓是这种愤怒和矛盾的形象表达。

此外，比较极端的是，“大而不倒”还会造成政府主权债务危机。这是因为在金融市场高度关联、金融服务日益综合化的今天，SIFI 的身份早已突破传统大型银行的界限。一些大型的非银行金融机构，如金融控股公司、投资银行、保险公司、对冲基金或股权基金等也可能同大型银行一样存在着倒闭的“蝴蝶效应”。这使得政府对它们的破产不能坐视不管，亦须伸手相救。因此，“大而不倒”适用对象的扩大可能会令一国政府穷于应付和不堪重负。特别地，若救助对象的负债规模过大，政府在救助中还会引发严重的主权债务危机，出现“泥菩萨过河，自身难保”的尴尬局面。2008 年冰岛和 2013 年塞浦路斯政府分别为救助各自的 SIFI 而双双濒临破产境地的事件至今仍有很强的警示意义。[①]

二、“大而不倒”之终结：危机后美国构建 SIFI 监管法制的主旨

前已述及，在历经对 SIFI 的不断救助但仍阻止不了 2008 年金融危机冲击的锥心之痛后，美国国内反思与批判“大而不倒”的呼声不绝于耳：时任美国财政部部长的亨利·保尔森在 2008 年 4 月以政府要员身份率先向“大而不倒”公开发难，抨击其造成了不公正的业界竞争局面，使美国金融体系和经济处于危险之中，并弱化了美国的法治精神，已到了非改不可的时候。美联储主席本·伯南克在 2009 年 10 月波士顿年

① 2008 年 12 月，冰岛政府为救助格里特利尔银行、克伊普辛银行和冰岛国民银行（这三家大银行合计负债为冰岛当年 GDP 的两倍多）而陷入破产境地。无独有偶，2013 年 3 月，塞浦路斯为救助大众银行和塞浦路斯银行（这两家银行负债合计超过该国 2012 年 GDP）也陷入破产。

度经济论坛上也强调,“这场危机的教训只有一个,那就是必须解决‘大而不倒’的问题,而现在就是采取该行动的最佳时机”。鉴于此,为寻求更好地解决 SIFI 的“大而不倒”难题,从 2008 年危机爆发至今,美国历经小布什时期的《现代化金融监管架构蓝图》(Treasury Blueprint for a Modernized Financial Regulatory)、奥巴马新政的《金融监管改革新基础》(Financial Regulatory Reform:A New Foundation)和国会参众两院的《多德—弗兰克华尔街改革与消费者保护法案》(Dodd-Frank Wall Street Reform and Consumer Protection Act,以下简称《多德—弗兰克法案》),对金融监管的改革进行了多次不懈的立法探索。特别是在《多德—弗兰克法案》中,美国构建了包含 SIFI 身份识别、强化监管、薪酬结构改革和有序处置等内容在内的完整的 SIFI 监管框架。

(一)确立了有关 SIFI 的识别与评估标准

《多德—弗兰克法案》开篇就对两种当然的银行类 SIFI 进行了界定:一是截至 2010 年 1 月 1 日总资产等于或大于 500 亿美元的银行控股公司;二是 2008 年底就得到《问题资产救助计划》救助或已被列入救助名单的任何金融实体。进一步地,《多德—弗兰克法案》第 113 条新设了一个由财政部、美联储、货币监理署等多方监管机构参与的跨部门常设监管机构即金融稳定监督委员会(Financial Stability Oversight Council,FSOC),由其负责非银行类 SIFI 的身份认定与系统性风险的监测。而为规范这种识别与监测权,该法案第 115 条至第 117 条一方面列举了包括规模、杠杆率、关联度、可替代性、业务复杂性、流动性风险和期限错配等因素在内的 11 项指标作为 FSOC 据以认定和评估 SIFI 的标准;另一方面又设置了相应的认定程序,诸如向拟被认定的对象发出书面通知、非银行金融机构有权提出听证要求、由 FSOC 2/3 以上委员投票同意且包含 FSOC 主席的赞成票才能最终确定 SIFI 的身份、FSOC

应当至少每年对已作出的 SIFI 的认定进行重新评估,更新 SIFI 名单等。此外,第 156 条还要求在财政部设立金融研究办公室(Office of Financial Research,OFR)以为 FSOC 提供相关数据,并赋予 FSOC 有权命令 OFR 搜集拟被认定对象的各种必需信息,为其更好地做出认定结论和监测 SIFI 潜在的风险波动提供参考。

(二)加强了 SIFI 的监管强度与有效性

《多德—弗兰克法案》第 112 条授予美联储"去大化"的监管权力,使其在必要条件下可对 SIFI 进行处置与拆分。详言之,如果美联储认为某家问题 SIFI 倒闭可能危及美国金融体系的稳定,则经 FSOC 2/3 以上委员投票同意,既可采取限制该机构收购、合并、联合其他公司或附属于其他公司的行动,又可采取"先发制人"的办法对之强制分拆或进行资产重组与剥离,将其因规模过度扩张带来的系统性风险扼杀在萌芽阶段。同时,第 619 条引入"沃尔克规则"(Volcker Rule),对大型银行的业务作出严格的限制。根据该条第 1 款的规定,商业银行不得利用参加联邦保险的存款进行自营交易,且投资对冲基金和私募基金的金额分别不得超过基金资本和银行自身一级资本的 3%。同时,该条第 2 款进一步规定了金融机构在市场并购交易后的并表负债总额不得超过该机构前一年度并表负债总额的 10%,要求超标的金融机构应于 5 年内逐步撤资。2011 年 1 月 8 日,FSOC 发布了一份长达 81 页的解释报告,专门就"沃尔克规则"的立法与实施问题作了详细的说明与建议。随后,美联储作为主要落实部门之一,也于 2011 年 2 月 9 日率先出台了一项规则,细化了"沃尔克规则"实施过渡期的规定。上述报告和规则的出台,标志着美国实施“沃尔克规则”的序幕已经拉开。[①]

(三)改革与调整 SIFI 高管的薪酬结构

金融危机暴露出 SIFI 薪酬体系存在问题,主要表现在高管薪酬结构的机会与风险分配的不对称,容易诱发高管为追求高额薪酬而过度冒险,威胁 SIFI 的长期存续。为此,《多德—弗兰克法案》在第 9 章专设了第 5 节“责任及高级职员薪酬”,以对金融机构高管薪酬水平进行控制。这些控制规定主要体现在法案的第 951 条至第 954 条:(1)执行薪酬披露的股东会投票制度,即由股东投票产生单独决议来批准高管的薪酬,包括公司实施“黄金降落伞计划”时,也应当由股东会决议同意并依法予以披露;(2)增强薪酬委员会独立性,即薪酬委员会的成员除了董事会成员,还应包括薪金咨询师、法律顾问或其他顾问等以确保其独立性;(3)执行薪酬披露,即不仅要披露高管薪酬信息,也要披露高管薪酬支付水平与金融机构效益之间的关系;(4)错误薪酬的索回,即金融机构因为财务报告不符合要求而重新准备会计报表时,应当追回前 3 年基于错误数据向前任或现任高管支付的激励薪酬。[②] 这些新规定确立了股东会和董事会在风险管理框架下审查和披露高管薪酬水平的公法上义务,使高管薪酬的确定不再专属于公司自治事项的范畴,有力地遏制了风险激励型薪酬机制的再现。

(四)确立了针对 SIFI 的风险处置机制

《多德—弗兰克法案》的 SIFI 风险处置机制包含三个方面的内容:

---

① 李文泓、王刚:《美国实施沃尔克规则的最新进展及启示》,载《国际金融研究》2011 年第 9 期。

② 《多德—弗兰克华尔街改革与消费者保护法案》,董裕评、全先柳等译,中国金融出版社 2010 年版,第 479 ~ 486 页。

1. 事前性的处置安排。如提高 SIFI 信息公开披露水平;要求 SIFI 提前作出自己的风险拨备,发行应急资本和自救性债券(Bail-in Debts)、定期提前制订恢复和处置计划(Recovery and Resolution Plans, RRPs),即“生前遗嘱”(Living Wills)。由于 SIFI 规模庞大、业务复杂,外部监管机构很难像内部人士那样对其了解透彻,因此《法案》第 165 条要求“遗嘱”内容必须明确具体和切实可行,如载明所有权、结构、资产负债和合同义务、主要交易对手风险、决定机构的抵押品与抵押程序等,并提交美联储和联邦存款保险公司(FDIC)批准同意。如果 SIFI 不能尽快提交,该两家监管机构有权对其采取包括提高资本要求、限制资产增长、资本分配及与附属企业的交易和加强流动管理等在内的一系列早期风险纠正措施(Early Remediation Tactics)。2012 年底,美联储对外公布了花旗银行、摩根大通银行、美国银行等 11 家 SIFI 向监管当局提交的“生前遗嘱”。

2. 事中对政府救助的限制。《多德—弗兰克法案》虽仍然允许美联储继续以最后贷款人的身份在金融系统不稳时为运营困境的 SIFI 或具有系统性影响的金融交易提供资金支持,但要求其不应只针对 SIFI,且贷款必须有充分担保作为前提。同时,《法案》第 203 条亦对 FDIC 向有清偿能力的参保银行提供债务担保给予了限制,规定只有在出现系统性风险威胁时,经上述 FSOC 多数票同意和总统向国会申请后方可实施,且全部成本应由受担保银行偿还。

3. 事后的有序清算。主要是确保陷入危机的 SIFI 能够有序倒闭和平稳退出,减缓或降低其对外部造成的冲击。如《法案》第 203 条至第 214 条规定了专门适用于 SIFI 的“有序清算程序”(Orderly Shutdown)。即若财政部得到了 2/3 的美联储和 FDIC 董事会成员的支持,确认某家 SIFI“违约或存在违约风险”,并且它的破产“将对美国的金融稳定产生负面影响”,则其在向华盛顿的联邦法院请示后可以径行指定 FDIC 负责对失败的大型银行进行接管清算。而在清算的过程中,该法案要求FDIC可视情况设立过桥金融公司(Bridge Financial Company),以对问题金融机构的业务、资产和负债进行承接,并尽量达到如下的三个目标:(1)债权人及股东应承担SIFI的损失;(2)对SIFI境况负有责任的管理层人员应不再留任;(3)应同其他相关政府部门采取必要且适当的措施,以确保包括管理层人员、董事以及第三方在内的所有对SIFI境况负有责任的当事人承担与其责任相一致的损失,从而确保其资产的有序出售和核心业务的平稳转移。

从上不难发现,与历次的金融监管改革立法相比,《多德—弗兰克法案》的最大不同就是放弃了"大而不倒"原则在监管实践的必然适用,创造出一种既能让大型金融机构倒闭又能保障金融系统安全的危机应对机制。应该说,这是以往金融立法者所不能达到的高度。因为从逻辑上讲,要使关闭SIFI具备可行性,就必须通过有效的制度安排来抵消SIFI破产的负面效应,否则,放弃"大而不倒"救助只会带来系统性风险的灾难性后果。而《多德—弗兰克法案》正是找到了这样的有效制度安排,即通过强有力的风险处置机制确保了SIFI的有序退出,从而化解了放弃"大而不倒"原则与系统性风险之间的矛盾。并且,这种处置机制的强有力之处不仅体现在一整套由FDIC专门实施的不同于普通金融机构的有序清算机制;还体现在事前各种创新性的预防措施。像应急资本和自救性债券的发行既使SIFI的股东和相关债权人在事前就能消化与分担SIFI经营失败的成本与风险,避免因其倒闭再度拖累纳税人进行救助,又能有效强化市场纪律的约束,减缓机构盲目扩张和冒险经营的道德风险。而生前遗嘱的预先提交则可使监管机构在SIFI出现问题时能在第一时间内找到应急方案,促使SIFI及时开展恢复和自救工作,既避免处置延迟导致的风险外溢,又能在任何危机期间维系SIFI的关键服务功能,把对金融消费者的不利影响降至最低。

此外,《法案》中有关对 SIFI 的身份识别、美联储"去大化"监管权力的授权和"沃尔克规则"的引入,也从另一方面遏制了金融机构盲目扩大规模和业务范围的冲动,从源头上减轻了金融机构规模过大给政府带来的处置压力,确保了后续清算的平稳进行。此外,《法案》对 SIFI 高管薪酬的控制,无疑从源头上防止了以往薪酬制度中可能出现的危害 SIFI 安全性和稳健性的诱因,有助于减少高管为己牟利的投机行为。

正是通过以上详尽而又严格的规定,加之美国政府弃雷曼兄弟于不救而使之最后不得不申请破产的先例,《多德—弗兰克法案》向市场传递出一种前所未有的信号:"SIFI 以后不再'大而不倒'了",从而断绝了某些 SIFI 对政府心存必救的念头,消弭了其试图通过做大规模绑架政府的侥幸心理。正如《法案》通过后美国参议院银行、住房与城市事务委员会主席多德所表示的,"我们找到了一条终结'大而不倒'的救助道路,可确保今后没有任何一家金融机构可以拖垮我们的经济"。[①] 时任美国财长盖特纳于 2010 年在纽约大学商学院秋季开学公开演讲上亦言:"《多德—弗兰克法案》将使政府今后资助的救助变得越来越难,有了它,美国人民再也不会为华尔街的错误买单了。"[②]

总之,尽管《多德—弗兰克法案》在终结"大而不倒"方面的规定并非尽善尽美,且其从立法起草至今在美国朝野内外仍争议不断,[③]但其

---

① See Dodd Statement on Walls Street Reform Conference, at http://banking. senate. gov/public/index. cfm? FuseAction = Newsroom. PressRelease&ContentRecord_id = 6eb3db3b – a672 – fc05 – 17a2 – 35abdlc333c9. ,Jul. 1,2013.

② See Geithne, Timothy F. , Rebuilding the American Financial System, Speech Presented at New York University Stern School of Business, Aug. 2,2010.

③ 如美国律师业排名第一的达维律师事务所就批评沃尔克规则有过度监管之嫌,且其无法将商业银行自营交易中的对冲业务与纯粹的投机业务区别开来,实施起来难度很大。See Davis Polk & Wardwell LLP. "Summary of the Dodd-Frank Wall Reform and Consumer Protection Act, Enacted into Law on July 21", at http://www. davispolk. com/files/Publication/7084f9fe – 6580 – 413b – b870 – b7c025ed2ecf/Presentatio. ,Mar. 1,2014.

最终的顺利出台表明美国金融监管改革已迈出了实质性的一步，显示出立法者已经认识到"大而不倒"治标不治本的缺陷之所在，开始从以往单一、片面地追求"金融体系安全优先"转而寻求"金融体系安全与维护公共利益并重"的二元价值理念。这种金融监管哲学的演进无疑很好地吸纳了人们在危机后对"大而不倒"的理性批判与重新认知，是美国公众在与华尔街代表的金融集团利益博弈中胜出的结果，无疑更能适应奥巴马政府保护金融消费者与纳税人等民生利益之所需，亦为其他国家的金融监管改革提供了重要的参考和借鉴。

三、"大亦可倒"原则之确立：美国 SIFI 监管法制构建之启示

相对于欧美各国，虽然我国遭受 2008 年金融危机的冲击相对较小，没有发生大规模的金融机构倒闭及政府救助事件，但危机所暴露出来的 SIFI 监管问题，同样应当引起我国的足够重视。特别是由于历史和体制之故，我国金融体系从一开始就形成了由少数几家国有大型金融机构垄断，中小金融机构多且杂的倒金字塔式的结构[①]，加之国有控股还会强化 SIFI 对其陷入困境时的财政援助预期，这些都使得我国的 SIFI 潜藏的道德风险要比欧美严峻得多。因此，如果不能及时建构监管法制，以有效解决 SIFI 的负外部性问题，久而久之，我国的 SIFI 今后也可能蜕变成像美国那样的金融危机推手和社会矛盾的引爆器。是故，借鉴美国的上述变革思路和其合理的制度内核，尽快建构适合自身国情的 SIFI 监管法制在我国亟显必要。

---

① 以银行业为例。5 家大型商业银行（中国工商银行、中国建设银行、中国银行、中国农业银行与交通银行）合计资产规模占据整个银行业的 50%。此外，12 家全国性的股份制商业银行合计资产规模也达到整个银行业的 15% 以上，转引自袁达松：《系统重要性金融机构监管的国际法制构建及中国的回应》，载《法学研究》2013 年第 2 期。

（一）重视“大而不倒”的负效应，确立“大亦可倒”的监管理念

在我国，基于特殊的国情，对出现问题的金融机构，政府往往倾向于救助。这本无可厚非。然而实践中，对于各式各样陷入危机的金融机构，不管其是否为 SIFI，是否倒闭后会带来系统性风险，我国都一概大包大揽、施以援救的做法则有“过犹不及”之嫌。如前所析，这种一味的救助不仅耗费了巨额的财政成本，迫使广大纳税人承担众金融机构经营失败的风险，而且还会弱化市场纪律、激发潜藏的道德风险等。像 2013 年 6 月下旬，我国货币市场出现的全国性“银行闹钱荒”风波，就是近年来各大银行过度扩张表外业务及间接从事“影子银行”业务而导致的资金结构性错配所致。是故，如何破解政府救助与被救助对象道德风险的矛盾亦为我国建构 SIFI 监管法制必须解决的首要问题。中国人民银行行长周小川为此总结到，过去中国基于一些特殊情况比较倾向于救助，救的也比较多，但从发展的角度看，也需要防止道德风险，结合金融业改革发展的状况作进一步考虑，权衡点也应该逐步有所变化。[①]与此同时，中国人民银行在 2012 年的《中国金融稳定报告》中也明确指出中国金融稳定不应再一味地追求金融机构的“零倒闭”，而是要致力于建立一个能使经营不善的金融机构被有序淘汰出局的机制。无疑，这里的“权衡点也应该有所变化”和“不追求‘零倒闭’”的提法已经清楚地暗指今后我国管理层对问题金融机构的救助不会再像以往那样单纯满足于通过注资进行短期的“止血疗伤”，也会考量长期道德风险问题的防范。因此，为根除金融机构在救助中滋生道德风险，我国也应同美国一样，果敢地在立法上放弃对问题金融机构必然保护的承诺，即确立“大亦可倒”的监管理念以终结“大而不倒”这种监管潜规则的必然适

① 周小川：《金融危机中关于救助问题的争论》，载《金融研究》2012 年第 9 期。

用。换言之，今后一旦再有金融机构出现经营危机，不管规模大小，救助与否的主动权掌握在政府手里。政府可以就被救助对象的不同及综合破产后果的严重性、救助成本等各种因素相机决定之，既可让其“倒”，也可让其“不倒”，而非同以往那样陷入非救不可却又须承受巨大成本的被动困局之中。并且，就金融机构而言，因其无法再对政府的救助形成肯定预期，迫于外在的市场竞争压力，自然就会主动抑制或收敛自身的道德风险行为，从而降低或减缓其内部引发系统性风险的概率。

总之，我国唯有在SIFI监管立法中确立“大亦可倒”的监管理念，方能彻底纠正金融机构长期以来对“大而不倒”的迷思和依赖，弥补现行金融监管法制在处理SIFI外部性方面的不足，从源头上消弭大型金融机构的道德风险，促进我国金融业的健康、持续发展。

(二)明确SIFI的监管主体，制定切合我国国情的SIFI认定规则

由于SIFI的提出既非完全基于功能进行的分类，也非完全基于机构的分类，这使得SIFI对其的监管不能直接套用功能型监管或机构型监管的模式。虑及SIFI无序倒闭通常会带来跨行业、跨部门乃至跨国境的系统性风险，将之简单归至“三会”已有的微观审慎框架下进行监管显然难以奏效。

而与“三会”不同的是，我国的中央银行不仅在货币政策制定以及支付清算系统中处于核心地位，而且其原本就具有防范和化解金融风险，维护金融稳定之职责，[①]这集中体现于其内设多年的金融稳定局的工作职能。因此相比“三会”的分业监管，笔者认为由中国人民银行担当我国SIFI系统性风险的监管主体较为适宜。在具体做法上，我国可整合已有的“一行三会”监管资源，在中国人民银行内部建立起以金融

① 参见《中国人民银行法》第2条、第4条的规定。

稳定局为核心的、跨部门的四方监管委员会,负责 SIFI 的识别与评估,对涉及系统性风险的重大问题进行分析、决策,并促进四方的信息共享、有效合作与宏微观的监管协调等,以形成对 SIFI 的无缝式监管。此外,虽然国际金融监管组织与欧美国内监管部门已经发布了一些 SIFI 识别标准与评估方法,然鉴于目前我国金融业仍以分业经营和间接金融为主,笔者认为在 SIFI 的识别与评估标准制定上,我国当前宜先以“规模”作为主要的评价指标,待银行、证券、保险等其他金融业务之间的综合化水平发展到一定的阶段,再适时引入类似美国法的“不可替代性”、“关联性”和“复杂性”等指标和配以各自的权重比例进行识别。

当然,从法律上确认 SIFI 的认定规则不能仅停留在金融学领域,还应当将这些识别标准与评估方法归纳上升到法学理论的层次,以彰显 SIFI 的法律主体特征。笔者赞同有学者提出的借鉴反垄断法中的有关市场支配地位的相关规定来确定 SIFI 的认定规则,以增强认定的可操作性。[①] 而一旦认定完毕,监管当局就应及时对外公布 SIFI 的名单,并以一定的周期为基础对之课以相应的监管措施,以让 SIFI 的各种交易对手和相关投资者都能形成明确的市场预期,从而助益于市场交易秩序的稳定。

(三)加强 SIFI 的风险预防,构建确保 SIFI 有序退出的风险处置机制

在立法上确立“大亦可倒”监管理念并不意味着政府从此可置问题 SIFI 于一边,让其自生自灭。恰恰相反,其是以要求政府加强监管,降低 SIFI 的破产概率和对外冲击程度为立足点。因此,制定 SIFI 的识别标准仅是对其加强监管的前提,而如何围绕着风险预防和危机处置两个层面进行监管架构的顶层设计,避免或减少政府对问题金融机构的

---

① 相似观点参见阳建勋:《大而不倒、利益冲突与权义平衡》,载《现代法学》2014 年第 3 期。

救助则为立法者应当考虑的重点。

1. 就风险预防而言，由于我国金融业当前综合化水平与发达国家差距甚大。从鼓励金融创新和参与国际化竞争的现实情境考虑，笔者不赞成对 SIFI 采取类似美国“沃尔克规则”或“去大化”的结构性限制措施，而是主张继续审慎地推进综合化经营，严格准入审批和事后评估，并在此基础上借鉴美国的早期风险纠正措施，从资本充足率、杠杆率限制、流动性风险、前瞻性的拨备计提等方面提高 SIFI 的审慎监管要求，以未雨绸缪，全方位控制 SIFI 的跨业经营风险。目前，银监会在此方面已率先作了尝试。其在 2011 年 4 月 27 日发布的《中国银行业实施监管新标准的指导意见》中就要求系统重要性银行最迟在 2013 年底前增加暂定 1% 的附加资本、建立不低于 4% 的杠杆率标准、不低于 2.5% 的贷款拨备率和不低于 150% 的拨备覆盖率。因此，对于非银行类的 SIFI，笔者建议其他行业的监管机构也应结合各自所监管的行业特点，参照银监会的做法，尽早制定与本行业内的 SIFI 风险水平相适应的审慎监管标准，提高行业内 SIFI 的风险抵御能力。

2. 对于危机处置，恰为我国金融立法长期以来的“软肋”。虽然目前的《银行业监督管理法》、《商业银行法》、《保险法》以及《金融机构撤销条例》等金融法律法规都规定了问题金融机构的接管、托管、重组和终止等系列处置制度，表面上似乎很完备，但这些规定都较为宽泛，实际可操作性不强。加之早期的这些立法均以普通金融机构为潜在的破产对象，缺乏适合 SIFI 的特殊规定。这就导致我国今后对陷入危机的 SIFI 除了继续奉行“大而不倒”别无他法。因此，我国应合理参鉴美国已有的立法成果，进行这方面立法的补缺补漏。比如，为保障 SIFI 危机处置的有序性，降低政府财政负担，提高危机应对能力，我国也应要求被识别为 SIFI 的金融机构事先发行应急资本和自救性债券，定期向中国人民银行和银监会提交可行的恢复和处置计划。同时，对一些弊病从生、积重难返的问题SIFI，人民银行在处置中也可引入类似美国的“过桥银行”制度，通过业务承接和有序清算，促使问题SIFI平稳、有序地退出市场，避免因其突然倒闭对金融市场造成的破坏性影响。

金融监管是一个包含金融风险的事前防范、金融危机的事中救助与救助成本的事后分担的全过程，政府救助显然不应是金融监管的全貌。而正是2008年金融危机导致了美国政府救助的巨大财政负担和纳税人利益的巨大流失，由此形成强大的社会政治压力要求国会重新审视金融监管，才最终推动了以终结“大而不倒”为主旨的SIFI监管法制的全面确立。然而，以立法终结“大而不倒”并不意味着美国政府今后要从一个极端走向另一极端，从此不对任何经营失败的SIFI进行任何的救助。毕竟，如FDIC主席夏拉·拜尔所承认的，“无论法律多么明智和完美，在未来的道路上不可能就此没有金融危机的发生”。面对着下一轮新危机的到来，“大而不倒”固有的维护金融市场稳定的即期功效和现代经济体对危机救助成本与收益的考量，都有可能使得政府在救助成本小于救助收益时再次对SIFI挺身相救。只不过，这时候的救助已不再属于SIFI的专利，其同样也可适用于其他中小金融机构，而且也不再如以往那样必然被启动。就此而言，《多德—弗兰克法案》所构建的SIFI监管法制的意蕴就是以“大亦可倒”终结“大而不倒”的必然适用，维护了市场约束机制对SIFI的威慑，从而对以往SIFI挟“大而不倒”以令政府救助的侥幸做法提出了警示。

我国对美国改革成果的借鉴，不仅要从表面的法律形式规定出发，还应深入到其立法的这一实质内核，结合我国金融业的实情展开，如此才能彻底纠正当前业界对“大而不倒”的迷思，使对SIFI的法律监管达致维护金融市场稳定和保护公众利益双赢之目的。

CHAPTER 04 >>

第四章

金融市场监管法制的强化

国际金融监管法制的现代化，除了在监管理念上的更新，更表现在对金融市场各领域监管的强化。《巴塞尔资本协议Ⅲ》的发布，表现出各国金融监管当局对2008年全球金融危机中暴露出的金融市场尤其是银行市场监管方面存在的漏洞与不足的深刻反省，因而在国际银行监管领域作出了示范性的强化监管表率。而在本次全球性金融危机中暴露出的金融衍生品市场监管中的漏洞更是千疮百孔，尤其是对场外衍生品市场的疏于监管，成了在本次金融危机中千夫所指的金融监管软肋。与此同时，私募基金和信用评级机构在本次金融危机中也扮演了极不光彩的角色。为此，有必要在吸取国际金融危机经验教训的同时，深入研究国际金融市场监管法制的应然内涵，进而借鉴国际金融监管法制的成功实践，探寻我国金融市场监管法制的可行路径。

第一节　巴塞尔协议及其在我国银行监管中的运用

20世纪70年代是跨国银行全面发展和迅速扩张的辉煌年代。随着金融自由化在世界范围的日益深化,跨国银行海外机构的广泛设立使其形成日益密集的跨国经营网络。跨国银行业务的不断创新和发展,不同国家银行之间的相互渗透与竞争,银行业对证券业的渗透及其国际化等现象的大量出现,都使一国金融监管当局对跨国银行业务的单独监管显得力不从心,于是国际社会开始呼吁跨国银行监管的国际合作。

传统的银行监管方法主要以银行的资本与总资产之间的比率作为衡量银行稳健经营程度的标准,①并不考虑不同种类资产的不同风险权重。实践证明,这种监管模式并不能真正衡量银行经营中的各种风险。

与此同时,对不同形式的跨国银行应如何在银行母国和东道国之间划分监管责任,又是长期不明确和争论不休的。而跨国银行监管中存在的监管标准不统一,使不同国家的跨国银行在经营国际业务过程中执行着不同的标准,其结果,既可能因某些国家的监管标准偏低而出现安全隐患,又因监管标准宽严不一形成不公平的竞争环境。于是,国际社会开始呼吁跨国银行监管责任的划分和监管标准的国际统一。

一、跨国银行监管责任的划分

由于跨国银行的业务可能涉及多方面的风险,包括信用风险、市场

---

① 如美国,1914年后实行资本/存款比例≥10%,1940年后改为资本/总资产≥7%的监管标准。

风险、法律风险、政治风险等，而跨国银行业务的跨境和跨货币特征，更使上述风险因监管权的错配和汇率的剧烈波动而被高倍放大。其中，最典型的是 1974 年美国富兰克林国民银行和德国赫斯塔特银行倒闭案。

富兰克林国民银行危机发生在 1974 年 5 月，该银行在发生危机前拥有约 30 亿美元的存款，在美国约 2 万家银行中排名第 20 位。当公众得知该银行在外汇交易中出现巨大亏损，且存在多笔无法回收的贷款时，许多存款大户争相从银行提取存款（当时美国联邦存款保险公司对存款的保险限额为 10 万美元）。于是富兰克林国民银行几乎一夜之间陷入倒闭状态。对此，美国政府意识到，如果富兰克林国民银行倒闭，将对与其存在密切业务联系的其他较银行造成严重影响，并可能因此引发一波银行倒闭潮。于是，联邦储备委员会宣布给予富兰克林国民银行再贴现贷款便利，才最终得以有效阻止存款人挤兑的进一步扩大。

1974 年赫斯塔特（Herstatt）银行的破产俗称"赫斯塔特风险"，是因赫斯塔特银行在外汇交易中遭受巨额亏损，在 1974 年接到德国政府当局的清算命令时，因无力向对方银行支付美元而发生的外汇交易跨境结算风险。这一事件，不仅造成赫斯塔特银行自身的破产，更使与其存在交易关系的相关银行遭受巨大的损失。

上述银行倒闭事件，促使各国监管当局开始思考跨国银行有效监管问题。于是，在国际清算银行（BIS）主持下，以十国集团为核心的中央银行行长于 1974 年底在瑞士第二大城市巴塞尔成立了"银行业监管委员会"，即所谓巴塞尔委员会。①该委员会于 1975 年 9 月发表了《国外

① 巴塞尔委员会的创始成员国为：比利时、加拿大、法国、德国、意大利、日本、荷兰、瑞典、英国、美国（即"十国集团"）。经过几次扩大，巴塞尔委员会成员现已包括 28 个国家和地区：Argentina, Australia, Belgium, Brazil, Canada, China, European Union, France, Germany, Hong Kong SAR, India, Indonesia, Italy, Japan, Korea, Luxembourg, Mexico, the Netherlands, Russia, Saudi Arabia, Singapore, South Africa, Spain, Sweden, Switzerland, Turkey, the United Kingdom and the United States, http://www.bis.org/bcbs/membership.htm, Jul. 8, 2016。

银行机构监督原则》,明确提出了“任何银行的国外机构都不能逃避监督”的总体监管思路,同时,对母国和东道国的监管责任作了初步的划分,并要求监管当局之间应加强合作、互通信息及代为检查对方的海外银行机构。

然而,国际银行市场的风险并未因《国外银行机构监督原则》的发布而得以平息。受 1979 ~ 1982 年美国经济危机的影响,加上 1982 年墨西哥债务危机的冲击,在 20 世纪 80 年代初,全球范围内再次掀起大规模的银行倒闭风波(仅美国就有 50 余家银行破产)。其中最典型的是 1982 年意大利最大的私人银行安布鲁西亚银行的破产。该银行的破产即是直接因为对海外机构的监管不充分而造成的,即对设立于卢森堡的跨国子行缺乏监管,致该子行破产,对此,意大利、卢森堡两国均拒绝承担救援责任,终致该行全面破产,进而殃及 200 多家银行,损失达 4.5 亿美元。

以此为契机,巴塞尔委员会于 1983 年对《国外银行机构监督原则》作了修订,在继续强调任何海外银行机构都不能逃避监管的基础上,吸收了巴塞尔委员会 1978 年发布的《合并负债表原则》中的“并表监督法”,强调各国监管当局之间应进行积极、全面的合作,并对母国和东道国监管权力和责任作了进一步的划分,即要求有关国家在分行、子行和合资银行①的清偿能力、流动性和外汇头寸等方面进行合作监管和合理分工。②

但是,由于监管责任安排的不尽缜密,一方面东道国因对跨国银行无责任或无利益而缺乏监管动力,另一方面母国因未能得到东道国的

---

① 子行是指由母行全资拥有或控股(持股 50% 以上)的银行。合资银行是指由母行参股的银行(持股 20% ~50%),或由全资子行控股或参股的银行。

② 陈安主编:《国际经济法学专论》,高等教育出版社 2007 年版,第 929 ~930 页。

积极配合而缺乏可靠的监管信息，以致在跨国银行监管中漏洞百出，并因此导致跨国银行市场危机此起彼伏。典型的就有1991年国际信贷商业银行(BCCI)破产案。国际信贷商业银行是1972年在卢森堡成立的后起之秀，破产前拥有200多亿美元资产，100多家分支机构遍布世界各地。1991年7月该银行因10多亿美元的巨额亏损和参与违法活动而被各有关国家监管当局勒令关闭。另一个典型案例是1995年巴林银行倒闭案。巴林银行是英国一家有着200多年经营历史的老牌银行，因其在新加坡的交易员尼克·利森违规从事金融衍生品交易(日经指数期货和日本国债期货)损失14.7亿美元，从而导致该银行的破产。①

这些事件都暴露出了跨国银行监管中的弊端：母行对海外分支机构控制乏力；母国与东道国监管责任的划分不周延或不合理、信息交流不充分；东道国对外国银行机构监管不力；母国对海外银行的监管不到位及对银行活动的现场检查不充分等弊端。

正是20世纪90年代频频发生的银行危机，再加上1997年东南亚金融危机的爆发，触动了巴塞尔委员会的敏感神经，并开始研究跨国银行监管的深层次问题。于是巴塞尔委员会于1997年9月发布《银行业有效监管核心原则》(以下简称《巴塞尔核心原则》)，首次把银行监管作为系统工程来研究，“核心原则”的监管范围几乎涉及从银行准入到退出整个过程中的信用风险、国家风险、市场风险、利率风险、转移风险、流动性风险等，它强调银行有效监管的重要基础在于全面和系统的监管，即强调对银行整个活动过程的全方位监管和对银行经营中的各种风险的综合监管，同时强调政府监管与银行自身的风险防范机制并

---

① 巴林银行创建于1763年，是世界首家“商业银行”，因其新加坡分行的日经指数期货和日本国债期货交易遭受巨大损失而于1995年宣告破产。

用的重要性和有效性。

在跨国银行监管方面,《巴塞尔核心原则》特别强调母国统一监管原则、东道国与母国的信息交流原则及在跨国银行海外分支机构设立过程中的东道国与母国的双重审批原则,明确了母国与东道国的监管责任范围,确保了跨国银行的全球经营能完全纳入母国的统一监管网络。

二、跨国银行资本充足率监管与《巴塞尔资本协议》的出台

跨国银行监管责任的划分,并不能从根本上消除国际银行市场的动荡与风险的滋生。缺乏统一、安全的国际银行业监管标准,往往使各国银行处于无序的、不安全和不公平的竞争状态中,造成银行风险的累积和危机的发生。其中最典型的是 1984 年美国伊利诺斯大陆国民银行危机事件。由于伊利诺斯大陆国民银行针对能源企业和外国企业长期超常规发放“有问题”的贷款,又未根据贷款风险配备足额的资本金,终致其在 1984 年陷入了流动性困境。到 1984 年 5 月初,有关伊利诺斯大陆国民银行财务困难的谣言四起,许多大额存款人迅速提取了数额超过 100 亿美元的存款。为了避免出现银行倒闭风潮,联邦储备委员会以再贴现的方式向伊利诺斯大陆国民银行提供了 50 多亿美元的贷款,才最终阻止了该银行倒闭,并避免了潜在的银行恐慌。

这一事件暴露出了银行监管的严重漏洞:银行的资本与其业务的风险严重不匹配,监管当局对银行资产的风险监管不力,使银行业存在严重的风险隐患。同时,由于各国的银行监管标准不统一,以致在管制较严、资本充足率要求较高的国家,其国外银行往往处于不利的竞争地位;相反,在管制较松、资本充足率要求较低的国家,其国外银行则处于较强的竞争地位,具有较强的扩张能力。此外,监管标准不统一也给跨国银行提供了规避监管的客观环境,难以实现充分而有效的监管目标。

为了维持国际银行体系的稳定,消除国际银行间的不平等竞争,巴塞尔委员会意识到,有必要对跨国银行适用统一的资本充足性衡量方法并确定统一的资本充足性最低标准,于是巴塞尔委员会采纳了英美监管当局关于统一评估银行资本充足率标准的建议,于1988年7月通过《关于统一国际银行资本计量和资本标准的报告》(以下简称《巴塞尔资本协议》),旨在通过统一的资本充足率计算方法和最低资本充足率标准,消除国际银行间的不平等竞争,确保银行的安全经营,最终实现国际银行体系的稳健目标。

首先,统一资本的范围是制定统一资本充足率标准的前提,因此《巴塞尔资本协议》首先将银行的资本明确规定为包括核心资本和附属资本。核心资本又称一级资本,包括实收资本、永久性的股东权益和公开储备①。核心资本应至少占银行最低资本要求的50%。附属资本又称二级资本,包括非公开储备、资产重估储备、普通准备金(普通贷款损失准备金)、混合资本工具②、次级长期债务等。附属资本最多可相当于核心资本的100%,其中次级长期债务(Subordinated Term Debt,应是5年期以上的次级债务工具)虽可部分代替资本的职能,但因其规定了固定的期限和利息,银行有义务按期支付利息并于到期日偿还本金,因此

① 反映在资产负债表上的储备,包括(1)留存盈余:也称未分配利润,是税后利润中应分配给股东而未分配的部分。(2)资本盈余:指银行发行股票采用溢价发行,导致投资者实际缴付的出资额超过按面值所应缴纳的股本金额,即溢价收入。

② 混合资本工具是由银行发行的、兼有债务和股权两种属性的混合要求权的资本工具。如累积优先股、英国的永久性从属债务工具、美国的强制性可转换债务工具等。它虽然具有传统债券的偿还性、安全性、收益性和非参与性等特征,但同时又有某些资本的特征,如:(1)期限较长:期限都在10年以上甚至永久。(2)利息递延:当银行出现资本金不足、经营亏损、未能支付普通股股息等规定情形时,可以延期支付利息,但必须在派发股息前付清。(3)暂停索偿权和吸收损失:在债券到期前,若银行资不抵债、经营亏损或无力支付,则银行有权选择延期支付本金和利息而不构成违约。(4)偿还次序:低于或等同于长期次级债务。(5)息票加码与提前赎回条款:债务条款中常常规定在一定期限(一般至少5年)后银行可以选择提前赎回,但需经监管机关批准。如不赎回,则债券利率按约定上升。

《巴塞尔资本协议》规定次级长期债务最多只能相当于核心资本的50%。

其次,鉴于衡量银行资本充足性的传统方法(如资本负债比率法、资本与资产比率法)并不能准确反映不同种类资产和表外业务的风险,因此《巴塞尔资本协议》导入了风险加权比率法,即将银行资产所面临的最主要风险——信用风险(包括国家风险)的风险权重分为5档:0、10%、20%、50%、100%。

大体而言,《巴塞尔资本协议》将银行风险资产分为四大类,分别以相应的权重反映其风险大小:(1)对经济合作与发展组织(OECD)成员国中央政府的债权风险权重为0;(2)对OECD成员国的商业银行及OECD成员国以外的中央政府的债权风险权重为20%;(3)抵押贷款的风险权重为50%;(4)其他所有商业银行、企业、个人的风险权重都为100%。

同时对具体的资产类别还作进一步的风险划分:银行对本国非中央政府公共部门的债权,可由监管当局在0、10%、20%或50%之间自由裁量;对OECD成员国的外国公共部门的债权,风险权重统一为20%。

此外,对于设立抵押与担保的资产则规定,以OECD成员国中央政府、非中央政府公共机构和多边开发银行发行的证券作为抵押的贷款,可适用与该抵押品相同的风险权重,如0或其他低风险权重;由OECD成员国的银行担保的贷款,风险权重为20%等。对于表外业务[①]还规定,对于一般债务担保、银行承兑担保和为贷款和证券提供担保的备用信用证,其信用风险转换系数均为100%;以货运提单为抵押的跟单信用证,其信用风险转换系数为20%。[②] 据此,银行资产的风险将因资产

① 表外业务指不在资产负债表上注明、银行向客户提供的非资金服务,如各种中介、保证业务及各种衍生金融工具业务。

② 国际清算银行出版:《巴塞尔银行监管委员会文献汇编》,中国人民银行国际司译,中国金融出版社1998年版,第45页。

种类、业务种类和交易国别而有所差别。这些规定,目的都在于更准确和全面地反映银行的风险暴露。

从上述分析可知,《巴塞尔资本协议》的主要贡献在于其规定了统一的资本充足率衡量方法和统一的最低资本充足率标准。这两个统一标准,一方面有效抑制了跨国银行的无限制扩张,提高了跨国银行抵御风险的能力,使国际银行体系的稳定有了实质性的保障基础;另一方面使所有的跨国银行都在同一标准下经营国际业务,实现了国际银行间的平等竞争。

但是,在实践中也暴露了《巴塞尔资本协议》的某些缺陷,如以统一、固定的比率作为计算风险权重的标准,并不能准确地评估跨国银行的实际风险和稳健经营情况。再如,以是否 OECD 成员国作为确定对象资产风险权重的根据,使信用风险的评判标准被人为地扭曲为国别标准,其结果必然既不符合《巴塞尔资本协议》所倡导的公平竞争理念,又降低了风险权重对实际风险的敏感度,缺乏应有的科学性。此外,《巴塞尔资本协议》仅针对信用风险提出资本充足率要求,对银行(尤其是跨国银行)大量存在的市场风险(如利率风险、汇率风险)和其他风险如操作风险、流动性风险、法律风险等,则未给予应有的规范。而这些风险的存在,必然为银行的稳健经营留下巨大隐患。

三、《巴塞尔资本协议Ⅱ》对银行资本充足率监管的创新与不足

针对 1988 年《巴塞尔资本协议》(以下简称《资本协议Ⅰ》)存在的上述缺陷,1999 年 6 月开始,巴塞尔委员会就将其起草的《统一资本计量与资本标准的国际协议:修订框架》(以下简称《资本协议Ⅱ》)向各国银行界和银行监管当局征求意见,准备以更完备的监管指标取代《资本协议Ⅰ》。经过多次修订,《资本协议Ⅱ》于 2004 年 6 月正式公布,要

求巴塞尔委员会成员国在2006年底正式实施。[①]

回顾1988年的《资本协议Ⅰ》可知，其最核心的内容是规定了银行的最低资本充足率要求及与之密切相关的资本的范围界定、各类资产的风险权重。《资本协议Ⅱ》则以最低资本监管、监督检查机制和市场约束作为其存在和运转的三大支柱。

（一）最低资本监管

在最低资本监管方面，《资本协议Ⅱ》实际上是对1988年《资本协议Ⅰ》的继承和发展。

首先，保留了《资本协议Ⅰ》最低资本充足率8%的要求，保留了一级资本和二级资本的划分及二级资本不能超过一级资本100%的规定，并增加了三级资本作为抵御市场风险的资本来源，同时规定三级资本不能超过用于抵御市场风险的一级资本的250%。

其次，把作为衡量银行资本充足率重要因素的风险范围，从《资本协议Ⅰ》的信用风险和1996年修改《资本协议Ⅰ》的《资本协议市场风险补充规定》中增加的市场风险，扩大到"其他风险"，包括了银行账户和交易账户[②]中的利率风险、外汇风险、操作风险、流动性风险、法律风险、声誉风险等，试图涵盖银行业务可能遇到的所有风险。同时，提出了更精确和更全面评估信用风险、市场风险和其他风险的方案。对于

---

① 我国银监会在2004年2月颁布的《商业银行资本充足率管理办法》中，实际上吸收了《巴塞尔资本协议Ⅱ》的资本监管内容，并规定商业银行资本充足率的最后达标期限为2007年1月1日。

② 银行的表内外资产可分为银行账户和交易账户资产两大类。交易账户记录的是银行为交易目的或规避交易账户其他项目的风险而持有的可以自由交易的金融工具和商品头寸。与交易账户相对应，银行的其他业务归入银行账户，最典型的是存贷款业务。划分银行账户和交易账户，是准确计算市场风险监管资本的基础。巴塞尔委员会于1996年1月颁布的《资本协议市场风险补充规定》将市场风险纳入资本要求的范围，包括在交易账户中的利率和股票价格风险以及在银行账户和交易账户中的汇率和商品价格风险。

“其他风险”，《资本协议Ⅱ》重点考虑了其中的操作风险①。

据此，在根据《资本协议Ⅱ》计算资本充足率时，对于作为分母的风险加权资产的计算，就包括了信用风险、市场风险和操作风险，即总风险加权资产 = 信用风险加权资产 + 市场风险资本要求 ×12.5 + 操作风险资本要求 ×12.5。② 可见，巴塞尔委员会通过《资本协议Ⅱ》实际上把银行经营中的信用风险、市场风险和操作风险同步纳入其监管体系。

1. 信用风险监管

关于信用风险监管，《资本协议Ⅱ》作了与《资本协议Ⅰ》不同的、被认为更具科学性的规定。即《资本协议Ⅱ》提出了三种信用风险计量方法：标准法、内部评级法(IRB 法)、资产组合信用风险模型。

标准法是对 1988 年《资本协议Ⅰ》的信用风险计量方法的改进。主要表现为对风险权重确定标准的改进。《资本协议Ⅱ》规定，银行对国家政府及中央银行及企业的债权风险不再按其是否属于 OECD 成员国作为划分标准，而是采用信用评级机构对外发布的信用等级。

首先，《资本协议Ⅱ》将商业银行的信贷资产分为对主权国家的债权、对商业银行的债权、对公司的债权、零售资产、以居民房产抵押的债权、表外资产等 13 类。

其次，主要根据信用评级机构的评级结果确定银行资产的风险权重，如对主权国家、商业银行、公司债权等非零售类信贷资产，即根据债务人的外部评级结果分别确定权重(主权国家为 0 ~ 150%，商业银行和公司为 20% ~ 150%。对于未评级的国家和银行、公司，统一确定为

① 根据巴塞尔委员会的定义，操作风险是指由于不完善或有问题的内部操作过程、人员、系统或外部事件而导致的直接或间接损失的风险。

② 市场风险和操作风险中的“12.5”指标，实际上是最低资本充足率 8% 的倒数。由于该二类风险是由一系列的风险指标直接计算出资本要求的，因此该二类风险监管资本乘以 12.5，实际上是将监管资本还原为风险加权资产。

100%);对于零售类资产,则根据是否有房产作为抵押分别给予35%、75%的权重;表外资产则采用信用风险转换系数将其转换为信用风险暴露,如证券化资产,根据其不同的信用评级,风险转换系数分别为20%、50%、100%和350%。[1] 可见,《资本协议Ⅱ》对银行资产的风险权重确定方法,比旧资本协议更具有风险敏感性。尤其是对于信用风险特别高(一般为信用等级B以下)的国家、银行或企业的债权,其风险权重则可确定为150%,因此,就该部分资产而言,银行的最低资本要求已不再是《资本协议Ⅰ》所规定的8%,而是12%(8%×150%)。考虑到计量信用风险的标准法在信息充足性、时效性及信用评级的客观公正性等方面可能存在的问题,《资本协议Ⅱ》鼓励有条件的大银行采用内部评级法和资产组合信用风险模型。在内部评级法中,银行信用风险加权资产的计算主要根据四个参数:违约概率、违约损失率、违约风险暴露、有效期限。为便于这些参数的确定和风险加权资产的计算,首先,《资本协议Ⅱ》把银行的风险暴露[2]分为公司风险暴露、主权风险暴露、银行同业风险暴露、零售风险暴露、项目融资风险暴露、股权风险暴露六大类,并对不同类型的风险暴露给出具体的计算风险加权资产的方法。其次,将内部评级法细分为初级法和高级法。同时,为了确保违约概率估算的尽可能准确,《资本协议Ⅱ》要求,对于使用初级法的银行,必须有5年以上的历史数据来估计违约率;对于使用高级法的银行,则必须有7年以上的历史数据来估计违约率。最后,计算风险加权资产时,则与标准法一样,即风险加权资产=风险暴露×风险权重。但内部评级法的风险权重是以各风险参数(违约概率、特定违约损失、违约

---

① At http://doc.mbalib.com/view/8c1176ebb603a37aaccab89033357537.html. 2012年5月26日。

② 风险暴露,风险敞口,是指未加保护的风险,具体指因债务人的违约行为所导致的可能承受风险的信贷业务余额。

风险暴露)的连续函数来表示的,并不依赖于监管当局和外部评级机构确定的风险权重档次,因此能在更大程度上辨别和反映相关资产的风险。

内部评级法的优点在于其加入了外部评级机构通常不能得到的客户信息,比如银行客户的账目、信贷的保证与抵押情况等。因此,内部评级法比标准法具有更高的风险敏感性。资产组合信用风险管理模型是由国际上著名的大银行机构所开发和应用的、比内部评级法更高级的风险管理系统。《资本协议Ⅱ》认为这是国际银行风险管理的最终发展目标。该风险管理模型的关键在于其运用了“组合”的思想。其优点突出表现在其能够对商业部门的信用质量、市场变量及经济环境的变化作出迅速的反应,从而更精确地测算资产组合的信用风险,特别是信贷集中风险。

2. 市场风险监管

由于《资本协议Ⅰ》实际上只针对银行的信用风险进行资本计提,而以金融衍生品为主的市场交易风险的屡屡发生,却使符合资本充足率要求的许多银行出现倒闭或巨额亏损。为了适应国际金融发展的新需要,巴塞尔委员会于1996年发表了《资本协议市场风险补充规定》,把《资本协议Ⅰ》未予充分考虑的衍生金融工具的市场风险纳入资本标准监管范围,即在计算资本充足率时,应把衍生金融工具市场风险也作为考察的因素之一,以便更全面反映银行各种业务的总体风险程度。《资本协议Ⅱ》在吸收《补充规定》的相关内容的基础上,正式确立了市场风险监管的思想。

根据《补充规定》和《资本协议Ⅱ》,市场风险是指银行交易账户中与利率有关的金融工具(如债券)、股票、外汇及商品(如贵金属)交易中因市场价格变动导致的风险。

在市场风险计量方面,要求银行应以量化的方式准确计量出自身所承受的市场风险值,包括银行从事交易性债券、股票和相关表外科目时所承受的价格变动风险，也包括银行所承受的外汇买卖和商品（如贵金属）买卖的风险。

在市场风险资本要求方面，《资本协议Ⅱ》引入了“三级资本”的概念[①]。在计算资本充足率时，先将市场风险值乘以12.5（最低资本充足率8%的倒数），加入风险加权资产中，作为总的风险加权资产，总资本则由一级、二级和三级资本构成。

3. 操作风险监管

操作风险是由不完善或失效的内部程序、人员管理及软硬件系统或外部事件所造成直接或间接损失的风险。[②] 根据《资本协议Ⅱ》的规定，操作风险的计量法由简单到复杂有基本指标法、标准法和内部计量法。

基本指标法是把操作风险的资本要求与代表银行总体风险暴露的某项指标（如总收入）联系起来的计量法。比如，将代表银行总体风险暴露的指标设为“总收入”，则银行需要按相当于总收入的一定百分比（“α”值）来配置应对操作风险的资本。标准法是把银行业务按项目类

---

① 三级资本必须符合以下条件：A. 到期日至少为2年的短期次级债务，且必须在需要时能成为银行的部分永久性资本；B. 必须是无担保、不得提前偿还的债务，且如果银行偿还该债务会导致其资本充足率降到最低要求以下，即使债务到期，银行也不必偿还本金或支付利息（即“锁定条款”）；C. 三级资本只用于防范市场风险，且不超过用于抵御市场风险的一级资本的250%。

② 常见的操作风险如：法律文书存在漏洞，被他人所利用；内部人员监守自盗，外部人员欺诈得手；电子系统硬件软件发生故障，网络遭到黑客侵袭；通信、电力中断；地震、水灾、火灾、恐怖袭击；等等。巴塞尔委员会将操作风险分为七类：（1）内部欺诈：有机构内部人员参与的诈骗、盗用资产以及其他违反法律或公司规章制度的行为。（2）外部欺诈：第三方的诈骗、盗用资产及其他违犯法律的行为。（3）雇佣合同以及工作状况带来的风险事件：由于不履行合同，或者不符合劳动健康、安全法规所引起的赔偿要求。（4）客户、产品以及商业行为引起的事件：有意或无意造成的无法满足某一顾客的特定需求，或者是由于产品的性质、设计问题造成的失误。（5）有形资产的损失：由于灾难性事件或其他事件引起的有形资产的损坏或损失。（6）经营中断和系统出错：如软件或者硬件错误、通信问题以及设备老化。（7）涉及执行、交割以及交易过程的风险：如交易失败、与合作伙伴的合作失败、交易数据输入错误、不完备的法律文件、未经批准访问客户账户，以及卖方纠纷等。

别加以区分,在计算每项业务的操作风险资本要求时,将各项业务的操作风险指标乘以某一固定百分比("β")。而各项业务所需的资本之和即为操作风险的总资本要求。内部计量法是符合一定标准的银行采用自己的内部数据来确定监管资本的一种操作风险计量方法。内部计量法在计量每种业务的风险时,银行可根据内部数据计算操作风险暴露指标、代表损失事件发生概率的数据以及事件出现时的损失,再以所得数据乘以某一固定百分比("γ"值),计算出资本要求量。与标准法一样,各项业务所需的资本之和即为操作风险的总资本要求。①

(二)监督检查机制

监督检查指监管当局对银行遵守资本充足率要求情况的监督检查。首先,要求监管当局应根据银行自身的风险情况和外部经营环境,要求银行保持适当高于最低要求的资本充足率;其次,要求银行建立内部风险评估体系,并制定维持资本充足水平的风险管理战略;最后,要求监管当局通过现场检查和非现场检查,对银行的内部风险评估机制、资本充足战略及资本充足情况进行检查和评价,从而避免银行的资本低于抵御风险所需的最低水平,并对银行的资本下滑情况予以及时纠正。

(三)市场约束

在《资本协议Ⅰ》讨论过程中,就有专家对银行业务中的"信息的不对称"表示担忧和提出质疑,但巴塞尔委员会最终采纳了"银行信息不宜公开"的观点,即银行业务大多涉及客户的商业秘密,信息公开可能违反银行的保密义务,同时,银行业是一个高负债经营的特殊行业,信

① 在操作风险计量中,其风险系数"α"、"β"和"γ"都是由《巴塞尔资本协议Ⅱ》确定的某一固定值。

息公开可能影响客户的信心，进而影响到银行乃至整个银行业的安全与稳定。

《资本协议Ⅱ》首先把银行视为公众公司，强调应由市场力量来约束银行的行为，认为市场约束可以刺激银行保持充足的资本，鼓励银行建立完善的现代公司治理结构。因为只有资本充足状况和治理结构良好的银行，才能在接受市场约束的同时赢得广泛的市场信赖，从而能以更优惠的价格和条件从市场上获得资源；而风险程度偏高的银行则往往要支付更高的风险溢价，包括提供额外的担保或采取其他保证金措施。

但是市场约束机制的有效运作往往取决于银行的信息披露程度。只有会计标准和风险测量机制能够向公众提供准确、透明的信息时，市场约束机制才能发挥其应有的作用。[①] 为此，《资本协议Ⅱ》确立了全面信息披露的理念，要求银行不仅应披露风险和资本充足状况的信息，而且要披露风险评估和管理过程、资本结构及风险与资本匹配状况等信息。同时，《资本协议Ⅱ》还要求监管机构加强对银行信息披露情况的监管，包括定期和临时披露，并对银行的信息披露系统进行评估和检查。

(四)《资本协议Ⅱ》优缺点分析

1.《资本协议Ⅱ》资本充足率监管的改进与创新

总体而言，《资本协议Ⅱ》以1988年《资本协议Ⅰ》为基础，同时又是对《资本协议Ⅰ》的重大发展，即“扬弃”。无论其所覆盖的风险范围，还是计算风险的方法，都比《资本协议Ⅰ》更全面、更科学且更能真实、

---

① 刘凤娟、万令：《巴塞尔资本协议Ⅲ及其对国内商业银行的启示》，载《商业时代》2011年第6期。

准确地反映银行的风险暴露程度和资本充足程度,而其作为新机制被引入的监管约束和市场约束,综合运用官方监管、自律监管和市场力量的多元化监管措施,可望实现对银行的更有效监管。其突出优点表现在以下三个方面:

(1)银行资本监管理念的变化。《资本协议Ⅰ》主要根据银行过去和现在的资产风险暴露情况,监测其风险水平,衡量资本充足率是否符合量化的审慎标准,实际上是一种静态的风险监管模式,具有较强的"合规性"色彩。《资本协议Ⅱ》则侧重于审查银行的内部风险评估和管理体系是否完善和有效,关注的是银行度量风险的方法和管理风险的能力,而不仅是其业务和风险水平是否符合事先规定的量化标准。实际上引入了动态风险监管理念。

(2)监管规则的灵活性。对市场风险的计量,巴塞尔委员会在1996年颁布的《补充规定》中,就允许符合条件的银行可以不按监管者制定的标准法,而以其内部风险评估模型的计算结果作为确定市场风险资本要求的依据。针对信用风险的计量,《资本协议Ⅱ》也借鉴《补充规定》的灵活做法,对信用风险提供了包括标准法、内部评级法及资产组合信用风险模型在内的一整套循序渐进的资本充足率计算方法。针对操作风险,则提供了基本指标法、标准法和内部计量法,银行可以根据自身的风险管理水平灵活选择使用。通过这种灵活的制度安排和激励机制,鼓励银行不断改进和完善内部风险管理系统,从而更为准确地计量银行业务中的各种风险和资本充足率。

(3)更全面的风险覆盖和更完整的资本监管方法。在风险覆盖方面,除了《资本协议Ⅰ》的信用风险和《补充规定》中的市场风险,《资本协议Ⅱ》更进一步涵盖了操作风险,并分别提出了配置相应资本的要求。在监管方法上,除了《资本协议Ⅰ》的"合规性"指标要求外,《资本协议Ⅱ》考虑到银行自律管理存在的道德风险,进一步强调监管当局对银行执行监管标准情况和内部风险管理机制完善情况的积极评估和及时干预,同时强调银行资本管理的市场约束和透明度,从而实现银行的资本管理和风险管理的有机结合。

2.《资本协议Ⅱ》的不足

(1)忽视系统性风险监管

2008年金融危机暴露出来的最严重监管缺失即是对系统性风险监管的忽视。这与《资本协议Ⅱ》所确立的监管思想不无关联。首先《资本协议Ⅱ》强调的是单个银行的微观稳健,并未关注风险的转移和传导问题,从而造成了担保债务凭证(CDO)、信用违约互换(CDS)等资产证券化产品成了次级贷款风险传导和放大的媒介。此外,在金融全球化的背景下,金融机构的关联性增强,加之金融机构行动的趋同性,一家金融机构的极端行为,往往导致其他金融机构的效仿,如CDO、CDS的大量发行和交易,以及在经济下行时期对同类资产的集体抛售行为,往往加剧经济的下行风险。[①]

(2)资本质量低,抵御风险能力差

《资本协议Ⅱ》对资本的定义较为宽泛,使银行资本质量和实际资本水平均不高。典型的如,在危机前,许多银行的资本比率虽然都符合监管要求,但普通股比率较低,而在金融体系中相互融资的二级资本(如混合资本工具)和用于抵御市场风险的三级资本却占据资本构成的大部分。特别是次级债券造成了银行资本充足率的虚高,而在一些国家,银行为了达到资本充足率要求,普遍交叉持有其他银行发行的次级债,这种交叉持有次级债意味着整个银行体系并没有实际资本增量,银行抵御风险的能力并没有增强,而是将单个银行的风险转嫁到银行系统,从而形成系统性风险,而系统性风险的提高,比单个银行抵御风险

---

① 巴曙松、朱元倩:《巴塞尔资本协议Ⅲ研究》,中国金融出版社2011年版,第31页。

能力的下降更可怕。[1]

(3)交易账户风险控制不到位

《资本协议Ⅱ》主要侧重于银行账户的风险控制,如持有的贷款。对于交易账户,[2]随着金融工具交易结构日益复杂、个性化特征日益明显、没有活跃的交易场所和可交易性差,导致市场定价及风险评估难度增加。对于结构特别复杂的衍生品,其相关性、长期波动率等参数在市场上往往难以获取,使定价更加困难。2008 年金融危机中银行的重大损失也主要来自交易账户,尤其是复杂的资产证券化产品,如债务担保凭证、信用违约互换等,造成交易账户中违约风险提高,市场风险也不断增大。在此种情况下,交易账户的资本计提,实际上无法完全反映出每年发生不到几次的单日大规模损失,也不能反映短期(如几个星期)内大规模累积的价格浮动风险。对此,《资本协议Ⅱ》并未引起足够的重视。

(4)加剧经济运行的顺周期性

2008 年的美国次贷危机,尽管其原因是多方面的,但首先表现为美国房地产价格大幅下滑则是确定无疑的。由于次贷危机给商业银行造成巨大损失,根据监管指标要求,此时银行不得不提高损失准备的计提,同时紧缩信贷,其结果必然造成市场的流动性危机,使实体经济陷入衰退。这就是《资本协议Ⅱ》的顺周期性表现。

①从《资本协议Ⅱ》第一支柱看,资本监管本身即已具有顺周期性特征,而"公允价值"会计准则的引入,更加剧了顺周期性。公允价值的运用虽然能够及时反映因市场变化而产生的收益或损失,如实反映企

---

① 巴曙松、朱元倩:《巴塞尔资本协议Ⅲ研究》,中国金融出版社 2011 年版,第 32 ~ 33 页。

② 关于银行账户与交易的划分与功能差异,参见本节三(一)"最低资本监管"的相关注释。

业财务状况和经营成果以及资产或负债的真实价值,但是,从实践结果看,公允价值的运用也加剧了金融体系的顺周期性,这也是本次危机后公允价值备受争议的主要原因。在经济上行阶段,市场行情推动资产价格持续上涨,造成相关金融产品价值被高估;而在经济下行时期,价格下跌导致金融资产缩水,形成亏损并打击市场信心,造成相关产品价值被低估。具体到本次金融危机,2007 年下半年以后,随着住房抵押贷款违约率的不断上升,以房贷为基础的各类抵押证券的价格持续下跌,按照公允价值计价导致金融机构出现高额的账面损失,直接影响到盈利水平和资本充足状况。随着按照公允价值计价的金融资产价格下降,投资者的信心受到打击并继续抛售金融资产,造成金融资产价格的新一轮下跌,从而加剧市场的恐慌性抛售和流动性紧缺局面,形成“价格下跌—市值缩水—恐慌性抛售—价格继续下跌”的恶性循环,并推动了危机的进一步蔓延和深化。

②《资本协议Ⅱ》对信用风险的评估引入了内部评级法,银行可对信用风险评估所需的所有参数(违约概率、违约损失率、违约风险值和期限)均采用自有内部数据进行测算。内部评级法的初衷是使银行的资本配置更加精确,与银行内部的信用风险更加匹配,但在实际执行中却间接产生了顺周期性:在经济繁荣阶段,交易对象(借款人)的经营状况良好,抵押品价值也较高,此时银行对交易对象的违约概率、违约损失率等风险要素的估值都较低,对借款人信用评级普遍较高,导致基于内部评级的监管资本要求偏低,并因此刺激银行进一步扩大信贷规模,从而刺激经济的进一步繁荣。在经济衰退期间,其顺周期路径则正好相反。

(5)对表外业务监管不足

表外业务,也称为“或有资产”和“或有负债”,通常包括担保、承诺(承诺贷款、承兑)和金融衍生交易(接受客户委托或自身头寸管理)等业务。表外业务在一定条件下也会从表外转至表内,即从或有资产和负债转化为银行的确定资产和负债。由于“或有负债”和“或有资产”本身所固有的不确定性和缺乏透明性等特征，往往使其蕴涵着比表内业务更大的风险，这些风险包括交易对手的违约风险、利率与汇率的波动风险以及以适当价格转化为现实资产和负债过程中产生的流动性风险等。

《资本协议Ⅱ》虽然也将表外业务纳入监管范围，但仍存在监管不足的缺陷。如对表外资产风险覆盖不足，表外资产风险权重调节系数过低。同时，由于资产证券化产品等金融衍生品层出不穷，且结构复杂，风险控制难度也随之加大。此外，《资本协议Ⅱ》缺乏对金融衍生品等表外业务的风险信息等的披露要求，使监管当局无法得到关于银行表外业务（尤其是金融衍生品）的充分而准确的信息，造成监管信息不足。

四、《巴塞尔资本协议Ⅲ》银行监管理念的提升

2008 年从美国次贷危机开始的全球金融危机，暴露出《资本协议Ⅱ》存在的资本质量不高和数量不足、对银行的杠杆率和流动性疏于监管等缺陷。① 为了强化对全球银行的有效监管，巴塞尔委员会首先在 2009 年吸纳了“20 国集团”成员（国家和地区）作为其成员，使其成员迅速扩大到 28 个国家和地区，体现了其更广泛的代表性。同时，于 2010 年 12 月 16 日通过了覆盖面更广、对银行的资本充足性要求更高的《巴塞尔资本协议Ⅲ》（包括《更具稳健性的银行和银行体系的全球监管框架》和《流动性风险计量、标准和监测的国际框架》）。

《资本协议Ⅲ》旨在从微观和宏观两个层面分别对单个银行与整个

---

① 巴塞尔委员会秘书长 Stefan Walter 把银行系统危机的原因概括为“杠杆率过高、资本的数量与质量低下和流动性缓冲不足”（excess leverage, too little capital of insufficient quality, and inadequate liquidity buffers）, At http://www.bis.org/speeches/sp101109a.htm., Jan. 4, 2015。

金融系统进行风险监管，体现了巴塞尔委员会银行监管理念的全面提升。在微观层面，主要是对原有资本监管要求的完善和流动性标准的建立，包括提高资本数量和质量，扩大风险覆盖范围，引入杠杆率监管和流动性风险监管；在宏观层面，则强调宏观审慎监管，包括逆周期监管机制和对系统重要性银行的监管。

（一）资本充足率监管

在资本充足率监管方面，《巴塞尔资本协议Ⅲ》主要在以下三个方面强化了对银行的资本充足性要求。

1. 提高了银行资本的质量和数量要求

《巴塞尔资本协议Ⅲ》首先将银行资本分为核心一级资本（CET1）、其他一级资本和二级资本，并删除了三级资本。同时，规定"核心"一级资本由普通股构成，占银行风险加权资产的下限从之前的2%提高至4.5%；银行的一级资本充足率也从《资本协议Ⅱ》规定的4%上调至6%；含二级资本在内的总资本仍为8%。对于新资本充足率要求，《巴塞尔资本协议Ⅲ》规定2013年1月1日到2014年12月31日为过渡期，2015年1月1日起正式实施。

《巴塞尔资本协议Ⅲ》在提高银行资本质量的同时，扩大了风险加权资产的覆盖范围，特别是将资产证券化风险、表外业务风险、衍生产品交易对手风险涵盖在内，使资本充足率要求得到更全面的体现和强化。

2. 建立"资本留存缓冲"

即经过2016年1月至2019年1月的分阶段执行后（每年递增0.625%），《巴塞尔资本协议Ⅲ》要求各商业银行应完成设立总额不低于银行风险加权总资产2.5%的"资本留存缓冲"，确保银行维持足够的缓冲资金，以弥补银行在金融压力期间的特别损失。资本留存缓冲与核心一级资本一样,应由普通股权益构成,并建立在最低资本要求之上。据此,银行的核心一级资本充足率、一级资本充足率和总资本充足率实际上必须分别达到7%、8.5%和10.5%。

3. 建立"逆周期资本缓冲"

即监管当局要求银行在经济持续上升、信贷高速增长、系统性风险不断累积的情况下,应在最低资本要求之外,额外计提"逆周期资本缓冲",以防止因信贷过度增长而产生系统性风险的继续累积甚至集中爆发;同时所计提的资本缓冲也可作为经济衰退时期弥补损失之用,从而确保银行能够持续达到最低资本要求,维持正常的信贷能力,防止因信贷萎缩而加剧经济衰退。

根据《巴塞尔资本协议Ⅲ》规定,经过2016年1月至2019年1月的过渡期后,银行应计提相当于风险加权资产0～2.5%的逆周期资本缓冲,即当监管当局认为市场处于信贷过度增长阶段时,即可要求银行提取逆周期资本缓冲,在严重快速增长时,最高可将逆周期资本缓冲设定为2.5%;当信贷增长缓慢时,则可逐渐降低该计提比率,在经济衰退时期,便可取消计提逆周期资本缓冲的要求,在必要时甚至可以开始动用该项资本金。根据《巴塞尔资本协议Ⅲ》的规定,目前,逆周期资本缓冲只能用核心一级资本来满足(巴塞尔委员会正在研究是否接受其他能全额吸收损失的资本)。

综上所述,《巴塞尔资本协议Ⅲ》虽未提高商业银行的最低资本充足率要求(仍为8%),但对商业银行资本质量和数量所提出的更高要求(加上资本留存缓冲和逆周期资本缓之后,最高可达13%),[①]使全球商业银行实际上在合理平衡"效率与安全"的监管理念导向下受到更严

---

① See Brett H. Mcdonnell, Designing Countercyclical Capital Buffers, *North Carolina Banking Institute*, Vol. 18, 2013, p. 131.

格的资本充足率监管。

（二）杠杆率监管

1. 杠杆率监管方法

2008年金融危机的一个重要特征是银行体系表内外杠杆率的过度累积，尤其是资产证券化和金融衍生品等金融创新产品的快速增长，许多金融机构的杠杆程度明显上升，加大了金融体系的脆弱性。但在许多情况下，银行虽然积累了过高的杠杆倍率，但仍然显示出较高的资本比率，即出现资本充足率与杠杆率的背离。在危机最严重时期，银行体系在市场压力下被迫降低杠杆倍率（去杠杆化），紧缩信贷，从而放大了资产价格下行压力。

杠杆率是指一级资本与总风险暴露（含表内和表外资产风险暴露）的比率，杠杆率的监管底线（最低杠杆率）被确定为3%。作为分子的一级资本包括核心一级资本和其他一级资本；作为分母的总风险暴露除了表内资产的风险，还应按一定的风险转换系数将表外资产风险纳入其中。

杠杆率作为微观监管工具在20世纪30年代之前即已存在，早期的杠杆率监管都使用资本对存款的比例作为衡量银行资本充足性的标准。30年代后，随着存款保险制度的建立，存款挤兑的风险大大降低，监管当局也意识到银行业的风险主要来自资产方而不是负债方，因此，开始使用资本对总资产的比例替代资本对存款的比例作为监管银行资本充足性的指标。直到1988年《资本协议Ⅰ》出台后，杠杆率监管才被资本充足率监管所取代，但美国、加拿大等国仍保留对杠杆率的监管，以实现对银行资本的双重监管。

在美国，根据美国《银行控股公司法》（1956年颁布，1970年修订），银行控股公司等银行机构的杠杆率为一级资本对表内总资产的比率，大型银行控股公司的最小杠杆率为3%,其他银行控股公司则进一步要求其最小杠杆率为4%。但由于美国的杠杆率指标没有涉及表外资产,在金融创新盛行的背景下,银行把大量的表内业务转移到表外,从而实现了表内风险向表外转移(如资产证券化),使杠杆率监管难以实现预期的效果。

加拿大的杠杆率监管采用杠杆倍数法(杠杆率的倒数),即表内总资产+特定的表外资产之和与总监管资本(含一级和二级资本)之比。监管当局要求银行的最高杠杆倍数为20,符合一定条件的银行杠杆倍数最高可以为23。在此次金融危机中,加拿大前六大银行的平均杠杆倍数仅为16倍,其表内外杠杆程度明显低于美国和欧洲银行,这也是加拿大银行业在本次危机中表现稳健的重要原因之一。加拿大的杠杆倍数法虽然考虑到表内外资产,但因其将二级资本纳入资本项的计算,而二级资本的损失吸收能力并不强,因此实际上影响了对银行实际抗风险能力的准确评估。

为此,巴塞尔委员会吸收了美国和加拿大杠杆率监管中的各自优点,以一级资本与总风险暴露(含表内外资产风险)的比率作为计算银行杠杆率的方法,并确定了3%的监管底线。为了确保杠杆率监管的有效实施,巴塞尔委员会确定了杠杆率监管的过渡期安排,即(1)监控期:从2011年1月1日至2013年1月1日前,主要任务是开发专门的杠杆率计量模板,并跟踪杠杆率定义各要素及杠杆率水平的变化。(2)并行期:从2013年1月1日至2017年1月1日前,除了跟踪杠杆率及其各要素的变化,还跟踪其相对于资本充足率的变化情况。且从2015年起披露杠杆率及其各要素。(3)调整实施期:根据并行期的观测结果,在2017年对杠杆率的定义和各要素进行最终调整,并在适当评估和校准的基础上,从2018年1月1日开始将杠杆率监管作为资本充足率监管的补充纳入第一支柱监管。

2. 引入杠杆率指标的监管价值

(1)杠杆率监管的作用首先表现在其可防止银行的顺周期行为。杠杆率监管有助于缓释因去杠杆化所带来的不确定风险以及对金融体系和实体经济的负面影响。整个银行系统在经济下行或危机时期的去杠杆化行为(如争相抛售股票、债券、房地产等优质资产),必然造成资产价格暴跌和信贷萎缩,造成金融系统紊乱和加剧经济衰退。杠杆率监管的目的之一正是阻止银行的集体去杠杆化行为。同时,杠杆率监管还可防止金融系统在经济繁荣时期因过度扩张资产规模而形成过高的杠杆倍率。

(2)杠杆率监管可作为资本充足率监管的补充。杠杆率监管对资本充足率监管的补充价值主要表现在其可有效纠正资本充足率计量方法中存在的顺周期性以及因允许银行采用信用风险内部评级法而出现的数据来源不充分、不准确而导致的资本充足率计算失真(银行的目标是自身利益最大化,因此银行往往具有隐瞒自身真实风险的动机)。

(3)杠杆率监管还可以减少银行的监管套利行为。根据《资本协议Ⅱ》的监管框架,对表外业务风险的计提明显不足,银行常常通过将表内资产转移到表外,或通过扩大表外资产规模进行监管套利。杠杆率监管则覆盖了大部分表外项目(包括贷款承诺、承兑、备用信用证、贸易信用证等),且统一适用100%的信用转换系数(唯一的例外是,银行在任何时间无须事先通知即可无条件撤销的承诺,适用10%的信用转换系数),避免银行的监管套利行为。

3. 杠杆率监管的局限性

虽然杠杆率监管具有某些资本充足率监管所没有的优势,但其本身也存在一些缺陷。

(1)杠杆率监管不具有风险敏感性。杠杆率的计算不是基于银行的风险情况,它并不区分银行不同类型资产的风险水平。这一特点在体现其计算简单的优势的同时,却容易造成鼓励银行从事高风险资产业务的后果,这也是杠杆率监管只能作为资本充足率监管的补充措施的主要原因。

(2)容易造成不同风险状况的银行之间的不公平竞争和提高风险偏好。在资本充足率监管下,风险低的银行,资本要求较少。而一旦实施杠杆率监管,对于资产规模相同,且都达到资本充足率监管要求的银行,低风险银行可能需要保持与高风险银行一样的资本来达到杠杆率指标,导致这些银行的效率低下(低风险往往意味着低收益率),从而处于不利的竞争地位。因此,银行会考虑减少低风险低收益的信贷项目,或转换业务模式,增加高风险资产,以求取得高收益,其结果必然在一定程度上增加了单家银行乃至整个银行系统的风险总规模。

4. 杠杆率与资本充足率的关系

综上所述,只有将杠杆率监管与资本充足率监管有效结合,才可能实现对银行资本的全面和有效监管。从效果看,两者都是对银行资本充足情况的监管;从其内涵看,两者的分子项都是资本,所不同的是其分母项:资本充足率的分母是表内外风险加权资产之和,而杠杆率的分母则是表内外资产之和。因此,在杠杆率计算中,实际上并不考虑不同资产的风险差异性,而是简单地以资产总量来衡量银行的资本充足性,因此杠杆率实际上就是静态的资本充足率。而资本充足率的计算则对银行的资产加以分类,并为不同的资产确定不同的风险权重,即从动态的角度来衡量银行总资产的风险水平,因此资本充足率也可以说就是动态的杠杆率。

可见,杠杆率与资本充足率是从两个不同的方面考察银行的不同风险来源。一方面是银行资产规模过度扩张所带来的风险,即高杠杆倍率风险;另一方面是资产的高风险性所带来的风险。本次金融危机显示,即使银行保持较高的资本充足率,若存在过高的杠杆倍率,同样会引发银行危机并遭受损失(低风险资产在特定的压力环境下也可能转化为高风险资产)。资本充足率旨在尽可能精确地反映银行资产的风险暴露情况,但由于风险加权资产的计算完全依赖复杂的风险模型,所选择的计算模型未必能准确反映银行的总风险暴露。而杠杆率则并不基于复杂的风险模型,只是简单地衡量银行总资产规模可能带来的风险。因此杠杆率与资本充足率在反映银行风险方面具有天然的互补性。

(三)流动性风险监管

除了上述资本充足率和杠杆率监管要求,巴塞尔委员会在《巴塞尔协议Ⅲ》中还引入了流动性风险监管要求。

银行的流动性是指银行能够随时满足顾客提取存款及正常贷款需求的能力。银行的借短贷长和高杠杆率经营的特点,决定了银行经营必然受到流动性风险的潜在威胁。在本次金融危机中,流动性风险所体现的瞬间传导性和冲击力,使监管当局充分意识到流动性风险监管的重要性。

于是巴塞尔委员会于 2010 年 12 月通过了《巴塞尔协议Ⅲ:流动性风险计量、标准和监测的国际框架》,先后于 2015 年 1 月和 2018 年 1 月正式引入“流动性覆盖比率”(2011 年开始为观察期)和“净稳定资金比率”指标(2012 年开始为观察期)。这是巴塞尔委员会首次将流动性风险纳入其监管视野,而且将其提高到与资本充足率监管同样重要的地位。

1. 流动性覆盖比率(短期监管指标)

流动性覆盖比率是指优质流动性资产与未来 30 天的资金净流出量之间的比例。由此可见,流动性覆盖指标主要是从短期的时间维度来衡量银行应对流动性风险的能力,要求银行拥有足够的优质流动性资源来应对短期流动性风险。根据《巴塞尔协议Ⅲ》规定,在监管当局设定的压力环境下,银行的优质流动性资产至少应能够维持未来30天的资金需要,使银行或监管当局有足够的时间采取适当的措施来处理银行的问题。即流动性覆盖比率=优质流动性资产/未来30日现金净流出量≥100%。

监管当局设定的压力环境既包括仅对单家银行造成影响的特定冲击,也包括对整个市场造成的系统性冲击。这种冲击通常表现为:一定比例的零售存款流失,无担保批发性融资能力下降,以特定抵押品或与特定交易对手进行短期担保融资的能力下降,银行的信用评级下调导致契约性资金流出,因市场波动加剧被要求追加抵押品,为降低声誉风险而需要偿还债务或履行非契约性义务等(如回购债务)。

总之,《巴塞尔资本协议Ⅲ》所设定的压力环境实际上是将2008年金融危机所经历的众多冲击合而为一的严重压力场景。公式中的优质流动性资产是指在设定的严重压力环境下无变现障碍的流动资产(在无损失或极小损失的情况下可轻易、快速变现的资产,如现金、国债等。股票虽可轻易变现,但在压力环境下,其变现可能需要付出极大的代价,因此不属于优质流动性资产)。这种资产,通常都具有在公开市场转让的可接受性,或具有向中央银行进行抵押融资的可接受性特征。公式中的现金净流出量是指在设定的压力场景下,未来30天内预计现金流出总量与现金流入总量的差额。其中,预计现金流出总量是各类负债项目和表外承诺的余额与其预计流失比例或预计被提取率的乘积[如"稳定的零售存款"①的预计流失比例为≥5%,"无业务往来的一般非金融企业的无担保批发资金(存款)"的预计流失比例为75%]。

① 稳定的零售存款指被有效的存款保险制度或国家担保所覆盖,存款人与银行存在稳定的业务往来,在未来30天基本不可能取出的存款。

而现金流入只能包含那些运营正常、没有任何逾期理由的现金流入[①]（如零售、对公、融券协议、授信及其他现金流入）。预期现金流入总量是各类契约性应收款项的余额与其在压力场景下预计流入率的乘积（如交易对手为零售和小企业客户的契约性现金流入，其预计流入率为50%；交易对手为金融机构的契约性批发现金流入，其预计流入率为100%）。为了防止银行过度依赖预期的现金流入来满足流动性要求，确保其持有最低水平的流动性资产，《巴塞尔资本协议Ⅲ》规定，可计入的、拟用来抵消资金流出的预期现金流入总量最多不得超过预期现金流出总量的75%。即未来30天内的预期净现金流出＝预期现金流出量－预期现金流入量或预期现金流出量的75%（两者取其更小者）。这就要求银行必须保持至少相当于预期现金流出总量25%的流动性资产。

2. 净稳定资金比率（长期监管指标）

净稳定资金比率是指可用的稳定资金与业务所需的稳定资金之间的比例。《巴塞尔资本协议Ⅲ》要求的该比例为大于100%。净稳定资金比率作为流动性覆盖率指标的一个补充指标，旨在促使银行在更长的时期内具有应对流动性风险的能力，主要用以衡量银行获取更长期、稳定的资金用以应对其净负债和承诺的潜在或偶然的资金需要的能力。即要求银行在持续的压力环境下，仍然具有稳定的资金来源，用以维持生存和经营1年以上，防止银行在市场繁荣、流动性充裕时期过度依赖批发性融资。

净稳定资金比率中的可用的稳定资金是指在持续压力情况下，1年内都能保证成为稳定的资金来源的权益类和负债类资金，包括：(1)银行的资本（含一级、二级资本）、期限大于等于1年、未纳入二级资本的

---

① 如果某项资产已被纳入优质流动性资产，则在计算现金流入量时，不能再考虑该项资产。见《巴塞尔资本协议Ⅲ：流动性风险计量、标准和监测的国际框架》第53段。

优先股和有效期大于等于1年的负债;(2)无确定到期日的存款(活期存款),或期限小于1年但在银行出现非系统性的特定压力事件时仍不会被取走的定期存款;(3)期限小于1年但在银行出现非系统性的特定压力事件时仍不会被取走的批发资金。

对于上述资金来源,《巴塞尔资本协议Ⅲ》都根据其稳定程度规定了相应的稳定系数,如上述第(1)类资金的稳定系数为100%,第(2)类资金因其来自"稳定客户"和"欠稳定客户"而作出区分,其稳定系数分别为90%和80%,第(3)类是指由非金融机构、主权实体、中央银行、多边开发银行以及公共部门实体提供的无担保批发资金,其稳定系数为50%。[①]

净稳定资金比率中的所需的稳定资金是监管者基于该银行的资产、表外资产及其他相关活动下的整体流动性风险情况进行假设而计算出的资金需要量。其计算公式为:所需的稳定资金总量 = 银行所持有的资产价值 × 该类资产特定的稳定资金需求系数 + 表外业务 × 其相应的稳定资金需求系数。其中,稳定资金需求系数是指各类资产或表外项目中监管当局认定需要由稳定资金支持的价值占比。相对而言,流动性较强、在压力环境下仍较容易转换为流动性来源的资产,可以被赋予较低的稳定资金需求系数(只需较少的稳定资金支持);而在压力环境下流动性较差的资产,因需要更多的稳定资金支持,因此将被赋予较高的稳定资金需求系数。如现金,到期期限不足1年、交易活跃的短期工具,到期期限不足1年且无变现障碍的证券等,稳定资金需求系数为0;主权实体、中央银行、国际金融组织等发行或担保的,期限大于等于1年,存在活跃销售市场的债券,稳定资金需求系数为5%;无变现障碍的公司债券和担保债券,稳定资金需求系数为50%;信用风险权重小

---

① 巴塞尔银行监管委员会:《第三版巴塞尔协议》,中国银监会翻译,中国金融出版社2011年版,第119~121页。

于35%的任何期限的无变现障碍的住房抵押贷款,稳定资金需求系数为50%;向金融机构之外的企业发放的、余期大于1年、信用风险权重小于35%的无变现障碍贷款,稳定资金需求系数为65%;向零售客户(自然人)发放的余期不足1年且无变现障碍的贷款,稳定资金需求系数为85%,其他所有资产,稳定资金需求系数均为100%。[①]

此外,在此次金融危机中暴露出许多潜在的表外流动性敞口,虽然只需要少量的资金来覆盖,但在极端的市场压力环境下,也能导致严重的流动性枯竭。为此,《巴塞尔协议Ⅲ》也将表外流动性敞口纳入流动性风险监管,规定对客户提供的有条件撤销和不可撤销的信用额度和流动性便利,稳定资金需求系数为5%,其他的或有债务,包括担保函、信用证等,可根据本国情况确定稳定资金需求系数。

3.流动性监管指标述评

流动性覆盖率主要是衡量30天内优质流动性资产对净现金流出量的覆盖程度,确保银行在设定的严重压力情景下,变现无障碍的优质资产能够满足30天内的现金流出。净稳定资金比例则是从更长期的角度来促进银行资产负债和融资结构更趋合理,增加长期稳定资金来源,主要用以衡量一年内银行的权益类和负债类项目的流动性能够支持资产类业务发展的程度。两个监管指标的合理配合,应可实现对银行流动性风险的有效监管。

（四）宏观审慎监管

1.宏观审慎监管的思路与目标

宏观审慎监管是通过对风险相关性的分析和对系统重要性金融机

① 巴塞尔银行监管委员会:《第三版巴塞尔协议》,中国银监会翻译,中国金融出版社2011年版,第122~123页。

构的监管,防范和消除系统性风险,保障整个金融体系的良性运行。

从《资本协议Ⅰ》到《资本协议Ⅱ》,针对的都是具体的单个银行,主要从加强对银行资本充足性的监管入手,因此都属于微观审慎监管的范畴。在微观监管中,强调的是对银行资本充足率的监管,而银行资本充足率的高低与其资产的风险权重直接相关,而风险权重的设置往往受到宏观经济周期的影响,即在经济上行时期,银行信贷的风险权重往往偏低,并因此导致信贷扩张,从而进一步推动实体经济的繁荣,放大了经济周期效应,即导致顺周期性。同时,微观审慎监管更多关注的是各家银行是否能够持续稳健经营,却忽略了银行活动过程中普遍存在的风险溢出和风险叠加。此外,对于"大而不能倒"的系统重要性金融机构的内部交易监管缺失,往往造成金融风险的大量积聚。

可见,在巴塞尔银行监管体系下,直到本次金融危机爆发前,针对整个金融体系的系统性风险监管几乎处于空白状态,其危险性是显而易见的。于是,巴塞尔委员会2010年12月通过《巴塞尔资本协议Ⅲ:更具稳健性的银行和银行体系的全球监管框架》,试图构建一套更稳健的宏观审慎监管的框架,即将系统性风险纳入审慎监管领域。

对于系统性风险的宏观审慎监管,主要涉及两个维度:一是横截面维度(静态维度、空间维度),即某一时间点上系统性风险在金融体系中的各金融机构间的分布和相互作用。这种风险有可能是所有金融机构面临的共同风险,也可能是机构之间的业务往来导致的风险汇总或传递,体现为联系性风险。这一维度的宏观审慎监管主要是预防系统性风险的横向积聚。二是时间维度,即金融系统内的系统性风险随着时间推移发生的累积及顺周期性问题。即在经济运行过程中,本身就存在经济周期,而金融活动、监管活动及市场参与者的心理因素,会进一步推动经济周期的波动幅度。这一维度上的宏观审慎监管主要是通过建立更高质量和更多数量的资本要求,并利用逆周期资本缓冲进行风险缓释,以应对压力时期的资本需要。

综观《巴塞尔资本协议Ⅲ:更具稳健性的银行和银行体系的全球监管框架》,巴塞尔委员会试图通过对该监管框架的全面实施,实现以下三个方面的宏观审慎监管目标:

(1)解决金融体系中的顺周期性问题。对于顺周期性问题的缓释,其基本思路是采取逆周期的措施。如银行在经济衰退时期,为了缓解自身的流动性不足或剥离不良资产,可能选择抛售资产。特定的某一家银行的抛售行为,可能不会对市场造成太大的影响,但如果是整个银行业对某一类资产的集体抛售,则可能会导致市场瘫痪。因此,要求银行在经济繁荣时期,应建立必要的资本储备,以供其在经济困难时期使用,以避免压力时期银行业做出集体性的同向行为,使经济周期进一步恶化,从而达到缓释顺周期性的效果。

(2)纠正对信用风险估值的扭曲。根据《资本协议Ⅰ》和《资本协议Ⅱ》,银行资本的计提在很大程度上与其资产的风险直接相关。在经济繁荣期间,金融机构的风险意识比较淡薄,资本的风险偏好较高,造成金融机构对信用风险的评价存在严重低估的现象。危机出现后,对信用风险的重视又走向另一个极端,从而造成风险被高估。因此,包括杠杆率在内的宏观审慎监管工具都是旨在通过动态调整来影响对信用风险的评估,避免或纠正对信用风险估值的扭曲。

(3)及时发现系统性风险的预警信号。资产价格膨胀应是危机爆发前的一个重要信号,因此,当资产价格出现异常的快速上涨时,就可以通过对该行业或部门收紧信用的方式加以控制,以防止风险的进一步积聚和传导。

为了实现上述宏观审慎监管目标,《巴塞尔资本协议Ⅲ》将国际银行系统的宏观审慎监管主要集中在逆周期监管和系统重要性金融机构监管两个方面(以下分别加以讨论)。

2. 逆周期监管工具及其运用

(1)内部评级法及其顺周期性

《资本协议Ⅱ》受到最集中批评的缺陷就是其实施过程中的顺周期性问题。其中,内部评级法是争议较多的一项。内部评级法原本是《资本协议Ⅱ》对《资本协议Ⅰ》的主要创新之一,但实施的结果却表明它是导致顺周期性的核心工具之一。

如前所述,作为信用风险计量模型的内部评级法,它涉及四个主要参数,即违约概率、违约损失率、违约风险暴露和有效期限。在根据内部评级法计算信用风险过程中,银行首先须按风险暴露将资产进行分类(分为公司风险暴露、主权风险暴露、银行同业风险暴露、零售风险暴露、项目融资风险暴露、股权风险暴露六类),再根据各类资产的风险特征估算各风险参数,计算出风险权重函数,再加总计算出风险加权资产,最后再计算出资本充足率。

内部评级法的最大优点是根据银行特定的历史数据作为确定各风险参数的依据,具有较高的风险敏感性。但是,正是这种风险敏感性特征,加剧了银行活动的顺周期性。具体表现在评级法中各风险参数的顺周期性。例如,在经济繁荣时期,借款人的财务状况普遍较好,信用评级普遍较高,抵押资产的价值上涨,相应地,作为计量信用风险参数的违约率、违约损失率、违约风险暴露都下降,从而导致表面上的风险加权资产减少,进而导致在资本总量不变的情况下资本充足率的虚高,并因此引导银行扩大放贷,使经济进一步繁荣。在经济衰退期,其作用方向正好相反:违约率、违约损失率和违约风险值都同步上升,银行资本充足率下降,为了维持资本充足率达标,往往紧缩信贷,抛售高风险资产,从而加剧经济衰退。

(2)逆周期资本监管措施

为了缓释银行风险评估中的顺周期性,《巴塞尔资本协议Ⅲ》在规定2.5%的资本留存缓冲(由普通股权益构成)的基础上,提出了0~2.5%的逆周期资本要求,在提高银行资本质量的同时,弱化顺周期性的消极影响。

但是对跨国银行的逆周期监管而言,在确定其逆周期监管总资本缓冲时,需要首先解决一个前置性的难题,即不同国家因其所处的经济发展周期不同,在同一时期可能确定不同的逆周期资本缓冲要求。对此,有专家认为,可行的方案应是以所有的东道国的逆周期监管资本要求的加权平均值作为确定该跨国银行逆周期资本缓冲指标的根据。①

(3)前瞻性动态拨备制度

贷款损失拨备和资本都是银行吸收损失的重要途径,也是银行风险管理体系的重要内容。但在本次危机后,各国意识到传统的拨备制度存在严重的顺周期性,于是,巴塞尔委员会探索并提出基于预期损失模型的前瞻性动态拨备模式。

传统的贷款损失拨备采用"已发生损失模型"计提拨备,即银行只能在有客观证据表明贷款已发生损失时,才可以按规定计提贷款损失拨备,拨备计提具有明显的滞后性,并导致顺周期性。如本次金融危机中,经济形势恶化,企业信用等级下降,违约率增加,按照当时的拨备制度,银行需要大幅增加拨备计提,同时导致资本受到侵蚀,这必然迫使银行为满足约束条件而减少放贷规模,由此则必然导致危机的进一步恶化。

为缓解贷款损失拨备的顺周期性,巴塞尔委员会提出了前瞻性拨备计提模式,即银行在经济上行期应增加贷款损失拨备的计提,用以抵御未来的贷款损失,同时可抑制银行的信贷扩张行为,缓解经济过热。在经济下行期则可减少贷款损失拨备的计提,同时使用上行期积累的

① 巴曙松、朱元倩著:《巴塞尔资本协议Ⅲ研究》,中国金融出版社2011年版,第173页。

拨备填补因经济衰退而增加的贷款损失。通过以上调整,保证在经济上行期银行信贷扩张有所收敛,在经济下行期又不会导致银行信贷的过度紧缩。

3. 对系统重要性金融机构的特别监管

(1)系统重要性金融机构的界定

对系统重要性金融机构监管,首先应明确如何界定系统重要性金融机构,但对此,各国并未统一界定。按照国际货币基金组织、国际清算银行和金融稳定理事会2010年向G20提交的报告,对系统重要性金融机构的识别涉及三个要素,即规模、关联性和不可替代性,其中,规模指标包括提供清算、支付、结算服务、信用中介服务、风险控制与管理服务的指标;关联性指标包括与其他金融机构、金融市场、国内外市场之间的资产关系等指标;不可替代性指标主要是指行业集中度指标、[①]金融基础设施指标,如支付系统。

(2)系统重要性金融机构的监管

根据《巴塞尔资本协议Ⅲ》规定,对系统重要金融机构的监管主要表现在提高银行的监管资本要求,包括针对所有的银行新增资本留存缓冲、逆周期资本缓冲,以及专门针对系统重要性银行增设“附加资本”要求。[②]

在巴塞尔委员会各成员国中,对系统重要性银行实施特别监管的典型代表应数美国。根据2010年7月美国颁布的《多德—弗兰克华尔街改革和消费者保护法案》,授权依该法案新设立的金融稳定监督委员会和美国联邦储备委员会对系统重要性金融机构实施新的审慎监管标

① 行业集中度是指某行业的相关市场内前N家最大的企业所占市场份额(如资产总额等)的总和,是对整个行业的市场结构集中程度的测量指标。

② Rolf H. Weber, Douglas W. Arner, Evan C. Gibson, Simone Baumann, Addressing Systemic Risk: Financial Regulatory Design, *Texas International Law Journal*, Vol. 49, 2014, pp. 165 - 171.

准,特别是强化对资产超过500亿美元的银行控股公司和非银行金融机构的审慎监管,并要求美联储与金融稳定监督委员会磋商后设定专门针对系统重要金融机构的资本要求和杠杆限制。[①] 具体监管措施包括:①美联储可对系统重要性机构实施更严格的资本、杠杆率、风险管理、清算方案等方面的标准;②实施“沃尔克计划”,即限制商业银行运用自有资金从事自营业务,将其投资对冲基金和私募股权基金的规模控制在基金所有者权益和银行一级资本的3%以内,单个金融机构不得通过收购兼并使其负债规模超过金融体系负债总额的10%;③控制资产证券化风险。对资产证券化实行风险共担,即要求销售抵押贷款支持证券等产品的金融机构至少留存5%的信用风险。

《多德—弗兰克法案》关于系统重要性金融机构的另一项主要内容是建立有序的风险处置和清算机制,即首先由FDIC和美联储对濒临倒闭的金融机构是否具有系统重要性进行认定,再由FDIC和财政部、美联储共同决定是否对系统重要性机构启动有序清算程序,最后由FDIC根据授权对陷入困境的系统重要性机构进行接管和清算,并视情况设立一至数家过桥机构对其业务、资产和负债进行承接。

此外,美国对系统重要性银行的监管还涉及银行税,即针对资产超过500亿美元的银行除股本和保险存款之外的负债统一征收0.15%的“金融危机责任税”。

五、我国银行监管引入《巴塞尔资本协议》的法律实践

1988年《资本协议Ⅰ》的出台及其在国际银行界的广泛影响早已引起中国金融监管当局的密切关注。1993年5月公布的《深圳市银行业资产风险监管暂行规定》首开我国接受《巴塞尔资本协议》监管标准的

① Prasad Krishnamurthy, Regulating Capital, *Harvard Business Law Review*, Vol. 4, 2014, p. 3.

先河。1994 年颁布、2001 年修改的《外资金融机构管理条例》规定了外资金融机构的最低资本金和资本充足率。1995 年颁布、2003 年修订的《中国商业银行法》规定了商业银行贷款应遵守的最低资本充足率。

针对巴塞尔委员会于 2004 年发布的《资本协议Ⅱ》和 2010 年发布的《巴塞尔资本协议Ⅲ》,中国银监会于 2004 年 2 月颁布了《商业银行资本充足率管理办法》(以下简称《旧资本管理办法》)(2007 年修订),2006 年 12 月颁布实施了《外资银行管理条例》,2011 年 4 月发布了《关于中国银行业实施新监管标准的指导意见》,2011 年 6 月发布了《商业银行杠杆率管理办法》,2011 年 7 月发布了《商业银行贷款损失准备金管理办法》,2012 年 6 月 7 日发布了《商业银行资本管理办法(试行)》(以下简称《新资本管理办法》)(2013 年 1 月 1 日起施行),2014 年 1 月发布了《商业银行流动性风险管理办法(试行)》。

上述法律、规章的颁行,表现出了我国积极实施《巴塞尔资本协议》的态度和实际行动。而正如中国人民大学财政金融学院陈忠阳教授所指出的,《巴塞尔资本协议Ⅲ》并不是对《资本协议Ⅱ》的替代,而是对其相关监管标准的补充、完善和强化,因此实施《巴塞尔资本协议Ⅲ》的目标确定应基于对一个完整的巴塞尔资本监管体系的理解。[①] 为此,对《巴塞尔资本协议》在我国实施路径的探寻,也应基于对一个完整的巴塞尔资本监管体系的全面考察。

(一)《巴塞尔资本协议Ⅲ》之前我国的银行资本充足性监管

1. 资本充足率要求

2004 年公布、2007 年修订的我国《商业银行资本充足率管理办法》(以下简称《管理办法》),首先,强调银行的资本应足以抵御信用风险和

---

① 陈忠阳:《我国实施巴塞尔协议Ⅲ的目标定位》,载《中国金融》2011 年第 1 期。

市场风险(第5条),银行资本充足率不得低于8%,其中,核心资本不得低于4%(第7条)。核心资本(一级资本)包括实收资本或普通股、资本公积、盈余公积、未分配利润和少数股权。[①] 附属资本(二级资本)包括重估储备、一般准备、优先股、可转换债券、混合资本债券[②]和长期次级债务。

其次,该管理办法要求银行应同时计算未并表资本充足率和并表资本充足率(第6条)。在计算并表资本充足率时,银行应将以下机构纳入并表范围:(1)银行拥有其过半数以上权益性资本的被投资金融机构,包括商业银行直接拥有、商业银行的全资子公司拥有或商业银行与其全资子公司共同拥有;(2)银行虽不拥有其过半数以上的权益性资本,但与被投资金融机构之间有下列情况之一的,也应将其纳入并表范围:①通过与其他投资者之间的协议,持有该机构半数以上的表决权;②根据章程或协议,有权控制该机构的财务和经营政策;③有权任免该机构董事会的多数成员;④在该机构董事会有半数以上投票权。

根据《管理办法》的规定,商业银行资本充足率=(资本-扣除项)/(风险加权资产+12.5倍的市场风险资本)。[③] 其中,核心资本充足率=(核心资本-核心资本扣除项)/(风险加权资产+12.5倍的市场风险资本)。

---

① 少数股权,是在合并报表时,包括在核心资本中、投资于非全资子公司中的少数股权。

② 混合资本债券是针对《巴塞尔资本协议》规定的混合资本工具而设计的一种债券形式,所募资金可计入银行的二级资本。与次级债相比,混合资本债券具有较高的资本属性,当银行倒闭或清算时,其清偿顺序列于次级债之后,先于股权资本。此外,混合资本债券在期限、利息递延、吸收损失等方面具有其特征,如债券期限要求在15年以上,且10年内不得赎回,10年后银行经监管部门批准有一次赎回权;在某些特定情况下(如到期前,发行人一级资本充足率低于法定最低要求),发行人可延期支付本金和利息,但递延支付的利息银行应按照债券的利率计算利息(复利)。

③ 此处12.5倍的市场风险资本就是按照资本充足率8%的标准将市场风险资本扩大至12.5(100/8)倍,使其还原为计算市场风险之前的资产状态。

关于资本的扣除项,《管理办法》规定,银行在计算资本充足率时,应从资本中扣除以下项目:(1)商誉;①(2)商业银行对未并表金融机构的资本投资;(3)商业银行对非自用不动产和企业的资本投资。在计算核心资本充足率时,应从核心资本中扣除以下项目:(1)商誉;(2)商业银行对未并表金融机构资本投资的50%;(3)商业银行对非自用不动产和企业资本投资的50%。

2. 银行资产的信用风险权重监管

根据《管理办法》,首先,对于银行境外债权的信用风险权重,要求应以外部评级结果为根据。对于评级为AA级以上的国家或地区,政府债权的风险权重为0、银行或证券公司的债权的风险权重为20%、公用企业的债权为50%;评级为AA级以下的国家或地区,对政府、银行、证券公司及公用企业的债权的风险权重均为100%。其次,对于银行持有的对我国中央政府和中央银行的债权,其信用风险权重均为0;对我国中央政府投资的公用企业的债权的风险权重均为50%;对我国政策性银行的债权的风险权重为0[中国进出口银行、中国农业发展银行、(中国)国家开发银行];对其他银行的债权的风险权重均为20%;对企业、个人债权的风险权重均为100%;对个人住房抵押贷款的风险权重为50%。在此基础上,《管理办法》还认可质押和保证所具有的风险缓释作用,且缓释的程度与质物本身或保证人本身债权的风险权重相同,如以财政部发行的国债为质物,其风险权重为0,以商业银行为保证人的,其风险权重为20%(第17~24条)。最后,《管理办法》还要求对表外业务的信用风险计提资本,即要求商业银行应将表外项目的名义本金

① 商誉是指能在未来期间为企业经营带来超额利润的潜在经济价值,或一家企业预期的获利能力超过可辨认资产正常获利能力(如社会平均投资回报率)的资本化价值。商誉是企业整体价值的组成部分。在企业合并时,它是购买企业投资成本超过被合并企业净资产公允价值的差额。

乘以信用转换系数,计算出等同于表内项目的风险资产,然后根据交易对象的属性(如中央政府、银行、企业、个人等)确定风险权重,计算出表外项目相应的风险加权资产。

3. 银行资产的市场风险监管

《管理办法》明确规定银行应对市场风险计提资本:对于交易账户总头寸高于表内外总资产10%或超过85亿元人民币的商业银行,均应计提市场风险资本(第30条)。无需计提市场风险资本的银行,则应每季度报告市场风险头寸(第31条)。

4. 银行的资本充足性分类及其法律后果

在我国的银行监管中,银监会根据资本充足率情况将银行分为三类:资本充足银行(资本充足率8%以上、核心资本4%以上)、资本不足银行(资本8%以下、核心4%以下)和资本严重不足银行(资本4%以下、核心2%以下)。对于不同类别的银行,银监会将分别采取不同的监管措施。如对资本不足银行,可限制其资产增长速度、降低其风险资产规模、限制其分配红利和其他收入等;对于资本严重不足的银行,则可要求其调整高级管理人员、实行接管或促成机构重组,直至予以撤销。

(二)《巴塞尔资本协议Ⅲ》银行资本监管新标准在我国的实施

在2010年12月《巴塞尔资本协议Ⅲ》发布之后,中国银监会于2011年4月发布了《关于中国银行业实施新监管标准的指导意见》(以下简称《指导意见》),2012年6月7日发布了《商业银行资本管理办法(试行)》(2013年1月1日起施行),该两个文件,根据《巴塞尔资本协议Ⅲ》确定的银行资本充足率新标准,对原先的资本充足性管理内容作了较大的修改。尤其是《新资本管理办法》,全文共达180条和17个附件(《旧资本管理办法》只有54条)。

1. 提高资本充足率要求

《新资本管理办法》借鉴《巴塞尔资本协议Ⅲ》的规定，将以往的两级最低资本充足率要求(4%和8%)调整为三级最低资本充足率要求，即核心一级资本充足率、一级资本充足率和总资本充足率分别不低于5%、6%和8%(第23条)。同时，还规定了2.5%的储备资本和0～2.5%的逆周期资本要求(第24条)。[①] 此外，还增加了对系统重要性银行的附加资本要求，即要求系统重要性银行计提1%的附加资本(第25条)。另外，监管机构还可根据《巴塞尔资本协议》第二支柱中的风险判断和监督检查结果，针对部分资产组合(如个人住房抵押贷款、行业贷款集中度)提出特定的资本要求或针对单家银行提出特定的资本要求。

因此，新标准实施后，正常条件下，系统重要性银行和非系统重要性银行的资本充足率应分别不低于11.5%和10.5%，且如果出现系统性的信贷过快增长，商业银行还需计提2.5%以下的逆周期资本缓冲。可见，我国的资本充足率要求甚至比《巴塞尔资本协议Ⅲ》的要求更高：5%的核心一级资本充足率要求比《巴塞尔资本协议Ⅲ》4.5%的要求高出0.5%。

2. 风险加权资产的监管

商业银行风险加权资产包括信用风险加权资产、市场风险加权资产和操作风险加权资产。

(1)信用风险加权资产监管。对于信用风险加权资产的计量，《新资本管理办法》作了比《旧资本管理办法》更详细的规定，首先规定商业银行可以采用权重法或内部评级法计量信用风险加权资产(第46条)。

①采用权重法计量信用风险加权资产时，关键在于银行资产风险

① 《指导意见》中分别称为“留存超额资本”和“逆周期超额资本”。但更多地称为“资本留存缓冲”(Capital Conservation Buffer)和“逆周期资本缓冲”(Countercyclical Capital Buffer)。

权重的确定。对于风险权重,《新资本管理办法》作了比《旧资本管理办法》更详细、更严格的规定,如对境外主权债权和金融机构债权的风险权重,要求以所在国的外部信用评级结果为基准加以确定,如对于评级为 B－以下的外国政府及其中央银行债权、境外商业银行债权,风险权重均为 150%,未评级的则统一为 100%。对于我国的中央政府和中央银行的债权和我国政策性银行的债权,其风险权重统一为 0;对我国其他商业银行债权的风险权重为 25%,对我国其他金融机构及一般企业的债权,风险权重统一为 100%。而对于股权投资,则规定较重的风险权重,如对工商企业的股权投资,分不同情况规定为:商业银行被动持有的对工商企业股权投资的风险权重为 400%;商业银行因政策性原因对工商企业股权投资的风险权重为 400%;商业银行对工商企业其他股权投资的风险权重为 1250%;商业银行非自用不动产的风险权重为 1250%(第 55～69 条)。此外,由于表外项目风险加权资产的计量应先将其转换为等值的表内资产,因此其重要环节则是信用转换系数的确定,如与贸易直接相关的短期或有项目,信用转换系数为 20%;期限 1 年以下(含)的贷款承诺,信用转换系数为 20%,期限 1 年以上的贷款承诺,信用转换系数则为 50%;银行借出的证券,信用转换系数为 100%;等同于贷款的授信业务,信用转换系数为 100%(第 71 条)。

②对于采用内部评级法计量信用风险加权资产的,首先应对银行账户的信用风险暴露进行分类,再分别计算各类信用风险暴露的风险加权资产。银行的风险暴露分为主权风险暴露、金融机构风险暴露、公司风险暴露、零售风险暴露、股权风险暴露和其他风险暴露(包括购入应收款及资产证券化风险暴露)六大类。在对各类风险暴露计算风险加权资产时,主要涉及四个参数,即违约概率、违约损失率、违约风险暴露和有效期限。《新资本管理办法》对该四个参数的确定方法均作出规定,如①违约概率:主权风险暴露的违约概率应为商业银行内部估计的

1 年期违约概率;公司、金融机构和零售风险暴露的违约概率应为商业银行内部估计的 1 年期违约概率与 0.03% 中的较大值(第 77 条)。②违约损失率:采用高级内部评级法的银行,应使用内部估计的单笔非零售风险暴露和零售资产池的违约损失率(第 78 条)。③违约风险暴露:对于采用初级内部评级法的银行,应按风险暴露名义金额计量表内资产的违约风险暴露;对于采用高级内部评级法的,应使用内部估计的违约风险暴露(第 79 条)。④有效期限:采用初级内部评级法的,非零售风险暴露的有效期限为 2.5 年;采用高级内部评级法的,有效期限为 1 年和内部估计的有效期限两者之间的较大值(第 80 条)。

(2)市场风险加权资产监管。根据《新资本管理办法》规定,市场风险是指因市场价格(利率、汇率、股票价格和商品价格)的不利变动而使商业银行表内和表外业务发生损失的风险。市场风险的资本计量应覆盖银行交易账户中的利率风险和股票风险,以及全部汇率风险和商品风险(第 81 ~ 82 条);商业银行可以采用标准法或内部模型法计量市场风险的资本要求。市场风险资本要求为利率风险、汇率风险、商品风险、股票风险和期权风险的资本要求之和。商业银行市场风险加权资产为市场风险资本要求的 12.5 倍,即市场风险加权资产 = 市场风险资本要求 × 12.5(第 88 条)。

(3)操作风险加权资产监管。根据《新资本管理办法》规定,操作风险是指由不完善或有问题的内部程序、员工和信息科技系统,以及外部事件所造成损失的风险。商业银行可采用基本指标法、标准法或高级计量法(《资本协议Ⅱ》称为内部计量法)计量操作风险的资本要求;采用基本指标法的银行,应当以总收入为基础计量操作风险的资本要求。其中,总收入为净利息收入与净非利息收入之和,操作风险资本系数 α 统一为 15%(第 97 ~ 98 条)。

采用标准法的银行,首先应将全部业务划分为公司金融、交易和销售、零售银行、商业银行、支付和清算、代理服务、资产管理、零售经纪和其他业务9个业务条线,再以各业务条线的总收入为基础计量操作风险资本要求。对于各业务条线的操作风险资本系数(β),《新资本管理办法》也根据银行业务条线分别加以统一规定,即零售银行、资产管理和零售经纪业务条线的操作风险资本系数为12%;商业银行和代理服务业务条线的操作风险资本系数为15%;公司金融、支付和清算、交易和销售以及其他业务条线的操作风险资本系数为18%(第102条);对于采用高级计量法的商业银行,可根据业务性质、规模与产品复杂程度以及风险管理水平建立和选择适当的操作风险计量模型(第103条)。银行操作风险加权资产为操作风险资本要求的12.5倍,即操作风险加权资产=操作风险资本要求×12.5(第96条)。

从上述《新资本管理办法》的规定可知,我国对银行风险加权资产的监管方法实际上较完整地引入了《资本协议Ⅱ》关于信用风险、市场风险和操作风险的计量方法,并根据我国商业银行监管实践作了一定的调适,如根据权重法计算信用风险加权资产时风险权重的确定、操作风险资本系数的确定等。

3. 杠杆率监管

《关于中国银行业实施新监管标准的指导意见》(2011年4月)引入了杠杆率监管标准,并通过《商业银行杠杆率管理办法》(2011年6月)对其作了细化规定。根据新杠杆率标准,银行一级资本占调整后的表内外资产余额的比例不低于4%(这一规定甚至高于《巴塞尔资本协议Ⅲ》规定的3%),即杠杆率=(一级资本-扣减项)/调整后的表内外资产余额。其中,在计算"调整后的表内外资产余额"时,对于表内资产中的汇率、利率及其他衍生产品，要求按照现期风险暴露法①计算，其他表内资产则在扣减针对该项资产计提的准备后，计入“调整后的表内资产余额”。而且在计算表内资产余额时，不考虑抵押品、质押品、保证和信用衍生工具等信用风险缓释因素。对于表外资产余额的计算，除了无条件可撤销承诺可按 10% 的信用转换系数计算外，其他表外项目均应按照 100% 的信用转换系数计算。

除了上述对商业银行一般性地要求杠杆率应达到 4% 之外，针对五大国有银行的杠杆率监管，银监会还设定了 4% 的触发值和 4.5% 的目标值两条线，并要求五大国有银行应满足 4.5% 的目标值，如果突破该目标值，应主动采取积极措施在 90 天内恢复到目标值。

可见，我国的杠杆率监管比《巴塞尔资本协议Ⅲ》更为严格，即使是针对一般商业银行普遍要求的 4% 的杠杆率，也比《巴塞尔资本协议Ⅲ》规定的 3% 要高得多，更何况对五大国有银行提出更高的杠杆率要求。

根据《指导意见》的规定，新资本监管标准从 2012 年 1 月 1 日开始执行，系统重要性银行和非系统重要性银行应分别于 2013 年年底和 2016 年年底前达到新的资本监管标准。《新资本管理办法》则规定商业银行在 2018 年年底前达到该办法规定的资本充足率监管要求，同时鼓

① 汇率、利率及其他衍生产品，主要包括远期、期货、掉期(互换)和期权等。衍生产品敞口按现期风险暴露法计算，纳入表内资产余额，具体计算公式：现期风险暴露值 = 以公允价值计算的重置成本 + 名义本金 × 固定系数。不同剩余期限衍生产品的固定系数如下表：

项目 剩余期限	利率	汇率与黄金	股票	黄金以外的贵金属	其他
不超过 1 年	0.0%	1.0%	6.0%	7.0%	10.0%
1 年以上，不超过 5 年	0.5%	5.0%	8.0%	7.0%	12.0%
5 年以上	1.5%	7.5%	10.0%	8.0%	15.0%

励有条件的商业银行提前达标。

根据各银行披露的年报和银监会的报告所做的统计与测算表明①，截至2010年中，中国银行业整体杠杆率达标率为77%。其中股份制银行整体上（平均）没有达到4%的最低标准，而国有商业银行尽管整体上达标，但是已经接近银监会设定的目标值（4.5%），其中，中国农业银行的杠杆率在2010年底已经低于4.5%的目标值，进一步开展业务已受到限制。而股份制银行中的招商银行、中信银行、兴业银行均在4.3%左右，其中，宁波银行的杠杆率最高，达12.9%。为了尽快达到监管目标要求，从2011年年初开始，杠杆率指标存在较大压力的中国农业银行（4.43%）、华夏银行（2.72%）、深圳发展银行（平安银行）（3.35%）和光大银行（4.01%）均启动了融资计划。这表明，在短期内，我国商业银行的杠杆率达标还是存在一定的压力。

由于表外业务除了无条件可撤销承诺外，都统一按照100%的信用转换系数计入"调整后的表外项目资产"，因此，表外业务对我国银行杠杆率的影响较大。② 根据统计与测算结果可知，③由于国有大银行的表外业务占总资产的比例相对较低。因此，如果各银行的表外业务提高50%，除了中国农业银行以外，其他四家银行仍均能保持在4.5%的目标监管指标之上；即使表外业务提高100%，除了农行（3.93%）外，其他四家银行也都能达到4%的监管指标。而相比之下，股份制银行的表外业务占总资产的比例较高，如果表外业务提高100%，则除了浦发银行勉强达到监管指标（4.05%）外，其他所有的股份制银行的杠杆率都低

---

① 戈建国、王刚：《杠杆率监管：目标、演进与现状》，载《银行家》2011年第8期。主要数据来源为银监会报告和各银行的年报。

② 在我国资本充足率监管中，表外项目的信用转换系数很多是20%、50%。参见本节五（二）2（1）①相关内容。

③ 戈建国、王刚：《杠杆率监管：目标、演进与现状》，载《银行家》2011年第8期。

于4%的监管要求。

总之,由于《商业银行杠杆率管理办法》针对杠杆率的计算采取了简单的计算模式,针对除无条件可撤销承诺外的所有表外业务均统一使用100%的信用转换系数,完全不考虑不同表外业务包含不同风险水平的情况,因此杠杆率监管的实施,可能会迫使银行改变表外业务结构,即银行可能通过降低表外业务中风险收益较低的业务的比重、同时提高风险和收益水平较高的产品比重,以获取监管套利。其结果可能会提高我国银行业表外业务的总体风险水平。

(三)《巴塞尔资本协议Ⅲ》流动性风险监管标准在我国银行监管中的实施

根据银监会2011年4月的《关于中国银行业实施新监管标准的指导意见》和2014年1月的《商业银行流动性风险管理办法(试行)》,商业银行的流动性监管指标包括:流动性覆盖率、存贷比和流动性比例。

(1)流动性覆盖率

流动性覆盖率旨在确保商业银行具有充足的合格优质流动性资产,能够在银监会规定的流动性压力情景下,通过变现这些资产满足未来至少30天的流动性需求。其计算公式为:流动性覆盖率=(合格优质流动性资产/未来30天现金净流出量)×100%。其中,合格优质流动性资产是指现金类资产以及能够在无损失或极小损失的情况下在金融市场快速变现的各类资产;未来30天现金净流出量是指在规定的压力情景下,未来30天的预期现金流出总量与预期现金流入总量的差额。根据《流动性风险管理办法》的规定,商业银行的流动性覆盖率应不低于100%(第37条)。

(2)存贷比

这是我国商业银行监管常用的监管指标,其计算公式为:存贷比=

贷款余额/存款余额×100%。根据《流动性风险管理办法》的规定,银行的存贷比应不高于75%(第38条)。

(3)流动性比例

流动性比例也是我国商业银行监管常用的监管指标,其计算公式为:流动性比例=流动性资产余额/流动性负债余额×100%。根据《流动性风险管理办法》的规定,银行的流动性比例应不低于25%(第39条)。

可见,我国的商业银行流动性监管指标已在一定程度上接受了《巴塞尔资本协议Ⅲ》的流动性风险监管指标要求(关于流动性覆盖率的要求)。但我国《商业银行流动性风险管理办法(试行)》并未对《巴塞尔资本协议Ⅲ》规定的净稳定资金比例指标作出规定。为了弥补这一不足,《管理办法(试行)》根据我国银行监管的长期实践,增加规定了在《巴塞尔资本协议Ⅲ》未要求的存贷比和流动性比例。

(四)我国对系统重要性银行的审慎监管

系统重要性银行的监管是《巴塞尔资本协议Ⅲ》作为银行宏观审慎监管的重要内容提出来的。在2011年《关于中国银行业实施新监管标准的指导意见》中,我国引入了《巴塞尔资本协议Ⅲ》的相关规定,对系统重要性银行提出一系列原则性的强化监管要求,包括:

1.明确系统重要性银行的定义。主要考虑银行的规模、关联性、复杂性和可替代性,包括银行自身的绝对规模及其在金融市场中的相对规模(或市场份额)、该银行与其他金融机构之间的关联性(风险暴露程度)、银行经营结构及其金融产品的复杂程度以及该银行及其产品在行业中的可替代程度等。

2.维持防火墙安排,改进准入监管。即维持银行系统与资本市场、银行与控股股东、银行与附属机构之间的防火墙,防止风险的跨境、跨业传染；从严限制银行从事结构复杂的高杠杆交易业务；从严监管银行从事跨业经营。

3. 提高审慎监管要求。除附加资本要求之外，监管部门可视情况对系统重要性银行提出更高的审慎监管要求，以提升其应对外部冲击的能力，包括要求其发行自救债券，以提高吸收损失的能力；提高其流动性监管要求；严格限制其大额风险暴露，适度降低其对单一借款人和单一集团客户贷款占资本净额的比例；提高集团层面并表风险治理监管标准，包括从集团层面设定其风险偏好、统一风险管理政策、加强信息管理系统建设、加强集团内部交易监管等。

4. 强化持续监管。包括加强对系统重要性银行决策过程、执行过程的监管，以尽早识别风险并采取干预措施；完善系统重要性银行的风险监管评估框架，及时预警、有效识别并快速处置风险；加强对系统重要性银行的现场检查，督促系统重要性银行加强公司治理和风险管理，防止和纠正不安全、不稳健的经营行为；强调功能监管与机构监管相结合，采用产品分析、模型验证、压力测试、同业评估等监管手段，保证监管技术能够适应系统重要性银行业务和组织机构日益复杂化的趋势；指导并监督系统重要性银行制定恢复和处置计划、危机管理计划，增强系统重要性银行自我保护能力。①

5. 加强监管合作。首先，在跨境合作方面，建立对境外监管当局监管能力的评估机制，健全跨境经营系统重要性银行的监管联席会议机制，提高信息交流质量，加强在市场准入、非现场监管、现场检查以及危机管理方面的合作。其次，在跨业合作方面，在国务院统一领导下，银监会应加强与人民银行、证监会、保监会的协调配合，构建“无缝式”金

① 类似欧美在危机后提出的“应急清算计划”，也称“生前遗嘱”，即要求系统重要性银行制定一套完整、有序的应对危机计划，并在发生特定的触发事件时启动该计划。

融监管体系,改进对银行集团非银行业务的风险评估。

此外,2012 年 6 月的《商业银行资本管理办法》还要求对系统重要性银行计提附加资本。对于国内系统重要性银行,附加资本要求为风险加权资产的 1% ,由核心一级资本满足;对于被认定为全球系统重要性银行的国内银行,则应适用不低于巴塞尔委员会统一规定的附加资本要求(第 25 条)。在巴塞尔委员会 2013 年公布的 29 家全球系统重要性银行中,我国已有中国银行和中国工商银行位列其中,需要按规定执行附加资本要求(目前,巴塞尔委员会对全球系统重要性银行的附件资本要求也是 1%)。据业内专家分析,中国建设银行和中国农业银行也可能很快进入全球系统重要性银行的名单。[①]

对于银行集团的并表监管问题,《新资本管理办法》规定,对于银行集团的资本充足率监管,除了与《旧资本管理办法》一样要求对被投资金融机构拥有多数表决权或控制权的情况应实行并表资本充足率计算之外,还进一步规定,对于具有业务同质性的多个金融机构,虽然单个金融机构资产规模占银行集团整体资产规模的比例不大,但如果该类金融机构总体风险足以对银行集团的财务状况及风险水平造成重大影响,或者被投资金融机构所产生的合规风险、声誉风险造成的危害和损失足以对银行集团的声誉造成重大影响,也应纳入并表资本充足率计算范围。[②]

总之,对于巴塞尔委员会所发布的各项监管文件,我国已通过银监会规章等形式加以积极实施。但对于实施巴塞尔银行监管标准的得与

---

① 宜昌能:《巴塞尔银行监管改革回顾与展望》,载《中国金融》2014 年第 7 期。

② 商业银行对保险公司的投资不纳入并表范围,但应从各级资本中对应扣除对保险公司的资本投资。

失,国内银行界和学者则存在不同的看法,[①]可能需要监管当局与银行业界相当一段时间逐渐协调的过程。

尤其是其中某些高于《巴塞尔资本协议Ⅲ》的监管标准的实施,可能会使我国商业银行在激烈的国际竞争中处于暂时不利的地位。我国商业银行的发展本来起步就晚,虽然经过改制后已逐渐走向市场化,但与欧美成熟的老牌大型跨国银行相比,仍有需要逐渐完善和壮大的过程,不宜一步到位,否则可能欲速而不达,不仅未能收到预期的监管效果,反而使我国商业银行为了满足严苛的监管要求,或采取极端的手段逃避监管,或因严格执行监管标准而苦苦挣扎,甚至最后被市场淘汰,这将是监管当局和银行界都不愿意看到的结局。[②] 为此,监管当局应保持适度谨慎的态度,对执行《巴塞尔资本协议Ⅲ》的市场反应和效果予以持续关注,并在必要时适时加以调整。

第二节 金融衍生品市场的法律规制

目前,通过国际金融市场进行融资往往是各国资金需求者的首选。但是,国际金融市场在为融资者提供优惠利率的同时,也存在利率、汇率不稳定等风险。另外,国际贸易的繁荣也导致买卖双方有必要规避

---

① 实务界专家甚至对我国实行严格的巴塞尔资本监管标准表现出中长期担忧的观点。参见魏鹏:《巴塞尔资本协议Ⅲ与中国稳健银行监管体系构建研究》,载《金融会计》2013 年第 4 期。

② 实际上即使是发达国家,在执行《巴塞尔资本协议Ⅲ》时也并非都持积极的态度,如欧盟、瑞士的银行监管当局均未将《巴塞尔资本协议Ⅲ》作为银行监管的最低标准来执行。See Ern Pent, Third Times the Charm: Will Basel Ⅲ Have a Measurable Impact on Limiting Future Financial Turmoil? Penn State Journal of Law & International Affairs, Vol. 3, No. 1, 2014, pp. 287 – 290.

利率、汇率波动对经营利润的影响。在这种情况下,通过风险管理增加收益或者将收益锁定在某一底线对企业经营而言显得异常重要。而金融衍生品交易恰好具备降低财务管理风险的功能,但它的应用同时也给使用者带来新的负面影响。

而且,其所面临的风险有别于传统的金融工具。在 2008 年美国金融危机中,由于金融市场的全球联动性,美国市场的恐慌很快波及全球。应该说,此次危机的始作俑者是美国房价下跌、利率上升引起的资金链断裂。然而,扩大损失和风险传播的媒介却是信用衍生工具等金融衍生品,因此,美国金融危机后,如何完善金融衍生品市场的监管显得格外紧迫。

一、后金融危机时代金融衍生品市场的法律规制

与农产品、矿产品等商品衍生品不同,金融衍生工具的产生仅有近 50 年的历史。1971 年 8 月布雷顿森林体系的崩溃,意味着国际上固定汇率制历史的结束,并导致各国货币的兑换进入波动的状态,而汇率波动不可避免的结果便是利率的不稳定。[①]

1972 年 5 月,美国芝加哥商品交易所(CME)货币市场分部首先推出了金融期货交易,标志着现代意义上的金融衍生产品的诞生。其后,从 20 世纪 70 年代英国和美国公司间英镑和美元的平行贷款以及利率互换协议又催生了互换的出现。[②]由此可见,20 世纪 70 年代至 80 年代中期产生的第一代金融衍生产品(主要是与货币、利率相对应的金融期货、期权),在后布雷顿森林体系(以汇率、利率频繁波动为特征的国际

---

① 灵活的汇率机制为国家的财政与货币政策带来了一定的自由裁量权利,结果有些国家发生通货膨胀并导致利率波动幅度增大,而且各国之间的利率相关性也减弱了。

② See Teweles, R. J. & Jones, F. J. *The Futures Game*, McGraw-Hill Book Co., 1987, p. 515.

货币体系)时代得到了很大发展。从当时的情况来看,以金融衍生产品为基础金融工具的持有者提供了一种有效的对冲风险的手段,从而避免由于汇率、利率的不利变动而给人们带来预期收益的减少或成本的增加,并且起到转移风险和价格发现的作用。

然而,20 世纪 90 年代至今,金融衍生产品经历了新一轮的创新。在金融市场的专用术语中,常用“香草”(Plain Vanilla)来代表最简单形式的金融商品,衍生品市场也不例外。我们把原型的、最基础的衍生品契约称之为香草型衍生品。但在目前,市场上进行交易的却多为具有复杂条款的创新型衍生品合约,又被称为“新型”或“奇异型”(Exotic)衍生品。

实践中,商业银行是信用衍生交易最主要的参与者,但是随着信用风险逐渐被转移到银行以外,其他金融机构如保险公司、养老基金、共同基金等也纷纷涉足信用衍生产品市场。例如,在 2007 ~ 2008 年的美国次贷危机中,正是由于债务抵押债券的存在使商业银行免受重挫,通过这类债券的发行将部分风险转移到了对冲基金等机构投资者手中。

较之传统的金融工具,金融衍生品所面临的风险有着极大的差别:首先,它比传统金融工具更加复杂,这意味着很少有人真正理解金融衍生品的风险及其转化问题;其次,衍生交易的杠杆作用使得收益和损失都被放大了。这两个因素共同导致了金融衍生品成为高风险的产品。

(一)金融衍生品市场监管的必要性

传统观点认为,金融市场监管的主要原因在于这些市场发生的任何事件都有可能对整个经济体系造成重大影响。而从国际金融市场近些年的发展进程可以看出,金融衍生品交易确实是直接或间接造成金融市场乃至整个经济体系动荡的重要原因之一,这与其产生的最初目的是为了套期保值和风险管理的需要已经相去甚远。

1. 创新型的金融衍生品加剧了信息的不对称。[①] 金融一体化为金融创新提供了宽松的外部条件和现实的硬、软件基础,由此大大推动了创新的进程。各种跨行业的金融产品以及衍生产品伴随着技术进步和风险管理水平的提高而大量产生。这些衍生产品一般都涉及信贷、投资、保险等多个专业领域,技术性、专业性特点突出。同时,它使金融衍生品交易有别于传统金融活动的还在于风险传递过程的复杂性,其结果是市场的透明度大为降低,从而给内部管理人员、外部的业务对手和监管机构进行风险评价带来更高的难度,非专业人士很难对其全面了解,这在客观上进一步增大了信息不对称的程度。

2. 作为表外业务,金融衍生品的使用弱化了风险管理。[②] 银行开发表外业务的原因很大程度上是为了规避监管的需要,而其涉足衍生交易正说明了这一点。在传统的银行业中,由于商业银行在国民经济中的地位特殊而受到政府的严格监管,其中监管的重要措施之一就是资本充足率的要求。通过这一比率的规定,监管机构可以迫使商业银行不断改善自身的资本基础,加强风险控制。但体现在表外的金融衍生品业务却游离于监管之外,它并不改变商业银行的资产负债情况,这样中央银行等监管机构就无从对其真实的风险状况实施监督,而随着商业银行表外业务规模的扩大,其资本充足率潜在地下降,承受风险的能力也随之降低,金融体系的内在不稳定性随之上升。总之,赢利动机和规避监管的需要使商业银行对衍生金融产品产生了特殊偏好,它们迅速地运用新型金融工具取代了传统的信贷工具,因此,对金融衍生品交易等表外业务加强监管势在必行。

---

① 谢玉梅:《国外银行监管理念比较分析》,载《现代经济探讨》2004 年第 5 期。

② See John Andrew Lindholm, Financial Innovation and Derivatives Regulation: Minimizing Swap Credit Risk under Title V of the Futures Trading Practices Act of 1992, *Columbia Business Law Review*, 1994, p. 85.

3. 保护价格体系的完整性、准确性，避免对市场的操纵。通常情况下，场外市场对价格体系的破坏性很大。这是因为场外市场缺乏必要的透明度，金融衍生品交易由于其杠杆作用的放大，给交易者不诚实地扭曲或控制该产品以及基础资产的价值提供了可能。而这种市场操纵行为又进一步损害了衍生品市场和现货市场的价格发现功能，从而损害了那些依赖于这些市场的价格作出其他投资决定或商业行为的个体或公司的利益。

(二)后金融危机时代金融衍生品市场监管变革的提出

在每次金融危机发生后，市场都会做出自我调整。但除了市场结构，金融经营模式和金融监管的匹配共同构成现代金融体系的制度基础，政府的目标则在于强化市场的调整并实现市场资源的正确配置，因此，监管理念、具体制度的变革也十分重要。首先，与以往的金融危机相比，2008 年美国金融危机中金融机构、金融市场、金融业务全球化、一体化和综合化的特征更为明显，全球经济一体化还催生了公司治理趋同化以及各国在金融危机中所面临的问题大同小异，所采取的对策也出现趋同化的现象。其次，本次金融危机彰显了降低系统风险的重要性。金融工具特别是金融衍生品种类繁多，涉及证券市场、外汇市场等金融市场的方方面面。表面上，各个金融市场可以独立操作，并由不同的法律规则进行规制，但如果从宏观的角度来看，这些不同种类的金融市场间具有千丝万缕的联系。而金融衍生品交易由于涉及各种金融工具又将不同市场更紧密地融合在一起，金融市场中的系统风险也因衍生产品的广泛应用而增加了发生的可能。因此，美国金融危机后各国的监管变革很大程度上立足于金融衍生品的扩张与监管不足对市场系统性风险的影响。

二、后金融危机时代美、英金融衍生品市场监管的变革

2008 年美国金融危机暴露出全球金融衍生品市场监管制度的缺陷。金融危机后，全球各个国家和经济体都意识到完善法律制度、加强金融衍生品市场监管是避免再次发生系统性风险的必然选择。

（一）美国金融衍生品市场监管的变革

20 世纪 80 年代以后，世界金融业出现了由分业经营体制向混业经营转型的潮流，以金融机构全能化为特征的混业经营成为国际金融业的主流模式。为此，各国的金融监管体制也开始相应的变革，美国是在维持多个监管机构并存的前提下，通过信息共享和合理的职责分配来适应这种变化。

1. 场内金融衍生品的法律制度

一方面，20 世纪 70 年代金融衍生品产生之后，交易规模和市场容量的迅速扩大给监管带来了新的挑战；而另一方面，70 年代早期未受限制的商品期权交易丑闻开始引起了美国国会的关注，商品价格在那段时间内难以置信的暴涨要求监管部门作出回应。[①] 为此，美国国会根据新的市场条件，对 1936 年《商品交易所法》进行修改并于 1974 年颁布了《商品期货交易法》（CFTCA）。该法首先将法律管辖的期货品种从商品扩展到金融产品，如外汇、利率、股价指数等金融期货；其次设立全国性的商品期货交易委员会（CFTC）取代原来的政府监管机构对美国的期货市场行使专属监管权力，同时，该法还授权成立全国期货协会

---

① See Markham Jerry W., A Comparative Analysis of Consolidated and Functional Regulation: Super Regulator: A Comparative Analysis of Securities and Derivatives Regulation in the United States, the United Kingdom, and Japan. *Brooklyn J. Int'l L.* 2003, 28, pp. 341 – 342.

(NFA)作为期货行业的自律性监管组织。①

但1974年《商品期货交易法》颁布之后,其所采取的严格监管的策略导致大量原来在美国期货市场进行的交易流向其他国家。为此,2000年12月,美国国会通过了《商品期货现代化法》(CFMA),旨在改革美国衍生品市场,确保在国际金融市场的竞争地位。CFMA解除了对单个股票、小规模股票指数期货合约、上限、下限、上下限、期权(统称证券期货产品)19年的交易限制,在期货交易方式上赋予期货交易所及其他机构相当大的自由度,并承认了多数场外衍生品的合法地位。② 同时,期货交易与其他金融业务一样,对其监管也包含在金融监管的双重监管体系里面。其中,机构型监管主要分为三个阶段:首先,由从业机构的监管者指定该机构可从事的“许可业务”的范围;其次,一旦业务得到许可,从业机构就要接受相应的监管;最后,监管者对各机构的资本充足率进行评估,并执行审慎监管原则,以判断机构的整体状况,确保其符合资本要求。

由此可见,1974年《商品期货交易法》以及2000年《商品期货现代化法》最终确立了对衍生品交易的监管体制。在监管职责的划分上,商品期货交易委员会对所有交易所内的商品期货和期权享有排他的管辖权。交易所新合约的上市,必须得到商品期货交易委员会的批准,证明其符合商业需要,可以有效地用来保值,有足够的可交割供应量以防止市场操纵,具有价格发现功能并且符合公众利益。③ 美国证券交易委员

① See Commodity Futures Trading Commission Act of 1974, Pub. L. No. 93 – 463, 88 Stat. 1389.

② See Commodity Futures Modernization Act of 2000, Pub. L. No. 106 – 554, 114 Stat. 2763.

③ 通常来说,能否取得批准最关键的因素是合约的保值用途,并保证价格不会被操纵。尽管需要得到CFTC的批准,但CFTC很少根据合约是否能取得成功而否决申请。只要交易所提供充分证据证明合约并非用于投机的目的,而且不存在明显的可供采用的方法来操纵价格,那么CFTC的态度是让交易所自己承担失败的风险。

会(SEC)则监管所有在全国性的证券交易所进行交易的证券,包括货币期权、股票期权和股票指数期权。[①] SEC 对这些产品及交易所的监管包括透明度、价格报告制度、反操纵规定、成交量限制、审计跟踪制度和保证金要求等。而在行业自律上,全国期货协会作为自律组织,为了避免与现有期货交易所在业务上出现重叠,规定对于全国期货协会会员中的期货经纪商(FCM)和介绍经纪商(IB),如其为一家或数家交易所会员时,则由会员的指定自律机构负责监督该会员的财务状况,如果不是交易所会员,则全国期货协会将为其指定自律机构。此外,《商品期货交易法》修订案还增加了强制将从业者纳入自律机构的规定。[②]

2. 场外金融衍生品的法律制度

根据美国 1936 年《商品交易所法》的规定,由于场外衍生产品不属于标准合约,因此给予其监管豁免。而 2000 年《商品期货现代化法》进一步明确,外汇产品的场外交易不受《商品交易所法》的监管。合格市场参与者之间的除外商品的交易也不受《商品交易所法》和商品期货交易委员会(CFTC)的监管。除外商品包括利率、汇率、特定指数等。[③] 但

---

① 1981 年,CFTC 和 SEC 两大监管机构的主席达成"Johnson-Shad Accord",确立以监管"目标测试"(Goals Test)为标准来区分各自的监管职能的方法,即 SEC 的监管目标是促进资本形成,所以它应当关注以投资目的为基础的市场和产品;而 CFTC 的目标是促进价格风险的转移,因此它应当监管服务于套期保值和价格发现功能的市场和产品。1983 年,美国国会根据上述安排,授权 SEC 对证券期权和股票指数期权合约行使监管权力,CFTC 对期货合约和期权合约上的期权合约行使监管权力。See Sullivan Diane M, Risk Securitization and the Regulation of Derivatives, *Securities Regulation Law Journal*, 1999, 27(213):226 – 229.

② See Self Regulatory Organization: Notice of Filing and Immediate Effectiveness of Proposed Rule Change by National Futures Association Relating to Security Futures Products. Exchange Act Release No. 34 – 44,823, 66 Fed. Reg. 49,439, Sept. 27, 2001.

③ 在此之前,美国的期货交易所曾试图通过游说国会以监管的方法扼杀场外交易,但终告失败。互换等衍生工具顺利通过了 1981 年"Johnson-Shad Accord"的"目标测试",并已形成巨大的规模。Jerry W. Markham, A Comparative Analysis of Consolidated and Functional Regulation: Super Regulator: A Comparative Analysis of Securities and Derivatives Regulation in the United States, the United Kingdom, and Japan, *Brooklyn J. Int'l L*, 28, 2003, p. 369.

是,这并不意味着场外衍生交易不受任何监管。美国的金融监管体制不仅包含功能型监管,还包含机构型监管。因此,如属证券公司进行的场外衍生交易,仍由 SEC 监管;而对于进行外汇和利率方面场外金融衍生品交易的银行,则由美国财政部货币监理署(有些情况下为联邦储备委员会或州银行监管机构)监管。事实上,由于银行在金融体系中的特殊性,其在各类场外交易商中所受的监管也是最严格的,除了资本充足率的要求外,银行还受"杠杆工具"使用限制以及必须满足各种信息披露和反欺诈要求。同时,场外金融衍生品交易的风险还受到市场交易主体自身的关注。由于场外衍生金融业务对信用要求极高,而雄厚的资本又是开展衍生业务的先决条件,因此,绝大多数的衍生品交易商,包括证券公司和保险公司下属的专门从事衍生品业务的子公司,都拥有十分充足的资本并开发出非常完备的、用于测量和管理风险的内部模型。此外,行业协会、美国的联邦会计准则委员会(FASB)及民间评级机构(穆迪公司、标准普尔公司等)也在其中担当着非常重要的准监管机构的角色。

3. 金融危机后美国金融衍生品市场的监管反思

2008 年,美国金融危机全面爆发并引发全球主要金融市场的持续动荡。此次危机的导火线是美国银行利率上涨以及房地产价格下降带来的资金链的断裂。然而,更深层次的原因却在于金融风险通过信用衍生品的创新逐渐累加,并通过相关产品的拆分和出售不断扩大。另外,对冲基金等私募基金对高杠杆金融衍生工具的偏好以及所使用的激进的投资策略,更加剧了危机发生的广度和深度。因此,2010 年 7 月,美国国会参众两院批准了《多德—弗兰克金融监管改革法案》(以下简称《法案》),该法案被认为是自 20 世纪 30 年代以来最全面的金融市场改革法案。《法案》在开头部分即提出:"本法案旨在通过提高金融体系的透明度,促进其承担应尽的责任,进而提升美国金融体系的稳定性,终止金融机构‘大而不能倒’的状况,防止对金融机构无止境的救助而损害纳税人的利益,保护消费者免受有害的金融服务,以及其他目标。”就衍生品市场而言,《法案》第七章“华尔街透明度和问责”,主要涉及衍生品和市场参与者。该章力图加大对金融业审查的力度,特别是将游离于监管边缘的场外衍生品市场和对冲基金纳入监管体系,整合证券和期货的监管,以降低系统风险,维护金融市场的稳定。

(1)对缺乏透明度的OTC市场的监管介入

场外衍生品市场的产生发生在远期合约从期货合约中剥离,但在当时,多数交易者都是出自避险的目的,有真实的交易作为基础。场外交易市场(OTC)的扩张却是得益于20世纪90年代后商品期货交易委员会采取的放任(laissez-faire)策略,而无视纽约银行、加州橙县案给市场和金融体系带来的动荡。自此之后,全球金融市场的迅速创新绝大多数都发生在OTC市场。这些监管宽松的OTC衍生品,特别是信用违约互换(CDS),在2008年的金融危机中起了毁灭性的作用。危机发生前,许多机构和投资者拥有大量的CDS仓位,特别是以不动产为基础的CDS。这些产品十分复杂,即使是经验丰富的投资者也不能完全理解。同时,美国国际集团(AIG)和特定单一险种的保险公司为这类贷款支撑证券价值的急跌提供保护,以及他们的交易对手——各银行对信用风险管理的不足和信用评级存在的时滞性和其他缺陷,使金融系统承受未被认知的巨大风险。当CDS的价格下降时,危险变得很清晰。按照最初的预计,各金融机构相信这些衍生品可以保护他们的投资并保证回报,即使是在市场下行的时候。[①] 然而,危机中涉及的合同的总金额远远超出担保机构能承担的亏损,而缺乏有效的监管,使得监管者不能尽早识别和转移不断累积、扩大的系统威胁。

为此,《法案》针对 OTC 产品监管普遍缺失的状况,明确由证券交易委员会和商品期货交易委员会对其实施监管。标准衍生金融产品必须在第三方交易所和清算中心进行清算,非标准或定制的衍生产品仍然可以进行场外交易,但必须提高透明度,相关数据必须集中到交易中心。可以看出,其目标不在于控制供求关系,限制衍生品市场的容量,而是在监管资源有限的情况下,通过改善信息的不对称和市场的不完善,有效维护市场和金融体系的有序性与安全性。其原因在于随着金融创新、风险管理水平的提高,技术的进步,OTC 产品涉及信贷、投资、保险等多个专业知识领域,这些不同领域的相互交织,导致了风险传递过程的复杂性,结果是市场透明度的大幅降低以及进行风险评估的困难。特别是在市场发生危机时,对动态避险策略的依赖致使原来还可以承受压力的市场突然进入不能兑现的危机。透明度的提高是避免这种情况发生的主要途径,它通过信息的披露,可以为投资者提供市场波动的资讯,降低市场事件的溢出效应;而对市场滥用行为的明令禁止,则可以避免交易者不诚实地扭曲或控制衍生品的价格,促进衍生品正

---

① CDS 事实上是具有保险性质的合约。它以企业的债务为交易对象,但处理的只是债务的结构成分,购买 CDS 的一方承诺一旦发生违约,则承担卖方的资产损失;如果资产没有发生违约,则卖方须定期向买方支付一定的费用。对于保险性质的合约,被保险人对保险标的具有可保利益(即法律、经济意义上的实质性的利益)是一份保险合约的基础条件。而按照 CFTC 对衍生合约批准的规则,经济利益也是获得批准上市的标准之一。如果 CDS 能遵循这一条件,那么并不会发生次贷危机中风险通过杠杆作用被几十倍、上百倍放大的情况。但实际上却是,CDS 在场外交易,不受 CFTC 的约束,因此风险在不具有实际经济利益的投资者之间不断传播,这也是为什么《方案》提出将场外衍生品纳入监管的重要原因。See Thomas Lee Hazen, Filling a Regulatory Gap: it is Time to Regulate Over-the-Counter Derivatives, North Carolina Banking Institute, March, 2009, pp. 132 - 134.

确反映基础产品价格的变化趋势,使衍生品市场发挥其应有的价格发现和避险功能,保护价格体系、金融体系的完整性、准确性。

另外,《法案》认为,集中的中央清算机构能最有效地降低信用风险。因为 OTC 交易商和在该市场从事交易的机构给交易对方带来大量的风险暴露,对于标准化的场外合约而言,如果由统一的清算机构作为每一笔交易的对手,将会最大限度地保证所有合约的履行。而对于标准化且达到一定需求的场外衍生品,则可以转移到交易所,建立迅速、及时报告交易的电子系统,以便价格信息和其他交易信息能在市场充分被消化。同时,《法案》还要求通过对《商品交易法》及证券立法的修改,授予 CFTC 和 SEC 基于各自监管目的的明确权力,允许其对 OTC 衍生品头寸予以限制,并增加对 OTC 交易记录留存和报告的要求(这些要求包括对敞口的仓位进行合计、记录数据、面向公众的交易总量等,并对单一交易主体的交易和头寸数据留存),致力于使 OTC 市场交易更加透明,起到价格发现的功能。

简而言之,在 2008 年金融危机前,美国官方监管机构允许 OTC 市场及交易者作为市场本身的监管者显然并非明智之举。虽然,市场中自发产生的各种各样的规则,包括金融机构内部风险控制系统和公司治理的方法,以及国际互换与衍生工具协会(ISDA)颁布的标准化协议,都潜在地对它们起到约束作用,但实践证明,官方监管虽然有时因其“家长式统治”(paternalistic)被诟病,却是公平且必要的。它可以保护交易者作出商业决定的自主权,同时避免这种权限被无限制地扩大。对 OTC 市场从市场自治向官方监管与自律监管并重,可以通过市场压力以及激励与惩戒并存的制度安排(如完善的金融基础设施、交易所的规则设置、健全的法律与会计制度、完善的信用评级等),使市场参与者自发地提高内部风险管理能力,控制和监督风险决策的执行。由此,《法案》立足于对市场完整性的认知,鼓励 OTC 衍生品更多地进入交易所交易或采用标准化的统一清算,从而通过 OTC 市场和交易所市场间的竞争使两个市场都更为透明、有效,最终达到更好地为客户服务的目的。此外,在投资者保护上,2008 年的金融危机表明,无论是交易主体的不慎操作或是违规者的蓄意所为,都会带来巨额的损失。遭受这些损失的投资者会对金融衍生品市场乃至整个金融体系失去信心,并引发信用危机。因此,监管机构的重心不仅应放在对违规者的惩罚上,还应该对 OTC 市场普通交易主体的投资行为进行合理限制,从而形成基于市场准入及约束产品出售对象的事前防范、针对违法行为的事中规制以及危机发生时的事后处理的金融安全网。

(2)对交易所市场的监管协调——期货和证券监管的整合

事实上,期货和证券监管的划分并没有强有力的说服力,更像是对 CFTC 和 SEC 间监管竞争的妥协。特别是某些金融工具不能简单、直接地归入特定的类别,而对于投资者而言,无论是投机或者套期保值,这些金融工具能达到的目标都是相同的。[①] 许多在商品和证券交易所甚至场外交易的金融工具都存在可以归入期货或证券监管的特性,这种管辖权的重叠导致经济意义上相似的金融工具可能属于不同机构监管,适用相冲突的监管规则和政策。这样的重叠在很多情况下延伸出众多法律纠纷,市场参与者对于这些合约的法律效力无所适从,以致相关交易进行得举步维艰。而且在这种竞争体制下,衍生品交易仍然存在监管真空。例如,由于期货和证券间的界限在某些情况下比较模糊且其外延难以确定,当一项衍生品合约超出机构监管范围之外,且交易商所设计的合约从表面看来不属于证券或者期货,那么这份合约便很可能逃避明确的监管。另外,法院或者监管机构还可能因为无法为其

① See Norman S. Poser, Why the SEC Failed: Regulators against Regulation, Brooklyn Journal of Corporate, *Financial & Commercial Law*. Spring, 2009, p. 322.

归类而判决合约不能强制执行。同时,这些纠纷也在不断地消耗监管机构的资源,事实上,这些资源本可以用于监管机构更好地履行职责。

对此,《法案》指出,由于衍生品市场的发展和新的衍生工具的出现,使得有必要协调 SEC 和 CFTC 在监管上的不同。从法律制度背后的公共政策出发,期货和证券的监管目标大致一致:保护投资者、保证市场的完整和统一、促进价格的透明。虽然证券和期货作为不同类型的金融工具存在差别,但是其所产生的监管差异并不明显。当然,该建议也需要监管机构间的合作和协调。例如,按照《商品交易法》的规定,在期货市场交易的基金为商品基金经营者,每年应向 CFTC 提交年度金融报告。目前,美国这类基金超过 1300 家,其中包括一些大型对冲基金。这就要求 CFTC 享有对这些机构执行权的同时,允许 SEC 在该领域得到相应的授权。而目前,CFTC 采用的是“以原则为基础”的策略监管交易所、清算机构和中介机构。SEC 则适用“以规则为基础”的策略,这就要求 CFTC 和 SEC 进行协调,并保证新的立法更为精确,以使得违反规定的市场实践能够很容易地被识别,利于监管者的执法。同时,它们还必须足够的灵活,为遵循这些规定产品的创新提供空间。但是,《法案》对经济价值类似的期货和证券立法的协调并不要求终止或修改商品期货如农业、能源等期货产品的监管规则,因为这些市场更需要保护,它们必须保持在特定的、具有延续性的监管系统中。

因此,《法案》对期货和证券监管整合的目的是结束管辖权的不确定性和保证具有同等经济属性的产品受到一致的监管,而无须考虑该产品会隶属于哪一监管机构,从而摈除产品创新的人为障碍。协调 SEC 和 CFTC 的监管有助于上述立法目的的实现。同时,它还有利于减少 SEC 和 CFTC 间的监管竞争,避免从事多项金融服务的公司面对各式各样甚至相互冲突的监管标准。证券和期货监管的整合还将允许更多的金融工具进入受到规制的交易所,竞争的加强将使市场更为有效,吸引 OTC 衍生品进入交易所或通过透明的电子交易系统交易。

(3)对市场交易主体的监管约束

在衍生品市场,最为活跃的交易主体是对冲基金,它们运用各种投资策略,对指数期货、股票期权、远期外汇合约,乃至其他具有财务杠杆效果的金融工具进行投资,同时也可在各地的股市、债市、汇市、商品市场进行投资。但是,相对于共同基金等金融机构,对冲基金所受到的监管却十分宽松。[①] 绝大多数投资公司(如共同基金)都受到《1933 年证券法》、《1934 年证券交易法》、《1940 年投资公司法》和《1940 年投资顾问法》的约束,但是这些法律却允许符合特定条件(如投资者的数量、类型、投资的私募性质)的对冲基金无须进行相关登记或予以监管豁免。[②]

然而,从 2008 年的金融危机可以看到,由于缺乏严格的登记和报告制度,监管机构不能收集到足够的信息有效规制对冲基金的行为,从而无力给予投资者充分的保护。对此,监管机构只能建议投资者"获得准确、及时的历史和现状的资料,以确保该基金在策略、合约的草拟、条款、风险管理上履行了应有的谨慎,从而保证投资者对基金管理人的投

---

① 在 2008 年金融危机前,对冲基金给华尔街投资人带来巨额收益的同时,在很大程度上也巩固了纽约的金融中心地位。美国出于自身利益的考虑,一直不愿意收紧对冲基金的监管,担心会因此损害自身金融霸主的地位。甚至在 2007 年 6 月召开的八国集团峰会上,美国仍抵制对冲基金监管新政的出台。李硕:《G8 峰会美英抵制对冲基金全球监管新政出台》, at http://www.fundatchina.com/htmlnews/2007/06/08/1002108.htm,2009 年 3 月 8 日。

② 这些豁免主要基于两种理论设想:一是投资于这些基金的是成熟的投资者。这里的成熟指的是拥有足额资产的自然人或其他实体,同时,他们对对冲基金的投资策略较为熟悉且通常与基金管理人在此前就存在一定联系。这些投资者被认为足够地谨慎,并对风险及其回报有充分的认识;二是基金的私募性质、投资者的有限数量使得要求对冲基金在 SEC 登记注册并非迫切或者必要。See Simeon G. Mann, Too Far over the Hedge: Why the SEC's Attempt to Further Regulate Hedge Funds Had to Fail & What, if Any, Alternative Solutions should be Considered, *Saint John'8 Law Review*, Winter, 2008, p. 323.

资决定取得一定的信息”。[①]

因此,美国对衍生品市场的监管改革要求针对交易主体特别是机构的监管应更加健全并具有延续性。类似的金融机构将面临同样的监管标准,避免存在差距、重复或套利的可能。这些改革方案建议成立金融服务监管机构,由财政部领导,以填补监管的空隙、方便政策的协调和不同监管机构的合作、纠纷的解决,识别金融机构和市场已出现的风险。对于对冲基金和其他私募基金的投资顾问,则要求如果其所管理的资金池超过最低的界限,他必须按照《投资顾问法》向 SEC 登记。对此,财政部在 2009 年 7 月将该最低界限进一步降低为 3000 万基金资产。[②] 投资顾问应提供他所管理的基金的充分信息,以评估该基金或对冲基金作为整体是否随着时间的流逝其总额、杠杆率等发生变化,是否会对金融稳定造成影响。SEC 还应对这些基金进行定期检查,并以不公开的方式形成报告,包括管理基金的多寡、借款的总额、资产负债表中不平衡的项目及其他信息。

(二)英国金融衍生品市场的变革

英国金融衍生品的监管体制采取的是单一监管机构的模式。为了避免多个监管机构并存造成的监管成本增加、效率降低,英国成立了金融服务监管局作为单一的金融业监管机构。

1. 场内金融衍生品的法律制度

2008 年金融危机之前,英国金融业的主要立法是 2000 年《金融服

---

① President's Working Group on Financial Markets, Agreement Among PWG and U. S. Agency Principals on Principles and Guidelines Regarding Private Pools of Capital (Feb. 22, 2007), p. 2, at http://www. treas. gov/press/releases/reports/hp272 principles. pdf, Mar. 8, 2009.

② U. S. Department of the Treasury, Legislation for the Registration of Hedge Funds Delivered to Capital Hill, at http://www. ustreas. gov/press/releases/tg214. htm, Jul. 25, 2009.

务及市场法》,按照该法的相关规定,金融服务监管局拥有制定、颁布与实施金融监管法规、金融行业准则,给予被监管者以指引和建议的职能,但它并不是政府机构,而仍然是一个独立非政府的监管组织。这种统一直接导致的结果是英国单一监管体制的形成,而同时形成的还有统一职能监管的模式。在金融服务局职能部门设置上,它摒弃了按不同金融机构划分监管权限的方式,而是分为消费、投资与保险部,存款及市场部,监管程序及风险部三个部门。伦敦的五家期货和期权交易所以及伦敦清算所的监管在总体上隶属于金融服务监管局的存款及市场部。这样的监管模式的优势在于以监管目标为基础配置监管职权,避免了不同目标合并到同一个监管机构下产生的理念和行为的冲突,而后者可能会抵销和损耗单一监管机构带来的规模经济效应。同时,为了维护市场自治的传统,英国的金融服务监管局还通过出版各种可比较的金融工具信息来使公众能够基于一定的信息基础作出投资决定,从而保证了政府只作为"守夜人"的传统。金融服务监管局指派其中的一个办公室制定涉及所有金融部门的审慎经营的政策、管理风险的方法和资本要求,包括管理责任、内部控制体系、财务上的要等。在这种情况下,为了保证监管的效率,英国的措施是对公司管理人员施加严格的监督义务。同时金融服务监管局还通过开展申请强制执行诉讼判决权的计划,对衍生金融交易的违规行为施加罚款和禁令。①

除政府机构外,各个交易所内也设有相应的部门来控制市场风险和监管交易会员。例如,伦敦国际金融期货期权交易所是伦敦最著名的股票和指数衍生产品交易所,它的运作和发展就受到许多由市场参与者组成的委员会的监督。这些委员会向交易所的理事会负责,其组

---

① See Sackheim Michael S. & Hurd Joseph K. III, International Legal Developments in Review: 1998: Business Transactions and Disputes, *The International Lawyer*, Summer, 1999, p. 457.

成包括:会员资格和规则委员会,负责设定、审议会员资格条件和规则;场内委员会,负责对交易大厅的实物布置以及与交易有关的设施提出建议,同时也审议场内交易程序;自动交易委员会,负责为交易所的自动交易池交易提供支持和建议;股票市场委员会,专门负责股票和指数市场问题;违约委员会,负责在会员公司违背其金融合约时采取行动。此外,交易所的市场监督部则负责监督会员公司在场内的交易行为,主要目标是通过监督和与会员公司的协商来防止事故的发生。因此,市场监督部必须与交易所的其他部门以及金融服务监管局的存款及市场部、伦敦清算所密切合作。

2. 场外金融衍生品的监管

英国对场外市场的监管制度主要出现在《金融服务法》中,并根据投资产品的种类性质进行分类。按照《金融服务法》的相关规定,所有从事"投资业务"的公司和私人必须获得金融服务监管局的授权,衍生产品属于10类投资所确定的范畴之一。① 此外,英国的经纪公司如期货公司和证券公司则受金融服务监管局的监管,其依据是1999年金融服务监管局根据《金融服务法》第43条制定的《现货批发和场外衍生品市场规则》,主要适用于货币、利率、金银、证券类,不适用于普通的衍生产品。如果一家公司需要开发一种新的场外金融衍生品,该公司须事先和金融服务监管局沟通,并提供证据证明该公司有足够的能力和内部交易系统来管理该产品的风险,包括一些模型。通常,只要在财务上

---

① 这10类投资业务包括股票,债券、贷款证券及类似工具,政府、地方政府或其他公共机构发行的证券,认股权证,具有获得、转让和转化为证券的权利证书,集合投资计划单位,期权(包括1至10规定的投资工具的期权,以及货币、黄金、白银、白金等的期权),具有投资目的的期货,差额合约,长期保险合同。

满足金融服务监管局的要求,新品种就可以得到核准。[①]

3.2008 年金融危机后英国衍生品市场监管制度变革

2008 年金融危机后,作为国际金融中心,英国在强化金融监管方面做出了巨大的努力。就金融衍生品市场而言,金融危机及其对英国市场的冲击凸显出英国对金融系统既有监管方法的不足,突出表现在未充分重视宏观审慎监管。2009 年 2 月,英国议会通过了《2009 年银行法案》,规定在英格兰银行的董事会下设立金融稳定委员会,以判断金融风险的性质、关注金融风险的形成和发展、制定和实施金融稳定战略。2009 年 7 月,英国财政部发布《改革金融市场》白皮书,提议设立两个专门机构,从两个层面监管系统性风险,维护金融稳定。2012 年,英国出台《金融服务法案》,对英国金融监管体系进行彻底改革,将金融服务局的职能拆分为金融行为监管局(Financial Conduct Authority,FCA)和审慎监管局(Prudential Regulation Authority,PRA)。其中,PRA 作为英格兰银行的附属机构,有权否决 FCA 出台的商业行为监管法规。PRA 以提升受监管机构的安全性和稳健性为目标,负责存款机构、保险机构和系统重要性投资银行的审慎监管;FCA 则作为独立机构,直接对英国财政部和议会负责,承担金融消费者保护职能,负责约 26,000 家金融机构的行为监管和 PRA 监管范围外的约 23,000 家金融机构的审慎监管。

就场外衍生品市场而言,与美国监管当局致力于交易存储和中央结算对手方类似,英国将精力集中在中央对手方清算和金融市场基础设施的解决机制上。英国监管机构努力促使所有"具有统一清算可能"的标准化场外衍生品合约交易通过中央交易对手(CCP)进行统一清

---

① FSA, The Regulation of the Wholesale Cash and OTC Derivative Markets under Section 43 of the Financial Services Act 1986(June 1999), at http://www.fsa.gov.uk/pubs/additional/grey.pdf, Oct. 13, 2008.

算。英国监管机构还为中央对手方和相关集团开发国内法定解决机制,同时与其合作,促进损失分配安排的自愿采用。①

三、我国金融衍生品市场的法律规制及其完善

2008 年金融危机发生的导火线是金融风险通过信用衍生品等创新产品的传播逐渐累加,并通过相关产品的拆分和出售不断扩大,而其更深层次的原因还在于监管无法实现市场资源的正确配置和处理系统性风险。但是,金融危机的发生并不能成为我国在衍生品市场发展上踯躅不前的理由,仍应开发目前缺乏的信用衍生产品等金融创新产品,使风险能够转移给最适合承担或最愿意管理该风险的投资者,并满足市场参与者的现实需求。另外,衍生品市场的过度创新和滥用可能引发市场的系统性风险,因此加强对衍生品市场的监管成为防范和规避危机的共识。

(一)我国金融衍生品市场监管模式的完善

金融衍生品交易的法律规制由两个层次构成,即官方的外部监管和自律组织的自律监管。对于官方的外部监管,英国在 2008 年美国金融危机前采取单一监管模式,而美国则采取多个监管机构并存的模式。应该说,无论是单一机构监管还是多个监管机构并存,统一职能监管是目前金融衍生品市场监管的发展趋势。在这种监管框架下,监管机构以监管目标的实现为导向组织和配置职权。它通过不同金融衍生产品的区分,按照市场准入、风险防范、信息披露和审慎经营等来分配监管

---

① 汇亨中文网:《一个时代的结束——英国金融服务监管局发布 28 年来最后一期国家金融市场年度监管报告》,at http://cn.forexmagnates.com/2013/07/11/regulation/9329,2013 年 12 月 23 日。

职责。这不仅解决了多个监管机构并存下的监管竞争问题,也解决了单一监管机构在监管政策设计上对某类从业机构有所偏向的问题。但是,在现阶段,对于多数国家(包括我国)而言,在庞大的金融体系和复杂的国家权力分配结构中,要立即改变多个监管机构并存的模式并不可行,[①]只有增加各个监管机构的联系,加强联席会议的作用,并在此基础上统一监管目标、设计监管制度才具有现实意义。

另外,监管模式的选择意味着政府介入市场及公司内部风险控制的程度,它对于保护交易者作出商业决定的自主权,同时避免这种权限被无限制扩大具有重要的作用,主要分为外部监管模式、自律监管模式和内部风险控制模式。外部监管模式采取官方外部介入的方式来禁止交易者的特定行为,包括法院事后被动的执法和监管机构对交易者行为事前的主动规制。但过度严格的外部监管会导致监管机构成为投资者的对立面,使后者尽量逃避监管,甚至放弃自律监督。自律监管模式则将被监管者和监管机构合而为一,以在两者之间建立较为融洽的关系。但它的缺点也很明显,主要是监管机构可能利用权力创造不利于竞争的垄断地位。监管机构和被监管者的同一性使原本能够简单区分的两者联合起来对抗市场的其余部分,这又被称为“监管俘获”现象。最后是内部风险控制,指市场交易者通过内部风险控制系统以及公司治理的方法来避免市场异常状况的影响。但内部控制机制如果没有外部约束是远远不够的,内部约束失灵可能带来十分严重的后果。因此,各国通常结合这三种方式并在极端的情况下进行刑事处罚,以最大限

① 在我国,银监会负责监管商业银行、政策性银行、信托投资公司、资产管理公司、农村信用社等存款类金融机构;证监会负责监管证券公司;保监会负责监管政策性保险公司和商业性保险公司。而具体到衍生金融交易,证监会主要负责监管国内期货交易;国有企业参与境外期货业务由国务院批准,并取得证监会颁发的境外期货业务许可证,套期保值计划报证监会备案,选择期货品种由国家经贸委或商务部核准;而商业银行从事衍生品交易则由银监会监管。

度地保证秩序的维持。外部监管机构一般通过授权、市场准入、提供执行国内和涉外法律规范的指南来规范被监管者的行为。如果被监管者的行为超出一定的尺度,监管机构的位置则上移并对违法行为进行惩罚,而在双方重新达到合作状态时,再次建立协同努力的关系。

统一职能监管并不意味着单纯由官方机构进行外部监管。无论是美国或者是英国,都通过立法强调自律组织的作用。较之监管机构制定的法律,自律组织的规则更具有灵活性和针对性,而从业机构也更愿意遵守和维护这些规则的实施。同时,由于自律组织更加贴近市场,它们对于市场违规行为的反应更加迅速,因此可以及时采取限制措施,防患于未然。20 世纪 80 年代到 21 世纪初,国际上曾经出现金融自由化所带来的管制放松。它体现在政府监管的重心已从维护金融体系的安全和稳定向鼓励竞争、提高金融业效率的目标转移。放松管制的本质是更多地依赖市场及自律组织来决定资金和金融服务的价格和配置,但也导致了金融机构更多的风险暴露。[①] 对此,不管是监管机构还是自律组织都应该明确,它们对衍生金融交易的顺利进行负有监督的责任,目的在于通过相关规则的执行,保证市场正常和有效的运作。因此,金融衍生品交易法律规制的重心是强调单一监管机构的职责,协调监管机构与自律组织、从业机构的监督管理行为和业务规程,同时通过加强金融衍生品市场调控的国际合作,以实现维护金融安全的监管目标。

(二)金融衍生品市场具体制度的完善

1. 场内金融衍生品市场监管制度的完善

我国金融衍生品市场的形成是以期货交易所的建立为起点。其

---

① 胡继红:《全球化视野下现有国际金融监管法律制度的局限及其克服》,载《法学评论》2003 年第 3 期。

中,国债期货交易是区域最广、持续时间最长、影响最大的金融期货交易试点。20世纪90年代,借助交易所的股票交易网络系统,国债形成二级市场,可以十分方便地买卖国债。但1995年国债期货"327事件"的发生终于促使监管机构意识到我国开放国债期货市场的条件尚未成熟,并于1995年5月决定暂停国债期货交易。"327事件"之后的很长时间,一提到期货,人们总会联想起欺诈、疯狂和混乱。从1995年至2004年,是中国金融期货业沉寂的10年,监管层也整整思考了10年,中国国内再也没有出现场内金融衍生品。2005年4月,市场期盼已久的沪深300指数出台,2006年9月中国金融期货交易所在上海成立,并推出沪深300指数期货和5年期国债期货。

就我国而言,金融衍生品市场发展尚处初期。首先,在期货品种上市中,证监会依法享有批准上市、终止、取消和恢复期货品种的权力。但在实际运作过程中,由于决策程序复杂、过程冗长,期货品种上市机制并没有真正实现规范化和制度化。因此,我国应改变目前期货市场被动地应付或认可政府供给的局面,实现品种上市由审批制到核准制的转变。其次,国际上,场内衍生品交易风险的持续、动态监管,主要是通过保证金、持仓比例、涨跌幅限制、每日盯市、平仓等制度的执行来完成。但在目前,保证金、持仓量、涨跌幅作为具体的风险控制措施,采取浮动比例调控制度,交易所的调整程序繁琐,不能适应市场的需要。再次,对市场交易主体风险监管过于依赖事先的资格审批和市场准入,对其内部风险控制规范不够、引导不力。因此,行政和自律监管有必要改变过去重审批的刚性监管思路,建立以内控制度和风险管理为核心的柔性监管架构。

2. 场外金融衍生品市场监管制度的完善

场外金融衍生产品作为现代金融高度创新的产物,其产品模型研发及交易市场主要集中于英美国家。目前,我国场外金融衍生产品市场尚处于发展初期,企业套期保值等合理需求往往要到国际市场进行。与美国等发达场外衍生品市场相比,中国场外衍生品起步晚,市场极不成熟,监管规则与法律制度也不够健全,场外衍生品市场发展徘徊不前。当前,我国关于场外金融衍生品交易监管的法律制度,在法律层面只有《证券法》第2条第3项的原则性规定:“证券衍生品种发行、交易的管理办法,由国务院依照本法的原则规定。”此外,就具体产品而言,我国场外衍生品市场监管实行的是“一个具体产品,一份管理规定”的制度模式。这种立法模式在我国场外衍生品市场发展初期,由于产品有限,参与者经验不足,尚能适应市场业务发展的需要,但随着我国场外衍生品市场规模的不断扩大和金融衍生品创新步伐的加快,这种立法模式已经不能适应市场快速发展的需要。[①] 因此,我国应借鉴国际成熟市场发展和立法经验,结合我国场外衍生品市场发展实际,制定针对场外衍生品的统一立法,对场外衍生品市场的交易、结算和风险控制等统一规范,以提高场外衍生品市场的效率和公平。

(1)合约的标准化和单一净额结算

无论是美国或英国,针对场外衍生品的改革都涉及提高产品的标准化程度。在中国,2009年,中国银行间市场交易商协会发布《中国银行间市场金融衍生产品交易主协议(2009年版)》(NAFMII主协议)。截至2014年8月,NAFMII主协议已签署3106份,覆盖在中国从事场外金融衍生品交易的主要市场主体。[②] 该协议也被称为中国版的ISDA主协议,包含了单一协议和交易终止净额计算,通过交易制度安排尽可能地防范和降低市场系统性风险。交易终止净额计算是指在合同不能正

---

① 翟浩、雷晓冰:《场外衍生品市场监管制度改革:英国的经验与启示》,载《河北法学》2012年第1期。

② 《中国银行间市场金融衍生产品主协议(2009年版)》协议备案名单,at http://www.nafmii.org.cn/zlgl/scjy/xymd/201207/t20120706_16246.htm,2014年9月4日。

常履行,交易当事人出现违约、不可抗力,尤其是出现破产情形等风险事件时,提前终止全部交易,并按照约定的计算方式计算该被提前终止交易的总额,在冲抵交易各方互负支付义务的基础上,最终得出一个单向应付金额的结算方式。单一协议条款和提前终止条款目的在于赋予交易双方在风险事件发生之时提前终止合同并以净额结算的方式提前结清债权债务的权利,非破产交易一方的信用风险就可能因之后的净额计算而变得很小。但是,NAFMII 只是具有行业指导意义的标准格式合同,其具体条款的效力还需要法律的认可。终止净额结算等交易制度安排与我国现行《合同法》、《破产法》等相关规定也存在冲突。例如,我国《破产法》侧重于保护整体债权人利益,根据《破产法》第 18 条的规定,"人民法院受理破产申请后,管理人对破产申请受理前成立而债务人和对方当事人均未履行完毕的合同有权决定解除或者继续履行",这条规定被称为"cherry-picking"条款,构建了破产管理人挑拣履行制度,其实质是让管理人通过合同的挑拣履行以使破产财产的资金池最大化,从而提高整体债权人的清偿率。但对衍生品交易的当事人而言,由于交易众多,破产管理人有可能选择交易价值为正的交易予以履行,却否定价值为负的交易。而单一协议条款从表面上看是保护了特定债权人的利益,但从该条款制定的根本原因来看,是防止场外金融衍生产品的系统性风险,从而避免行业性甚至全球性的金融风险,从这个角度而言是保护了更大范围的金融安全和金融活动当事人的利益。[①] 而且衍生交易清算机构通常通过损失分摊和净额结算机制来分摊或降低清算机构成员违约的信用风险,从而有利于确保清算机构的清偿能力。

另一方面,我国《合同法》及《破产法》中也有与单一协议、净额结算

---

① 罗曦:《场外金融衍生产品交易的法律规制与中国实践》,载《国家检察官学院学报》2012 年第 2 期。

类似的条款。《破产法》第 40 条规定:“债权人在破产申请受理前对债务人负有债务的,可以向管理人主张抵销。”理论上,如果摒弃破产管理人挑拣履行的权利,抵销的计算结果与净额结算相同。进而,在我国相关法律制度中明确交易终止净额计算制度势在必行。

(2)中央清算机构

在衍生交易集中清算机制中,衍生交易清算机构作为中央对手方分别与作为清算机构成员的场外衍生交易双方订立合约,并对场外衍生品合约进行集中清算,有利于提高场外衍生品市场效率和交易透明度。目前,全球主要由洲际交易所清算公司(ICE)、伦敦清算所(LCH)、欧洲期交所清算公司(Eurex Clearing)、芝加哥商品交易所清算公司(CME)等清算机构为利率衍生品、信用衍生品等衍生产品提供集中清算服务。2009 年,中国外汇交易中心、中央国债登记结算有限责任公司、中国印钞造币总公司、中国金币总公司注资 3 亿元人民币成立上海清算所,初衷就是建立场外金融市场集中清算机构。2012 年 1 月 30 日,经国务院同意,国家发改委正式印发的《“十二五”时期上海国际金融中心建设规划》提出:“支持上海清算所创新场外市场清算机制,积极探索利率互换等产品的集中清算模式。”2014 年,中国人民银行发布《关于建立场外金融衍生产品集中清算机制及开展人民币利率互换集中清算业务有关事宜的通知》(以下简称《通知》),规定从 2014 年 7 月 1 日起金融机构之间新达成的、以 FR007、Shibor_ON 和 Shibor 3M 为参考利率、期限在 5 年以下的人民币利率互换交易应提交上海清算所强制集中清算。

(三)金融衍生品跨市场监管合作

金融衍生品市场风险具有突发性强、波及面广、危害性大等特点。从 2008 年美国金融危机的发展和内部关联程度来看,金融衍生品市场和银行业、证券业等市场存在内在、必然的有机联系。而这种现象在中国也同样存在。如利率期货的发展必然会涉及央行的监管、国债期货的推出必然会涉及财政部门的监管,股指期货则和证券市场休戚相关,因此,强调跨产品、跨机构、跨市场的协作集中监管体制十分重要。同时,这种跨市场的监管合作不仅存在于官方监管机构间,还存在于交易所之间的信息共享和交流。例如,美国市场间监控组织(ISG),拥有美国证券交易所、波士顿证券交易所、芝加哥期权交易所等11个正式会员和澳大利亚证券交易所、香港交易所等21个附属会员,旨在建立证券及其相关产品的市场间监督机制,以满足不同交易所分享监管信息的需要。它有效地监测和阻止跨市场的不公平交易和市场滥用的发生,并在其成员中实现信息的共享。通常情况下,市场间监控组织每年开3次会,与会代表包括各正式成员、附属成员、CFTC(商品期货交易委员会)和SEC等政府监管部门以及在一些情况下邀请IOSCO(国际证监会组织)等国际组织参加。同时,市场间监控组织还通过论坛的方式,在成员间讨论监管过程中的常见问题,提高各成员履行其监管职责的效率。①

在我国,最早的分工合作机制始于2000年9月,三大金融监管机构——央行、证监会和保监会首次召开三方监管联席会议。此后,三方监管联席会议基本上每季度召开一次。2003年4月底银监会成立之后,三方监管联席会议的央行一方换成了银监会,但是对监管机构分工合作的要求则越来越高。也正因如此,银监会、证监会、保监会2003年9月18日通过并于2004年6月28日正式公布了《中国银行业监督管理委员会、中国证券监督管理委员会、中国保险监督委员会在金融监管

---

① Organizational Overview, at http://www.isgportal.org/isgportal/public/overview.htm, Oct. 10,2013.

方面分工合作的备忘录》。其内容包括：在金融控股公司的监管上，对金融控股公司内相关机构、业务的监管，按照业务性质实施分业监管，而对金融控股公司的集团公司可依据其主要业务性质，归属相应的监管机构负责。在监管对象的信息收集与交流制度上，三家监管机构分别向其监管对象收集信息和数据，并负责统一汇总、编制各类金融机构的数据和报表，按照国家有关规定予以公布。在监管合作安排上，要求三家监管机构就重大监管事项和跨行业、金融控股集团的监管、跨境监管中复杂问题及时进行磋商，建立每季度召开联席会议的工作机制和讨论、协商具体专业监管问题的经常联系机制。

笔者认为，在"一行三会"以及其他监管机构各自独立行使监管职能的同时，我国应强化并规范监管机构联席会议机制。首先，根据《备忘录》，联席会议机制并不包含中国人民银行。虽然中国人民银行不再承担对具体金融机构一般性业务的监管责任，但其依然担负着维护金融稳定、防范和化解金融风险、监管银行间债券市场与外汇市场等重要职责，同时，利率、汇率等金融衍生品的监管必然涉及央行的权限，因此，应将中国人民银行纳入联席会议中，并突出其作为国家机关在金融监管协调机制的特殊地位。其次，《备忘录》主要是原则性的规定，一些具体的制度如金融创新品种的监管、应对突发性金融事件的分工仍待细化，以保证其监管金融市场的有效性。最后，应通过合理的机制敦促各监管机构将监管信息向相关各方披露，实现监管信息共享，避免该制度流于形式。

另一方面，跨市场的监管合作并不局限于官方监管机构间，还应将各关联交易所作为自律监管机构的信息交流、共享以及共同应对市场危机纳入监管协作的体系中，以实现防范现货市场和期货市场风险传递等方面的监管效果。这样的一种机制较之随机性、个案性的安排具有制度化、常规化、可预见性的优势，而较之完全整合的统一监管又有灵活的特点。[①] 对此，在中国证监会统一部署和协调下，上海证券交易所、深圳证券交易所、中国金融期货交易所、中国证券登记结算公司和中国期货保证金监控公司于2007年8月签署了股票市场和股指期货市场跨市场监管协作的系列协议。[②] 其内容涉及信息交换机制、风险预警机制、共同风险控制机制和联合调查机制等。笔者认为，这样的机制应将重心放在降低已发生的或潜在的由于市场滥用等原因造成的非正常的市场波动，在采取各种监管措施减少市场混乱的不利影响时，应考虑现货、期货市场独特的市场状况、交易制度以及相关的法律实践，尽量采取能实现现货与金融期货市场间协调一致的措施，避免系统性风险的发生。

此外，对于美国等国的改革方案中提到的整合证券和期货的监管，以结束管辖权的不确定性和保证具有同等经济属性的产品受到一致的监管，由于我国金融期货交易所成立时间较短，交易产品较为单一，因此，短期内整合两者的监管并不可行也无必要。目前，更重要的是促进两个市场的联动和联合监管。其中，股票市场与股指期货市场的风险关联性、跨市场操作行为及其引发的风险是跨市场监管的基础。在跨市场交易的方式下，可以将股票市场、股指期货市场视作“同一市场”的两个子市场，只要跨市场交易者的行为符合法定操纵要件，其在各个子市场的单独操纵行为或者在两个子市场同时施行的操纵行为，皆可归为违法的操纵行为。而在跨市场风险的防控上，应继续完善跨市监管协作机制，跨市资本充足度规制，构建跨市场价格稳定机制。

---

① See Jorge E. Vinules, The International Regulation of Financial Conglomerates: A Case-Study of Equivalence as an Approach to Financial Integration, *California Western School of Law California Western International Law Journal*, Fall, 2006, pp. 6 - 9.

② 包括《股票市场与股指期货市场跨市场监管备忘录》以及《股票市场与股指期货市场跨市场监管信息交换操作规程》、《股票市场与股指期货市场跨市场监管反操纵操作规程》、《股票市场与股指期货市场跨市场监管突发事件应急预案》三个具体操作规程。

第三节 我国私募基金市场的监管

私募基金曾因其作为影子银行的活跃分子而在本次金融危机中备受质疑。然而,事物的存在和发展往往具有两面性,如何正视私募基金在金融市场上的两面角色,发挥其丰富和活跃资本市场的一面,抑制其破坏金融市场稳定的另一面,将是考验各国金融监管当局智慧的棘手课题。

发展多层次资本市场是我国十八大确立的重要国策,私募基金市场作为资本市场的重要组成部分,得益于我国经济的强势崛起以及由此带来的居民可支配收入的持续增加,现已然成为全球最活跃的市场之一。但与美欧等境外成熟市场相比,我国的配套监管仍存在差距。当前,世界经济已从金融危机中逐步走向复苏,各主要经济体纷纷放松管制以助推本国资本市场国际竞争力,在这个经济全球化的时代,我国作为世界第二大经济体,与世界各国交往日益密切,不可避免地会受到冲击,将面对强大的竞争压力。放眼世界,各大金融机构为求生存和扩大经营版图,无不选择拓展其经营项目或发展新型金融商品;反观国内,许多曾在历史上发挥重要作用的法律法规及配套规则已不合时宜,成为私募产品创新发展的障碍,严重束缚了证券经营机构自主创设私募产品的发展。资本市场是个全球化的大市场,我国如何不断完善和创新金融体制,排除自由创设金融产品的制度障碍,以激发市场活力,在新一轮的国际竞争中把握先机,谋求与中国经济实力相适应的话语权,是监管部门应有的责任。

2014 年 5 月,国务院在对国内外形势进行充分评估的基础上,及时下发了《关于进一步促进资本市场健康发展的若干意见》(新国九条),

明确提出要发展私募基金,按照功能监管与适度监管的原则完善各类私募产品的监管标准,对提高证券期货行业竞争力、壮大专业机构投资者等问题作出了战略部署。证监会作为主要的监管部门,一方面先后发布了《关于进一步推进证券经营机构创新发展的意见》、《关于大力推进证券投资基金行业创新发展的意见》等配套文件,对完善证券期货经营机构私募资产管理业务提出具体要求;另一方面力推诸如证券法等证券市场基本法律的修订,同时在法律授权的范围内,集思广益在不突破上位法的前提下为证券经营机构自主创设私募产品扫清障碍,推动私募基金市场的健康发展。

2014 年 8 月 21 日,《私募投资基金监督管理暂行办法》(证监会第 105 号主席令,以下简称《私募办法》)正式颁布,从登记备案、合格投资者、募集运作、自律管理等方面设定了私募基金的基本规范,证券经营机构的私募资产管理业务属于私募基金的一种类型当然受该办法调整,但该办法主要着眼于整个私募行业的发展,并没有对证券经营机构私募资产管理业务作出特别规定,现行证券经营机构私募资产管理业务的法规体系如何与其协调,有待进一步明确。

就现行法律体系而言,证券经营机构开展私募产品业务所涉及的法律法规和配套规则、规范性文件以及自律性规范多达 70 余项。这些规定对于推动证券经营机构私募产品的发展壮大、规范经营曾起到过十分重要的作用。但是,随着资本市场及外部环境的变化,部分规则已经很难适应新形势下私募产品的创新发展,亟待清理整合、修改完善。

一、证券经营机构私募产品监管的理论及境外经验借鉴

(一)政府监管的经济学理论基础

由于私募市场存在信息不对称、负外部性等市场失灵问题,且这种

失灵程度较一般市场有过之而无不及,难以通过市场机制予以消除,因此,需要政府发挥“有形之手”进行监管,以弥补和矫正市场机制的缺陷。

另一方面,政府也存在有限理性、政府寻租以及政府规制的效率问题,常会导致政府失灵,而且政府失灵对市场的扭曲往往更为严重,因此,私募产品市场的政府监管也应以适度为限。即将政府监管严格限制在市场失灵的领域;将政府监管限定在对市场缺陷干预能起积极作用的领域;政府监管应遵循成本—收益分析,将监管限定在能产生效益的范围内。

(二)境外成熟市场监管立法新动向

“最少的监管就是最好的监管”曾一度成为西方政府监管的基本理念,这在客观上助推了金融自由化与金融全球化的发展,但同时也带来了金融危机的惨痛教训,于是各国在放松管制的同时不断地强化监管,其中金融危机后最重要的关注点是加强投资者保护和防范系统性风险,私募基金市场也无例外。从最新立法动态来看,在国际层面上,G20于2011年10月发布了《G20金融消费者保护高级原则》、世界银行2012年6月发布了《金融消费者保护的良好经验》等均是强化金融消费者保护的体现。在国家层面上,最具代表性的国家和地区,如美国、欧盟和日本均在私募基金监管方面出现了不同的立法动向:

美国强化了私募基金市场的注册与备案监管。美国对私募基金的监管立法主要是《投资公司法》,由于公司型基金通过法人治理即可实现自律,合伙型基金后来也纷纷借鉴公司机制,根据该法规定,如果只向合格投资者私募,即可豁免监管。在2008年金融危机后,美国为防范风险外溢,2010年7月通过《多德—弗兰克法案》,要求受托管理规模达到1.5亿美元的私募基金管理人向SEC注册,基金则应向SEC备案。

管理规模在1亿美元以下的私募基金管理人应向州监管机构注册,1亿美元至1.5亿美元之间的,由机构自愿选择到SEC注册,还是到州监管机构注册。

欧盟提高了基金管理人资质要求。欧盟各国大都是具有信托传统的国家,鉴于受托人的信托责任重大,要求私募基金管理人必须在主管部门完成注册后方可开展业务,如英国《金融服务与市场法》、法国《集合投资计划法》和《金融服务法》。金融危机后,欧盟于2011年6月发布了《另类投资基金管理人指令》,不仅继承了以前英、法的信托理念,而且对基金管理人提出了相对严格的资质要求,如初始资本、2名有资格决策人员、重要股东资格等。

日本的改革主要体现在加强金融监管、强化投资者保护。考察日本金融立法,呈现的是"舍美取英"的立法倾向,集中体现在"日本金融大爆炸"之后,其标志即为《金融商品交易法》的颁布实施,该法以"金融监管一元化"为终极目标。但是,日本对私募基金的监管并没有像英美的私募基金那样享受监管豁免,而是要受《投资信托暨投资法人法》的管辖,作为过渡安排主要依据的是2007年的"改进金融监管"(BR)和"增强日本金融市场竞争力"(BMI),旨在大力推进本国国际竞争力的同时,进一步强化监管,以保护投资者。

此外,我国香港地区私募基金运作主要依据的是《单位信托及互惠基金守则》、台湾地区为"证券交易法"。2008年金融危机后,香港于2009年9月发布了《建立加强投资者保障措施的咨询文件》、台湾于2011年6月颁布了"金融消费者保护法"等,均不同程度地强化投资者保护。

(三)新形势下的借鉴——放松管制与强化监管并重

2014年5月发布的新国九条,是国务院在充分评估国内外新形势所作出的战略部署，旨在进一步促进资本市场健康发展，推进监管转型，减少审批、备案事项，提高监管能力和透明度。对于私募基金，要求按照功能监管与适度监管的原则，完善各类私募产品的监管标准，提高证券期货行业竞争力、壮大专业机构投资者等。我国是具有行政干预传统的国家，如何实现政府监管转型，既在新形势下放松管制以激发市场活力，又进一步强化监管保护投资者权益和防范系统性风险，放松管制与强化监管并重是一项复杂而艰巨的任务。

二、我国私募基金存在的问题

（一）合格投资者标准不统一

我国对私募基金合格投资者的规定散见于《公司法》、《合伙企业法》、《证券法》、《证券投资基金法》、《私募投资基金监督管理办法办法》（《私募办法》）、《证券公司客户资产管理业务管理办法》（以下简称《管理办法》）、《信托公司集合资金信托计划管理办法》等法律或规章之中。这些法律、规章实际上存在很多不一致的规定。如作为调整证券经营机构开展私募产品主要依据的《私募办法》与《管理办法》对合格投资者的标准即不统一。

合格投资者制度是私募基金市场的基石，是私募基金业良性运行和协调发展的重要保证，考察美国、英国、日本、中国台湾等国家和地区的监管立法，虽然对私募基金合格投资者的规定存在差异，但都极为重视对私募基金合格投资者的监管和制度建设，且均是从投资者人数和资格两个方面来确立合格投资者的标准。对投资者的人数进行限制，主要是因为私募股权投资风险较高，为了防止风险外溢，引发较大的负外部性，必须将投资者限定在有限的范围内。对投资者的资格进行限制，主要是为了确保私募基金投资者有较强的风险承受能力和自我保护能力。在人数限制方面,各国往往针对不同类型的投资者设立不同的人数上限。

一般来说,针对个人投资者要求的人数限制较为严格,而对机构投资者的人数限制较为宽松。在资格限制方面,各国主要考虑以下两个方面:一是投资者要具备较高的风险承受能力;二是投资者要具有一定的自我保护能力。此外,在限制投资者的人数和资格时往往对个人投资者、一般法人或其他组织与机构投资者进行区别对待。区别对待的主要原因在于个人投资者、一般法人或其他组织与机构投资者的风险承受能力和自我保护能力存在差异。

针对上述问题,笔者建议借鉴境外先进经验完善合格投资者制度,统一合格投资者标准。从投资者人数和资格两个方面来确立合格投资者的标准,将合格投资者分为三类:第一类是合格的机构投资者;第二类是私募产品管理人员或参与管理的雇员;第三类是符合一定条件的自然人、法人或其他组织。对三类投资者进行区别对待,其中,前两类投资者的人数不应受限制,第三类投资者的人数对于证券经营机构依然限定在不超过 200 人。

(二)《私募办法》提高了个人合格投资者"金额标准"

在现行法律体系中,《私募办法》第 12 条规定"(二)金融资产不低于 300 万元或者最近 3 年个人年均收入不低于 50 万元的个人"属于个人合格投资者,但《管理办法》第 26 条规定"(一)个人或者家庭金融资产合计不低于 100 万元人民币"属于个人合格投资者。证券公司客户资产管理业务属于私募基金的一种类型,受《私募办法》的调整,《私募办法》和《管理办法》均属于现行有效的证监会部门规章,就两者关系而言,虽然可以定位为一般法与特别法的关系,但对于《私募办法》明确规定的内容,依据新法优于旧法原则对两者规定不一致的"金额标准"仍应以《私募办法》为准。实践中,在《私募办法》实施之前,有关个人合格投资者均是按照《管理办法》规定的“个人或者家庭金融资产合计不低于100万元人民币”来执行的,如果由“个人或家庭金融资产100万元”提高到“个人金融资产不低于300万元”,势必影响证券经营机构私募产品的创设和发展。

针对上述问题,笔者认为个人金融资产标准不宜提高到300万元,而应该继续按照“个人或家庭金融资产合计不低于100万元人民币”的标准来界定,建议对《私募办法》的规定予以修正,或者通过在《证券期货经营机构私募资产管理业务管理办法》(征求意见稿)中明确界定为“个人或家庭金融资产合计不低于100万元人民币”予以修正。

(三)有关“穿透条款”及“合并计算”存在立法疏漏

新颁布的《私募办法》第13条规定“……私募基金管理人或者私募基金销售机构应当穿透检查最终投资者是否为合格投资者,合并计算投资者人数。但是,符合本条第(一)、(二)、(四)项规定的投资者投资私募基金的,不再穿透核查最终投资者是否为合格投资者和合并计算投资者人数”。上述“穿透核查”及“合并计算”投资者人数的规定当中,其但书条款中并没有包括诸如“离婚、死亡、遗产分割或其他非自愿事件”等特定情形,而该种情形在任何国家都是普遍存在的现象,由此造成私募基金人数超过法定人数限制,在国外都是作为例外的,而我国《私募办法》未予涉及,显然属于立法疏漏。对此,笔者建议应该将该种情形作为“穿透条款”适用的例外情形予以明确。

此外,实践中存在这样的可能,即私募基金发行人采取多次发行的方式将投资者人数化整为零,使每次发行均符合人数上限的要求,从而规避人数上限,而在其他国家也不乏这样的案例。对此,笔者考察美国的做法,建议借鉴对该种情形实施“合并计算”的做法,对一定期间内多次发行的私募股权基金人数进行合并计算。

(四)资格准入尚待放开

行业普遍要求应放开证券经营机构业务资格的准入门槛,取消资产管理业务资格审批。理由是证券经营机构的资产管理业务非公开募集资金且客户均为风险承担能力较强的合格投资者,对社会公众利益的直接影响相对较小,不应设置准入门槛,而应由证券经营机构根据自身和市场情况自主决定是否开展资产管理业务,以获得公平的竞争机会,而监管部门完全可以通过事中、事后监管达到监管目的,从而促进市场竞争。

笔者认为,上述理由反映了市场主体的客观诉求,但是由于《证券法》、《证券公司监督管理条例》等规定并没有放开,证监会不能突破上位法限制而越权立法,但是,可以通过立法技术的处理从而达到变通的目的。可以考虑在《证券期货经营机构私募管理业务管理办法》(征求意见稿)中不对审批证券经营机构开展资产管理业务作出规定,待到《证券法》等修改后直接适用上位法,这样可以保持法律的稳定性又没有越权立法。在执法过程中,可以授权基金业协会或者由基金业协会办理登记手续并征询证监会意见,作为放开资格审批前的过渡安排,从而淡化实质审批。

(五)投资范围需要进一步明确

目前,证券经营机构私募资产管理业务的投资范围受到较多限制,与集合资金信托计划、基金子公司特定客户资产管理计划等的投资范围相比处于明显劣势,尚不能直接投资非上市股权、债权等,从而限制了证券经营机构资产管理业务的创新发展,导致产品同质化现象严重,难以满足投资者日益增长的理财需求。同时,证券经营机构经过多年的规范发展，具备了防范和控制相关业务风险的能力，为推动证券经营机构资产管理业务的创新发展，有必要进一步放开其投资范围，以获得公平的市场竞争环境。

笔者认为，证券经营机构资产管理业务在性质上属于私募范畴，受《私募办法》调整，而该法在投资范围上已经放开，虽然《私募办法》和"一法两则"[①]系一般法和特别法的关系，但《私募办法》已经就投资范围作出明确规定，所以，"一法两则"对证券经营机构的限制因《私募办法》的颁布而部分失效。并且，2014 年 5 月发布的《关于进一步推进证券经营机构创新发展的意见》明确要求"拓宽资产管理计划投资范围，允许投资于未通过证券交易所转让的股权、债权及其他财产权利"，据此，证券经营机构是可以投资于非上市股权、债券等范围的。但鉴于"一法两制"对私募资产管理业务投资范围的限制困扰，足见投资范围需要进一步明确，以免造成混乱。

笔者的建议是在《私募办法》基础上，明确证券经营机构资产管理业务的投资范围包括但不限于：现金、银行存款、股票、债券、证券投资基金、央行票据、非金融企业债券融资工具、商业银行理财计划、集合资金信托计划、资产支持证券、期货合约、期权合约及其他金融衍生品、未通过证券期货交易所或者全国中小企业股份转让系统或者银行间市场转让的股权、债权及其他财产权利，及证监会认可的其他资产。并沿用《证券公司集合资产管理业务实施细则》中的规定，明确"证券经营机构可以依法设立资产管理计划在境内募集资金，投资于中国证监会认可的境外金融产品"。

---

① 即 2012 年 10 月 18 日证监会发布、2013 年 6 月 26 日修订后重新发布的《证券公司客户资产管理业务管理办法》、《证券公司集合资产管理业务实施细则》和《证券公司定向资产管理业务实施细则》。

(六)业务规范存在诸多限制

在当前实践中,开展资产管理业务在业务规范上仍存在诸多限制。具体体现为:在产品设计上存在管理人自有资金投入比例及持有时间、产品杠杆比例的限制;在资金募集上集合计划委托资产只有现金形式,一对一和一对多特定客户资产管理业务中存在客户委托初始资产最低金额不低于3000万元及规模上限50亿元的限制;在投资运作上集合计划的资产配置限制较多;在托管结算上,也存在放开强制托管的诉求等。

笔者认为,从私募基金运行现实出发,上述业务规范的限制应予放开,交由证券经营机构自行把握。对于产品设计,应以市场为导向,尽可能满足客户的需求,不宜限制过严,继续允许证券经营机构以自有资金参与,但不限制自有资金的参与比例及持有时间,由证券公司根据业务需要灵活设定,只要在产品合同中明确揭示即可;不对私募产品分级杠杆比例进行限制,只要管理人在产品合同中明确披露份额类型、份额配比、杠杆水平、各份额不同收益率计算方法等事项,充分揭示不同份额的风险特征及与之对应的收益分配方式,并充分披露投资者适当性安排即可。对于资金募集,笔者认为,为使产品结构和形式更多样化,各证券经营机构可以差异化发展,可以扩大证券经营机构接受委托的资产种类,可以接受货币资金和其他形式的资产,包括现金、股票、债券、证券投资基金份额、央行票据、短期融资券、资产支持证券、金融衍生品或者中国证监会允许的其他金融资产。此外,对于集合计划及一对一和一对多特定客户资产管理业务,不设定初始资产最低金额及规模上限,在符合合格投资者相关要求的基础上,由证券经营机构根据自身情况和客户要求自行决定;对于资产配置,也完全可以交由证券经营机构自行决定;对于强制托管,鉴于投资到非上市公司股权等非标准资产的资产管理计划从业务特性和实践习惯上较少要求托管的情况，可以考虑放开强制托管，由私募产品合同进行约定。

（七）私募产品的备案管理规定尚待统一明确

目前私募产品备案方面的法规较多且不统一。主要有《证券公司私募产品备案管理办法》、《证券公司私募产品备案管理指引》、《关于做好有关私募产品备案管理及风险监测工作的通知》、《证券公司客户资产管理业务备案管理工作指引》、《证券公司客户资产管理业务管理办法》、《证券公司客户资产管理业务规范》等，但目前的备案材料在基金业协会网站等公开信息渠道能够公开查询的材料不甚全面，且与《私募办法》、《私募投资基金管理人登记和基金备案办法》规定的备案、信息报送有诸多不一致的地方。

笔者建议按照监管转型的要求，结合我国的监管实践，在不影响监管效果的前提下，对证券经营机构的报告及报备事项进行简化。例如，取消交易所的财务数据定期报告、自营及资产管理账户报备、被托管方案报备等，通过证监会及相关机构信息共享方式获取，提高效率，减轻证券经营机构负担。对备案管理依据，应统一规定，笔者建议统一遵守《私募办法》和《私募投资基金管理人登记和基金备案办法》。

（八）定向资产管理业务法律定位不清

证券经营机构开展定向资产管理业务所依据的《证券公司定向资产管理业务实施细则》将其法律性质定位为委托代理关系，从而区别于私募基金的信托法律关系。实践中，证券经营机构所采取的定向资产管理计划，作为载体缺乏法律依据，存在较大的法律风险。

笔者认为，应该将资产管理业务定位为信托关系，因定向资产管理业务可以在管理人、委托人和委托财产之间清晰地划分权利义务界限，不仅实现委托财产的完全独立，而且赋予了管理人为委托人利益行事的管理职责，有利于保护委托人的合法权益。将定向资产管理业务定位为信托法律关系，将证券经营机构的私募资产管理业务的载体统一为资产管理计划，可以与《私募办法》中私募投资基金的载体形式保持衔接，并解决定向资产管理业务游离于信托法律关系之外的不利情况，便于规范现有业务活动，从而消除其法律风险隐患。

三、对我国私募基金的前瞻性建议

笔者认为，在新形势下，私募基金的监管应以助推私募产品创新发展为宗旨，以统一标准、放松管制、强化监管为指导思想，并遵循为证券经营机构自主创设私募产品预留空间的原则而展开的。除了前述针对存在的问题提出的相关建议之外，笔者立足于我国监管实践并结合新"国九条"[①]精神及境外监管经验，从机构监管的角度，提出以下几个方面的建议：

（一）政府监管层面

1. 加强检查和监测，强化事中和事后监管。即在放松管制激发市场活力的同时，应借鉴境外监管经验，要进一步强化事中和事后的监管。为此，有必要让监管部门从报告、检查、监测三个方面强化监管：(1)增加证券经营机构报送资产管理业务报告的义务，具体内容应包括公平交易制度执行情况、异常交易行为等专项说明；(2)要求证监会及其派出机构对资产管理业务进行定期和不定期的检查，资产管理人和

---

① 国务院2013年12月发布《关于进一步加强资本市场中小投资者合法权益保护工作的意见》，提出健全投资者适当性制度、优化投资回报机制、保障中小投资者知情权、健全中小投资者投票机制、建立多元化纠纷解决机制、健全中小投资者赔偿机制、加大监管和打击力度、强化中小投资者教育、完善投资者保护组织体系九条意见。

资产托管人应当配合；(3)要求证券交易所对私募与公募、自营业务之间的异常交易行为进行严格监测并及时报告。

2. 完善投资者适当性管理制度。健全投资者适当性管理制度是新“国九条”的明确要求，是投资者适当性管理的统领性依据。建议针对产品制定投资者相关规定，要求证券经营机构建立和完善适当性管理制度，了解客户和产品，按照要求对相关产品实施投资者准入，确保向投资者提供的产品与其风险承担能力相适应。

3. 强化法律责任。强化法律责任是强化监管的前提，为了对违法违规行为形成有效震慑，有必要完善法律责任方面的规定。(1)在行政监管措施方面，有必要责令增加内部合规检查的次数、责令处分有关人员、暂停办理相关业务、出具警示函、监管谈话等行政措施，认定不适宜担任相关职务者市场进入等行政措施；(2)在行政处罚方面，有必要针对各类明确违法违规行为，具体规定警告、罚款等行政处罚措施。

（二）自律管理层面

按照2013年发布的新“国九条”的要求，借鉴国外的监管模式及经验，今后可以考虑自律监管与政府监管并重的监管模式，并从以下几个方面完善行业自律制度：(1)按照私募产品的不同领域，实行差别化行业自律；(2)由基金业协会制定和实施自律规则，对私募基金业开展情况进行自律管理并酌情进行处分，涉嫌违法违规的，及时报告证监会；(3)建立基金业协会的投诉处理机制；(4)建立基金业协会与证监会信息共享机制。

（三）公司自治层面

1. 强化风险管理和内部控制。要求证券经营机构进一步强化风险管理和内部控制，建立健全投资决策、公平交易、会计核算、风险控制、合规管理、投诉处理等覆盖业务各个环节的基本业务制度;建立健全信息隔离制度,与其他业务保持独立,限制人员兼职,防范内幕交易和利益冲突;强化内部监督制约和长效激励约束机制,防范道德风险;建立有效的异常交易日常监控与报告制度,做好公平交易;做好利益冲突管理;对重大关联交易,应遵循客户利益优先原则,事先征得客户同意;建立风险控制制度,做好风控稽核,定期进行自查;对分级资产管理计划和另类资产管理计划作出特别规定;对聘请第三方机构提出特别要求等。

2. 健全私募产品投资者教育机制。鉴于我国证券市场"新兴加转轨"的特性以及投资者理性相对欠缺的实际情况,有必要将投资者教育提高到《证券法》的高度,赋予其法律地位,使其成为监管机构与证券交易所的一项法定职责,以此推动市场自律与投资理性的良性互动。同时,在相关配套规则中明确投资者教育的主要内容与重点对象。当前,深交所在其修订的《会员管理规则》中新增了"投资者教育管理"专章,是落实"国九条"的重要举措。

(四)投资者损害赔偿与救济制度的构建与完善

强化投资者保护是金融危机后世界金融监管的趋势。为此,我国必须对投资者损害赔偿与救济予以制度保障,笔者建议从以下几方面进行构建与完善:

1. 构建专业、独立的投资者保护机构。有必要保障投资者保护局的独立性,充实其监管和保护职能,通过有效的制度安排确保其有效发挥作用,与此同时,可以考虑由证监会牵头组建"中国证券投资者保护协会",加强自律组织功能建设,使其成为保护投资者权益的强有力的群众性自治组织。

2. 建构多元化的证券纠纷非诉解决机制。(1)构建私募产品纠纷调解机制。调解作为民商事纠纷的一种解决机制因其快捷、自愿、低成本等比较优势而为人们所接受，证券业协会于 2012 年 6 月 27 日颁布《证券纠纷调解规则》，并成立了证券调解专业委员会和证券纠纷调解中心，从长远来看，随着分业经营逐步走向混业经营，我国有必要在证券调解制度逐步完善的基础上引入金融申诉专员服务制度，为投资者提供更加完善的制度保护。同时，将证券纠纷调解机制纳入《证券法》，提高法律位阶。(2)健全私募产品纠纷仲裁机制。目前发挥主要作用的是 1994 年颁布的《仲裁法》和同年证监会发布的《关于证券争议仲裁协议问题的通知》。由于仲裁规则并不完善，没有遵循证券业本身的特点进行个性化设计，使仲裁在证券解决纠纷中难以发挥作用。可以考虑借鉴国外先进仲裁经验，组织制定符合证券争议解决特点的全国性《证券仲裁示范规则》，通过制度创新的方式指导证券争议仲裁实践。

3. 完善民事诉讼机制。(1)应取消群体性证券诉讼的前置程序，疏通投资者司法救济机制通道；(2)可借鉴美国证券集团诉讼"明示退出、默示加入"规则，合理确定证券诉讼原告当事人范围；(3)完善我国的风险代理制度。

第四节　我国信用评级的利益冲突及其规制

我国信用评级行业发展较晚，信用评级制度不健全，因此应加强信用评级制度建设，尤其是抑制各种利益冲突对信用评级的不利影响。

一、我国信用评级利益冲突的市场自律现状及完善建议

(一)我国信用评级市场发展状况

1980 年代后期，中国人民银行在银行系统内成立了 20 家信誉评级

公司,1988 年国务院作出了《关于清理整顿金融性公司的决定》后,中国人民银行于 1989 年撤销了各银行设立的评级公司,将业务划归信誉评级委员会。1990 年 8 月,中国人民银行下发了《关于设立信誉评级委员会有关问题的通知》,确立了银行内部信用评级的组织体系,信誉评级委员会成为开展信用评级业务的基本模式。信誉评级委员会的评级业务大多属于银行内部评级,目的是为银行自身资产质量管理提供衡量尺度,与独立作为第三方提供评级服务的信用评级机构有本质区别。[①]

在银行内部建立信誉评级委员会的同时,独立的信用评级机构也开始产生。1988 年我国第一家独立的信用评级机构——上海远东资信评估公司成立,其后,上海新世纪资信评估投资服务有限公司、中国诚信证券评估有限公司、大公国际资信评估有限责任公司、深圳市资信评估公司、厦门金融资信评级公司等独立的信用评级机构相继成立。

1995 年后我国信用评级行业进入转型时期。银行系统内的信誉评级委员会从 1995 年开始进行改制,成为市场化运营的信用评级机构,独立的信用评级机构数量也开始增加。1997 年 12 月,中国人民银行(银发〔1997〕547 号)认可了九家具有全国范围内债券评级资格的信用评级机构。2003 年中国保监会发布了《保险公司投资企业债券管理暂行办法》,并先后以〔2003〕74、92、133 号文的形式使中国诚信证券评估有限公司、大公国际资信评估有限责任公司、联合资信评估有限公司、上海远东资信评估公司和上海新世纪资信评估投资服务有限公司五家信用评级机构成为中国保监会认可的信用评级机构。同年,中国证监会也认可了上述五家信用评级机构出具的债券评级报告。2006 年美国信用评级机构开始进入中国市场,它们以参股的形式与中国本土信用

① 郑又源:《我国信用评级机构规制与监管问题研究》,载《兰州大学学报》(社会科学版)2010 年第 10 期。

评级机构开展合作。

目前我国信用评级机构数量较多，具有信贷市场评级业务资质的评级机构就超过了80家，[①]全国性的信用评级机构主要有中国诚信证券评估有限公司、上海新世纪资信评估投资服务有限公司、鹏元资信评估有限公司、大公国际资信评估有限公司、上海远东资信评估有限公司、联合资信评估有限公司等少数几家，大多数的信用评级机构是地方性评级机构。[②] 地方性信用评级机构盈利状况较不理想。例如，2009年亏损的信用评级机构数量占中国人民银行备案机构总数的37.5%，可见中国信用评级行业的整体经营状况不理想。[③]

从评级市场总体分析，我国公司债券发行规模较小且评级机构数量相对较多，评级行业存在不正当竞争状况，在债券发行环节，发行人出于降低发行成本的利益驱动，采取"等级招标"和"评级采购"的方式，不切实际地要求信用评级机构提供较高的信用等级。在"预评级"环节信用评级机构违规承诺高级别以争夺市场的情况屡有发生，造成评级结果的失实，破坏信用评级机构的独立性和公信力。[④]

与国际信用评级机构相比，国内信用评级机构长期处于低收费、低盈利甚至亏损的状态，其收入来源较为单一，主要来自债券评级费收入，其他诸如出售研究报告、提供咨询服务等方面的收入几乎为零。由于盈利无法保证，有的评级机构以牺牲评级服务质量为代价来降低业务成本，而坚持提供高质量评级服务的机构则不得不长期维持微利甚

---

① 中国银行间市场交易商协会：《中国银行间债券市场信用评级行业年度报告（2010）》，中国金融出版社2011年版，第35页。

② 劳佳迪：《部分信用评级机构被揭买卖评级猫腻》，at http://www.ccstock.cn/stock/gupiaoyaowen/2011-08-19/A544236.html，2011年9月19日。

③ 同上注。

④ 中国证券业协会：《中国证券业发展报告（2009）》，中国财政经济出版社2009年版，第187页。

至是亏损状态。偏低的收入规模影响了评级机构的内部建设。①

(二)我国信用评级利益冲突的市场自律规制分析

1. 从我国信用评级机构的自律行为分析,目前我国地方性信用评级机构的内部控制制度不完善,评级业务的综合管理和各个环节的工作流程及质量控制等都存在缺陷,评级业务规范运作水平不高,有些信用评级机构甚至缺乏建立内控制度的动力。② 而全国性信用评级机构尽管建立了规制信用评级利益冲突的内控制度,但是仍有不完善的地方,且由于竞争秩序的不规范,也缺乏足够的动力去实施这些制度。中国证监会对取得证券市场信用评级业务许可的评级机构进行现场检查后发现,评级机构经营与评级过程中均存在不规范的地方。例如,内部控制制度不完备,对受评企业的尽职调查不够彻底,评级报告的数据来源不够独立,评级委员会评审程序不规范等。③ 中国银行间市场交易商协会经过调查发现,尽管信用评级机构建立了内控制度,如将市场营销人员与评级人员相隔离、建立合规部等,但是不规范的竞争秩序使信用评级机构缺乏足够的动力保证这些制度的实施。④

2. 从信用评级行业自律角度分析,为促进评级行业发展,2010 年 7 月中国证券业协会证券资信评级专业委员会成立,⑤3 个月后中国银行

---

① 中国证券业协会:《中国证券业发展报告(2009)》,中国财政经济出版社 2009 年版,第 186 页。

② 中国证券业协会:《中国证券业发展报告(2008)》,中国财政经济出版社 2008 年版,第 202 页。

③ 中国证券业协会:《中国证券业发展报告(2008)》,中国财政经济出版社 2008 年版,第 203 页。

④ 中国银行间市场交易商协会:《中国银行间债券市场信用评级行业年度报告(2010)》,中国金融出版社 2011 年版,第 43 页。

⑤ 新华网:《证券资信评级专业委员会成立,11 人入选首届成员》,at http://cd.qq.com/a/20100719/003629.htm,2011 年 1 月 2 日。

间市场交易商协会信用评级专业委员会也成立。[①] 但是证券资信评级专业委员会是中国证券业协会的下属机构,信用评级专业委员会是中国银行间市场交易商协会的下属机构,两个自律组织均在其他协会下开展工作,成立时间较短,尚没有发挥有效的自律作用。

信用评级市场自律的作用机制表现在:由于声誉约束力的存在,使信用评级机构采取各种自我约束措施,并推动行业自律的形成。市场自律机制的基础是声誉约束机制,上述我国信用评级市场自律薄弱的情况是声誉机制未能发挥约束作用所导致的,因此应从我国信用评级市场声誉约束力进行分析,寻求纠正市场自律失灵的解决措施。

声誉约束机制是市场自发行为,在不同的市场中有不同的表现,因此应根据我国市场实际情况分析我国信用评级市场的声誉约束力量。我国信用评级声誉机制缺乏约束力的原因与美国不同,美国信用评级声誉机制失效的原因在于评级市场垄断、信用评级机构监管许可权力膨胀和结构产品评级收费的增长导致信用评级机构私利的膨胀等原因,但是我国的情况不同,影响我国信用评级声誉机制发挥作用的主要因素在于无序的市场竞争状况和评级质量衡量手段的缺失。

竞争的存在是声誉机制有效发挥作用的条件,但过度竞争则会阻碍声誉机制作用的发挥。经济学家 Becket 通过经济学模型证明了过度竞争将减少声誉资本的租金收入,降低评级机构对声誉资本的投入,阻碍了声誉机制发挥积极作用。[②] 目前我国信用评级机构超过 80 家,尽管近年来我国债券评级市场有一定的发展,但是仍然处于“粥少僧多”的局面,为争夺市场份额,有的信用评级机构通过降低评级服务费用低

---

① 京报网:《国内信用评级行业自律组织成立》,at http://finance.qq.com/a/20101026/000652.htm,2011 年 1 月 2 日。

② 张强、张宝:《金融危机背景下我国信用评级机构声誉机制研究》,载《经济经纬》2010 年第 1 期。

价招揽业务,甚至以明示或者暗示承诺级别的方式来争夺客户,[①]由此导致我国信用评级市场的无序竞争状况:(1)低价竞争。有的信用评级机构为了争取市场不惜以低价的方式争夺客户,这主要是一些小型信用评级机构的行为。(2)信用级别竞争。有的信用评级机构为争取客户而在竞标时允诺给予较高的信用等级,违背信用评级行业的基本诚信原则和市场公正性。低价竞争和级别竞争导致信用评级市场出现"劣币驱逐良币"的现象,造成国内信用评级市场的无序竞争。[②]

影响声誉机制发挥作用的另一个原因是评级质量衡量手段的缺失,市场难以对信用评级的准确性作出评价,从而不能对信用评级机构的声誉作出评价。在债券信用评级方面,目前我国的债券信用评级缺乏事后跟踪,难以统计债券违约率。在贷款企业信用评级方面,由于商业贷款的非公开性,使评级机构很难对违约状况做出统计。因此无论是债券评级还是贷款企业评级,都没有系统而严格的违约率与评级转换率方面的统计数据。而违约率和评级转换率数据的缺乏,使得投资者和社会公众对不同信用评级机构的评级质量评价缺少有效的手段,未能形成有效的声誉约束机制。

(三)完善我国信用评级市场自律机制的建议

重塑我国信用评级声誉约束机制,应根据信用评级市场状况,针对市场自律机制薄弱的原因,采取相关措施。

1. 完善市场准入制度

没有适用于整个行业的严格的市场准入规定是形成我国信用评级

---

① 中国证券业协会:《中国证券业发展报告(2008)》,中国财政经济出版社2008年版,第203页。

② 寇勇、李晓珊、陈斌:《信用评级理论与实务》,中国工商出版社2007年版,第187页。

市场过度竞争、无序竞争状况的重要原因,因此应完善我国信用评级行业的市场准入制度。市场准入可采取有两种方式:(1)严格的市场准入,只有经过审批的机构才能开展信用评级业务;(2)实行登记认可制度,允许信用评级机构自由开展业务,但是只有经过监管部门登记的信用评级机构发布的评级才能为监管规则所使用。我国资本市场诚信基础比较薄弱,机构投资者规模还较小,不成熟的普通投资者仍然是市场的主体,实行严格的市场准入制度比较符合我国国情。证监会发布的《证券市场资信评级业务管理暂行办法》规定了信用评级机构的设立条件,包括具有中国法人资格,实收资本与净资产均不少于人民币 2000 万元;具有符合规定的高级管理人员不少于 3 人;具有证券从业资格的评级从业人员不少于 20 人,具有中国注册会计师资格的评级从业人员不少于 3 人;具有健全且运行良好的内部控制机制和管理制度;具有完善的业务制度,包括信用等级划分及定义、评级标准、评级程序、评级委员会制度、评级结果公布制度、跟踪评级制度、信息保密制度、证券评级业务档案管理制度等条件。该暂行办法的规定体现了严格的市场准入要求,但是该规定是针对从事证券评级业务的信用评级机构,适用范围有限,在今后的信用评级机构监管立法中,可以以该办法为蓝本规定具有普遍适用性的市场准入要求。

2. 应建立科学合理的评价体系,促进声誉机制作用的发挥

市场主体只有获得充分的评价信息,才能对信用评级机构进行合理的评价,从而对信用评级机构产生声誉约束作用,我国目前存在的信用评级评价信息缺失的问题阻碍了声誉机制作用的发挥,因此应采取措施建立科学合理的评价体系,以促进声誉机制作用的发挥。违约率和评级转换率是衡量信用评级质量的最直观指标,监管部门应解决我国目前在违约率和评级转换率统计中的难题,使债券信用评级和贷款企业信用评级的违约率和评级转换率都能及时进行统计并向市场公

开,使公众能对信用评级机构的行为进行合理的评价,从而影响其声誉。监管部门也可以建立一套科学公正的评级机构声誉评价体系和排名制度来实现评级机构声誉等级的差别化,并定期向社会公布,以充分发挥声誉的激励约束机制,促使评级机构加强控制利益冲突的自我约束行为,提高评级产品的质量。

3. 应推进全国性信用评级行业自律组织的建立,发挥行业组织的自律作用

应加快全国性信用评级协会的组建工作,为信用评级协会的行业管理提供组织保障;信用评级协会应结合我国信用评级市场实际情况制定统一的行业规范和标准,规范信用评级行为,引导和促进信用评级行业健康有序发展;信用评级协会应致力于促进信用评级机构控制利益冲突的自我约束行为,努力提高信用评级行业的公信力,促进行业的健康发展。

4. 对信用评级的监管依赖应适度

信用评级是资本市场私人治理的一种重要方式,监管规则通过援引信用评级,规定债券发行应获得某一信用评级结果,实质上是由信用评级机构代替监管部门进行实质审查,由此减轻了行政监管负担。然而,这种方式的广泛使用使信用评级机构所拥有的权力不断扩大,一旦信用评级机构的监管许可权力过大将会弱化声誉约束作用,因此只能在一定限度内援引信用评级作为监管依据。由于我国信用评级行业发展较晚,援引信用评级作为监管依据的监管规则较少,没有出现如美国大规模援引信用评级作为监管依据的情况,但是我们仍然要吸取美国的经验,今后对于信用评级的监管援引应适度,以防止信用评级机构监管许可权力过大,从而制约声誉约束机制的作用。

尽管可以采取措施促进声誉约束机制发挥应有的规制作用,但是美国信用评级的发展警示我们,利益最大化仍然是信用评级机构经营

的目标,因此声誉机制仍然具有局限性,声誉的积累是长期的行为,当信用评级机构面临亏损时,或者丧失未来声誉能带来近期的较大收益时,信用评级机构仍然会追求眼前的利益而忽视未来的声誉损失,而在我国信用评级机构数量较多,许多地方性信用评级机构面临经营亏损的情况下,声誉的约束力仍然显得薄弱。因此,加强信用评级行业的他律规制凸显重要性。

二、我国信用评级利益冲突的司法规制现状及完善建议

因不实评级遭受损失的被评级方可以依据民法通则提出诽谤诉讼,《民法通则》关于侵害名誉权的规定对信用评级利益冲突产生有效的规制。因不实评级遭受损失的信用评级使用者可以依照证券法的规定提起虚假陈述诉讼,但是依照证券法追究信用评级机构虚假陈述民事责任的适用范围有限。因此应完善有关信用评级机构民事责任的立法,以进一步发挥司法对信用评级利益冲突的规制作用。

(一)诽谤行为的规制

我国《民法通则》第 101 条规定,公民、法人享有名誉权,禁止用侮辱、诽谤等方式损害公民、法人的名誉。侵害名誉权的行为包括侮辱和诽谤等方式,发布不实信用评级行为在符合一定条件下构成诽谤。诽谤行为指侵害人故意或过失不法捏造传播不利于特定人名誉的虚伪事实或不法发表不利于特定人名誉的评论而使受害人名誉受损的违法行为。只有侵害人实施了不法传播不利于特定人名誉的虚伪事实(诽谤性虚伪事实)或者不法发表不利于特定人名誉的评论(诽谤性评论)的

行为,才可能构成对他人名誉的侵害。①

不实信用评级的产生有多种可能性:系统性风险造成大多数被评级对象的整体违约;信用评级机构本身的分析能力不足,即信用评级机构主观上希望做出准确的评级,但是由于认知能力的限制影响到评级的准确性;信用评级机构有意使用错误的评级资料、遗漏重要评级资料或者对评级资料未尽审慎调查,从而造成信用评级的错误。在上述错误信用评级产生的原因中,如果信用评级机构是以虚伪的事实为依据进行评级,则构成诽谤行为。

侵害名誉权属于过错侵权行为,根据过错侵权的构成要件和诽谤行为的特点,构成诽谤应符合下述要件:行为人的过错、不法传播不利于特定人名誉的虚伪事实或者不法发表不利于特定人名誉的评论、受害人的名誉受到损害、行为人的行为与受害人的损害之间存在因果关系。② 在不实评级引起的诽谤诉讼中,信用评级机构的行为应符合下述要件:

1. 信用评级机构存在过错

确定侵害名誉权责任的归责原则是过错责任原则,因而构成侵害名誉权责任的行为必须具备主观过错的要件。主观过错包括故意和过失两种形式,在对信用评级机构过错的认定方面,我国学界倾向于采取客观标准,即信用评级机构是否按照行业普遍通行的行为准则来进行评级。③

2. 不实评级行为构成不法发表不利于特定人名誉的评论

从评级的结果来看,评级报告是信用评级机构针对被评级对象信

---

① 刘静:《姓名权名称权肖像权名誉权荣誉权损害赔偿》,中国民主法制出版社 2001 年版,第 107 页。

② 张新宝:《中国侵权行为法》,中国社会科学出版社 1995 年版,第 322 页。

③ 楼建波:《试论信用评级机构的民事责任》,载刘俊海主编:《中国资本市场法治评论(2)》,法律出版社 2009 年版,第 237 页。

用状况的一种评论。在由于信用评级机构的过错导致评级所依据的资料有误或评级过程本身存在不当的情况下，信用评级机构对被评级方的信用状况作出不利评价，由于信用评级机构的社会影响力，其发布的信用评级报告将会给被评级方带来较大的影响，那么这种行为将构成不法发表不利于特定人名誉的评论。

3. 被评级方受到损害

侵害名誉权的损害事实包括名誉利益损害、精神痛苦的损害、财产利益的损失。因不实评级给被评级方造成的损害可以包括名誉利益损害和财产利益损害。名誉利益损害应以侵害名誉权的行为是否为第三人知悉为标准，侵害名誉权的行为为第三人所知悉，该行为即作用于公众的心理，因而必然产生降低受害人社会评价的后果。法人因名誉权受损害而造成的财产损失一般包括合同被解除而带来的损失、客户减少及客户退货的损失、顾客减少导致的营业额降低等方面。在信用评级机构公开发布不实评级的情况下，信用评级不仅为第三人所知悉，而且为市场所知悉，将使被评级方的名誉利益受到损害。在被评级方与他人签订的合同中包含有评级触发条款的情况下，如果合同一方的信用评级降低到某一级别，将导致双方权利义务的变更，由此将给被评级方带来财产利益的损害。

4. 错误评级行为与受害人的损害之间存在因果关系

侵害名誉权的违法行为与损害事实之间的因果关系具有特殊性，有些违法行为不是直接作用于侵害客体而使其出现损害事实，而是经过社会的或者心理的作用，达到损害受害人名誉利益，没有社会的和心理的这一中间环节，一般难以出现这种后果。[①] 如果是对于贷款企业的不实评级，评级失实主要对被评级方的商誉造成影响，在证明信用评级

① 杨立新：《类型侵权行为法研究》，人民法院出版社 2006 年版，第 133 页。

机构不实评级与被评级方的损害之间的因果关系方面应重视由于社会的评价对被评级方的商誉影响这一要素。如果对债券的不实评级,由于信用评级直接关系到债券利率的安排和债券为市场的接受程度,错误的评级将直接导致发行人财务费用的提高或者债券发行停止,因此可以认定错误评级与损害结果之间存在因果关系。

由于美国诽谤法律的宪法化,宪法第一修正案对信用评级机构未经聘请主动评级行为的保护,司法裁判方式未能有效规制信用评级机构的主动评级行为。但是我国的情况不同,只要信用评级机构的行为符合诽谤行为的构成要件,就应承担侵权责任,司法裁判方式追究信用评级机构诽谤侵权责任不会遇到如美国之类的宪法障碍。

对于信用评级机构发布不实评级的过错认定方面,我国学界倾向于采取客观标准,即信用评级机构是否按照行业普遍通行的行为准则来进行评级,这种标准将对信用评级机构的行为产生规制作用,使信用评级机构在发布主动评级过程中努力按照行业的一般标准行为。例如,采取尽职调查、任职回避、合规审查等措施,从而在以后的诉讼中能处于有利地位,由此对信用评级利益冲突产生规制作用。

(二)虚假陈述行为的规制

《中华人民共和国证券法》(以下简称《证券法》)第 173 条规定:"证券服务机构为证券的发行、上市、交易等证券业务活动制作、出具审计报告、资产评估报告、财务顾问报告、资信评级报告或者法律意见书等文件,应当勤勉尽责,对所依据的文件资料内容的真实性、准确性、完整性进行核查和验证。其制作、出具的文件有虚假记载、误导性陈述或者重大遗漏,给他人造成损失的,应当与发行人、上市公司承担连带赔偿责任,但是能够证明自己没有过错的除外。"根据上述规定和最高人民法院《关于审理证券市场因虚假陈述引发的民事赔偿案件的若干规定》(法释〔2003〕2号)的相关规定,可以将信用评级机构的证券虚假陈述民事责任归结为以下几个要件:信用评级报告构成虚假陈述、信用评级机构存在过错、给公众投资人造成损害、因果关系。

1. 信用评级报告构成虚假陈述

根据《证券法》规定,构成虚假陈述的行为包括虚假记载、误导性陈述和重大遗漏三种行为。虚假记载指信息披露义务人在披露信息时,将不存在的事实在信息披露文件中予以记载的行为;误导性陈述指虚假陈述行为人在信息披露文件中或者通过媒体,作出使投资人对其投资行为发生错误判断并产生重大影响的陈述;重大遗漏指信息披露义务人在信息披露文件中,未将应当记载的事项完全或者部分予以记载。[①] 信用评级是对被评级方信用的评价,是一种信用判断的陈述,信用评级已成为投资者进行投资决策的重要参考,错误的信用评级对投资者形成误导,是一种误导性陈述,构成证券法规定的虚假陈述。

2. 信用评级机构存在过错

对于公众投资者来说,证明信用评级机构存在过错是较为困难的,但是《证券法》第173条的规定对信用评级机构侵权责任的认定采取了过错推定的归责原则,由信用评级机构承担自身无过错的举证责任。因此,为了在诉讼中处于有利地位,信用评级机构在评级过程中应尽力保持客观中立地位,对评级所依赖的基础性数据和事实尽职调查,严格执行内部控制制度,以证明在评级过程中不存在过错。

3. 给公众投资人造成损害

《证券法》第173条规定的虚假陈述责任是针对证券发行、上市、交易中的虚假陈述行为,证券市场中的信用评级主要是债券评级,信用评

---

① 最高人民法院《关于审理证券市场因虚假陈述引发的民事赔偿案件的若干规定》(法释〔2003〕2号)。

级直接决定了债券利率水平,信用级别较高的债券利率较低,信用级别较低的债券利率较高,因虚高评级导致债券利率偏低时,投资者将因此遭受损失,因虚高评级未能提示债券的信用风险,当债券发行人出现违约时,同样使投资者遭受损失。

4. 因果关系

信用评级直接决定了债券定价,影响了投资者的债券利息收入,信用评级同时是投资者进行决策的主要依据,所以错误的债券信用评级与投资者损失之间存在因果关系。

依据美国证券法规定,只有信用评级机构同意将评级报告作为注册文件的一部分披露时,信用评级机构才承担证券过失虚假陈述责任。到目前为止,大多数的信用评级机构拒绝同意评级报告作为注册文件的一部分,因此美国司法体系对信用评级机构证券过失虚假陈述责任的规制作用是有限的。但是在我国不会出现这种情况,我国证券法规定信用评级机构出具信用评级报告时,"应当勤勉尽责,对所依据的文件资料内容的真实性、准确性、完整性进行核查和验证。其制作、出具的文件有虚假记载、误导性陈述或者重大遗漏,给他人造成损失的,应当与发行人、上市公司承担连带赔偿责任,但是能够证明自己没有过错的除外"。信用评级机构不能以不同意将评级报告作为注册文件的一部分而免责;而且,信用评级机构应承担自身无过错的举证责任。为了在诉讼中处于有利地位,信用评级机构在评级过程中应尽力保持客观中立地位,对评级所依赖的基础性数据和事实尽职调查,严格执行内部控制制度,以证明其在评级过程中没有过错,由此对信用评级利益冲突产生规制作用。

(三)完善我国信用评级利益冲突司法规制的建议

我国信用评级机构主要对公司债券、金融债券和贷款企业等开展评级。对于错误的贷款企业评级,被评级方可以提起诽谤诉讼,对于信用评级机构对贷款企业之外的第三人应承担的责任,现行法律没有相关规定。对于上市的公司债券,如果出现错误评级,债券投资者可以依据《证券法》提起诉讼,但是对于非上市的公司债券和金融债券的错误评级,现行法律并没有关于信用评级机构对第三人法律责任的规定。因此应完善我国法律规定,以发挥信用评级利益冲突的司法规制作用。

1. 完善信用评级机构等中介组织的第三人法律责任规定

2008 年美国次贷危机后,信用评级机构等中介机构的民事责任问题引起了学界的关注,在传统的中介机构对第三人民事责任的框架下,追究信用评级机构的民事责任面临着诸多的难题,但这些难题在我国 2009 年 12 月 26 日通过的《侵权责任法》中并没有得到解决。

美国信用评级机构民事责任问题警示我们,必须认真探究我国中介机构对第三人民事责任制度的问题,避免将来出现无法追究违规者责任、无法保障投资者合法权益的情况。更由于我国资本市场存在法律不完善、信用评级机构违规行为频发、社会公众处于弱势地位等情况,有必要通过保障社会公众投资人的权利来强化信用评级机构的责任意识,推进信用评级行业的良性健康发展。① 因此有必要完善侵权责任立法的内容,明确信用评级机构等社会中介组织对第三人的民事责任,以规制信用评级利益冲突,保护投资者利益。

2. 扩大《证券法》的适用范围

我国《证券法》第 2 条规定,证券法适用于股票、公司债券和国务院依法认定的其他证券的发行和交易。因此对于公司债券评级之外的其他评级行为,受不实评级影响的公众投资者不能依据《证券法》提起民

---

① 楼建波:《试论信用评级机构的民事责任》,载刘俊海主编:《中国资本市场法治评论(2)》,法律出版社 2009 年版,第 236 页。

事诉讼。但是《证券法》规定“国务院依法认定的其他证券的发行和交易”也适用该法,因此国务院可以通过对金融债券、金融衍生品等的认定,扩大《证券法》的适用范围,从而增强对信用评级机构行为的规制。

与通过侵权责任立法规定中介机构的第三人责任相比较,通过证券特别法规定信用评级机构法律责任的立法形式具有两方面优势:(1)适应现代证券市场交易复杂的特点,在过错认定、举证责任、因果关系等方面提出简便且可操作的处理规则,充分保障投资者的合法权益。如针对投资者对于信用评级机构的主观过错难以举证的问题,确定过错推定作为信用评级机构承担法律责任的归责原则,如果信用评级机构不能证明自己在评级过程中没有过错,则法律推定信用评级机构具有过错。(2)不必依照侵权法的一般责任规则进行一次次的演绎和推导,避免诉讼成本的增加以及诉讼的积压,通过对信赖关系、因果关系、主观因素等事实状态的推定或假定,使更多的潜在原告可以获得法定责任的救济。[①] 因此扩大《证券法》的适用范围有利于发挥信用评级利益冲突的司法规制作用。

三、我国信用评级利益冲突的行政监管现状及完善建议

在市场自律和司法规制存在局限性情况下,加强信用评级利益冲突的行政监管凸显重要地位,美国信用评级制度为我国建立、健全信用评级利益冲突的行政监管制度提供了有益借鉴。

(一)我国信用评级行业的行政监管现状

我国信用评级行业处于多头监管状态。根据国务院的“三定方

---

① 聂飞舟:《美国信用评级机构法律责任反思及启示——以司法判例为视角》,载《东方法学》2010 年第 6 期。

案”,2003 年中国人民银行成立了“征信管理局”,履行“管理信贷征信业,推动建立社会信用体系”的职责。《证券法》第 169 条规定,信用评级机构从事证券服务业务,必须经国务院证券监督管理机构和有关主管部门批准,由此明确了证监会对信用评级机构从事证券评级的监督管理。保监会通过对信用评级机构的认可监管信用评级机构,国家发改委是企业债券的主管机关,所以保监会和国家发改委在各自的管理领域内涉及对信用评级机构的监管。目前我国信用评级行业监管机构包括中国人民银行、证监会、保监会和国家发改委等部门,处于多头监管状态。

我国尚未形成完善的信用评级立法体系,且立法层次较低。《证券法》、《企业债券管理条例》、《可转换公司债券管理暂行条例》等立法中对信用评级制度有所涉及,但规定比较原则化且过于简单,整体性差,针对性和可操作性不强。尽管证监会制定了《资信评级机构从事证券资信评级业务管理办法》,中国人民银行制定了《信用评级管理指导意见》,但是这些规定只是部颁规章,立法层次较低。

证监会制定的《资信评级机构从事证券资信评级业务管理办法》是目前较为完善的信用评级立法,该管理办法吸收了美国信用评级监管的立法经验,提出加强信用评级机构监管的一些具体措施,包括评级机构所聘人员学历要求、评级报告的内容和格式及跟踪评级要求等内容,但是立法内容仍然不完善。该办法对利益冲突规制的内容有三个条款,其中第 13 条规定证券评级机构应当建立回避制度,信用评级人员本人和直系亲属与被评级对象存在利益关系时应当回避;第 14 条规定证券评级机构应当建立清晰合理的组织结构,合理划分内部机构职能,建立健全防火墙制度,从事证券评级业务的部门应当与其他业务部门保持独立。证券评级机构的人员考核和薪酬制度不得影响评级从业人员依据独立、客观、公正、一致性的原则开展业务。证券评级机构应当指定专人对证券评级业务的合法合规性进行检查,并向注册地证监会派出机构报告;第25条规定证券评级机构的董事、监事和高级管理人员以及评级从业人员不得以任何方式在受评级机构或者受评级证券发行人兼职。

《资信评级机构从事证券资信评级业务管理办法》主要针对评级人员与被评级方存在利益关系产生的利益冲突、评级业务与营销业务的利益冲突、不合理薪酬制度的利益冲突和评级人员兼职产生的利益冲突等进行规定,这些规定的内容比较原则,缺乏可操作性,且没有涉及其他领域的利益冲突,因此规制效果有限。

综上所述,我国信用评级行政监管存在监管主体多元化、立法层次低、监管制度不健全等缺陷,特别是规制信用评级利益冲突的行政监管制度不完善,所以应统一信用评级监管职能,制定专门的信用评级法律制度,建立、健全信用评级法律制度。

（二）完善我国信用评级利益冲突行政监管制度的建议

我国应借鉴美国信用评级利益冲突行政监管的经验,加强对信用评级利益冲突的监管,制定专门的信用评级法律制度,规定信用评级行业主管机构、信用评级机构的法律地位、信用评级机构的成立要件、审批程序等内容。在信用评级利益冲突监管方面,应完善以下几个方面的内容:

1. 确定行政监管主体

从我国实际情况看,不同类别的债券由不同部门监管,使得不同类别的债券评级业务的监管也分属于不同部门:公司债券评级业务由证监会监管,企业债券评级业务由国家发改委监管,短期融资券、中期票据、金融债券和资产支持证券等银行间债券市场评级业务由中国人民银行监管,而保监会也通过对信用评级机构的认可履行监管职能,因此我国信用评级行业处于多头监管的状态。

在多个部门都有权力分别对某些债券进行评级监管的这种现实情况下,集中由某一个监管机构行使监管权力也不利于监管措施的制定和监管工作的开展,因此,应在上述多个部门之间成立信用评级监管协调委员会,由信用评级监管协调委员会对现有的各种监管措施进行整合,制定适用于各种信用评级机构和各种评级行为的一般性监管规则,集中行使对信用评级机构的设立审批和日常监管的权力。

2. 加强信用评级机构内部控制监管

内部控制制度在信用评级利益冲突规制中发挥着重要的作用,应借鉴美国内部控制制度的监管内容,确定以下述内容为主的内部控制制度。

(1)独立董事制度。应规定信用评级机构聘请专业人士担任独立董事,独立董事不得参与信用评级机构的经营,而且应在任期、薪酬等方面保证独立董事能够独立履行职责。

(2)合规审查制度。合规审查制度是我国金融市场监管制度的重要内容,目前,证券公司、银行等金融机构按照监管部门的要求都设立了合规部门,由专门的合规人员从事合规审查工作。对于信用评级机构内部合规部门和合规人员的设立,应明确合规人员独立性的具体要求,应规定合规审查人员不得参与信用评级,不得参与评级技术或模型的研究开发,不得参与市场或者销售,不得参与决定报酬水平。合规审查人员的薪酬不得与信用评级机构的盈利情况相挂钩,但是应有最低保障以确保其能够独立履行职务。同时,合规人员应实行固定任期制,不得随意被解雇,合规人员可以独立向监管部门报告,为合规人员独立履行监督职能提供保障。

(3)防火墙制度。信用评级机构的员工同时从事评级和营销业务将会产生利益冲突,应从机构隔离和人员隔离两个方面设定防火墙制度,不仅规定评级部门和营销部门相隔离,而且应规定评级人员与营销人员相隔离,评级人员不得参与评级费用谈判,营销部门人员不得参与评级过程。

3. 强化信用评级信息披露监管

通过充分的信息披露,使声誉机制对信用评级机构发挥规制作用是信用评级利益冲突的重要规制方式,健全我国信用评级信息披露制度应包括信用评级信息披露内容、信息披露载体及未履行信息披露规定的处罚措施。

(1)信息披露的内容。信息披露内容应包括信用评级过程中所存在的各种利益冲突、信用评级主要收费来源的客户信息、信用评级准确性评价报告(如违约率数据)等内容。对于信用评级过程中所存在的各类利益冲突,不管信用评级机构是否披露,本身就是市场所知悉的事项,所以信息披露的主要内容在于产生利益冲突的各种来源(如主要收费来源的客户信息)和能对信用评级机构产生声誉约束的经营信息(如信用评级准确率)的披露,才能对信用评级机构产生规制作用。

(2)信息披露的载体。除了要求信用评级机构应在公司网站和经营场所披露各种信息外,监管部门还应建立专门的信息披露网站集中披露信用评级信息,以利于公众查阅和信息检索,充分发挥声誉的激励约束机制,进而形成对信用评级机构声誉提高的倒逼机制,促使信用评级机构控制利益冲突,提高评级产品的质量。

(3)建立处罚措施。明确披露信息不及时或者信息披露不真实、不完整的法律后果,对于轻微的违规行为,可以采取通报的方式影响信用评级机构的声誉,对于严重的违规行为,可以采取罚款、停业整顿、吊销营业执照等处罚措施。

4. 制定信用评级质量监控措施

利益冲突对信用评级的影响最后都体现在对信用评级质量的影

响，可以通过信用评级质量的监控来规制信用评级利益冲突，即通过监控信用评级利益冲突所产生的不利后果，对产生评级质量低下的信用评级机构采取处罚措施，从而使信用评级机构不得不避免利益冲突的影响，从而提高评级质量。可以根据我国市场实际情况确定评级结果应达到的准确程度，规定每一评级种类的每一评级层次的最高违约率，如果出现违约率的上升，则可以将其列入特别监管对象，并将该决定向社会公布，影响信用评级机构的声誉，如果违约率违反所规定的监控线，则可以取消信用评级机构营业资格，或者采取经济处罚措施。

5. 制定各种利益冲突的具体规制措施

信用评级利益冲突来源于不同层面，有不同的具体冲突内容，因此，应针对我国信用评级行业的特点，研究信用评级利益冲突的来源，并制定有针对性的规制措施。

信用评级机构层面产生的利益冲突主要有发行人付费模式的利益冲突、订阅人付费模式的利益冲突、评级机构未经聘请主动评级的利益冲突、评级业务和营销业务的利益冲突、评级机构与被评级方非正常关系的利益冲突等，应根据我国信用评级机构的经营特点，借鉴美国的监管经验，制定具有可操作性的监管措施，其中有些利益冲突类型在我国尚不显著。例如，我国信用评级行业的收入来源都来自发行人付费模式，基本没有来自订阅人付费的收入，但是我们仍要未雨绸缪，有预见性地制定适合我国信用评级行业的监管措施。

信用评级人员层面产生的利益冲突主要有评级人员与被评级方非正常关系产生的利益冲突、评级人员薪酬制度产生的利益冲突、评级人员在被评级方任职产生的利益冲突、评级人员持有被评级方证券产生的利益冲突、评级人员代理偏见产生的利益冲突，对于这些利益冲突仍应根据我国行业特点制定可操作性的监管措施。评级人员层面的利益冲突在不同的国家具有一定的共性。因此，美国《多德—弗兰克法案》

信用评级监管规定可以作为我国立法的参考。但是,在有些方面我们应制定比美国更严格的监管措施。例如,评级人员离职后到被评级方任职的问题,美国要求信用评级机构应向 SEC 报告,并没有采取严格的禁止性规定。鉴于我国金融市场信用基础比较薄弱的情况,对于这种利益冲突,应采取更严格、更明确的监管措施,规定评级人员在离职后一定期限内不得到被评级方任职。

CHAPTER 05 >>

第五章

金融消费者保护法制的现代化

第一节　金融自由化与金融消费者保护

一、金融自由化下的金融消费者保护

金融业从自由发展走向管制,最初是对货币发行的限制与“最后贷款人”制度的建立,并没有涉及其他问题。20 世纪 30 年代的“大萧条”给金融消费者带来了灾难,也催生了金融监管理论。立足于市场不完全、主张国家干预政策的凯恩斯主义取得了经济学的主流地位,而金融监管也从此被引入经济政策的操作实践,追求金融市场的稳定成了当时金融监管的目标。

20 世纪 60 年代,发达国家开始推进金融自由化浪潮,金融市场的快速发展,迫切需要一个宽松的法律环境。然而,当时金融监管仍然强调以稳定为主。法律的滞后性使得金融机构不得不通过金融创新来规避金融监管,而因此所带来的新金融产品和金融服务又无法得到法律的保障。因此,原有的金融监管已

经变得不适应金融发展的新需要,金融监管的目标也从此转变为注重效率。而注重效率下的金融消费者保护,强调的是市场约束和金融机构自律。因此,政府开始逐步放宽了金融监管,给予金融市场更多的自我调控和自行约束。

20 世纪 70 年代后,资本主义国家普遍出现了失业与通货膨胀并存的"滞涨"局面,凯恩斯主义陷入矛盾境地。在这样的背景下,新自由主义经济思潮重新成为美、英等发达国家的主流意识形态。新自由主义主张的"最少的监管就是最好的监管"成了西方政府的基本理念,金融自由化改革也在发达国家和发展中国家中兴起,大量的金融监管也被放松或放弃。新自由主义、金融自由化和金融全球化带来的金融监管放松,致使 20 世纪 80 年代以后金融危机在全球频繁发生。面对着金融危机带来的消费者恐慌,以及由此引发的经济严重衰退,加强金融监管的呼声越来越高。系统性风险对整个金融市场的重要性,促使各国政府开始从注重效率的监管回归到注重稳定的监管,而金融消费者对金融市场的信心也是关系到金融市场稳定与否的重要因素,因此,金融消费者保护再次成为金融监管的焦点。

金融消费者保护是金融监管的组成部分,尽管不同时期、不同国家的监管重点有所差异,但是金融消费者保护始终是金融监管的核心目标之一。

其原因一方面在于道德风险。道德风险是指由于制度性或其他的变化所引发的金融部门行为变化,及由此产生的有害作用。在市场经济体制下,金融消费者必然会考虑并担心商业性金融机构的安全性,但在受监管的金融体系中,金融消费者通常认为政府会确保金融机构安全,或至少在发生违约时偿还存款。对于政府和国家的信赖,使得金融消费者在进行金融消费时并不需担心金融机构的道德风险。因此,金融监管是为了降低金融市场的成本,维持正常合理的金融秩序,提升公众对金融市场的信心。可以说,由政府公共部门提供的旨在增强公众信心的金融监管,是对金融市场缺陷的有效和必要补充。

另一方面在于信用创造。金融机构产品或服务创新的实质是一种信用创造,创新在为金融机构节省成本、增强竞争力的同时,也会使金融体系面临着更大的支付风险。金融系统又是"多米诺骨牌效应"最为典型的经济系统之一,任何对金融机构无力兑现的怀疑都会引起连锁反应,骤然出现的挤兑狂潮会在很短时间内使金融机构陷入支付危机,反过来又会导致公众金融信心的丧失,最终引发整个金融体系的崩溃,而且金融的全球化发展将使一国国内金融危机对整个世界金融市场的作用表现得更为直接、迅速。因而,维护金融消费者的信心对于金融监管至关重要。

笔者认为,金融消费者保护,应当包括两方面的内容,一方面是保护,另一方面是平衡。首先应强调对金融消费者权益的保护,通过对金融机构业务行为的约束和监管,来保证其销售方式以及所销售的产品和服务都是有利于金融消费者利益的。同时,保护应着眼于增强金融消费者的金融意识和金融能力,帮助消费者获得充分且足够的信息,以使其做出符合自己利益的决策,从而鼓励金融市场的良性竞争,鼓励金融机构的合理金融创新,实现金融市场的公平、公正和稳定的终极目标。

因此,金融消费者保护,应是指政府通过立法、监管措施和有效的执法行为,增强金融消费者的金融意识和金融能力,帮助消费者在决策时得到充分且足够的信息支持,保护金融消费者在金融消费过程中的利益,约束金融机构在提供产品和服务时的销售行为,平衡金融市场中金融消费者与金融机构及利益相关者之间的关系。

这里的金融机构,指的是从事与金融服务有关的机构,包括商业银行、储蓄机构、信用合作社、证券公司、保险公司、信托投资公司、退休和养老基金管理公司、投资银行和投资基金管理公司等。金融机构所提供的金融产品是指资金融通过程的各种载体,即金融市场的买卖对象,它包括货币、黄金、外汇、有价证券等。金融机构所提供的金融服务则是一国"金融服务提供者提供的任何金融性质的服务",[①]其范围除了保险、银行业务以外,还包括证券市场的业务,如证券交易市场的自行交易或代客交易及各类证券的发行及与该发行有关的服务等。[②] 具体来说,金融服务是指金融机构通过开展业务活动为客户提供包括融资投资、储蓄、信贷、结算、证券买卖、商业保险和金融信息咨询等多方面的服务。

二、金融消费者保护与金融机构业务创新的关系

金融消费者保护并不等于或不局限于对金融机构业务行为的监管,因为金融机构业务行为监管不能囊括金融消费者保护的全部内容。从主体上看,除了金融消费者和金融机构以外,金融市场还存在其他主体,如政府监管机关、消费者组织等。监管机关作为金融市场活动的调节者,承担着金融消费者保护的主要职能。围绕着这一主要职能,监管机关的监管活动也应纳入金融消费者保护的范围,譬如,监管机关设立的模式、监管的分工、监管职责及权限等。从保护方式来看,对于金融消费者的保护,除对金融机构行为的监管,也应包括其他的方式,特别是当消费者面临信息不对称时,仅仅约束金融机构业务行为是不够的,消费者自身也需要了解信息及个人权益,真正成为市场纪律的主导力量,发挥"消费者主权"的作用和价值。因此,通过媒体、学校、社会团体开展金融教育,提高金融消费者的金融意识,这也是保护金融消费者的

---

① GATS. Annex on Financial Services. 5(a).

② GATS. Annex on Financial Services. 5(a)(xi).

方法,甚至有时成本更低。

而且,金融机构业务行为监管,是一种微观审慎监管方式。微观审慎监管,是以减少金融机构风险为目的的,强调对个体金融机构的行为进行监管。从消费者保护的角度来看,这种做法是有一定优势的。但是,长期以来,这种监管方式很容易以市场导向为主,在绩效至上而不问是否落实审慎监管的情况下,金融机构往往很容易利用消费者缺乏信心或知识不足,通过增加营业收入来弥补公平对待客户所产生的成本,从而维持资本回报率。这就导致金融机构销售行为的动机往往取决于销售目标,而不是为了保护消费者。

因此,越来越多的金融机构却将风险转移到消费者身上,肆意侵害消费者利益。再加上微观审慎监管很容易忽略金融机构之间的联系,多与金融市场系统性风险监管各自独立运行,甚至有时彼此之间还发生冲突。因此,当金融市场发生系统性风险时,只关注某个金融机构根本无法防止导致更大市场甚至宏观经济危机的金融失灵,无益于解决金融市场的整体风险,也不利于金融消费者的保护。

另外,如果金融监管机关过于强调金融机构业务行为监管,反而会阻碍金融创新,不利于金融消费者保护。金融创新是20世纪70年代以来全球金融领域发生的一场革命。随着金融市场的深入发展,金融创新已经成为金融机构在激烈的市场竞争中的生存之道。然而,在成熟的市场经济中,金融监管与金融创新之间是一种博弈互动的关系,美国经济学家爱德华·凯恩称为"监管的辩证法"。

因为,金融监管诱发金融创新的产生,各种形式的政府监管,实质上已经等于隐含的税收,阻碍了银行等金融机构从事已有的营利活动和获取监管以外利润的机会,由此形成了金融监管目标与金融机构获利动机的矛盾。这种矛盾发展到一定程度,就开始对金融机构产生束缚,为了摆脱这种束缚,金融机构就会设法通过各种方式的金融手段来逃避政府管制,金融创新由此产生。[①]

反之,金融创新也会促进金融监管的变革。由于规避监管的创新打破了原有的平衡状态,金融监管当局就会调整监管,力图把创新纳入监管视野中,由此也产生了新的监管。因此,金融监管与金融创新不断交替,形成了一个动态发展的博弈过程。正因为这样一个过程,任何一方力量的过于强大都会导致循环的中断。

然而,金融机构的业务行为如果出现违规,甚至违法,往往会在社会上出现极大的反响,本身就处于弱势地位的消费者就会做出过激的反应。为了平息消费者的怒气,金融监管机关往往会针对金融机构业务行为进行过度的监管,这样势必会导致监管机关很难把握监管的尺度。

因此,金融监管机关对于金融消费者的保护,应是平衡金融消费者利益与金融机构金融创新利益的过程。

第二节 金融消费者保护机制的构建

一、建立金融消费者保护机制的基本思路

金融消费者保护的路径构建,首先应当有明确的目标。只有确立了充分可行的保护目标,才能开展相应的监管活动,并且对监管活动的效果进行评价和改进。而保护目标的树立,应当从国家的金融发展的特定阶段出发,综合平衡金融稳定和金融效率这两大基本金融目标。

因而,保护目标的树立,既要遵循金融系统健康发展和监管工作有效进行的一般规律,又要充分考虑具体金融机构的体制安排、金融市场

① 赵霜茁:《现代金融监管》,对外经济贸易出版社2004年版,第300页。

发展水平、历史文化环境等国情实际。从各国实践来看,在效率优先的影响下,政府干预一直以来都让位于市场约束,导致了监管不力,危机爆发,金融市场非但没有得到所追求的效率,反而影响了市场稳定,造成金融动荡,冲击了金融消费者的利益和信心。因此,无论是宏观审慎监管对系统性风险的强调,还是微观审慎监管对金融消费者保护的重视,都属于维护金融稳定的范畴。从这一点考虑,虽然提高金融市场的效率也是监管机关和政府的重要任务,但是金融稳定无疑具有更大的现实意义。稳定优先、促进竞争理应作为树立金融消费者保护目标的出发点。

在树立监管目标后,有效的金融消费者保护路径应当包括以下具体内容:

1. 以成熟的市场经济法律框架作为前提

有效的金融消费者保护,只能建立在清晰、完善、公开的市场经济法律框架前提下。从金融市场发展的历史考虑,可以发现金融制度是跟随消费者交易活动的逐步扩展而建立和演变的。随着技术的不断进步,金融机构不断利用金融创新拓展出新的产品和服务,交易的复杂程度也在不断增加,这必然导致新的金融消费者保护规范出现,以保证交易活动得以顺利进行,市场秩序得以维持。

因此,一个有效运作的金融市场必须受到不同层次的法律框架的约束。而市场经济法律框架的形成也是一个国家法制逐步完善的结果。在发达国家,消费者运动由来已久,消费者保护经验丰富,对金融消费者保护也有着较完善的法律框架,因此并不需要太大的变革。而对于金融消费者保护经验不足的发展中国家来说,法律的借鉴和制度构建是一项极其艰辛的工作。

2. 以独立且强有力的监管机关作为基础

在影响监管效率的所有条件中,最关键的是要有一个强有力的独立监管机关。监管机关的权威和强制力来自政治的支持和严格的法律保护。对于金融消费者保护来说,监管机关的独立性更是保证监管措施有效实施的基础。监管机关应当具有独立于其他政治力量的强制性权威,在对金融机构发放许可证、实施日常监管、惩罚不当交易行为以及在金融市场不稳定时采取迅速果断的矫正措施等方面,都应有独立的职能和实施权力。而监管机关的独立性,首先应当通过法律框架予以明确界定,这样才能在消费者中树立监管机关的权威和可信任度,保证监管机关不被既得利益集团所俘获。

其次还要在人事任免上独立于政府体系,不受政府机构人事更迭和政府领导个人喜好的影响;同时,监管机关的预算和财务来源不受制于政府,也是独立性的重要体现,这样才能保证监管机关的监管效率,监管机关才能投入更多的监管资源,吸引和留住那些经过专业训练的优秀人才,从而能够搜集和分析所获得的金融信息,对金融机构的金融创新和风险作出迅速的反应。

3. 以金融机构业务行为监管作为核心

金融机构的业务行为,是直接与金融消费者的日常生活及利益息息相关的,是金融消费者保护的核心部分。因此,对金融机构业务行为的监管,不能仅针对某一阶段,而应该从事前、事中、事后三个方面进行。

具体来说,在消费者购买产品和服务之前,金融机构应当进行充分的信息披露,按照适合性原则,结合消费者的具体情况向其提供适当的建议,采取符合法律规定的劝诱销售行为等;在消费者购买产品和服务之后,要尽职尽责地维护消费者的客户信息,保护消费者的隐私,向消费者提供交易明细清单。而当相关产品的交易和服务发生纠纷时,金融机构应当有健全的纠纷处理机制,持中立立场处理消费者纠纷。只有完善对金融机构业务行为的监管,金融消费者保护才能落到实处,才能做到有法可依。

4. 以健全的国际合作与协调作为跨境消费者保护的保障

金融全球化使金融活动跨越国界，各国之间的金融机构、市场、产品和立法都在日益融合。国际资本的自由流动，促使了各国经济结构调整，增强了在国际竞争中的应变能力，同时也加快了金融服务的国际化与跨国金融集团的快速发展，使得消费者可以在世界各地享受到同一个金融机构提供的金融产品和服务。

然而，通过经济周期的波动、利率和汇率的变化、国际收支的差额，国际金融风险也在全球范围内扩散与蔓延，而国内与国际金融市场的水乳交融，又加大了一国金融监管的难度，尤其是国际游资的冲击，更造成了金融监管的失控。面对这样的局面，国际金融组织却没有发挥应有的作用，监管乏力，监管措施不足，监管理念明显落后，缺乏预见性和灵活应变能力。

21 世纪以来多次发生的金融危机充分反映了这样的不利局面。而这些都是直接影响到金融消费者利益和信心的。这就要求监管机关不仅仅要从国内市场入手，更要在世界范围内协调各种监管关系，不仅要从国际层面对金融机构的业务行为进行监管和约束，还要从国际层面协同合作，对金融消费者开展全方位的保护。

诚然，目前金融各行业都存在相对独立的传统业务，在监管时也有所不同，比如银行业更侧重于风险的防范，保险业则以保险费用的计算为主要监管对象，而证券业更关注信息披露、利益冲突等。

但是，这三大行业的监管仍然存在共同之处，特别是在当前金融业以混业经营为主的形势下，应当善于发现金融机构在从事业务行为时的共同点，施以跨行业的监管，这也是当前金融消费者保护的新要求。

因此，以下以传统三大行业金融机构业务行为的共同点作为切入点，从事前、事中、事后三方面对金融消费者保护相关问题进行探讨。

二、金融消费者的事前保护

(一)信息披露的要求

信息披露要求反映了金融市场对透明度这一核心的要求。[①] 随着金融产品的日趋复杂,金融服务的日益专业,大量信息不断进入市场,各类市场参与者可以根据其所获得、接收到的信息量不同,对金融产品的价值进行判断,并作出不同的决策。因此,信息的传播方式,如发布、扩散和传递等,对于各类市场参与者都非常重要,直接影响到他们的收益。其中,影响信息传播方式的最主要因素就在于信息披露。金融机构的信息披露行为是金融消费者保护的基础。当金融消费者在进行金融交易之前,金融机构必须按照监管机关的要求提供充分的信息披露,只有这样,金融消费者才不会因为信息不足而作出错误的决策。

1. 信息披露的内容要求

由于金融商品的日益复杂化,对于商品信息的说明和揭示往往需要大量的篇幅,而过于冗长的文件反而使消费者因为疲于或懒于阅读全部材料而放弃对信息的了解。鉴于此,许多国家和地区都对信息披露的内容作出规定,要求金融机构在销售产品或提供服务时,所揭示的信息应当针对足以影响消费者交易决策的部分,以便让消费者获取作出决策所需要的充分和重要的信息,这也就是所谓的主要事项(key facts)。

例如,在英国抵押贷款领域,金融服务监管局(FSA)发布,2004 年 10 月 31 日生效的《抵押贷款商业行为法》(FSA Mortgage Conduct of

① See Joanna Benjamin, The Narratives of Financial Law, *Oxford Journal of Legal Studies*, 2010, 30(4), p. 795.

Business,MCOB)就强调,金融机构有义务通过固定表格向消费者提供通俗易懂的信息,以帮助消费者在对不同的产品进行查找、选择和比较后做出合理的选择。在每个消费者进行贷款之前,金融机构应当通过格式合同的形式向每个消费者告知缔约前的信息(Precontractual Information),即“主要事项说明”(Key Facts Illustration,KFI)。

KFI一般包括特定抵押贷款产品的具体内容,但是这些内容必须是简短、明确的,其主要目的是让消费者能将其与其他同类产品进行区别。由于这些信息因人而异,所以在提供产品的主要信息之前,金融机构需要获得相关信息,如需要贷款数额、抵押财产价值和抵押期限。2006年FSA开展了英国抵押贷款效果检查(UK Mortgage Effectiveness Review),其中对KFI的作用进行了评估,认为它确实能帮助消费者更好地认识产品的特点和风险,判断抵押贷款产品是否合适和进行产品比较。由于消费者金融能力整体上还是比较薄弱的,因此应当鼓励消费者在决策过程中积极使用KFI。①

香港证监会也在2008年10月3日向零售投资产品发行人发出通函,要求零售投资产品发行人“有责任确保销售文件持续载有最新且充分的资金,足以让投资者应对近期的最新情况,掌握充分资金作出投资决定。此外,发行人发出的推广材料必须清晰、公正及以公平的观点陈述投资产品、附带充分且显眼的风险披露,并符合所有适用规定”。②

2. 信息披露“主要事项”的内容

(1)监管标识。为了提高金融产品或服务的公信力,也为了更好地监管,监管机关往往要求金融机构在提供KFI时,应当明示机构和主要

---

① See Regulation Impact Statement equiring a Home Loan “Key Facts” Document and Standard Terminology,Sydney:Regulation Impact Statement,2010,p. 12.

② 香港证监会:《关于雷曼迷你债券危机引起的事项向财政司司长呈交的报告》,2008年版,第47页。

事项受监管的事实。例如，英国FSA要求金融机构在提供主要事项时，应当在封面标注FSA设计的"主要事项"徽标，同时还要注明"关于我们的服务和费用(about our services and costs)"，[①]而且，主要事项第一条应标明该事项受监管的事实，如"FSA是独立监管金融服务的监察者(watchdog)，本文件由FSA设计，以向消费者在购买某特定金融产品时提供参考。您(顾客)必须要阅读这份重要文件。该文件介绍了您需要的服务以及付款方式"。此外，金融机构还应当在主要事项中进一步标明其受监管的身份。如公司的登记名称、登记住所、FSA注册编号、经营范围、法人代表、分支机构名称、联系方法，以及监督方式。

(2)产品或服务的基本内容。消费者面对复杂的金融产品或专业的金融服务时，主要考虑的就是该项产品或服务的金融功能，以避免错误的交易决策。因此，产品或服务的基本内容也成了主要事项的重要内容，一般应当包括基本信息、费用构成和风险级别提示等几个方面。首先，基本信息主要是针对产品或服务的具体名称、适用对象范围、价格、收益、交付期限、合同期限等；其次，费用构成则包括消费者需要支付的总费用、费率、费用计算方式、费用范围、利息与佣金，如美国《据实披露存款资料法》所颁布的1992年规例(12 CFR 230)就规定，银行须向消费者披露的资料包括了"利率、费用、定期服务收费、最低结余及开立账户的最低款额"；最后，由于金融产品，特别是金融衍生品的高回报率备受消费者追捧，但消费者缺乏理性的需求以及金融知识不足，常常使得消费者认购产品或服务时承受了巨大的风险，因此，金融监管机关要求金融机构必须保证消费者在认购时尽可能充分知悉商品风险。例如，日本2001年《金融商品销售法》有关重要事项的说明义务主要都是

---

① COBS6. 3. 4R, 06/08/20081.

围绕着资金风险展开。[①] 该法第3条规定，金融机构应当向消费者说明消费者有可能面临的资金损失风险，如金融商品市场行情变动、金融商品销售机构的业务变动和财务状况变化，都会造成消费者资本的全面损失甚至超额损失，而且，金融机构还应当告知消费者中途解约的方式和后果。

(3)利益冲突(conflicts of interest)条款。利益冲突是指金融机构牺牲消费者的利益而为自身或是其他投资牟取利益的行为。现代的金融交易往往存在三角交易关系，即客户、相关人员、产品供应商之间的关系。[②] 其中，相关人员(如中介人、代理人、销售人员、投资顾问等中介机构或雇员)扮演着重要的角色，他们在一项交易中承担着多项任务，包括寻找客户、充分了解新产品、认识客户的个人情况、提供交易并完成交易，这些相关人员的收入主要来自佣金。金融机构会根据金融产品或服务的销售业绩，给相关人员发放酬劳。在有些情况下，如果消费者持有产品达到一定时间，相关人员还能从产品发行人处收取更多的酬金(又称后期佣金)。此外，产品发行人还会向他们提供其他福利(又称非金钱佣金)，如免费机票等。在香港证监会对投资顾问进行调查过程中就发现，"一些商号倾向于售卖较多能为商号带来更丰厚回佣的投资产品"。[③] 因此，在金融机构可以为各种消费者提供形式多样的金融产品或服务的过程中，消费者之间或者消费者与金融机构之间势必存在利益冲突或目标冲突的情况，这时处于强势地位的金融机构很可能就会牺牲一方的利益而换取另一方更大的利益，再加上前述获取酬劳

---

① 何颖著：《金融消费者权益保护制度论》，北京大学出版社2011年版，第91页。

② See Roman Inderst: Retail Finance: Thoughts on Reshaping Regulation and Consumer Protection after the Financial Crisis, *European Business Organization Law Review*, 2009, 10(3), p. 458.

③ 香港证监会：《关于雷曼迷你债券危机引起的事项向财政司司长呈交的报告》，2008年版，第51页。

的方式,这些都会带来相关人员或金融机构在销售过程中潜在的利益冲突。

为此,许多国家和地区都要求在主要事项中对金融机构的利益冲突内容进行披露。有些规则非常专业和细致,比如欧盟 Directive 2006/73/EC 号指令第 30 条规定,金融机构应当以摘要形式向消费者披露金融机构相关利益冲突政策的说明。[①] 香港证监会就打算向公众咨询如何规定中介人的利益冲突,建议须在销售前期向准顾客披露以下事项,如金钱利益、后期佣金、大额折扣、中介人与产品发行人的关系,以及非金钱利益等。

(4)补偿和救济手段。在提供产品或服务的过程中,金融机构与消费者之间构成了平等的民事关系,因此,当一方违约时,另一方都有权寻求救济。在主要事项中,金融机构应当告知消费者,当其违约时金融机构有权采取的行动和具体内容。但是,由于金融机构与消费者之间信息的不对称,消费者更多时候是处于弱势地位的。所以,出于保护消费者权益的目的,金融监管机关采取了更严格的规定,即金融机构应当在主要事项中告知消费者,当其权益因金融机构的违法行为而受到损害时寻求补偿和救济的权利和方式。例如,消费者应当知晓金融机构的投诉电话、客服中心地址,以便进行投诉,而如果投诉不能从金融机构得到满意答复时,消费者还有权向金融监管机关寻求救济。

3. 信息披露的形式要求

一般而言,金融机构在向金融消费者进行信息披露时,通常会采用口头说明和书面说明两种方式。笔者认为,基于保护金融消费者角度出发,金融机构在信息披露时的方式仍应以书面形式为宜。一方面,可以让消费者真正掌握信息。虽然口头说明较为方便,工作人员运用起

① 类似条款还存在于 MiFID Article 18.2. Directive 2006/73/EC Articles 22。

来也比较灵活，有利于工作人员根据不同的消费者采取因人而异的营销策略，但是，金融商品本身非常复杂，交易合同又十分丰富且专业性极强，单纯的口头方式不仅无法使消费者在“信息轰炸”中吸收有效的信息，而且容易误导消费者，使其无法根据有用的信息来进行决策。另一方面，可以避免消费者与金融机构日后产生纠纷。单纯的口头说明，因为缺乏书面证据作为辅证，若是发生纠纷，消费者也很难进行维权，金融机构也会因此陷入不必要的诉讼纠纷。反之，如果消费者在书面说明文件上签字，即表明消费者已经阅读或理解了金融机构所做出的说明内容，从而能够避免出现消费者维权的不利局面。

从书面文件交付的时间来看，应将书面交付的要求覆盖到合同的所有阶段，包括缔约前、缔约时以及合同存续期间。例如，日本2006年修订的《金融商品交易法》第37－3条规定，金融机构在与消费者缔约之前，应当向消费者交付记载主要事项的书面文件；第37条第4款规定，金融机构在与消费者缔约后，应当毫不迟延地向消费者交付书面文件；第37条第5款、第37条第6款、第42条第7款都规定，契约存续期间金融机构应当尽快向消费者交付相关的书面文件。

从书面文件的内容来看，由于普通的消费者只具备一般的生活经验，对于金融知识更多只是处于了解的初级阶段，所以在面对金融产品或服务时，常常无所适从，无法运用必要的专业知识和能力进行分析。因此，即使金融机构按照前述的做法，用书面文件提供给消费者简短的主要事项，并且辅之以口头说明，消费者也往往无法充分理解晦涩深奥的金融专业术语。因此，信息披露的形式也显得十分重要。

不少金融监管机关都对该问题给予了很大的关注，纷纷要求金融机构披露的信息必须是通俗易懂的。具体而言，就是要在信息披露时尽可能地用平实的语言进行阐述，字体要规范，排版要合理，真正做到“老少皆宜，易读易懂”。

(二)金融机构销售行为中的适当性要求

在服务业异常发达的今天,金融机构向金融消费者提供咨询服务已经成为金融机构谋利的主要方式之一,消费者在信赖金融机构的专业能力,要求其提供购买、投资等咨询意见时,也可能产生更多的不公平交易的机会。虽然,金融机构的信息披露作为各国金融监管机关保护金融消费者的基础手段和方式,为消费者的知情权提供了保障,也增强了消费者决策的理性,但是,要确保消费者在充分知情的基础上作出符合自身需求的决策,单靠信息披露是不够的,还要受到消费者的知识水平和认知能力的影响,即消费者在知晓金融商品的收益、风险和成本以后,自己判断是否应该购买、如何购买以及如何进行自我保护。这些要求对于金融市场大部分的普通消费者来说,无疑是很难做到的。所以,缺乏理性的消费者或是自己盲目选择,或是充分信任金融机构的专业水平,根据其推荐进行购买。这些都会带来潜在的风险。因此,适当性要求的提出,既可以有效地通过金融机构的专业能力来帮助消费者作出合理的决策,避免盲目选择带来的巨额损失,又符合消费者在金融交易过程中权利保护的需要,弥补信息披露在保护消费者方面的不足。

适当性要求应当包括几个要素:首先,适当性要求的行为必须是金融机构在销售过程中的"推荐"行为,也就是在签订合同前要向消费者进行推荐,或者提出建议,告诉其购买哪些金融产品或金融服务会更好;其次,适当性要求的前提是金融机构已经获得了该消费者或特定顾客的相关信息,换句话说,也就是该消费者已经告知金融机构其所需要的相关信息,足以让金融机构进行判断;最后,适当性要求的结果是金融机构承担了注意义务,公平合理地提供了推荐,如果金融机构未尽到注意义务,未能对顾客的情况进行尽职调查,那么就视为它违反了适当性要求,就要承担相应责任,如自律组织的处分、监管机关的行政处罚甚至是消费者诉讼所产生的民事赔偿。

1. 适当性要求的保护对象

鉴于适当性要求是保护风险承担能力不足的一般消费者,所以适当性要求往往不会保护专业投资者,因为专业投资者自身往往具备较高的专业知识水平和较强的风险防范能力,而如果把一般消费者归于专业投资者的行列,又容易引发金融机构恶意利用这种规定规避对一般消费者的保护。因此,在金融机构遵守适当性要求时,大多数国家和地区都要求金融机构应当做一个区分,即根据顾客的专业能力、资产状况、知识水平等条件进行区分,判断其是属于一般消费者还是专业投资者。

例如,韩国《资本市场统合法》第 46 条规定,金融机构在向投资者进行推荐之前,应判断其是一般投资者还是专业投资者,如果是一般投资者,那么在随后的推荐过程中,金融机构应通过面谈、询问等方式,了解投资者的投资目标、资产状况、投资经验等信息,并以书面形式得到投资者购买所推荐产品的签字认可,反之,如果相关信息不符合投资要求,则金融机构不能出推荐。[①] 日本《金融商品交易法》第 45 条第 1 款也规定,金融机构进行推荐时需要遵守的适当性要求并不适用于专业投资者。[②]

随着金融市场的发展,金融产品的复杂化使得风险逐渐增大,面对眼光缭乱的金融衍生品,许多专业投资者也无法进行理性分析,较之一般消费者,专业投资者在评估产品能力和抵御风险能力上的优势已经不像过去那样突出。如果专业投资者对评估产品缺乏足够的能力,也

---

① Korean Capital Market And Financial Investment Business Act, 2008, Art. 46 (Principle of Suitability. etc.) (1) (2).

② Japanese Financial Instruments and Exchange Act Art. 45(i).

无法准确预计产品风险,那么他与一般消费者在保护上并没有太大的差别。反之,一般消费者在进行了大量的金融交易后,也会具备一定的专业知识和能力,也可能会出现某些消费者自己已经掌握了相当丰富的专业知识,能够独立作出判断并承担风险。因此,专业投资者同样适用适当性要求也成了近年来发展的趋势。但是,鉴于实践中专业投资者与一般消费者在专业知识等方面仍然存在较大的差距和区别,所以各国或地区的监管机关仍然对适当性要求在专业投资者的适用上做了一定的限制和要求。

面对专业投资者时,金融机构的适当性要求只是对专业投资者进行判断的义务,而不是向其提供推荐建议的义务。也就是说,只要金融机构通过客户提供的材料和信息,能够认定其符合专业投资者的推荐,且其有能力独立判断和决策,那么金融机构就已经尽到适当性要求的义务。

2. 适当性要求对金融机构推荐行为的要求

如何对金融机构的"推荐"行为进行定性,是适当性要求非常重要的一个问题,也是比较难解决的问题。

目前,大多数国家或地区对该词的用语常采用"推荐"(recommend)一词,如美国、韩国和欧盟等,日本在《金融商品交易法》则采用"劝诱"(solicitation)一词,澳大利亚与荷兰则用"建议"(advice)一词。但是,基本上多数国家都未对该词作出定性,只有美国纽约证券交易所NYSE和美国保险法对其下过定义。①

笔者认为,要对金融机构的推荐行为进行定性并不现实。一方面,

---

① Joint Forum of Basel of Committee on Banking Supervision, International Organization of Securities Commission and International Assocation of Insurance Supervisiors, Customer Suitability In the Retail Sale of Financial Products And Services, Basel: The Basel Committee on Banking Supervision, 2008, p. 12.

当今金融商品的销售模式，“更多是卖而不是买”（not bought but sold），[①]商品的设计和推销方式更多是由金融机构来决定，推荐的方式本身体现了金融机构营销手段，金融机构往往根据机构自身的经营需要、产品和服务的特点结合消费者的实际情况来提供建议，而这个交易过程的任何一个因素都是不特定的，每个因素的变化都会带来不同的问题。另一方面，随着经济的发展和技术的进步，金融机构进行推荐的方式也会随之变化，新的推荐方式层出不穷，如果对推荐方式进行明确的范围限制，监管机关就不得不随时进行更新、修改，这不仅存在极大的难度，也会因为对金融机构的自主经营作出过于细致的规定，从而造成不必要的监管成本。因此，对于推荐行为的定性，应从原则性监管入手，监管机关提供若干建议来引导金融机构进行判断，并通过事后救济的方式加以有效地监督。例如，合理根据原则，即金融机构应当有合理根据（reasonable basis）相信推荐是符合某些消费者需求的；KYC 原则，即金融机构应确保其推荐是符合特定消费者目的和需求的；数量适当性原则，即金融机构不得利用顾客账户进行不适当的频繁交易（excessive trading）等。

3. 适当性要求中消费者的义务

适当性要求是一种双务型的要求，金融机构作出适合消费者的合理推荐之前，消费者应尽到提供相关信息的义务。因此，消费者提供相关信息，也是适当性要求不可缺少的部分。消费者应当提供符合要求的信息。这已经在各国适当性要求的规定中形成共识，并对提供信息的内容也作了相关规定。

美国 NASD Rule 第 2310 条规定，消费者提供的信息应当包括：客

① Roman Inderst, Retail Finance: Thoughts on Reshaping Regulation and Consumer Protection after the Financial Crisis, *European Business Organization Law Review*, 2009, 10(3), p. 457.

户的财务状况、税收状况、投资目标,以及可以作为券商推荐理由的其他信息。[①] 英国 FSA 在《业务行为规范指南》(Conduct of Business Sourcebook,COBS)中规定,客户提供的相关信息应当包括投资目标和财务状况两方面,投资目标包括投资时间长短、风险偏好、风险特点和投资目的等,财务状况则涵盖了固定收入来源和情况、资产状况(含流动资产、投资和不动产)和定期财务承诺(financial commitments)等。[②] 欧盟 MiFID2 第 35 条第 3 款、第 4 款也作了类似的规定。[③] 除此之外,日本《金融商品交易法》还要求,金融机构遵守适当性要求时,不仅仅要考虑客户知识、经验和资产状况,还要考虑"缔结金融商品交易合同的目的",[④]以做到对客户保护的完整性。

总体来说,消费者提供的信息应当包括三个方面的内容:(1)消费者的财务状况,如年龄、家庭状况、工作性质、固定收入来源和数额、资产状况(含流动资产、投资和不动产)、定期财务承诺、税收情况和是否需要担保等;(2)消费者的风险承受情况,如风险特点、风险偏好、风险承受能力和对待风险的态度等;(3)消费者的投资情况,如投资预计期限、投资组合多样化的程度、投资目标、投资知识水平和经验(包括服务的类型、性质、成交量和交易频率)等。

同时,消费者提供信息时应当遵循一定的程序:(1)金融机构在向消费者进行推荐时,会选择面谈为主,表格为辅的方式。金融机构会要求消费者填写表格,提供相关信息,以作为金融机构推荐时的参考,随后金融机构会与消费者进行面对面的沟通,进一步了解其要求,并对金融产品或服务提出推荐意见。如果根据顾客提供的信息,金融机构认

---

① NASD Rule Art. 2310(b).

② FSA COBS 9.2.2R(2)(3).

③ 该两款与英国 FSA 规定的内容一致。

④ Japanese Financial Instruments and Exchange Act Art. 40(1).

为该产品或服务不适合该消费者,那么金融机构则应该向消费者发出警示。(2)金融机构将推荐或不推荐的理由告知消费者时应当采用书面形式。有些国家采取“适当信”(suitability letter)的方式,如英国就其要求金融机构必须从个人顾客那里取得“适当信”,以确认他所推荐的金融产品或交易是适合该顾客的,然后才能开始交易。在实践中“适当信”起到了重要的保护作用。为了更好地对推荐行为进行监管,也为了与欧盟 MiFID 保持一致,英国 FSA 还对其进行了改进,提出了“适当报告”(suitability report),“适当报告”与“适当信”并存,但更强调金融机构的自主性,赋予了金融机构在报告使用上的自由,允许金融机构按照自己的需要对报告的内容进行修改。① (3)这些记录和文件都应当备案保存。澳大利亚和荷兰特别规定,任何向顾客作出的建议都应当形成文件,以便有案可查。具体而言,澳大利亚要求制作建议声明,荷兰则要求对建议以及与建议有关的信息进行记录。欧盟证券监管委员会(the Committee of European Securities Regulators,CESR,2011 年 1 月 1 日改为 ESMA)则向其成员国建议,在 MiFID 下,成员方的监管机关应当根据 MiFID,记录投资建议或金融工具推荐的事实。对于没有专门规定的国家来说,他们会对一般的记录备案作出规定,在规定中包含公司对适当性决定进行文件备案的要求,比如美国证券业、银行业的监管指南和加拿大的金融服务业。

三、金融消费者的事中保护

(一)冷静期

冷静期(cooling-off period),又称“冷却期”、“自由观察期”(free

---

① FSA,Reforming Conduct of Business Regulation,London:FSA,2006,p. 77.

look periods),在一些国家中也将其称为“合同的撤回权”(right of withdrawal)或“取消权”(right of cancellation),主要是指消费者与商家就产品或服务签订合同后,可以在法律规定的一定时间内,依照单方意思表示,无条件地解除合同,且无需承担赔偿责任,从而使双方恢复到合同签订前的状态。

冷静期作为一项特殊保护规则,在各国的商品消费中已经颇有渊源,而在金融产品和服务消费中仍然处于发展阶段。因此,对于冷静期在金融消费者保护中的研究甚为重要。

1. 冷静期的适用范围

从当前的立法和实践来看,并不是所有的金融交易都需要规定冷静期,冷静期应在两种情况下予以适用。

(1)冷静期适用于产品销售方式特别的金融交易

这类金融交易中产品一般是传统的金融产品,如抵押贷款、管理基金或长期人寿保险。相对而言,这些产品的构成并不复杂,因此许多金融机构都会推出相似的产品,消费者可以选择的种类较为丰富,范围也较大。在这样的情况下,金融机构之间的竞争更多是以销售方式为主。因此,金融机构也常常会为了争夺客户而采取各种特别的销售方式,如街头兜售、上门促销、远程销售、网络贩卖等。在这个过程中,自然会出现一些金融机构采取不当方式进行销售。比如,消费者没有表示过购买意愿,金融机构的销售人员却未经过消费者的同意,自己主动通过电话或上门的方式与消费者联系,在消费者的私人住宅、工作场所中向消费者进行劝诱,或者金融机构通过巧立名目地组织活动来积极向消费者推荐,从而签订金融交易合同。即使这些产品极为简单,但是消费者也会因为销售人员的突然造访而无法冷静地对其所推销的金融产品进行判断,从而失去了谨慎考虑的机会。

因此,日本对金融消费者冷静期规则的适用范围包括了“消费者在营业场所之外订立的分期付款合同、连锁销售或电话销售等特定的交易合同、在营业场所以外订立的保险期间在一年以上的人身保险或财产保险合同、投资顾问合同等情况”。[①] 欧盟也对金融商品或服务的远程销售专门出台了立法予以规制。[②] 英国也规定冷静期适用于以远程通讯形式售卖的金融服务合同(属银行、信贷、保险、个人退休金、投资或付款性质的服务合同)。[③]

(2)冷静期适用于产品较为复杂且对消费者非常重要的金融交易

目前金融市场出现了许多新型金融产品,这些金融产品往往经过了金融机构的设计和包装,在产品构成上非常复杂,同时也带有很大的投资特点,较之传统金融产品,其回报率高,风险也随之增大,对于消费者的专业知识和理财能力都有相当高的要求,而且,此类金融产品对消费者个人福利有着重大意义,稍有不慎或差错,会在相当长的时间内影响消费者个人及家庭的生活质量。

香港“迷你债券”就是典型例子。此类金融产品名为“债券”,实为以定息和债券包装的一种高风险结构产品——信贷挂钩票据,是典型的高风险衍生品,如由雷曼兄弟控股公司(Lehman Brothers Holdings Inc.)香港附属公司设计并发售的雷曼“迷你债券”。此类产品的发行商一般利用来自投资者的款项买入抵押品,然后作出若干“掉期”财务安排,从而使发行商可以将产品的潜在整体回报提升至高于传统银行存款的回报水平。发行商的这些“掉期”安排通常与若干拥有高信贷评级的参考机构有关联。一旦其中一家参考机构或掉期对手无力偿债,整个架构便会失效,有关产品便需平仓,而抵押品也会被变卖套现。而

① 何颖:《金融消费者权益保护制度论》,北京大学出版社 2011 年版,第 118 页。

② The Financial Services(Distance Marketing)Regulations,2004.

③ 香港证监会:《雷曼迷你债券危机引起的事项向财政司司长呈交的报告》,2008 年版,第 53 页。

由于当时的国际金融市场危机四伏，所以抵押品几无市场价值。而许多投资者都是退休人士，他们原意只希望将资金存放在银行，定期收息以保障生活，但银行销售人员坚称“迷你债券”属保本兼低风险投资，还可收取较存款利息更高的利息，但实际上却是结构性或衍生投资产品，最后导致了这些投资者蒙受巨大的损失。

因此，对于涉及这些产品的金融交易，应该设立冷静期规则。比如，根据澳大利亚法律规定，投资者在以下产品中享有取消权，包括风险保险产品、非上市管理投资产品、公积金产品及退休储蓄账户。在新加坡，非上市单位信托也规定了冷静期，有关取消权的条文载于由新加坡金融管理局依据《证券及期货法》而发出的一份通知内。该通知并非附属法例，但任何人如不遵守该通知，即触犯《证券及期货法》所指的罪行。[①]

2. 冷静期的期间及计算

冷静期的时长根据交易性质的不同而不同，从 7 天到 30 天不等。上门销售的金融交易时间普遍为 7 天。远程销售的金融交易则从 7 天到 30 天不等。如意大利规定，上门销售或远程销售的金融交易，冷静期为 7 天；[②]欧盟则规定，远程销售金融交易的冷静期，一般为 14 天，如果是退休金和人寿保险合同则时间较长，可在 30 天内。[③]

一般来说，保险合同的冷静期会比较长。香港保险业协会发出的指引就规定，人寿保险合同必须规定冷静期，时长为客户签署合同申请

---

① 香港证监会：《雷曼迷你债券危机引起的事项向财政司司长呈交的报告》，2008 年版，第 53 页。

② Rekaiti P. and Van Den Bergh R., Cooling-Off Periods in the Consumer Laws of the EC Member States, A Comparative Law and Economics Approach, *Journal of Consumer Policy*, 2004 (11), p. 399.

③ The Financial Services (Distance Marketing) Regulations (2004). Art. 10.

书后的21天或经营者发出合同后的14天。[①] 澳大利亚也规定,人寿保险合同及普通保险合同的冷静期为14天。[②] 欧洲大部分国家都把保险合同的冷静期规定为30天,如比利时[③]、意大利[④]等。之所以对于保险合同设立较长的冷静期,是因为保单常常涉及很多复杂的内容,只有专业人士才能解释条款的含义以及它对保单的作用,即使消费者能够在一个月内充分理解这些专业条款,他也很难将其运用到自己的实际情况中。同时,购买保险的目的是减少日后不确定损失的风险,这种不确定性使得消费者不可能在冷静期中就能充分估计到保单的价值,毕竟谁都不希望所投保的情况会真正发生。

冷静期的起算时间也会因交易性质不同而不同。若是服务合同,通常是从顾客交易合同签订之日起算,若是上门推销或远程销售的交易合同,则从顾客签订交易合同后收到书面文件之日起计算。例如,前述欧盟远程销售金融交易的冷静期就是从受合同约束之日起,或者在经营者提供了合同条款或适用条件等书面文件后14天内。日本《金融商品交易法》规定,顾客在签订金融商品交易合同后,在收到书面文件之日起一定时间内,有权以书面形式解除该合同,"解除合同的效力自顾客提出(issue)表明解除意愿的文件之日起生效"。[⑤] 韩国《资本市场统合法》规定,投资者在签订合同后,可以在收到书面文件之日起7天内解除合同,"解除合同的效力自顾客提出表明解除意愿的文件到达(dispatch)金融投资业者之日起生效"。[⑥]

如果经营者没有按照法律规定,向消费者提供足够的交易信息和

---

① The Hong Kong Federation of Insurers, *Cooling-Off Period*(ed.), 2010, p. 23.

② See Australia Moneysmart, at http://www.moneysmart.gov.au, Jun. 26. 2011.

③ Belgian Land Insurance Act 1992 Art. 4. 2.

④ Italian Legislative Decree 174/1995 Art. 111. 1.

⑤ Japanese Financial Instruments and Exchange Act 2008, Art. 37 – 6.

⑥ Korean Financial Investment Services and Capital Markets Act, 2008. Art. 59.

内容,那么,冷静期就可以延长,延长的时间为1个月至3个月不等,如上门销售的冷静期,奥地利和德国规定可延长1个月,[①]意大利规定可延长2个月。[②] 日本《特定商品交易法》在2004年修订时还规定“冷静期妨碍规则”,该法第9条第1款第1项规定,“经营者就契约中的冷静期条款有不实告知行为使消费者产生误解,或者采取胁迫行为致使消费者在适用该规则时遭遇困惑,从而导致契约规定的冷静期超期,消费者仍然可以适用冷静期。此时冷静期应当自经营者向消费者再次交付记载有冷静期条款的书面文件并明确说明之日起重新开始计算”。[③]

笔者认为,冷静期期间在设计时需要注意的是“度”的把握。一方面,要通过冷静期的设立,允许消费者有一定的时间去搜集和获取所有与其购买有关的信息,从而获得真正的保护;另一方面,也不能规定过长的期间,因为期间过长,在缓解信息不对称的同时也会带来交易成本,合同履行迟延,也可能会带来反作用,即消费者因此而过度获利。例如,德国就规定,消费者信用贷款的冷静期可以延长至1年。[④] 这就给经营者带来极大的不便,从而也会反作用到消费者身上,也就是说,经营者可能会因此而拒绝提供服务,最终并不利于消费者的需求和利益。这种情况在美国已经发生了,美国的银行业也规定了冷静期条款,但是冷静期条款却给银行业带来了高昂的成本和极大的交易风险,有时银行常常会因为不小心的过错而受到惩罚,例如,冷静期一般是3天,如果银行对3天的计算有误,冷静期就依法得以延长,消费者甚至有权在3年内取消贷款协议。当银行意识到冷静期会带来如此高的风险,他们往往选择放弃贷款市场。而能够提供贷款的银行变少,价格竞

---

① Austrian Act on Doorstep Sales 247/1993, German Haustürwiderrufgesetz §2.

② Italian Leg, Decree 50/1992, Art. 6.2.

③ Japanese Financial Instruments and Exchange Act 2008, Art. 119.

④ German Verbraucherkreditgesetz 1990, §7.2.

争也会减少，消费者可以选择的范围也会缩小，他们对贷款的成本也因此会增加，有时甚至银行会在冷静期届满后才提供贷款，这些都会使冷静期起到反作用，反而不利于消费者的利益保护。①

（二）消费者的金融信息保护

1. 金融信息保护范围的界定

受法定保护的金融信息，其范围应是指非公开的个人信息。而要确定非公开个人信息的保护范围，可以通过两个角度进行判断：（1）通过对可以公开得到的信息进行相反的定义；（2）对可识别的个人金融信息进行范围界定。

可以公开得到的信息是指金融机构有理由认为该信息是可以合法公开获得的。信息的本质，而不是来源，决定了其是否可以为了隐私规则而公开获得。如果金融机构有理由认为该信息通常情况下能够通过公开合法的渠道获得，而且个人并没有阻止类似的信息被公开。比如银行是从客户手上拿到了电话，或者是从客户那里得到了他们的房屋估价信息，就可以认为这类信息属于可以公开得到的信息。

个人可识别的金融信息是指金融机构在向消费者提供产品或服务时，所收集到的信息。一般包括三种：（1）消费者在申请过程中提供的个人信息，如姓名、电话号码、地址和收入等；（2）金融产品或服务交易过程中的信息，比如支付记录、贷款或存款余额、信用卡消费记录等；（3）在提供产品或服务时，消费者从其他渠道获得的信息，比如消费者

---

① See Anjan V. Thakor, Jo. Ann S. Barefoot and Jess C. Beltz, Common Ground: Increasing Consumer Benefits and Reducing Regulatory Costs in Banking. Common Ground: Increasing Consumer Benefits and Reducing Regulatory Costs in Banking, Prepared for the Herbert V. Prochnow Educational Foundation of the Graduate School of Banking at the University of Wisconsin - Madison, University of Wisconsin - Madison, 1993, p. 40.

信用状况报告、诉讼记录等。除此之外,还包括为了证明该个人属于金融机构特定消费者而需要披露的信息。

又如,法律要求抵押贷款文件必须是公开记录,任何人在向银行贷款时的姓名、地址就不属于非公开个人信息,因为它是在使用公开获取的个人信息时产生的,且也包含了可以公开获取的信息。但是,如果清单包括了当前贷款余额,或者它是在使用客户当前贷款余额时产生的,那么它就属于未公开个人信息。个人可识别的金融信息(Personally Identifiable Financial Information)包括了非公开的个人信息(Nonpublic Personal Information)和可以公开得到的信息(Publicly Available Information)。从图5可以看出:

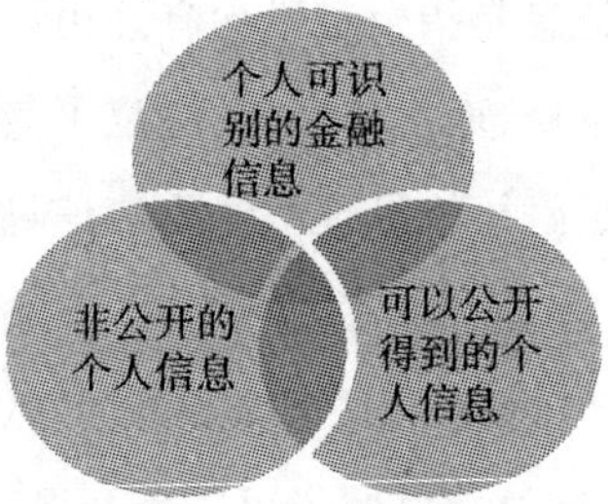

图5 个人金融信息的关系①

而且,非公开的个人信息与可以公开得到的信息之间存在交叉。因此,非公开个人信息包括无法公开获取的个人可识别信息、在使用上述信息时产生或包含的清单、说明及其他文件。这才是消费者金融信息保护的范围。

2. 金融信息的支配利用

(1)金融信息的日常维护。金融信息的日常维护是金融信息保护

① See The Federal Deposit Insurance Corporation, at http://www.fdic.gov., Oct. 10, 2011.

的基础性内容。信息的日常维护应当遵循三个要求：

①信息记录应当充分、相关和适度。“充分”要求金融机构按照原始获得的信息以及法律的规定来履行义务，比如在账户管理过程中，应当记载交易方的名称、合同内容、客户获得产品或服务的名称、交易记录等事项。“相关”要求金融机构记录信息应当符合其处理目的和数据类型，比如在股票交易中消费者要求金融机构只需执行交易命令，那么此时金融机构就只需要了解关于命令的信息，而对于消费者的其他信息，即使有助于金融机构推销其他产品或服务，金融机构也无权记录。“适度”则要求金融机构记录的信息应当保持在适当的范围内，其与“相关”有一定的重合，如果金融机构记录的信息并不相关，也就意味着它的信息已经超过了必要限度，不“适度”了。比如客户要申请银行贷款，银行需要对其进行了征信检查，通常情况下进行一次征信检查就足够了，但是银行却对其进行了三次，过多的征信检查使得客户被误解为其信用过低，最终导致其贷款申请被否决，很明显，银行征信检查行为并没有符合“适度”要求。①

②信息记录应当准确，且在必要时应及时更新。首先信息记录应当准确记载消费者的相关信息。但是，准确的要求并不是绝对的。即使个人数据错误，只要数据管理人员能够证明数据确实是根据其所获得的内容生成的，也不属违法。例如，投保申请如果采用了错误的信息，但是经纪人或保险公司又认为这些信息是正确的，即使他们的记录包含了错误信息，他们也没有违法。同样，信息如果是在经纪人办公室错误记录并发送至保险公司，保险公司也不会因为这些错误数据而违反法律。但是，金融机构还是有必要采取措施保证个人数据的准确性，

---

① See Webster Mandy Data, *Protection in the Financial Services Industry*, London: Gower Publishing Ltd. 2006, p. 159.

即应当尽可能使用自动化方式来对个人数据进行核实。比如应当编制电脑程序来确保出生日期不被填错等。对机构来说,还有义务去保证对数据搜集和录入人员进行培训,对他们在操作时进行监督,对错误的信息进行调查,而不是去被动接受。当金融机构持有错误信息时,金融机构可能会保留信息的最初状态,因为信息可能会反映出欺诈企图或者无法解释的自相矛盾,在这种情况下,不应当强制机构去修改信息,而应当让它对这种情况进行记录并标明时间。其次,个人信息应当在必要的时候及时更新。以客户地址信息变更为例,大多数金融机构会要求客户在他们情况变化时及时通知,比如地址的变动、姓名的更改,客户记录应当反映客户目前的真实地址,而其他反映以前地址的文件或记录也是可以接受的。而必须及时更新的情况应当包括:当前合同内容是必要信息时;因缺少目前地址而导致机构无法联系客户时;可能违反相关法律法规时。当机构要判断申请的信用是否良好时,及时更新的信息会起到关键作用。这一点不仅对贷款人有用,也对其他提供信息的机构,如信用查询机构(credit reference agency)有用。如果信息错误,就会导致消费者因为没有获得信用而利益受损。

③金融机构有义务在必要的一段时间内,保存个人数据以更好地进行处理。一般而言,各国法律和监管机关所规定的具体时间均不同,笔者认为,只要保存的时间不短于必要的时间或以便处理的时间即可,而具体时长应取决于处理的目的。

(2)金融信息的保密与安全

所谓保密性与安全性,主要是指金融机构内部的安全控制措施,而不是主管机关的政策与措施,因为不管主管机关在金融信息安全政策上如何严格、完备,如果金融机构内部任何员工都可以随意获取客户资料,电脑系统及文件档案系统也缺乏监控措施,那么客户的个人信息仍然无法得到安全保障。

客户有权要求金融机构对其金融交易进行保密，免受私人和政府无法律根据的审查，不受任何可预见到的对信息安全性和完整性的威胁。金融机构应采用适当的管理制度、电脑技术、防护措施，以确保他们能保护客户个人信息的安全性与机密性，特别是对于敏感信息，更是需要采取严密的监控措施。

不管是为了从金融系统的完整还是客户信息的完整，保密义务是金融机构对客户信息的重要义务，也是金融机构最关心的问题。以银行业较发达的瑞士为例，为储户保密是瑞士银行制度的重要内容之一，瑞士对银行的保密义务作了严苛的规定。瑞士的这一做法给当时的瑞士银行业带来巨大的发展。由于瑞士政府的做法能够非常有效地保证客户的金融信息和隐私，所以出于各种目的，人们纷纷在瑞士银行开户，使得在瑞士银行开户的人数大增。①

法律规定金融机构应当采用适当的管理手段和技术手段，来保护个人信息不被未经授权或非法的处理。“未经授权的”(unauthorized)主要体现在两方面，一种是机构的雇员和代理商超出授权范围进行处理，金融机构的雇员和代理商超出授权范围进行处理，在违反数据保护法的同时还有可能构成刑事责任；另一种是金融机构超出授权范围进行处理，金融机构的权限范围来源于其所提供给个人的主题信息，包括个人信息的处理和数据保护。当机构超出授权范围处理个人信息时，这种行为就可能会违反数据保护原则，该原则要求机构处理信息必须要根据特定目的，且不能超出特定目的进行处理。

例如，2004 年汇丰集团所属的 HFC 银行的许多贷款客户收到了银

① The Federal Law Relating to Banks and Savings Banks 1934 Art. 47(b).

行发来的邮件,银行误将包含其他客户邮箱地址的内容也放到了邮件中。[①] 这些内容本身是应当保密,而不能披露的。虽然处理个人信息是获得了银行的授权,但是这种不当操作确是未经授权的。该案说明,银行未能遵守其对客户信息进行保密的义务,HFC 银行的客户在该案中并没有遭到金钱损失,但是其信息完整性却遭到了破坏,所以这个行为本身是未经授权且违法的。

四、金融消费者的事后保护

金融消费者的事后保护,主要是指金融交易发生后,金融消费者与金融机构之间的纠纷处理方式。与前述的事前和事中保护相比,金融消费者的事后保护着重于金融纠纷的解决以及金融消费者的权利救济。随着金融机构之间的竞争,金融产品的专业程度进一步提高,金融服务也涵盖了金融交易的整个过程,金融消费者在参与过程中也更强调自主性和话语权,因此,双方常常会发生各种,既有产品质量,也有服务品质。这些的妥善解决,关系到消费者自身的利益,也关系到金融机构的名誉和未来发展,更关系到金融市场的稳定与良性竞争。与其他类型的纠纷处理不同,金融纠纷的妥善处理对于金融机构影响甚大。首先,能够帮助消费者解决问题,避免金融机构名誉受损,以及市场份额减少;其次,能够实现金融机构与公众的良好互动,获得公众的认可,从而有助于产品或服务的销售;再次,能够改进金融机构相关产品或服务的质量,完善相关不足之处,增加客户对金融机构的忠实度;最后,能够为金融机构日后工作提供很好的参考,金融机构可以根据相关经验,更有效地开展工作,并结合此前的不足,推出更有优势的产品或服务。

---

① Reported in BBC news online, at http://new. bbc. co. uk/l/hi/programmes/moneybox/3689480. stm, Sep. 25, 2004.

此外,由于愿意进行投诉的客户往往都是金融机构的忠实客户或者对金融机构较为满意的客户,所以,"通过为消费者投诉有针对性地建立解决机制,也有助于提高消费者的满意度"。[①]

(一)金融纠纷的传统解决方式

一般来说,当消费者遇到金融纠纷时,主要选择三种方式进行解决:申诉、仲裁和诉讼。申诉,主要是指金融行业的内部纠纷解决机制,专门处理消费者提出的纠纷处理请求。如果消费者对内部解决结果不满,则可以寻求外部解决机制,即仲裁和诉讼。目前各国金融消费者保护过程中基本上都对这三种方式进行了详细规定,具体包括以下内容:

1. 内部解决方式

内部解决方式,主要是指金融服务业的解决方式,包括金融机构的内部解决和金融行业管理机关的内部协调两种方式。

(1)金融机构内部的纠纷解决机制

金融机构是发生金融纠纷的主体,当其与消费者发生纠纷时,双方之间进行友好协商,是最有效的方式,也是最节省成本的方式。因此,在金融机构面对消费者投诉时,应做到以下几点:

①树立公平处理纠纷理念。高级管理层应当向金融机构内部灌输公平处理投诉的理念。高级管理层应当对投诉处理有着清晰的责任和义务区分;应当集中在投诉处理的质量和投诉的数目;投诉处理应当反映在公司管理结构中,高级管理层应当积极地制定相关标准,并通过日常商业活动加以改进;应当有计划地对投诉处理人员进行培训和提高,

---

① See Singh J. and Wilkes P. E. When Consumers Complain: A Path Analysis of the Key Antecedents of Consumer Compliant Response Estimates, *Journal of the Academy of Marketing Science*, 1996(4), pp. 360 – 365.

保证他们能够按照法律要求和公司规定公平处理投诉;应当设计合理的薪酬制度,以鼓励投诉处理人员公平地处理投诉,遏制不公平行为。

②建立完善的处理机制。金融机构应在内部建立纠纷处理机制,例如,审查消费者投诉专线、申诉窗口等,制定详细明确的客户投诉处理流程,并以书面的形式,如传单、公告等,告知客户。当金融机构收到投诉后,在较短的时间内,应当向客户或投诉人书面确认投诉单上的事实,安排专人处理该项投诉并将其姓名告知客户,直至纠纷解决或金融机构内部无法解决。此外,金融机构还应保证投诉人通过合理的方式进行投诉。投诉可以通过书面或口头方式进行,如信件、电子邮件、传真、电话等。

③开展尽职调查。金融机构应当有能力、尽职且公正地对投诉进行调查,同时考虑各种相关因素,包括公司政策和机制、销售披露材料内容、客户和工作人员对事件的陈述等。调查应当对投诉的各个方面进行分析。金融机构应当按照公平、统一和快速的要求,从投诉的各个方面进行调查分析,保证充分评估投诉的主要事实,展开合理的调查,决定是否应该认可投诉,如果支持将如何进行适当的补偿。

④妥善处理纠纷。在完成投诉调查的指定工作日内,金融机构应书面告知客户或投诉人调查结果,并尽可能公平、清晰且不误导地向消费者解释投诉结果以及解决方案。既要告知投诉人其投诉权利,又要做出公平的决定,为投诉人提供合理的补偿。消费者如果同意金融机构的补偿意见,金融机构就应当快速地按照补偿合意进行补偿。

⑤定期维护并更新数据。欧盟《MiFID 执行指令》(the Implementing Directive)规定,公司有义务建立、运行和维护透明有效的程序,以合理正确地处理投诉,并记录每一个投诉及其解决方法。[①] 对于每个投

① Directive 2006/73/EC. Art. 10.

诉,金融机构都应当对其进行记录,包括:投诉的具体内容、投诉的性质、金融机构做出回复的复印件、与记录有关的其他复印件、解决该投诉的方法、投诉解决结果及条件。金融机构监管机关或司法机关可以对这些记录进行审查。

⑥接受监管机关的监督。监管机关应当制定相应的监管规范,以便其能够监督金融机构处理客户投诉的情况,例如,“在金融机构分支机构中发放投诉表格,这样可以让公众直接将投诉意见寄送给金融机构监管机关”。[①] 美国证券业自律组织还专门对客户投诉作出规定,例如要求公司向 NASD 或 NYSE 报告客户投诉,提交如何正确判断和处理客户投诉的书面程序报告。意大利证监会规定,所有中介机构的“内部控制部门,应一年两次向董事会和审计委员会以及证监会提交报告,报告内容包括提供的每一项服务、投诉的状态、当前程序或组织上的不足以及改善的建议”。[②]

(2)金融行业管理机关的内部纠纷解决机制。如果消费者对金融机构内部纠纷处理机构的处理结果不满意,消费者还可以向金融行业协会或监管机关进行投诉。

①消费者可以向金融行业协会进行投诉。比如,我国台湾地区银行业,消费者可以向银行商业同业公会全国联合会(以下简称银行公会)进行投诉,具体又分为两个阶段:第一阶段是评议前置阶段,在该阶段,消费者可向“咨询及消费者服务中心申诉窗口”进行提出申诉,银行公会在听取消费者申诉内容的基础上,根据法律和公会的相关规定,向

---

① The World Bank, *Good Practices for Consumer Protection and Financial Literacy in Europe and Central Asia: A Diagnostic Tool*, Washington: The World Bank, 2009, p. 29.

② Joint Forum of Basel of Committee on Banking Supervision, International Organization of Securities Commission and International Assocation of Insurance Supervisiors, Customer Suitability In the Retail Sale of Financial Products And Services, Basel: The Basel Committee on Banking Supervision, 2008, p. 24.

消费者解释银行的工作规定,或对双方的交易纠纷进行调解,受诉银行应当根据要求进行情况说明,并且提交申诉处理的记录表,银行公会在收到记录表后,将其转交给申诉人,告知其于收到记录表后的三个月内,可以申请评议。银行公会往往采取较为温和、灵活的方式进行解决,如果纠纷无法得到解决,那么就会进入第二个阶段——评议阶段。由金融消费争议评议委员会(以下简称评议委员会)进行形式审查,审查通过后方可进行评议。评议委员会应在30天内召开评议会议,纠纷双方都应当提交书面陈述意见。[①] 为了解案件的法律关系及争议焦点,评议委员会在听取当事人、专业证人或其他关系人的陈述、审查现场或标的物状况以及当事人的证据后,还可以选派人员组成专案小组进行实地调查。[②] 评议委员会可以对案件作出赔偿的决议,若双方签字盖章,视为接受决议。在整个过程中,消费者并不需要支付任何费用,但是,评议委员会也有权要求应对评议结果承担责任的一方支付必要的费用。

②消费者还可以向金融监管机关申诉。许多国家都规定,金融监管机关处理消费者申诉是监督金融机构的职责之一。金融监管机关在收到申诉后,应在调查的基础上进行相应的处理:如果发现消费者申诉的内容属于金融机构经营或管理等系统性问题,则根据问题的严重性依法处理,如责令整改、罚款、吊销营业执照等;如果消费者申诉的内容涉及其他单位的职能范围,监管机关应主动将消费者的申诉案件移交给相关单位处理,并及时通知消费者。值得注意的是,金融监管机关对消费者申诉的处理,只能是对金融机构进行违法审查,即审查其是否违反了相关金融法律法规,并作出行政决定,并不能对个别申诉案件进行

---

① “台湾银行公会金融消费争议案件评议委员会组织及评议程序规则”第11条。

② “台湾银行公会金融消费争议案件评议委员会组织及评议程序规则”第12条。

具体的处理,也就是说,监管机关无权要求金融机构对消费者进行赔偿,或者满足消费者的要求,因为这已经超出其权责范围。例如,加拿大金融消费者监管局下设的“合规与执行部”(FCAC)承担了处理金融机构与消费者之间纠纷的职责,其处理方式就是属于行政处理。“FCAC 的处罚手段仅限于警告和罚款等行政性处理措施,不负责裁判民事赔偿。”[①]美国 SEC 则宣称其无法充当法官或仲裁员,来强迫金融机构解决客户投诉。[②] 美联储也曾表示无法帮助解决银行与客户之间的合同纠纷或者未作记录的事实争议。[③]

2. 外部解决方式

由于金融机构与消费者之间存在地位上的根本不平等,这种不平等直接影响着金融纠纷的解决,虽然金融机构有义务也有责任对消费者提起的诉讼进行妥善处理,但是实践中消费者仍然因为金融机构不充分的投诉处理机制以及系统性问题而导致利益受损。尽管金融行业协会和金融业监管机关可以对金融机关进行处罚,但是他们更多的是从监管者的角度来处理问题,处罚手段多是从管理角度考虑,这对于个案中的消费者利益保护是远远不够的。因此,当消费者对于内部解决结果不满意时,仍然有权向外部解决机制寻求救济。

(1)以诉讼方式解决金融纠纷

对于金融机构的立法规范,过去主要是从行政监管角度出发,强调规范金融机构在行业中的经营管理活动,少有对消费者进行具体保护,即使涉及个人的诉讼,也往往以刑事案件为主,即个人侵犯金融机构利益,危害金融机构运营安全的案件居多。但是,现代金融活动的日益频

---

① 陈文君:《金融消费者非诉讼救济比较研究》,载《金融与经济》2010 年第 3 期。

② Securities and Exchange Commission, at http://www.sec.gov/, Mar. 19, 2010.

③ Federal Reserve, at http://www.federalreserve.gov/, Sep. 12, 2010.

繁,使得金融法律关系逐渐复杂,跨行业经营的金融业务举目皆是,因为金融纠纷导致消费者利益受损的案件时有发生。因此,对于金融机构的监管也产生了变化。从金融纠纷的特点和消费者的需求来看,金融机构与消费者之间交易关系的形成,系从双方签订金融产品或服务交易合同开始,引发金融纠纷的原因多以一方违约或侵权所致,消费者在金融纠纷中多以金钱损失为主,所希望获得的赔偿多是金钱补偿,双方的法律关系应受到民法调整,违约一方应承担的是民事责任。因此,允许消费者通过法院诉讼,追究金融机构的民事责任,也成为诸多国家对于金融消费者保护的内容之一。

诚然,通过诉讼,法院可以作出有强制约束力的判决,对消费者进行救济,但是,诉讼固有的缺陷往往使得消费者无法得到其想要的结果。例如,司法诉讼过程缓慢,程序冗长,对消费者的时间、人力和物力都有一定的损耗,再加上金融机构财大气粗,可以依仗雄厚的财力聘请专业律师,使得消费者在诉讼中本已弱势的地位更处劣势。所以,形式上的平等并不能掩饰实质上的不公平,为了更好地保护消费者,必须为其提供一套简易、快捷、方便、廉价的外部纠纷解决机制。

(2)以仲裁方式解决金融纠纷

金融纠纷的日益复杂,人们对诉讼程序的不满,以及对仲裁好处的认识,都使得仲裁越来越受到欢迎。金融专家组成的仲裁庭,体现了仲裁机构的专业性,也为金融机构之间,或金融机构与客户之间的争端解决提供了方便、快速、廉价的方法。

最早将仲裁运用于金融纠纷解决的是美国证券业。不可否认,相较于法院诉讼来说,“很明显,仲裁不是灵丹妙药,它并不能把盘根错节的法庭诉讼变成条理分明的争端解决办法,也不会持续地改善银行的商业行为。但是,相比较之下,仲裁是一个有效的替代方式,特别是在国际商业金融中”,[①]也就是说,在某些情况下,即使在债务纠纷这种普通案件中,法院可以采取很多有效的解决方式,同样,仲裁也能采取其他的解决方式,并也能有效地解决问题。而且,仲裁的“精英化”也有助于金融纠纷得到更为专业的解决,伦敦的“城市争端专家组”(the City Dispute Panel,CDP)、国际商会的“跟单工具争端解决专家”(Documentary Instruments Dispute Resolution Expertise,DOCDEX)都是很好的例子。

然而在过去几年,仲裁也出现了许多问题,遭到了诸多批评。比如,一些仲裁庭被指过分照顾仲裁常客、排除司法救济和禁止公众信息介入,[②]一些仲裁庭则面临仲裁资源不足、解决率低、公正性不够等问题。[③] 2008年6月,美国佩斯大学(Pace University)向美国证券业仲裁协会提交了调查报告——《对证券仲裁公正性的观感:一项观察性研究》(Perceptions of Fairness of Securities Arbitration: an Empirical Study)。报告指出,多数消费者对NASD和NYSE所提供的仲裁程序作了负面的评价,特别是对于仲裁的公正不予认同。[④] 当前,美国仲裁存在的问题,实质上也反映出了仲裁在解决金融纠纷时的不足:

①金融机构往往在交易时强迫约定仲裁。虽然美国自律机构的规则规定,经纪交易商必须因应消费者的要求将证券纠纷以仲裁方式处理。反之,消费者可无须接受以仲裁代替诉讼的纠纷解决方式。换言

---

① Julian D. M. Lew and Lawrence Shore, *Harmonizing Cultural Differences*,. Disp. Resol. J., 1999(8), p. 47.

② Edward Brunet and Richard E. Speidel and Stephen J. Ware and Jane R. Sternlight, *Arbitration Law in America: A Critical Assessment*, Cambridge: Cambridge University Press, 2006, pp. 127 – 85.

③ David Serber, Resolution or Rhetoric: *Managing Complaints in the California Department of Insurance* (*ed.*), in Laura Nader ed, *No Access to Law: Alternatives to the American Judicial System*, New York: Academic Press, 1980, pp. 339 – 40.

④ Gross J. and Black B, Perceptions of Fairness of Securities Arbitration: An Empirical Study, Report to the Securities Industry Conference on Arbitration, at http://papers.ssrn.com/sol3/papers.cfm? abstract_id = 1090969, Sep. 2, 2010.

之,自律机构的规则让消费者选择适合自己的机制,解决他们与有关经纪交易商之间的证券纠纷。但是实际上,证券公司在消费者必须签署的标准客户协议书或开立新账户协议书中加入纠纷仲裁条款,藉此限制消费者的选择。

②仲裁程序日趋繁琐复杂。当投资者不得不选择仲裁来解决争端时,美国证券仲裁程序已经与诉讼的区别不大。尽管仲裁被誉为"快速、公平和相对廉价"的诉讼替代方式,但是,现在的美国证券仲裁机制基本上都采用了类似于诉讼的正式程序,如投诉需要向争端解决人员进行仲裁请求书的备案,"说明争端事实和赔偿请求";[①]被诉人应当就被诉事实进行答辩,提出答辩理由以及反诉请求;[②]仲裁庭对仲裁请求书和答辩书进行审查。[③] 而所有的仲裁员都应当从 FINRA 的花名册中挑选,花名册中包含公众仲裁员、非公众仲裁员以及首席仲裁员。[④] 在客户争端解决中,首席仲裁员应当是具备特定资格的公开仲裁员。[⑤] 解决成本大大提高,时间也变得比较长。[⑥]

这些问题都导致了消费者在寻求仲裁进行救济时,消费者的弱势地位依然存在,消费者仍然无法获得充分且有效的保护。因此,如何能够更好地保护消费者利益,各国又开始了新的尝试。

(二)金融纠纷解决方式的新发展——金融 ADR 机制

过去十年,金融 ADR 机制在世界各地兴起,其设立的初衷,就是能

---

① Finra Code of Arbitration Procedure for Customer Disputes(2008),R. 12302.

② *Id.*,R. 12303.

③ *Id.*,R. 12401.

④ *Id.*,R. 12400(b).

⑤ Finra Code of Arbitration Procedure for Customer Disputes(2008),R. 12400(c).

⑥ See The Arbitrator's Manual 1, at http://www.finra.org/web/groups/ArbitrationMediation/@arbmed/@neutrl/documents/ArbMed/P009668.pdf,Jan. 30,2009.

在诉讼程序之外，建立一个专业性强、针对各种金融消费纠纷的第三方争端解决机制，以快速、合理和有效地解决金融消费纠纷，从而减少法院的诉讼负担，及时地维护消费者合法利益。普遍认为，这种第三方争端解决机制“是一种民主机制，一种由公共或私人向市民或消费者服务的机制”。[①] 这种机制有两方面的作用，一方面为个人投诉者的投诉提供了公正的解决平台；另一方面则保证并提高了公共及私人为大多数市民——消费者谋福利的服务质量。[②] 与法院诉讼相比较，ADR 机制是一种廉价、快速、非正式的纠纷解决机制。[③] “能够作为司法诉讼的替代方式，也能够成为民事司法体制的组成部分。”[④]而且，该体制不仅是司法诉讼的替代解决方式，更被看作对消费者唯一实际可行的补偿方式。[⑤]

这种机制的成功典范，就是英国的金融公评人制度（Financial Ombudsman Service，FOS）。[⑥] FOS 就是在英国对金融 ADR 机制的关注

---

① See Adler and Michael, A Socio Legal Approach to Administrative Justice, *Law & Policy*, 2003, 25: 323 - 53.; also see Ansell. Christopher and Jane Gingrich, *Reforming the Administrative State(ed.)*, in B. E. CAIN. R. J. DALTON and S. E. SCARROW ed. *Democracy Transformed? Expanding Political Opportunities in Advanced Industrial Democracies(ed.)*, Oxford: Oxford Univ, Press, 2003.

② See Harlow and Carol, Ombudsmen in Search of a Role, *Modern Law Review*, 1978(41), pp. 446 - 54; also see Seneviratne. Mary, *Ombudsmen: Public Services and Administrative Justice.*, London: Butterworths, 2002.

③ Cscott and J. Black, ed., *Cranston's Consumers and the Law*(3), London: Butterworths, 2000, pp. 133 - 140.

④ R. James,, *Private Ombudsmen and Public Law*, Aldershot: Dartmouth Publishing, 1997, p. 3.

⑤ R. James, The Application of the EC Recommendations on the Principles Applicable to Out-of-court Procedures to the New Arrangements for the Settlement of Consumer Complaints in the UK Financial Sector, *Consumer Law Journal*, 1999, p. 445.

⑥ 此机制名称，有诸多译法。香港政府译为“金融申诉专员”，参见香港财经事务及库务局 2010 年提出的《设立投资者教育局及金融纠纷调解中心的建议》；台湾地区学者译为“金融公评人制度”，“审诉审查员”，参见冯圣中：《论金融服务与消费者保护之法律问题》，南台科技大学 2006 年版；大陆学者则译为“金融督察服务公司”，“金融巡视员服务公司”，“金融行业调查专员公署”，“金融申诉专员”，“金融监察专员”，邢会强：《处理金融消费纠纷的新思路》，载《现代法学》2009 年第 5 期。

和支持这一背景下建立的。[①]

随后,在澳大利亚、加拿大、新加坡、马来西亚、美国和中国台湾地区,都在各个行业中建立了类似的机制。世界银行也将此机制列为消费者保护的最佳方式。[②] 较之前述的传统纠纷解决方式,金融 ADR 机制[③]在解决金融纠纷时具有一定的优势,体现在:

1. 适用依据的灵活性

金融 ADR 机制成功地将之前各种非诉讼的纠纷解决方式融合在一起,如公司内部投诉处理机制、政府支持的调解和仲裁,都合并在一个统一的协调机制中。而将私人仲裁与政府支持的调解混合在一起的方式,更有效地防止裁决时的偏见。同时,其独有的"合理公平"标准,也集合了判例等正式处理方法和行业标准、平等原则等非正式方法,因而更灵活,也更统一。

此外,金融 ADR 机制"更强调原则为基础的监管方式",主要关注"解决的结果,而不是解决的过程和程序"。[④] 这也体现了当前金融消费者保护中的主流理念。

2. 程序的多样性

金融 ADR 机制并没有严格的程序规则,而是采用大量非正式的方法,没有对抗式的交叉讯问和正式听证。由于大多数案件都不需要口头质询,所以公评人只需要根据准备好的书面材料进行裁断。甚至在

---

① Woolf Report, *Access to Justice-Final Report*, London: HMSO, 1996.

② *Good Practices for Consumer Protection and Financial Literacy in Europe and Central Asia: A Diagnostic Tool*, Washington: The World Bank, 2009(10), pp. 29, 44, 58.

③ 关于此项机制的名称,笔者认为,因该机制的协调方式包括了金融机构内部纠纷处理、调解和仲裁,且系独立于法院申诉之外的争端解决机制,故不能简单地以机制中某种解决方式来命名。为此,笔者在文中采用了"金融 ADR 机制"一词。

④ FSA, FSA's New Investment Rules Come Into Force, at http://www.fsa.gov.uk/pages/Library/Communication/PR/2007/111.shtml, Jan. 1, 2007.

英国 FOS 中,若消费者对 FOS 裁决结果不满意,还可以向法院起诉。相较于仲裁,这个规定是比较大胆的,其来源于 FOS 的基本原则之一,即“消费者应有投诉公评人的法律权利”,①其目的是保护消费者不会因为 FOS 的裁决而遭到损害。但在实践中,由于很少有公评人会否决消费者的请求并让其向法院起诉,所以消费者能够使用到这种救济方式。②

3. 体现了对消费者这一弱势群体的保护

金融 ADR 机制的设立目的,就是为消费者提供廉价、快速和有效的纠纷解决。比如,FOS 就规定消费者免费参与纠纷解决,而强制对金融机构收费。这种做法曾经被公司反对,并被公司以此做法不合理为由而起诉至法院。③ 法院认为,这种做法是合理正当的,而且是对公评人制度的理性回应。④

但是,有学者指出,放弃收费要求,而采用“污染者付费”原则(过错方付费),容易产生不当行为,FOS 可能为了收费而倾向于对公司进行处罚。⑤ 而且,不管结果如何,消费者向 FOS 申诉的成本远远少于向金融机构或法院申诉的成本。

---

① See Walter Merricks, A Quarter-Century of Ombudsmen, OMBUDSMAN NEWS, at http://www.financial-ombudsman.org.uk/publications/ombudsman-news/52/52.htm, Apr. 2, 2006.

② See Walter Merricks, Speech at the Financial Services Authority as Part of the Canary Wharf Lecture Series: Is the Ombudsman Fair and Reasonable?, at http://www.financial-ombudsman.org.uk/news/speech/fair-reasonable.htm, Apr. 28, 2004.

③ See Financial Ombudsman Service Ltd. v. Heather Moor & Edgecomb Ltd., EWCA Civ 643, 2008.

④ Id., para 29, per Stanley Burnton L. J.

⑤ Hunt. Lord Hunt of Wirral, Opening up, Reaching out and Aiming High An Agenda for Accessibility and Excellence in the Financial Ombudsman Service, FSA, 2008.

第三节 中国金融消费者保护法制建设

一、培养金融消费者保护的监管理念

近年来我国对于金融消费者的提法逐步增加，但是对金融消费者的概念和范围的界定并不统一。2006 年正式施行的《商业银行金融创新指引》首次使用了“金融消费者”，指出商业银行的金融创新应“满足金融消费者和投资者日益增长的需求、充分维护金融消费者和投资者利益”。银监会已将购买银行产品、接受银行服务的顾客均视作“金融服务消费者”；保监会也将投保者视为“保险消费者”（但《保险法》没采用“消费者”说法）；证监部门认为证券投资者具有投资性质，采用了“金融投资者”概念，提出“保护投资者利益是我们工作的重中之重”的口号。

实践中，银行业和保险业监管部门都基本认同消费者概念，而证券业则倾向于认同投资者概念。对于金融消费者与金融投资者之间的关系，我国并未明确，界定也比较模糊。笔者认为，金融投资者更看重的是投资主体自负盈亏，承担投资风险，而金融消费者更注重权益保护，强调卖者与买者同样有责。对于我国当前秩序混乱、竞争不公、保护不力的金融市场来说，有必要将金融投资者提升为金融消费者予以保护。

具体来说，对于高风险的投资商品，特别是那些需要设置市场准入门槛，只能由专业投资人进行投资的商品，如累计期权商品等金融衍生品的购买者，一般不将其纳入金融消费者的范畴，而仍将其视为普通的投资者。因为他们往往是专业水平很高的投资主体，与金融商品提供者之间是平等的市场主体，可遵循高风险、高收益，风险自负的原则，不应倾斜保护。从美国的情况来看也是如此，美国金融改革法案对于金

融消费者的保护，主要强调的是在信用卡、储蓄、房贷等金融领域，并未将那些投资于高风险金融商品的个人投资者纳入金融消费者保护领域，而是仍然单独列为投资者保护领域。

从我国金融服务市场看，一方面，金融企业实力强大，在很多时候、很多地方甚至处于垄断地位；另一方面，消费者金融知识欠缺，面对层出不穷的金融创新产品知之甚少，缺乏准确判断风险理性消费的能力，其弱势地位十分明显。因此，2008 年金融危机后我国的金融监管制度改革，应该着重树立金融消费者保护的监管理念，将金融市场的监管上升到保护金融消费者的高度，实现金融消费者个体利益的有效保护。即使在证券市场，也应把证券投资者保护提升为金融消费者保护，强化我国金融服务提供者的义务。

二、促进金融消费者保护立法

由于我国金融市场发展较慢，金融创新与金融竞争的监管过于严格，因此，与国外金融消费者保护的实践相比，我国对金融消费者保护往往只停留在表面，或过于宽泛，而完善的法律框架，才是金融消费者保护的重要前提。因此，加强我国金融消费者保护，首先要从立法上加以完善。

（一）修改现行立法，明确保护目标

我国现行的专门性金融法律法规多强调金融机构正常稳定的运行秩序，对金融消费者保护方面鲜有直接涉及，或只作原则规定，消费者权益保护的目标不明确，可操作性不强。如《商业银行法》第 1 条提到“保护存款人和其他客户的合法利益”，但它和“促进银行业健康发展、保护商业银行的合法权益”并列一起，并没有对金融消费者给予倾斜保护；《银行业监督管理法》第 3 章对银行业监管机构的职责作了系统性

规定，却没有明确“对消费者提供适当保护”，更没有一个条文涉及金融消费者保护。

因此，修改金融监管法时，除需明确保护消费者的目标外，在具体规则的修改完善中，还要借鉴国际惯例。注意贯彻保护消费者权益的精神，细化金融机构诚信、告知提示、保密等义务，通过明确的规则指引，防止金融机构利用垄断地位侵犯消费者的权益。[①]

再者，从目前我国《消费者权益保护法》的规定来看，对于消费者的定义过于狭隘，只是将“生活消费”列入了保护范围，而由于金融消费者的特殊性，使得金融消费者很难被当作《消费者权益保护法》加以保护。因此应当对《消费者权益保护法》进行修改，专设章节或增加新条款，突出对金融服务关系与金融消费者权益的调整，包括金融消费者的含义、保护原则、范围、金融消费者的权利、金融消费者保护机构的设立与职责、救济手段等内容。

（二）协调各行业法律法规冲突

在分业经营、分业监管的模式下，我国金融消费者保护的法律基础除了专门性的金融法律之外，就是由中国人民银行、银监会、保监会、证监会等监管机构制定的规章制度。这些规章制度在实际运用中，数量众多，内容相对具体，均是针对特定领域的特定问题。然而，当前我国金融服务者不仅基于分业经营而向消费者提供证券、保险及信托等金融商品和服务，还基于混业经营的特质而向消费者提供各种非典型的金融产品和服务。无论金融服务的内容如何，金融从业者都遵守着相同或相似的服务规则，如诚信义务、禁止欺诈义务、合理销售义务以及

① 杨悦：《金融消费者权益保护的国际经验与制度借鉴》，载《现代管理科学》2010 年第 2 期。

保密义务等。

因此，各领域采用分别立法的模式容易导致金融服务规则之间的冲突。比如，目前商业银行、信托投资公司的理财业务由银监会根据《商业银行个人理财业务管理暂行办法》进行监管；证券公司和基金公司则归属证监会，适用《证券公司客户资产管理业务试行办法》和《信托投资公司信托管理暂行办法》；保险公司的理财产品又必须遵循保监会制定的《保险资产管理公司管理暂行办法》。[①] 这不仅在客观上造成制定法之间的重复与矛盾，还容易影响人们对金融消费者概念和范围的正确认识，从而阻碍金融消费者保护立法宗旨的实现。因此，应当提高立法的层次，在现有法律法规中去除矛盾、重复的规定，协调各行业法律法规的冲突。

（三）制定专门法律法规

从整体上讲，随着金融业的发展，金融机构的服务意识不断增强，服务水平不断提高，金融消费者权益的保障程度有了一定的提高。但金融消费的形式、内容、价格等主要由金融机构决定，消费者基本上处于被动消费状态。金融服务中金融机构的明显强势地位与消费者的弱势地位这一现实并没有改变，消费者权利受侵犯在不同形式的金融消费中均不同程度地存在。要改变消费者在金融服务中的弱势地位，保护其利益，不能仅仅从宏观上进行立法的改变，还要深入各个具体领域，制定专门性的法律法规，增强金融消费者保护的深度和广度。

因此，我国应当尽快制定和颁布有关的专门法律法规。如加快制定《个人信息保密法》和《征信法》，明确个人信息，特别是金融信息的收集和使用范围，加大对违法使用个人信息的惩罚力度，禁止个人金融信

---

① 何颖：《金融消费者刍议》，载《金融法苑》2008 年第 3 期。

息被用于法律规定以外的其他目的;颁布《金融机构破产条例》或《金融机构市场退出条例》、《存款保险法》或《存款保险条例》,明确对金融消费者财产权的保护和限制范围,“实现对金融消费者合法权益的有效保护,防范金融机构的道德风险”。[①]

三、建立长效监管机关间协调监管机制

在2008年危机后的金融监管改革中,各国都对跨行业的协调监管重新进行制度设计和机构设立,相对于以往各自为政的消费者保护机制,无疑是一种进步。鉴于金融领域消费者保护的跨产品和跨市场特性,必须通过联合监管与相互协作才能避免出现监管漏洞与缝隙,实现对金融消费者的有效保护。

笔者认为,虽然一元金融消费者保护监管机关在发达国家已成为主流观点,但是,一元金融消费者保护监管机关的建立,需要考虑多方面的因素,比如一国的金融市场成熟程度、法律体系完善程度、原有监管机关的权力分配情况、原有监管规范模式等。“双峰监管”理论的创始人泰勒教授就认为,一元化监管模式适用条件包括“金融市场高度一体化、金融集团成为监管重点、金融市场自由化程度高且流通迅速、监管机关独立性能得到保证等”。[②] 所以,构建一元金融消费者保护监管机关,并不是治疗任何国家金融消费者保护乏力的灵丹妙药,而应结合本国的实际情况进行考虑。

---

① 马洪雨、康耀坤:《危机背景下金融消费者保护法律制度研究》,载《证券市场导报》2010年第2期。

② Michael Taylor and Alex Fleming, *Integrated Financial Supervision: Lessons of Northern European Experience*(ed.),The World Bank,1999.

（一）我国当前金融消费者保护监管机制现状

根据现有法律规定，我国现行的金融监管机关为中国人民银行、银监会、证监会和保监会，它们依法行使相应的金融监管权，采用的是分业监管体制。在这样的监管体制下，我国对于金融消费者保护采取的也以分业保护为主。此前，保监会、证监会已下设保险保障基金和证券投资保护基金；银行业协会下亦有消费者保护委员会。[①] 2008 年次贷危机发生后，我国各监管机关也针对金融消费者保护进行了结构调整。2009 年，中国人民银行即授权研究局和西安分行启动了中国金融消费者权益保护制度研究，并推行金融消费者保护的试点，金融消费者保护试点工作于 2011 年 3 月 15 日正式在陕西省推开。目前，陕西省辖区内各地市设立金融消费者保护（分）中心，负责受理金融消费者在人民银行法定管理职权范围内的投诉。2011 年 10 月，央行将"西安模式"推广到各分行。[②] 目前，央行已在 14 个省（区、市）的 47 个分支机构开展了金融消费者保护试点工作，出台了若干银行卡、个人金融信息保护、非金融机构支付服务等相关制度措施，从征信、反假币、账户管理等方面加强对金融消费者的保护。[③] 央行在 10 多个省的行业协会中，还成立了消费者保护委员会，围绕普及金融知识、完善客户投诉解决机制、推广银行服务读本、探索公众教育有效途径等方面开展工作。[④]

---

① 王晶晶：《分设金融消费者保护机构"一行三会"各自为政》，at http://money.163.com/11/1206/07/7KIS72S800252G50.html，Feb. 6，2011。

② 《一行三会各设一摊金融消费者保护终破冰》，at http://finance.qq.com/a/20111204/001200.htm，Dem. 4，2011。

③ 同上注。

④ 《"一行三会"撑起金融消费者"保护伞"》，at http://fin.10jqka.com.cn/20111209/c524976005.shtml，Dem. 9，2011。

保监会在2011年10月率先成立了保监会保险消费者权益保护局。① 该部门的职能包括：拟订保险消费者权益保护的规章制度及相关政策；研究保护保险消费者权益工作机制，会同有关部门研究协调保护保险消费者权益重大问题；接受保险消费者投诉和咨询，调查处理损害保险消费者权益事项；开展保险消费者教育及服务信息体系建设工作，发布消费者风险提示；指导开展行业诚信建设工作；督促保险机构加强对涉及保险消费者权益有关信息的披露等工作。②

证监会投资者保护局也在2011年年底正式成立，目前已经开展工作，作为证监会内设机构，投资者保护局负责证券期货市场投资者保护工作的统筹规划、组织指导、监督检查、考核评估，其主要职责包括八个方面：(1)拟定证券期货投资者保护政策法规；(2)负责对证券期货监管政策制定和执行中对投资者保护的充分性和有效性进行评估；(3)对证券期货市场投资者教育与服务工作进行统筹规划、组织协调和检查评估；(4)协调推动建立完善投资者服务、教育和保护机制；(5)研究投资者投诉受理制度，推动完善处理流程和运行机制，组织有关部门办理投资者咨询服务事宜；(6)推动建立完善投资者受侵害权益依法救济的制度；(7)按规定监督投资者保护基金的管理和运用；(8)组织和参与监管机关间投资者保护的国内国际交流与合作。③

2012年8月，央行与银监会内部均已成立独立的金融消费者保护局，该机构设置为司局级单位，配备一正一副两个主任，编制十五人，各地分支机构业已批准设立。在银监会内部，金融消费者利益保护的职

---

① 《中国保监会召开保险消费者权益保护工作专题会议》，at http://www.gov.cn/gzdt/2012-03/02/content_2081436.htm，Mar. 2，2012。

② At http://www.circ.gov.cn/web/site0/tab59/，Apr. 2，2012.

③ 《证监会投资者保护局成立身兼八大职责》，at http://finance.sina.com.cn/stock/y/20120111/030111172220.shtml，Jan. 11，2012。

能原来主要由业务创新部的公众教育处承担,金融消费者保护局成立之后,该处室及其职能亦被纳入。[①]

(二)我国金融消费者保护监管协调体制的设计

笔者认为,在现有分业监管体制并未改变的前提下,贸然采用一元化的金融消费者保护监管体制,反而不利于金融消费者保护工作的开展。因为监管机关的权力重新配置,涉及部门级别的定位、部门利益的协调、行政编制的分配等问题,所以,在现有分业监管体制下,各自设立一个单独机构承担消费者保护职责以及处理投诉,体制更顺,在执行过程中会更有效率。而且,"中国行政系统有一种惯性思维:先设小部门,慢慢发展,渐渐增长事权、人权、财权,临到行业爆发性增长或危机出现,发现实在需要扩充职能、权限、人员,再设统一的大部门,更为水到渠成"。[②]

由于各监管机关在金融消费者保护方面的职能上存在很多交叉之处,因此,当下我国金融消费者保护监管体制应着重解决各部门如何分工合作与协调的问题。也就是说,针对我国的实际情况,应当对中国人民银行进行再定位,并对金融协调机制进行重新设计。

1. 我国监管部门可以考虑从金融产品推销、销售环节,包括咨询服务等相关环节进行各行业的协调合作,实现由对行业的狭义保护向对消费者的广义保护转变。比如,设立金融消费者服务预警机制和联动处理机制。对消费者的各类服务投诉,各行业金融机构、行业协会和监管部门要准确记录,通过信息收集与交流,建立消费者投诉信息数据

---

① At http://finance. qq. com/a/20120927/005809. htm, Aug. 30, 2012.

② 《一行三会各设一摊金融消费者保护终破冰》, at http://finance. qq. com/a/20111204/001200. htm, Dem. 4, 2011。

库,根据金融消费者投诉的次数和涉及金额进行调查和分析,统一汇总、编制各类数据和报表,通过定期的监测,梳理和化解金融消费者反映强烈的难点和热点问题,识别潜在的消费者保护问题,为金融业制定相关政策提供翔实数据和参考依据。

2. 进行机构创新,设立新的协调监管机构。2003 年中国人民银行、银监会、证监会和保监会共同建立了“一行三会”联席会议机制,至今并没有达到令人满意的效果。其原因主要在于缺乏一个强有力的协调机构。在《中国人民银行法》与《银行业监督管理法》修改后,作为中央银行的中国人民银行,其职能更多在宏观调控方面,包括更加独立自主地制定和实施货币政策、履行对金融业宏观调控和防范与化解系统性风险的职能。职能的变化使得中国人民银行并不能在联席会议中发挥强有力的协调作用,导致联席会议的工作力度不够,决策效力不高,联合办公容易流于形式。

为此,一方面,应当明确中国人民银行作为中央银行在金融稳定中的法定职责和所处的核心地位,进一步赋予中央银行以系统性风险和危机处理的管理权,从而将其从一般监管事务的牵头地位提升到负责应对系统性风险和强化金融稳定的地位。另一方面,修改后的《中国人民银行法》增加了第 9 条的规定,即“国务院建立金融监督管理协调机制。”因此,国务院应利用此次金融监管制度改革契机,在银监会、证监会、保监会之上设立更高级别的金融监管协调机构——金融监管协调委员会。该机构应直接归属国务院,委员会主任可由主管金融工作的国务院领导担任,而副主任则从三个专业委员会中选拔任命。与之前的金融业监管联席会议不同,金融监管委员会应是一个实质性监管协调机构,其在监管过程中要获得更高的级别和行使与相关监管部门的协调权力,发挥实质性作用,三个专业委员会予以配合,一季度至少会晤一次,针对不同金融产品的消费者保护问题进行商讨并进行跨部门协作。除此之外，对于监管的空白领域（如担保业监管）、交叉性金融业务和金融创新产品，也可以一并纳入金融监管协调委员会的监管范围。尤其是金融创新产品和交叉混合型的金融产品的准入，应由金融监管协调委员会统一行使监管协调权，对金融创新产品进行界定和审批，同时明确相应的监管流程，并把金融创新中的消费者保护问题纳入委员会的协调范围。

四、加强金融机构的自律监管

在2008年危机后各国的金融监管改革中，均明确加强了对金融消费者的事前保护。例如，新加坡金管局（MAS）加强了对非上市投资产品之销售与营销的监管，香港证监会也在2009年9月25日公布了《建议加强投资者保障措施的咨询文件》，在金融产品的售前阶段、销售产品过程中及销售产品后的披露方面均作出明确要求。因此，我国对于金融消费者的保护不能仅仅局限在事后救济，而应该从事前、事中、事后三个阶段对金融消费者在金融交易过程中的权益进行充分的保护。

（一）完善信息披露机制

信息披露规则是解决金融市场上交易双方严重的信息不对称问题的有效途径。任何消费者在众多金融产品中作出最优选择时始终需要依赖于充分和良好的信息披露。目前我国关于信息披露的法律规范体系相对来说已比较健全，已初步形成了以法律为主体，部门规章等规范性文件为补充的全方位、多层次的上市公司信息披露制度框架体系。在信息披露监管体制上也基本上形成了一套以事前、事中、事后全方位监管，自律与他律结合的新型信息披露监管体制。

然而，从实际操作来看，我国的信息披露机制仍然存在很多问题。首先，信息披露的质量较低，信息失真、滞后较为严重，信息披露的真实性、准确性、完整性、充分性与及时性仍然不尽如人意，往往给消费者的决策造成很大的误导，甚至严重损害其利益；其次，复杂的金融产品并没有得到金融机构充分的信息披露，一些金融机构从业人员向消费者推荐产品时往往片面鼓吹其收益，对产品风险等或是没有披露或只是口头模糊地进行了披露，误导消费者盲目购买，而由于缺乏民事责任的规定，消费者无法援引据以主张权利的法律依据，金融机构即便存在虚假陈述也不需向消费者承担任何民事责任，无法有效防止金融机构诸如掠夺性贷款的欺骗性交易行为。

因此有必要借鉴国外先进的信息披露制度，进一步完善我国现有的信息披露制度，同时强化对信息披露监管与执法力度，对金融机构课以信息披露义务，要求所提供的信息必须真实、准确、完整和及时，以满足消费者对信息的需求，将信息披露违法违规行为的行政责任、民事责任、刑事责任真正落到实处。

（二）提高对销售环节的要求

此次各国金融监管改革的重点之一就是信息披露前置，提前产品说明文件的披露时点，对潜在客户充分披露相关产品和服务信息。我国也应顺应这一趋势，要求金融产品的出售者在消费者购买一项产品之前或至少在购买当时就进行必要的信息披露，如提供简明清晰易懂的“招募说明书摘要”等，以帮助消费者更好地理解该产品的属性、风险及成本。而且，监管机关也有权对披露内容及相关规则和程序进行消费者调查，包括现场测试、消费者推广等，以更好地评估规则的实效，从而缔造更为有效和清晰的信息披露制度。

同时，补充对销售环节的规定。可以参照新加坡和我国香港在美国次贷危机后金融监管改革中的做法，制定《关于确保上市公司董事会和高管在公平销售中责任的指引》，明确衡量公平交易的标准。具体包括:金融机构要确保营销和广告资料提供公平及平衡的产品内容,向投资人提供所购买投资产品的及时且重要的最新信息等措施,并对复杂投资产品的销售制定了更严格的标准。

在销售手法上,要求中介机构销售包含衍生工具的非上市结构性产品时,必须先了解客户对衍生产品的认识。同时为投资期长及缺乏二手市场的产品设置"冷静期",消费者若在此间改变投资决定,在扣除合理的行政费及任何适当的市值调整后,可退回投资本金和相关佣金。

(三)金融机构内部设立纠纷解决部门

目前,在金融监管机构内部缺少一个部门专门负责金融消费者保护方面的事务。在证监会,目前仅有一套具有政治色彩的非透明信访制度,并不是严格意义上的处理投诉、调查和纠纷的应对机制;银监会则侧重于对银行业金融机构的规范性、风险性进行监管,对银行消费者权益的保护还存在很大的认识不足;保监会则缺乏有效的消费者保护机制。许多金融消费纠纷消费者往往不选择金融行业协会和监管部门进行投诉,而是直接诉诸司法途径或报章媒体,这种做法即激化了消费者与金融机构的对抗情绪,也容易导致金融机构的声誉损害。

在金融消费者投诉程序设置方面,可参照美国,遵循先内部解决,不能达到满意结果时再诉诸外部程序处理的原则。在各级监管机构信访工作的基础上,在金融行业协会内部设立专门的处理金融消费者投诉的机构,高度重视金融消费者投诉管理的制度建设,制定相应的处理程序规则,明确处理投诉的部门及其职责,优化投诉处理的资源配置,明确投诉处理的时效性要求,保证金融消费者投诉处理信息的公开透明,注意金融消费者投诉的保密工作。

(四)加强对于金融消费者的教育

1. 政策制定时需坚持的一条重要原则是,在有利于改善产品选择和扩展可持续信贷创新的前提下,加强消费者保护。监管机构要有一个长期的金融知识普及计划,投入大量资源以帮助消费者提升自己的专业技能以作出最优金融选择。

2. 开展调查研究,了解当前金融消费者急需了解的问题,比如消费者权益的自我保护认识和适用环境,以及消费者权益欺诈性侵害的事前自我识别、事中自我控制和事后处理等,围绕着这些内容进行教育。

3. 目前监管部门、自律性组织、金融经营机构都在开展投资者教育工作,但缺乏系统性和统一性,协调配合不够紧密。因此,需要厘清各方的职责,明确分工,加强协调。建立"金融监管机构及各派出机构总体协调、协会全程协助、服务机构直接负责"的三位一体机制。

4. 动员社会力量,利用多种媒体作为载体,编制消费者教育资料、定期发布资讯、接受消费者的信息咨询等,开展长效的金融知识教育和信息支援,从而引导不同层次的金融消费者寻找到适合自身的市场与产品。

五、构建金融消费者保护的外部救济机制

(一)设立金融消费者保护委员会

就消费者协会而言,虽然各级消费者协会也受理金融类消费者投诉,但金融理财产品和金融服务情况相对复杂,具有很强专业性和风险性,各级消费者协会往往更侧重于消费者非金融性商品消费和劳务消费的保护,而对保护金融消费者权益往往有心无力。同时,与一般消费者保护相比,金融保护消费者更加复杂,还涉及防范系统性金融风险问

题,这也明显超出了消费者协会职能范围。

我国于2008年6月修改了《中国消费者协会章程》,规定消费者协会可以根据工作的需要设立若干消费者保护委员会,汽车、珠宝、家具等各种专业委员会在各地纷纷成立。针对金融市场上出现的消费者权益受损的现象,也有必要在全国范围内成立专门的金融消费者保护委员会。

金融消费者保护委员会可在吸收国外经验、继承消费者组织自身实践经验的基础上,协助各金融业协会承担起对金融消费者教育的主要职能;监督各金融机构,将消费者意见较大、纠纷较多的某些金融机构的服务或产品,向金融监管机构反映,提请监管机构的重视,维护消费者与金融机构之间的利益平衡;处理金融市场消费者投诉,就金融消费者合法权益问题向有关行政部门反映或提出建议,从而为金融机构与消费者之间的矛盾提供一个缓冲和解决的平台。

(二)加强金融纠纷仲裁机构的建设

金融仲裁是化解商事金融纠纷的有效方式,在解决金融争端中发挥了积极的作用。近年来,通过仲裁方式解决金融纠纷的案例越来越多,金融仲裁对金融消费者的法律救济意义日益显现。因此,一方面,需要加紧完善《仲裁法》、地方金融仲裁立法、仲裁组织的仲裁规则;另一方面,需要积极推动金融争议仲裁机构在各地的建立。

(三)加快金融法院的试点

金融行业是现代市场经济中最为活跃、创新最频繁的领域,因此金融法也成为现代法律中创新最为丰富的部门之一。如果法院民商审判动辄以缺乏现成法律规定为由拒绝受理相关纠纷,那么这些新型金融交易行为和金融产品便得不到司法应有的保护,这将对于购买这些产品的金融消费者的利益则构成巨大的损害。

由人民法院依法及时、准确地审理纠纷案件,不仅是规范金融秩序,防范和化解金融风险,公正保护各方当事人合法权益,维护交易秩序,规范市场行为的需要,也是创造公平公正、有序竞争、规范开放、追求效益的金融软环境的有力保障。

CHAPTER 06 >>

第六章

国际金融监管合作机制的现代化

在各国制度创新的推动和金融危机的刺激下，国际金融法律制度的趋同与融合不断深化。伴随着国际金融法的全球化，金融监管国际合作机制也不断迈向现代化。国际金融监管合作的范围从信息交流到金融政策与标准的协同与融合，再拓展到金融危机的预警与救助以及行动联合等多个方面，合作层次不断提高，合作形式更趋于多元化，内容更趋于务实灵活。在以国际货币基金组织、世界贸易组织和世界银行等国际组织为支柱形成的早期金融合作机制基础上，2010 年金融稳定理事会的成立，标志着全球综合性金融监管合作框架的诞生。全球性金融危机后应运而生的金融稳定理事会，对提高金融监管协调与合作的效力，对加强国际金融的统一性监管，完善国际金融稳定机制将发挥重要作用。

第一节 国际金融监管合作机构的扩展

一、全球性金融监管合作体系的构建

全球性金融监管合作,是指由不同的跨国行为主体在全球范围内进行的监管国际合作,它既包括正式国际组织主导形成的金融监管合作,也包括带有"行业协会"或"论坛"性质的非正式国际组织参与的金融监管合作与协调。在当前的国际金融领域,主要以国际货币基金组织(IMF)、世界贸易组织(WTO)和金融稳定理事会(FSB)为支柱形成了一个全球性的综合监管体系。

(一)国际货币基金组织框架下的监管合作制度

1944年7月,以美国为首的战胜国,在美国新罕布什尔州的布雷顿森林城召开会议,着手建立战后国际经济秩序。与会44个国家达成了布雷顿森林协定,随后成立了国际货币基金组织。国际货币基金组织主要负责国际货币金融事务,对金融的国际干预主要体现在某一成员国发生重大的货币汇率动荡时,给予有条件的紧急贷款,以舒缓乃至消除成员当事国的金融风险或危机。

1. 国际货币基金组织的风险预警机制

为了达到预防和控制金融危机的目的,国际货币基金组织建立了风险预警机制。按照《国际货币基金组织协定》第4条第3款(b)项的规定,各会员国应该定期将本国履行金融业监管的情况汇报给国际货币基金组织。国际货币基金组织根据各国提交的金融风险报告和自己对世界经济体系中各国发展情况的监督,定期作出年度(包括中期)报告,一年两期的《世界经济展望》和年度《国际资本市场》。除了对国际

经济与金融的整体评估之外,国际货币基金组织还充当各会员国政府的顾问,定期向成员国提交总结报告,深入评估各会员国的经济政策及效果,对当政者给予批评和鼓励,根据其设定的预警指标体系进行预警。

国际货币基金组织还不遗余力地推进、促使成员国健全其国内金融制度体系,督促会员国进行金融市场机制等经济改革,以从制度上防范金融风险。如国际货币基金组织鼓励支持成员国引进和推广巴塞尔委员会等行业监管标准,积极敦促成员国履行国际金融监管协定。虽然这种措施是以发达国家为主导对其他成员国宏观经济管理政策和监管的介入,但无疑在一定程度上有利于跨国金融风险的防范。

2. 国际货币基金组织处理金融风险的措施。

考虑到成员国间金融风险和危机的相互传染性,尤其是货币汇率危机,国际货币基金组织对成员国的货币与汇率风险予以密切关注。因此,向有借款需要并符合规定条件的成员国提供贷款以遏制金融危机扩散便成了国际货币基金组织的一项重要业务活动。为此,国际货币基金组织创立了“借款总安排”制度,后来又补充了“借款新安排计划”和“应急信贷额度贷款”。因此,国际货币基金组织的一项重要职能便是防止各国货币竞争性贬值,在一定程度上充当了最后贷款人的监管角色。

按照《国际货币基金协定》的规定,当国际货币基金组织成员出现金融危机向基金申请贷款援助时,基金将依据“紧缩改革”的理论(即提高利率、削减预算与信贷)开出恢复宏观经济的一系列具体措施,然后与该国政府协商形成经济计划。国际货币基金组织董事会根据该国是否同意实施改革计划,决定是否给予贷款援助。

除了贷款援助外,国际货币基金组织还向成员国提供普通提款权和特别提款权援助。普通提款权又叫国际货币基金组织的储备头寸,是国际货币基金组织在成立时各成员国缴纳的份额,是一国在国际货币基金组织的自动提款权。普通提款权是为了解决会员国经常项目逆差而发放的,期限一般为3年至5年,最大限额为其份额的125%。特别提款权(Special Drawing Right,SDR)是国际货币基金组织创设的一种储备资产和记账单位,是基金组织分配给会员国的一种使用资金的权利。会员国在发生国际收支逆差时,可用它向基金组织指定的其他会员国换取外汇,以偿付国际收支逆差或偿还基金组织的贷款,还可与黄金、自由兑换货币一样充当国际储备。但由于SDR只是一种记账单位,而不是真正的货币,使用时必须先换成其他货币,不能直接用于贸易或非贸易的支付。

3. 后金融危机时代IMF的监管合作制度改革

国际货币基金组织作为普遍性的政府间国际金融组织,担负着维持货币稳定、确保世界经济健康运行的重任。多年来,国际货币基金组织资金的注入和危机解救对策的实施,一方面加强了国内外投资者的信心,阻止了大规模短期资金的外逃;另一方面通过紧缩性经济政策避免了过度投机行为,在稳定国际经济动荡中发挥了一定作用。但是,由于其资金短缺的掣肘和大国操纵的制度缺陷,在面对来势汹涌的全球性金融危机时,国际货币基金组织可以施救的资金和措施明显不足,还是难以有效地防范风险和缓解危机的恶化和蔓延。2008年全球金融危机再次引起国际社会对IMF改革的关注。IMF一直被认为对维护国际金融体系安全与稳定负有特殊的职能,因而被认为是风险防范与危机救助的主要责任机构。但危机发生后,IMF作为全球主要金融风险预警和防范机构,却没有发挥应有的作用,受到国际社会的广泛批评。受2008年全球金融危机的影响,IMF的改造再次提上了议事日程。近年来国际社会围绕着最后贷款人监管制度加强了对IMF的改革。

"二战"以后,根据布雷顿森林体系建立的国际货币基金组织,旨在

“调整国际收支的不平衡，而不致采取有害于国际的繁荣措施，并在成员国出现收支困难时，提供帮助和贷款”，①在一定程度上把国际最后贷款人的监管职能赋予了国际货币基金组织。该组织策动和提供的援助对于平抑20世纪80年代的拉美债务危机、1995年墨西哥金融危机以及1997年东南亚金融危机都发挥了重要作用，事实上承担了国际最后贷款人的职能。虽然IMF初具最后贷款人雏形，并有所建树，但同时也存在诸多制度上的缺陷，影响其金融危机管理和救助功能的进一步发挥。

在目前既没有世界政府也没有统一性的世界中央银行的国际背景下，由IMF担任国际最终贷款者是国际社会务实灵活的必然选择。但自身调控资金的不足常常使IMF在救援时捉襟见肘，严重制约了其最后贷款人功能的发挥。因此，为建立以IMF为核心的全球金融风险防范与救助安全网络，就要大力增强IMF的融资能力。2009年4月2日结束的G20伦敦峰会达成国际货币基金组织新一轮的增资计划，各国领导人同意将IMF的资金规模扩大至现在的3倍，即由2500亿美元增加到7500亿美元，并同意增拨2500亿美元特别提款权，以增强帮助陷入外汇困境成员国的经济能力。因此，增资计划的推行不仅能增强IMF在成员国发生收支困难时的援助能力，扩展IMF的援助范围和手段，而且也能增强IMF在金融危机爆发前后的资金调控能力和合法干预的力度，从而在一定程度上减少危机的爆发和危机的严重程度。

（二）世界贸易组织

成立于1995年1月的WTO，在承继GATT宗旨和目标的基础上，致力于推进世界贸易的自由化。截至2014年7月，WTO已经拥护160

① 《国际货币基金协定》第1条第1款(v)项。

个成员方,是全球最重要的国际经济贸易组织。作为乌拉圭会回的三个新议题之一,GATT 缔约方通过一揽子协议把服务贸易整体纳入全球多边贸易体系,借助与“贸易”一词的巧妙联系,服务贸易自动享有传统货物贸易的各种制度资源,标志着服务贸易自由化与规制开始走上了全球一体化的法制轨道。经过多年的努力,WTO 在推进服务贸易自由化方面已经取得了一系列的成果,并初步构成了一个规制国际金融服务贸易的法律框架。WTO 体系下的金融监管法律制度从一般义务与具体义务两个方面规定了成员方应承担的国际义务。

1.《服务贸易总协定》(GATS)

WTO 关于金融服务贸易的一般性法律规范较为集中地体现在 GATS。为与服务贸易自由化的目标相适应,GATS 构建了两项基本的协调原则,即尊重国家政策的主权原则与逐步自由化的目标原则。WTO 的目标是扩大服务贸易自由化,但由于“不同国家金融服务法规发展程度不平衡”,不切实际地强制性推行一体遵行的自由化政策与法规,必然会违背贸易自由化的初衷。因此,WTO 主要通过对阻碍金融服务贸易自由化的法律制度逐步消除,对各成员方的金融监管进行协调的方式,来推进金融服务贸易的自由化。[①] WTO 内部设置的金融法律协调机构依据层级关系从高到低,分别为部长会议、总理事会、服务贸易理事会以及金融服务贸易委员会。其中,最重要的协调机构是作为 WTO 最高决策权力机构的部长会议,由 WTO 各成员方部长代表组成,会议决议由全体成员代表一致表决通过。总理事会(及秘书处)负责处理 WTO 的日常工作,下设贸易政策审查机构及争端解决机构来推进世贸组织关于金融监管多边协议的实施。服务贸易理事会及其下设的金融服务贸易委员会负责监督 GATS 金融领域措施的实施及对

① 杨文云:《金融监管法律国际协调实践评介》,载《外国经济与管理》2006 年第 6 期。

GATS 重要原则的实施结果进行评价。作为具体负责金融服务贸易政策制定与实施的专门性机构,金融服务贸易委员会在金融监管法律制度协调中起重要的作用,可以就影响金融服务贸易的监管措施进行法律、技术探讨及审查。

2.《关于金融服务的附件》

《关于金融服务的附件》包含了调整金融服务的重要原则,其重要意义首先在于将金融服务贸易的调整纳入《服务贸易总协定》框架,并对《服务贸易总协定》在金融服务领域适用涉及的重要概念、规则作出解释;其次是确定了《服务贸易总协定》所调整的金融服务范围,将银行、证券、保险服务都纳入了多边贸易规则管辖;最后是允许各成员为维护国内金融稳定而采取审慎例外措施。

3.《金融服务承诺的谅解》

《金融服务承诺的谅解》事实上是由参加金融服务贸易谈判的成员方同意接受的专门适用于金融服务贸易的一般性规则,但包含了比《服务贸易总协定》第三部分要求更多的市场开放义务(仅对接受的成员方适用)。该谅解协议的实施不得与《服务贸易总协定》条款相冲突,不得损害乌拉圭回合谈判参加方根据《服务贸易总协定》第三部分作出具体承诺的权利,即各成员方有权选择以《服务贸易总协定》第三部分而不是以该谅解协议为基础作出具体承诺,不必承担更高水平的市场开放义务。这同时也说明谅解协议在一定程度上是解释各方金融服务具体承诺的法律文件。

4.《金融服务的第二附件》

《金融服务的第二附件》是有关金融服务贸易一般行为规则性质的技术性规定。主要内容是授予谈判各方在世贸组织协定生效后第 4 个月开始的 60 天内,修改和撤销列入其减让承诺表的有关金融服务的全部或部分具体承诺,其目的是阻止一些国家“搭便车”和作出过多的最惠国待遇保留。

5.《全球金融服务协议》

为进一步推进金融服务贸易的自由化,WTO 于 1997 年 12 月谈判达成《全球金融服务协议》。协议的主要内容是成员方关于金融服务的具体承诺表和《服务贸易总协定》第 2 条豁免清单。总体而言,协议对金融市场开放提出了具体要求:各缔约方允许外国在国内建立金融服务公司,并按竞争原则运作;外国公司享受同国内公司同等的进入市场的权利;取消跨境服务的限制;允许外国资本在投资项目中的比例超过 50%。同时,该协议确定了金融服务的范围。WTO 是一个旨在消除或减少贸易障碍、推进贸易自由化的国际组织。因此,它对金融监管法律制度的协调,更多地体现在金融服务贸易自由化协调的间接效应上。WTO 的协调较多关注一些有可能阻碍金融服务自由化的金融监管法律制度,如对市场准入的限制性措施等,其所希望达到的结果是"内外一致"(国民待遇),"外外一致"(最惠国待遇),并不能深入有效地协调各成员方在金融监管制度和法律规则上的本质差异。此外,GATS 为保障各国金融监管政策和法律的灵活性,保留了审慎监管例外的特别权利,更加削弱了金融监管法律制度的稳定性和有效性。因此,WTO 对各国金融监管制度的协调存在一定的局限性。

(三)金融稳定理事会

2008 年全球性金融危机再次充分暴露了当前国际金融制度存在的监管缺失与漏洞、监管机构的条块分割和信息不畅等监管痼疾。为改善国际金融监管,二十国集团(G20)峰会决定改组成立金融稳定理事会,壮大金融稳定理事会的监管功能和协调职能,使其成为各种全球金融监管机构合作的平台,加强以 IMF、BIS、巴塞尔委员会以及金融稳定理事会为核心的全球金融监管框架,以实现更具全球一致性的综合监管功能。

1. 金融稳定理事会的成立

受1997年亚洲金融危机的影响,1999年成立的金融稳定论坛在构建金融稳定机制方面作出了有益尝试,为构建全球性的金融稳定机制打下了良好的基础。但从法律上讲,金融稳定论坛是以七国集团为基础而派生出的一种非正式的制度安排,不具有国际法上的法律人格。由于金融稳定论坛组织机构和执行机制的非正式性以及成员代表的缺失性,这种松散的国际协作方式在维护国际金融体系安全与稳定方面的局限性也是不言而喻的。受2008年全球金融危机的影响,国际社会对如何增强全球金融体系的稳定性进行了深刻反思,并对构建全球性的金融稳定长效治理机制达成了广泛共识。

2009年4月在G20伦敦峰会上,通过了《金融稳定理事会章程》。各国首脑决定创立一个全球的金融监管体系,作为承继金融稳定论坛的常设机构,①将金融稳定论坛升级为金融稳定理事会来协调全球金融监管改革,加强对全球金融体系的监管和风险预测。2009年6月,金融稳定理事会在瑞士的巴塞尔举行成立大会,来自成员经济体中央银行、监管当局和财政部的52位高层代表和国际组织、国际监管机构的17位代表出席了这次会议。② 成立大会标志着应对金融危机、识别、评估和监管全球金融风险的统一性金融监管机构的正式诞生。

---

① See G20 Leaders Statement: The Global Plan for Recovery and Reform-London, Apr. 2, 2009.

② 金融稳定理事会的成员机构包括20多个国家和地区的央行、财政部和监管机构以及主要的国际金融机构和专业委员会。阿根廷、澳大利亚、巴西、中国、加拿大、法国、德国、中国香港特区、印度、印度尼西亚、意大利、日本、韩国、墨西哥、荷兰、俄罗斯、沙特阿拉伯、新加坡、南非、西班牙、瑞士、土耳其、英国、美国及下列机构、标准厘定主体和其他团体:国际清算银行、欧洲中央银行、欧洲委员会、国际货币基金组织、经济合作与发展组织、世界银行、巴塞尔银行监管委员会、国际会计标准委员会、国际保险监管者协会、国际证监会组织、全球金融体系委员会、支付与结算系统委员会和联合论坛。

FSB内设机构包括全体会议、指导委员会、主席和秘书处。[①] 大会是金融稳定理事会的决策机构,其决议以协商一致方式通过。[②] 为了履行职能,大会可以设立常设委员会和必要的工作小组。[③] 指导委员会在大会闭会期间为金融稳定理事会提供业务指导,其组成应保证地域和机构功能方面代表性的均衡,以实现指导委员会行动有效性的最大化。[④] 主席由大会从其成员中任命,三年为一个任期,可以连任一次。[⑤] 秘书处设在位于巴塞尔的国际清算银行,由秘书长领导。秘书长由主席提名,大会任命。秘书长及秘书处的工作人员在履行其职能时应保证完全的独立性。[⑥] 此外,为推动跨境金融风险监督管理的落实,FSB成立了相应的职能工作组或委员会。中国财政部、中国人民银行、银监会以及中国香港金融管理局均为工作组或委员会的成员机构。FSB职能机构的健全,下设机构的扩充和完善,组织机构和人事安排的完备,为维护全球金融体系稳定,为承担全球统一性金融监管奠定了坚实的组织基础。

2.金融稳定理事会的监管职责

根据《金融稳定理事会章程》规定,FSB的目标是通过在国际层面协调国内金融部门和国际标准厘定机构的工作,发展和促进相关金融政策的实施,并与国际金融机构合作,消除影响全球金融体系稳定的不安定因素。[⑦] 通过宏观审慎监管政策的协调与微观审慎监管标准的协

---

① Finacial Stability Board Charter, Article 6.

② Finacial Stability Board Charter, Article 7.

③ Finacial Stability Board Charter, Article 11. 截至目前,大会设立了三个常设委员会和三个特设小组。

④ Finacial Stability Board Charter, Article 12 and Article 13.

⑤ Finacial Stability Board Charter, Article 14.

⑥ Finacial Stability Board Charter, Article 15.

⑦ Finacial Stability Board Charter, Article 1.

调与制定，FSB 的金融监管职能和金融监管地位得到强化，具体职能包括：

(1) FSB 应与国际货币基金组织进行合作，对全球宏观经济和金融市场风险实施监测，发挥预警作用，为跨国界风险管理制订应急预案，并采取必要行动解决这些危机；

(2) 评估全球金融系统脆弱性，对监管体系进行改造，监督各国的监管改进行动，以便各国政府鉴别和关注宏观审慎监管的风险；

(3) 协调国际标准制定机构的工作，扩大监管措施的适用范围，所有对金融系统有重大影响的金融机构、金融工具和金融市场都应列入受监管的范围；

(4) 促进各国监管机构的合作与信息交换，对各国监管政策和监管标准提供合理化建议。

3. 金融稳定理事会的评价

危机之中孕育着新的生机，每一次大的金融危机都会促成国际金融监管的重大调整。无论是 1997 年的亚洲金融危机，还是 2008 年的全球金融危机均体现了金融风险的跨国传染性，同时也增强了国际社会通过共建国际监管合作机制应对危机的国际共识。危机后应运而生的 FSB，对加强国际金融的统一性监管，完善国际金融稳定机制具有重要的作用。

(1) 为加强全球金融监管提供了统一性的监管机构

在金融创新手段日新月异、金融市场日趋国际化的国际背景下，只有进行国际范围内的金融监管合作，才能有效防范国际金融市场系统风险的发生，避免金融风险从低效监管水平国家扩散到“无辜”的高效监管水平国家。金融服务贸易的国际化要对从事跨国金融服务业的金融机构进行国际监管，这就需要简便、高效的合作程序与统一性的国际监管机构与之相适应。但是，目前的国际金融监管体系对跨国金融活动监管的条块分割和信息交流不畅，往往导致金融风险的放大和扭曲。为确保国际金融市场的有效运行，力求更大范围和更具权威性的高层次监管合作机制，正如G20伦敦峰会公报所言，当务之急是建立一个综合性国际金融监管机构，使其有权力制定更加灵活的监管规则架构，并成为各国监管合作的平台。2009年开始运作的FSB，对全球系统性金融风险进行监测和监管提供了稳定的组织保障和全新的国际合作平台，填补了统一性综合性国际金融监管机构由来已久的缺位。

(2)为建立全球金融风险早期预警机制奠定了合作基础

亚洲金融危机爆发后，国际社会开始探索金融危机预警机制的实质性合作，世界银行和国际货币基金组织于1999年5月启动了“金融部门评估计划”(FASP)，开始对成员国金融体系的稳健程度进行评估。① 但是实践结果证明，FASP的评估和预测成效既不充分也不及时，甚至是错误的评估结果造成了国际社会的盲目乐观，反而成为美国次贷危机进一步深化的诱因之一。作为国际危机预警合作机制的有益探索，《金融稳定理事会章程》赋予了FSB监测金融危机风险的预警职能。根据章程规定，FSB应与IMF进行合作，对宏观经济和金融危机风险发出预警，并采取必要的行动解决这些危机。② FSB会同IMF建立一个有效的机制，促使成员国的金融当局定期召开会议，共同评估金融体系的系统性风险，协调各自的监管政策。③

值得注意的是，在早期预警机制建设方面，FSB的工作侧重于制定和协调国际金融相关标准和监督规则，评估金融体系风险和成员方的

---

① 世界银行主编：《国际货币基金组织金融部门评估手册》(中国人民银行金融稳定局译)，中国金融出版社2009年版，第1~5页。

② 世界银行主编：《国际货币基金组织金融部门评估手册》(中国人民银行金融稳定局译)，中国金融出版社2009年版，第39页。

③ See G20 Working Group: *Enhancing Sound Regulation and Strengthening Transparency*, at http://www.g20.org/Documents/g20_wg1_010409.pdf, Mar. 25, 2009.

监管行为效果,促进成员方的信息披露和情报交换。IMF 的职能重点则放在对危机预警的反映和危机救助上。因此,两大机构在全球金融风险的早期预警防范上相互合作与配合,既避免了职能的交叉,又确保了各自工作的专业性,起到了互为补充的作用。

(3)为统一性金融监管标准的制定与实施提供了国际合作平台

2008 年金融危机的成因很多,但有一点是毋庸置疑的,监管范围存在缺陷,未能有效涵盖可能产生金融风险的金融产品和金融机构。为消除各国金融监管的漏洞和冲突,防止此类危机的再次重演,国际社会需要建立一个更强有力和更具有全球一致性的监管框架,以加强金融监管原则和标准的统一与实施。

根据 FSB 的监管职能和工作计划,其监管范围不仅包括银行、证券、保险、信用评级机构、对冲基金等多种机构和金融工具、金融市场,还将负责制定金融机构薪酬原则、制裁避税港、改善会计准则等问题,监管范围的大力扩展无疑将大大减少监管漏洞,对避免金融监管套利也将起到一定的制约作用。自 2009 年 4 月 G20 伦敦峰会以来,国际社会在制定会计标准、提高银行资本充足性和流动性、强化对冲基金和信用评级机构的管理和监督等方面取得了重大进展。金融稳定理事会主席德拉吉表示,FSB 将继续加强对未来标准拟定进程的监控,并将建立一套新机制,确保国际金融监管体制达到更高标准。

FSB 被授权在国际层面协调国内金融部门和国际标准厘定机构的工作,发展和促进相关金融政策的实施,有效克服了金融稳定论坛的固有缺陷,为有关金融监管标准的国际协调和统一提供了一个实践性平台。通过这一协调合作平台,主权国家和国际金融组织等跨国行为体可就国际金融监管标准的协商与拟定进行充分的沟通和合作,推动国际金融监管标准的制定或修改,并着力推进相关金融监管政策和标准的发展与实施。由于占全球 GDP 总和 80% 的 G20 集团是 FSB 的核心会员国,因而FSB所达成的协议具有较强的代表性和有效性,能够获得国际社会的广泛认同。此外,FSB通过督促各会员国监管当局结合本国金融发展水平和金融机构实际状况接受和执行相关国际监管标准,逐步实现各国监管标准的趋同,强化国内的金融监管,促进了国际金融监管框架的初步形成。

(4)为增强金融全球治理的民主化进程提供了历史机遇

长期以来,国际金融监管“游戏规则”的制定主要由发达国家主导,新兴市场经济国家对世界经济的增长贡献虽然逐年增大,但在国际金融组织及国际金融规则的制定中仍处于被动从属地位,没有与其经济份额相当的国际话语权。

美国次贷危机引发的国际金融危机,为新兴市场国家提升话语权提供了历史契机。根据G20伦敦峰会公告,FSB的成员包括二十国集团所有成员方。中国、俄罗斯、印度和巴西组成的“金砖四国”成为FSB会的创始成员国,全面参与FSB具体制度框架和决策机制的建立。这些有别于WB和IMF的组织制度创新反映了新兴市场经济国家参与国际金融治理的合理诉求和责任意识,一定程度上体现了新兴国际金融机构FSB的公平性与合法性。同时,FSB也为新兴市场经济国家积极参与FSB的制度构建提供了机遇,通过程序正义提升实体正义,建立公平合理的议事和协调机制,从而维护发展中国家的整体利益,促进世界的可持续发展。

在增强发展中国家金融治理权的同时,民主进程的扩大在一定程度上削弱了金融强国的金融霸权。强化金融监管是许多发展中国家和欧洲大陆发达国家多年呼吁的主张,却一直遭到美英既得利益国家的反对而无法成为实际的监管行动。FSB出台加强金融监管的细则,并由多边金融监管机构和相关各国对达成的监管协议进行实施监督,有助于削弱美英在国际金融市场的霸权地位,有助于实现国际金融体系的公正性。

二、区域性监管合作组织

区域性金融监管合作是指在一定的区域内进行的监管合作方式，多见于相邻的几个国家和地区之间。由于涉及的国家和地区范围相对较小，成员方之间具有相似的经济和历史文化环境，其合作效果往往优于全球范围的金融监管合作。如果从整体规模较小的区域监管组织的做法入手进行研究，寻找地区监管合作的成功经验和发展路径，就能够更好地了解全球性监管组织及其规则发展的前景和方向。截至目前，欧盟的金融监管合作是最成功的地区性监管合作机制，统一监管的层次与水平相对较高，取得的成效也最为突出，某种程度上代表着未来全球统一监管的发展趋向。

（一）欧盟的金融监管合作机制

1. 金融监管权的划分

在欧盟内部，金融监管职权一直保留给成员国的金融主权。随着经济与货币一体化的深入发展，欧元的诞生和欧洲中央银行体系的建立，标志着欧盟内部的金融服务业达到联盟一体化的水平，因而对欧盟范围内的金融监管权和法律冲突的协调提出了更高的新要求。

在著名的德洛尔报告（Delors Report）中，起草者提出授权欧盟层面的中央货币机构行使部分金融监管职能，即欧洲中央银行体系参与监管当局的银行监管政策的协调与合作。负责联盟条约中有关欧洲中央银行体系条款起草工作的中央银行行长委员会将银行审慎监管作为欧洲中央银行体系的四大基本任务之一。①

在《欧洲联盟条约》的最后条款中，审慎监管作为欧洲中央银行体系的附加职能，它仅要求欧洲中央银行体系“促进”主管当局顺利执行在审慎监管信贷机构和维护金融体系稳定方面奉行的政策。虽然该条款没有明确审慎事务中相关行为的性质，但由于规范交易行为、最后贷款人职责、运作支付体系和组织存款保险等金融监管事项与金融体系的宏观稳定之间的密切关系。笔者认为，为履行维持金融体系和金融价格稳定的职责，条约还是隐含或默示地赋予欧洲中央银行体系一定的金融监管权力。质言之，不论成员国如何努力使《欧洲联盟条约》不将银行监管问题提升至联盟水平，但由于欧洲货币一体化必然促使欧洲中央银行体系在金融监管领域发挥潜在的影响。事实上，由于金融业的稳定与货币政策有着密切的关系，欧盟成员国还是通过《欧洲联盟条约》赋予了欧洲中央银行和欧洲中央银行体系一定的审慎监管权。

根据《欧共体条约》第 105 条第 6 款，部长理事会可根据委员会的提案，咨询欧洲中央银行对除保险之外的信贷机构和其他金融机构进行审慎监管的任务。事实上，有关货币政策的立法也具有审慎监管的效果……传统上，对于陷于困境的银行，中央银行可以发挥最后贷款人的作用来提供流动性支持。

但是，欧洲中央银行作为最后贷款人的作用却没有明确规定。不过，欧洲中央银行对促进支付体系的平稳运转负有责任，包括向信贷机构提供融资便利。就提供短期流动性而言，欧洲中央银行仍具有执行最后贷款人这一职能的潜力。另外，大规模的金融整合趋势会使国家

① 德洛尔委员会设想的欧洲中央银行体系具有 4 个方面的使命：一是确保价格稳定目标的实现；二是在不影响价格稳定目标的情况下支持共同体的总体经济政策；三是负责货币政策的制定和实施、汇率和储备的管理以及维护支付体系的正常运转；四是参与各成员国监督机构银行监督政策的协调。

间的界限变得模糊。即使可以明确判断一个银行的问题是国内金融问题,但它可能很快演变成欧洲范围的问题,使欧洲中央银行在欧洲联盟范围内采取统一监管措施具有正当理由。

2. 成员国金融监管权的协调

由于在欧盟组织内部有欧盟各成员国和欧盟两个国际法上认可的主体,且每个主体都有自己的关于国际金融监管的规定,因此,在欧盟内部对于国际金融监管的规定实际上非常复杂,但在欧盟范围内成员国对跨国金融活动的监管权划分则以两项基本原则为主线。

(1)母国控制原则

母国控制是指欧盟成员国相互同意将金融活动发生地之东道国的部分管辖权转移给金融产品或金融服务来源国的一种管辖权再分配方式。即东道国向母国让渡部分监管权力,由母国合适的权力机构履行监管职能,发挥母国金融监管的主导性作用。母国控制原则实际上是基于欧盟成员国间历史文化和法律经济的差异而采取的一种务实做法,在考虑和尊重监管差异的基础上,将金融管辖权重新分配与协调,交回给母国,并将其法制化使之成为成员国普遍接受的管辖权协调做法。通过这一原则,东道国将监管权交予母国,并由母国的金融监管机构掌握监管的主导权,东道国承认母国所实施的监管,并配合母国的金融监管发挥补充性的监管作用。

(2)相互认可原则

从欧盟金融服务市场一体化的立法实践来看,相互承认原则是指欧盟各成员国共同作出承诺,在监管标准最低限度协调的基础上,相互开放跨国金融服务市场,并相互尊重和承认对方成员国的金融监管法律和规则。相互认可的概念和原则包括三个方面的含义:第一,“相互”是指双方对部分金融管辖权的再分配是互惠的、同时的;第二,“认可”是指双方认可彼此的法律制度具有“等价性”、“兼容性”,或者说具有最低限度的"可接受性";第三,相互认可是一种概括的认可,具体到金融产品和服务领域的监管范围、标准以及限制性原则等相互认可内容还各有差异。①

相互认可的直接结果就是引起金融监管权的跨国转移,母国控制原则是相互认可制度的必然推论。相互认可机制下的母国控制原则要求母国必须事先核查经母国批准的公司在东道国提供跨境服务或者设立分支机构时是否符合母国的所有有关要求,母国还必须对这些金融机构的持续性经营活动加强审慎管理;同时,母国要随时监督被批准的投资公司的运行状况,以确保这些运行状况与母国的审慎监管保持一致。②

由于东道国监管当局对来自其他成员国的金融机构在准入管制及其业务活动监管方面的权利受到抑制,东道国监督审查的监管权力让位于母国,因而对跨国金融机构本身合法性和审慎性的有效监管就应当由母国的并表监管和有效控制加以确保。此外,根据管辖便利的原则,由于提供跨境服务的金融机构资产来源于母国,通常处于母国的控制之下,因而母国控制原则的践行也能在一定程度上提高金融管辖执法权的便利性和有效性。

3. 金融监管合作的完善

经历了2008年美国金融危机的冲击,又遭受了希腊、葡萄牙等国主权债务危机的洗礼,欧洲各国更加强烈地感受到完善金融监管合作

---

① 如相互认可是欧盟金融市场一体化的重要制度支柱,包括金融服务的自由化和资本的自由流动两个方面的内容,但相互认可原则在这两个领域中有着不同的法律基础和表现形式。金融服务自由化以《欧洲共同体条约》(EC Treaty)中的设立自由和服务自由为基础,证券市场的自由化则以资本流动自由为基础。因此,金融服务自由化的相互认可包括准入、持续性监管和退出的整个监管过程和内容,而欧盟证券市场法中的相互认可原则则只要求各成员国相互认可对方国家证券发行和信息披露规则,并没有将对发行人进行监管的权力交给发行人注册地成员国的监管部门。相对金融服务自由化而言,欧盟资本自由化中的相互认可原则的要素是不全面的。

② 朱志晟:《论欧盟金融服务法中的相互认可制度》,载《政治与法律》2004年第5期。

的必要性,全新的泛欧金融监管体系日益成为欧盟监管合作的首选方案。2009 年 6 月欧盟通过了《欧盟金融监管体系改革》方案,希望通过欧盟层面的监管体系改革加强欧盟金融市场的监管。

(1)欧盟将对冲基金纳入监管范围。

考虑到对冲基金对金融危机推波助澜的作用和影响,欧盟委员会于 2009 年 4 月出台立法建议,首次将对冲基金和私募股权基金等金融工具纳入严格监管范围,同时对总部设在非欧盟国家的对冲基金准入欧盟市场作出了严格限制。

(2)欧盟加强了联盟一级的金融监管协调与合作,希望实现欧盟层面上的统一监管。

2009 年 6 月 19 日,欧盟理事会通过了《欧盟金融监管体系改革》,成立了欧盟系统风险委员会(ESRB)和欧洲金融监管系统(ESFS),分别负责欧盟的宏观和微观审慎监管。欧盟系统风险委员会主要负责宏观上的审慎监管,识别、评估、监控整个金融体系在运行过程中出现的各种风险。欧洲金融监管系统是欧洲监管操作系统,旨在通过建立更强大、一致性更高的趋同规则来提高各国监管能力,实现对跨国金融机构的有效监管。

此外,改革将原欧盟层面的银行、证券和保险监管委员会升级为欧盟监管当局(ESA),即分别升级为欧洲银行局、欧洲证券局、欧洲保险局,成为拥有独立法人地位的联盟监管机构,主要负责收集微观审慎监管信息。在宏观和微观两个层次监管改革的基础上,欧盟在一定程度上确保了欧盟金融监管的共同性和操作的一致性。

总体来看,欧盟各成员国在地理位置上的特殊性,经济上一体化的成功推进,为共同监管提供了无可比拟的政治经济基础,因而欧盟的金融监管合作相较于全球金融监管合作更为简单明了,更富有成效。此外,由于欧盟是一个正式的国际组织,各成员国在欧盟法律的约束下遵守并执行其决议,使欧盟有关金融监管合作的文件具有"国际硬法"的法律属性,相较于巴塞尔协议和国际证监会的各项决议有明显的法律上的约束力。同时,它在法律位阶上也优先于与之冲突的各成员国国内法,这种区域监管合作的优势正是全球性金融监管所缺少的。

(二)北美自由贸易区的金融监管合作机制

《北美自由贸易协定》第十四章对北美自由贸易区的金融服务专门作出了规定。较之于其他区域性经济合作组织,北美自贸区金融服务规制的特点首先在于其有专门的职能机构协调和处理金融服务贸易的自由化与监管等相关事宜。此外,北美自贸区还有较为完善的争端解决机制,对妥善处理成员国之间的金融服务贸易争端,维护北美自由贸易区的正常运行发挥了积极作用。

1. 专门性的金融协调机构

北美自贸区的主要机构是由缔约方内阁一级的代表和他们指定的人员组成的自由贸易委员会,负责《北美自由贸易协定》的履行和规则的解释,监督管理根据协定设立的各专门委员会与工作组的工作,并解决因规则解释或适用而产生的各种争议。

此外,为协助金融服务贸易自由化和防范金融风险,敦促各分部门协议的实施,北美自贸区设立了专门的工作组和委员会——金融服务委员会。金融服务委员会的职责主要是监督协议在金融服务领域的实施和细化,审议缔约方提交的有关金融服务的问题,以及参与金融投资服务的争端解决,并有权决定是否构成对条约义务的违反。依据协定,金融服务贸易委员会每年都应召开会议,以评估本协定在金融服务贸易领域的运作情况,同时向自由贸易委员会汇报每次年会的结果。

2. 争端解决机制

在《北美自由贸易协定》的框架下,一缔约方可请求另一缔约方就本协定产生的影响金融服务的任何问题进行磋商,另一缔约方应对该磋商请求给予善意的考虑。如果在规定的期限内参与磋商的各缔约方不能解决争端,参与磋商的任何缔约方可以书面形式,请求自由贸易委员会召集会议。自由贸易委员会应进行斡旋、调解、调停或其他争端解决程序或提出建议。如果在规定的时间内仍未解决争端,那么自由贸易委员会应在参与磋商的任何缔约方以书面形式请求下,成立仲裁小组。仲裁小组的成员通常在金融服务名册中选出。在听取争端所涉各缔约方的主张和相关领域专家意见的基础上,除非各当事方另有约定,仲裁小组应在 90 天内出具初步报告。

一旦初步报告发送给争端各方后,任一当事方可在 14 天内,向仲裁小组提交对初步报告的书面建议。仲裁小组在收到并考虑当事方对初步报告的建议后,除非当事方另有约定,仲裁小组应在初步报告发布后 30 内出具最终报告,包括出具对未能取得一致意见事宜的单独意见给自由贸易委员会。

如果在最终报告中,仲裁小组认定一项措施与协定义务不一致或利益减损,争端所涉各方应就争端解决方案达成一致,如未能达成一致,申诉方可对应诉方中止实施等效的利益,直到他们就争端解决方案达成一致为止。

(三)其他区域性金融监管组织

从 20 世纪末以来,区域化与全球化是世界经济发展中最显著的两个特征,由于地域、传统、文化、历史、经济等因素相近的原因,在全球范围内形成了很多区域性组织,这些组织为推动本地区经济和社会发展作出了很大的努力和贡献。为保障本地区的金融安全,这些区域性组织在推进经济社会发展的同时,在本区域内展开了卓有成效的金融监管合作,对地区性金融合作机制和监管体制的构建起到了决定性的作用。

由于各区域经济文化的紧密程度不同,区域性组织在金融领域的合作方式和合作内容也存在较大的差异。欧盟的金融监管最为全面并且最卓有成效,不仅在银行领域展开了全面的监管合作,并在一定程度上实现了集中监管,而且在证券领域构建了较为严格和全面的监管体系。

相比而言,其他的区域性金融监管组织目前还仅仅局限在银行业的监管合作,一般旨在贯彻实施巴塞尔委员会对资本充足性要求的建议、大额风险的管理和对跨国银行的并表监管等方面。此外,银行保密法和反洗钱控制也是此类区域性监管组织关注的重点。

总体来说,这些组织在性质上属于咨商性的国际机构,没有独立的决策权力。因而,它们一般只作为协商交流的论坛,并提出一些监管标准和合作建议,以供成员方以国内法的方式选择实施或参照适用。

表4 重要的区域性监管组织①

组织或论坛名称	主要成员国家或地区
离岸银行监管组织	中国香港、新加坡、开曼,巴林、百慕大、巴哈尔
北欧监管组织	丹麦、芬兰、冰岛、挪威、瑞典
阿拉伯监管委员会	巴林、科威特、阿曼、沙特阿拉伯、阿联酋、卡特尔
东亚和太平洋中央银行执行会议	日本、韩国、中国、泰国、新加坡、澳大利亚等11国
拉丁美洲和加勒比海监管当局委员会	巴西、智利、阿根廷等23个国家和地区
中欧和东欧国家银行监管组织	捷克、保加利亚、俄罗斯、白俄罗斯、匈牙利等15个东欧和中欧国家

① 朱孟楠、白钦先主编:《金融监管的国际协调与合作》,中国金融出版社2003年版,第136页。

三、双边性金融监管合作

(一)双边谅解合作备忘录

“双边金融监管合作是指两个国家或法域的金融监管当局之间就金融监管的一些法律性、技术性问题开展交流与协作,一般通过签订相互法律协助条约和谅解备忘录等双边协定来实现。”[①]由于参加的当事方只有两个,利益协调与博弈相对简单,一般更容易达成监管共识。

因此,双边性金融监管合作,是目前国际合作中最常见、最有效的国际监管合作方式。双边谅解合作备忘录(MOU)虽然是监管当局合作与协调意思一致的表示,但从国际法的角度来考察,由于并非由国际法主体签订,它的订立也不需经历如条约那样的签订程序,如签约者须经法律授权,签订须获得本国立法机构的批准等,[②]因而MOU并不具有国际法上的强制约束力。由于备忘录在缔结者之间并没有创设法律上的权利和义务,在被请求一方未依请求方的要求提供谅解备忘录所规定的协助时,请求方将无法获得法律上的救济。但是,签订谅解备忘录的双方却须受到“善意”(Good Faith)的道义性约束,[③]加之缔结程序与

---

① 王宝杰:《论金融监管的国际合作及我国的法律应对》,载《政治与法律》2009年第6期。

② Greene, Caroline A., International Securities Law Enforcement: Recent Advances in Assistance and Cooperation, *Vanderbilt Journal of Transnational Law*, 1994, 27(3), p. 649.

③ 1988年5月26日,加拿大的安大略省高级法院曾受理一个公民的司法审查申请,该案涉及SEC于1988年1月7日与安大略省、魁北克省和不列颠哥伦比亚省之间签订的谅解备忘录的效力问题。申诉人认为,根据加拿大法律(《加拿大权利自由宪章》),这几个省均无缔约权,该备忘录缔结行为是越权行为,因此是无效的。此外,申诉人还进一步认为,谅解备忘录授权安大略省证券委员会对该省内居民的财产与资金进行调查和冻结是没有法律依据的。尽管该案后来由申请人撤回,但为证券监管机构提供一个信息,即通过谅解备忘录进行国际监管合作并非一帆风顺,需要加强整体居民对谅解备忘录的法律性质的认识。See Jimenez. International Securities Enforcement Cooperation Act and Memoranda of understanding, *Harvard International Law Journal*, 1989, 31(3), p 297.

形式的简约灵活,内容的多元化与实际的可操作性强,谅解备忘录反而成为各国金融监管协调与合作的主要法律文件。

双边谅解合作备忘录是跨国银行、国际证券与保险等国际金融事项双边监管合作最为有效的方式,在推进跨国监管合作方面发挥着重要的作用。到目前为止,IOSCO 的会员中已有 90 个国家和地区的证券期货监管机构之间签订了 1000 多个双边性谅解备忘录,其中,美国的证监会(SEC)和商品期货交易委员会(CFTC)与 30 多个国家和地区的证券期货监管机构签订了 90 多个谅解备忘录,香港证监会与 30 个国家和地区的证券期货监管机构签订了 35 个谅解备忘录。中国证监会自 1992 年 10 月成立以来,一贯重视与境外证券期货监管机构的交流与合作。截至 2014 年 6 月,中国证监会已相继同 59 个国家和地区的证券期货监管机构签署了 59 个监管合作谅解备忘录。① 通过双边谅解备忘录,各国(地区)证券期货监管机构在管辖权分配、信息分享、协助调查、联合视察等方面进行了卓有成效的合作,从而为有效打击跨境证券违法犯罪,保护投资者的合法权益、促进国际证券市场的健康有序发展奠定了坚实的法律基础。

(二)双边政府货币互换协议

面对 2008 年全球金融危机后的监管反思,以中国为代表的金砖四国积极推进双边性的货币合作,以弥补全球性或区域性危机救助机制的不足。针对 2008 年以来的金融危机,为减缓危机以及对抗美日等国家的量化宽松的货币政策,中国与一系列国家签订了政府间的货币互

① 《中国证监会与境外证券(期货)监管机构签署的备忘录一览表》(2014 年 6 月),at http://www.csrc.gov.cn/pub/newsite/gjb/jghz/201408/t20140811_259024.html,2014 年 8 月 20 日。

换协议。

作为一种对抗金融外汇风险的反措施，货币互换协议主要用来控制中长期国际汇率风险，把以一种外汇计价的债务或资产转换为以另一种外汇计价的债务或资产，达到规避汇率风险、降低成本的目的。在双边货币互换协议方面，中国从2008年起先后与韩国、中国香港、马来西亚、印度尼西亚、白俄罗斯签订了总额达5800亿元的双边货币互换协定。这些货币互换协议的履行有力支持了需要救助的新兴市场经济国家和发展中国家，既有利于中国稳定周边环境，也有助于帮助新兴和发展中国家提振信心，共同应对危机。因此，以中国为代表签署的双边政府货币互换协议成为金融风险防范与国际救助的新型国际合作形式。

(三)国家与区域性国际组织的新型双边合作——中国—东盟区域金融合作

1997年东南亚金融危机爆发之后，东盟明确了加快区域经济一体化的发展方向，以建立有效的合作机制来防止危机的再次发生和冲击。随着中国—东盟贸易规模的迅速扩大，对金融服务和金融合作提出了更高的要求，也为双方金融合作带来了更大的机遇和更广阔的发展前景。2002年11月中国与东盟双方正式签署《全面经济合作框架协议》之后，双方经济合作进入了新的发展阶段。

2008年全球金融危机的爆发，造成中国及包括东南亚在内的全球实体经济的衰退。在此背景下，中国与东盟各国积极探索单一国家与区域国际组织金融合作的新模式。为顺应中国与东盟国家间贸易便利化的需求，2009年7月，中国在上海市和广东省的4城市实施了人民币跨境贸易结算试点，进一步促进了中国与周边国家和地区的贸易发展。

目前，中国与越南、老挝中央银行分别签署了双边结算与合作协议,大力推动主要贸易口岸的边贸结算。2010年1月,涵盖11个国家、19亿人口的中国—东盟自由贸易区全面启动,双方贸易占世界贸易的13%,GDP达6万亿美元,是目前世界上人口最多的自贸区,也是发展中国家间最大的自贸区。

随着中国—东盟经济合作的深入发展,地区金融合作也不断深入发展。中国与东盟国家的双边金融监管合作有序推进,取得了积极进展。目前,中国银监会按照巴塞尔委员会确定的跨境银行监管规则,先后与新加坡、菲律宾、泰国、越南、马来西亚、印度尼西亚6个东盟国家的金融监管当局签署了双边监管合作谅解备忘录,分别就市场准入、日常监管、现场检查、双边互访、信息交换与共享以及人员培训等内容达成共识。双边谅解备忘录的达成使中国银监会与这些国家的金融监管当局能有效地进行信息沟通,及时了解互设机构的经营情况,有助于提高跨境银行监管水平,为进一步加强双边金融合作创造了良好条件。此外,《清迈倡议》框架下的地区性金融危机救助机制建设也迈出了实质性步伐。

第二节 国际金融监管管辖权的分配与协调

一、国际金融监管管辖权的理论基础

金融监管管辖权是国家管辖权特定对象的类型化细分,是国家管辖权的具体内容。国家管辖权无疑源自国家主权。国家主权是指一个国家在其特定区域内所拥有的最高权力,国家可以基于该权利独立自主地处理对内对外事务,包括对内通过颁布宪法或采取其他宪政方式决定本国的国家政体、司法制度、经济体制等,并可以采取立法、司法、行政、经济等手段进行合法统治;对外自主决定本国的外交政策,独立

处理对外事务,并根据国际法独立享有国家权利和履行国家义务,不允许任何国家或实体干涉。国家主权的这两个方面通常被概括为“对内最高、对外独立”,即对内拥有最高统治权,对外具有独立权。[①]

传统的金融监管理论主要是在国家管辖权理论基础上建立起来的,其核心是国家单独监管。国家单独监管源于国际法中国家管辖权中的属地管辖,它是指一国对其领土范围内的所有人、物和事都享有处分、排他的管辖权。国家货币金融主权,是国家主权的重要组成部分,是指国家在货币金融事务上享有的对内最高权和对外独立权的总称。国家对各自国家内的货币金融市场具有独立的管辖权,其核心是国家单独监管,这就是传统的金融监管理论。

根据传统的金融监管管辖权理论,国家的金融管辖权只能是在其属地管辖权范围内行使,超出其管辖地域的监管主张或利益诉求均难以有效实现。但是在金融全球化的背景下,金融机构的经营活动逐渐跨出国门,走向全球范围扩张其业务。许多跨国银行的资产、人员和业务都已经国际化,如果完全受制于国家属地管辖权的绝对限制,任何国家都无法对金融机构的跨国经营活动实施全面、有效的监管。因此,国别性的金融监管当局也无力单独查处国际洗钱等跨国金融犯罪,更无力应对发生在国际金融市场上的系统风险。

即便金融属地管辖权是主权国家无可争辩的主权性权利,但并不意味着国家可以不受限制地行使管辖权。管辖权的范围只有在国际法范围内合法行使,才不会损害其他国家的合法权益和国际社会的整体利益。依照国际法的管辖原则,一个国家对某项事物能否行管辖权,应视该国对该事务是否有合法的管辖利益存在。可见,国家属地管辖权

① 韦经建:《国家主权理论与区域国际经济合作实践研究》,吉林人民出版社 2006 年版,第 32 页。

的充分性和排他性在事实上存在一定限制。因而主权国家对跨国金融机构的单独监管并不是不受任何节制和约束的。

随着当前金融市场一体化与全球化的深入发展,任何金融机构的活动都有可能在全球范围内进行,而任何一个国家都无法对金融活动进行全面的、有效的监管。国家单独监管的方式已经难以适应金融全球化对监管的要求,只有加强国际之间的金融监管合作才有可能解决金融全球化背景下市场全球化和监管地域化之间的矛盾。

因此,金融全球化发展的时代背景需要国家让渡部分管辖权给更适格的国家或国际金融监管组织。只有加强金融监管的国际合作,才有可能解决金融全球化背景下市场全球化与监管地域化之间的矛盾问题。

二、跨国金融管辖权分配与协调

金融监管管辖权的分配与协调是金融监管国际合作的基础,任何具体的监管措施都只能建立在管辖权分配与协调的基础之上。

(一)主权国家间金融管辖权的协调与分配

国家对国际金融活动行使管辖权是国家主权行使的具体体现,不仅说明了国家对跨国金融机构行使管辖权的正当根据,而且说明了国家对跨国金融活动监管的重要作用和地位。近现代的国际社会,可以说是以主权国家体制为基础的平行社会。主权国家并存,不存在超越国家主权之上的权威,国家依据主权原则进行国际交往,并依共同利益相互合作。因此,涉及国际金融的管辖和监管尽管形成了许多国际法规范,但主要是国家通过承担相应的国际义务,通过国内立法和司法程序进行相应的管辖。

目前,对国际性金融活动以及跨国金融犯罪行为的管辖仍然以国家管辖权为主,因而,主权国家之间就金融监管管辖权的协调与分配,成为国际金融监管规则的重要内容。在跨国金融监管领域,尤其以跨国银行的管辖权协调与分配最为典型。针对跨国银行在国际金融活动中的重要地位和突出作用,主权国家借助于巴塞尔银行委员会这个国际合作平台,对跨国银行监管权的协调与分配做了大量卓有成效的工作。

关于国际银行的监管范围和监管责任,巴塞尔委员会在1975年12月通过的"巴塞尔协议"中首次提出了划分银行国外机构监管责任的原则:银行国外机构的监管是母国与东道国的共同责任;银行国外机构的流动性主要由东道国负责;对分行偿付能力的监管是母国的责任,而对国外附属机构偿付能力的监管则是东道国的责任;实际合作可以由东道国与母国之间的信息交流来推进,等等。虽然这项原则存在一定的历史局限性,但仍不失为金融监管国际合作的一大标志性进步。1983年5月,巴塞尔委员会修改了巴塞尔协议,不但要求母国和东道国间适当的划分责任,还要求两者之间进行联系与合作,以便更充分地对银行国外机构进行监管。1996年,巴塞尔委员会的报告中提出了东道国原则、母国原则、管制政策协调一致原则以及互惠原则四项管辖权分配原则,这些协调原则与分配规则在一定程度上缓解了各国银行监管的法律冲突,推进了金融监管权的国际协调与合作。

(二)国际经济组织的金融管辖权

由国家行使管辖权,固然符合国家主权原则,易于为各国接受,但也存在以下难以克服的缺陷:把按条约义务监管跨国金融的全部责任赋予各缔约国,而各缔约国执行起来差异性大,也无法对各国遵守条约义务的情况进行权威性的监督;由于各国利益诉求不同,政治、法律制度也不尽相同,导致各国相互间经常会发生监管冲突,而现行国际体制并没有为这种监管冲突提供有效的解决办法;没有统一拟订各种具体规范的标准和规则,也没有适用于惩戒违法行为的统一标准和一般规则。正是由于上述缺陷,仅由国家行使国际金融的管辖权已不能适应维护国际金融安全的需要。为了更有效地维护国际金融的安全与稳定,防止金融危机,国际社会一直在探索由国际组织对跨国金融活动实施更为直接和统一的金融管辖。

随着金融全球化的发展以及国际合作与共谋发展原则的深入人心,为了适应金融全球化对超国家范围金融合作与协调的需要,由国家或其他跨国行为主体创设的国际金融监管组织章程,不仅为其产生和运作提供了国际法依据,而且为金融管辖权的国际协调与合作提供了常设性的机构和场所,因而对协调与消除国际金融管辖权冲突也同样发挥着重要的作用。

国际经济组织的管辖权主要依据主权国家的让渡或授权而形成,具体的管辖职责和实施功能依赖于相关组织条约明示或默示授予的管辖权。目前,约有 4 万个国际组织活跃在国际舞台上,它们对稳定国际秩序、维护世界和平、促进经济发展以及协调各国法律冲突方面发挥着十分重要的作用。国际经济组织被赋予了其组织章程或条约规定的监管职能,即国际组织获得了合法的监管管辖权。国际经济组织的金融管辖权源自主权国家明示或默示的授权或让渡,但一经授权或让渡,就形成了对国家自身固有管辖权的直接制约,即主权国家必须在国际组织章程或条约管辖的职能和范围内接受该国际组织的管辖和约束。

(三)金融管辖权协调的演变趋势

从目前金融管辖权协调与分配的现状来看,国际金融管辖权已呈现多样性,此种发展趋势反映了国际社会加强金融监管协调和合作的时代要求,也给国际社会的监管体制演变带来了深远的影响。随着全球化的发展,国际社会已由单纯的国家间体制逐步走向国家间体制和全球一体化体制并存的时代。在个别金融领域和某些地区,甚至出现了具有超国家管辖和治理机制的萌芽。因此,对跨国金融活动的管辖与监管合作也必然带有国别性管辖与国际性管辖的多元复合性。

但同时也应看到,在相当长的时期内,主权国家仍然是国际社会最重要和最基本的元素,主权原则依然是国际社会的基本准则。质言之,国家主权仍然"是国际法律秩序的基础,现行国际法律秩序的出发点在于国家主权原则"。[①] 无论从管辖权的范围,抑或是管辖权行使的效率,对于金融市场的国际监管而言,国家管辖权都是一种基本的管辖权,具有不可替代性。因此,国际组织就其本质而言,还是"国家间"的组织,而非"国家之上"的机构,国际组织的直接管辖权依然是以主权合作作为基础。

第三节　国际金融监管标准的营建

全球金融监管合作的根本目标在于逐步实现全球监管标准的统一,防止监管套利。[②] 监管套利的趋势会影响各国金融政策的制定,带来监管标准的下降,给国际金融市场带来巨大的风险。其结果就是金融风险不断累加以至于不可避免地爆发。建立统一的国际金融监管标准已经在国际社会取得了广泛的共识,它不仅是国际金融监管合作的重要目标,也是国际金融监管合作的重要内容和努力方向。[③] 在金融监

① 周鲠生:《国际法》(上册),商务印书馆 1981 年版,第 75 页。

② 金融监管套利是指金融市场参与主体通过注册地转换、金融产品异地销售等途径,从监管要求较高的市场转移到监管要求较低的市场,从而规避监管的行为。

③ 刘明显:《加强金融监管国际合作问题的思考》,载《特区经济》2009 年第 1 期。

管法律冲突的治理结构中,国际社会的多边性公约发挥着重要作用,代表着国际社会的基本共识,这种普遍性国际标准也为加强和完善各国监管法制建设指明了方向。

一、联合国框架下的国际金融监管公约

(一)反洗钱监管公约

反洗钱的金融监管和法律控制最早是从国内层面开始的,但由于洗钱犯罪的国际化与集团化趋势,仅依靠一个或少数国家的单方面努力,并不能有效控制跨国洗钱。如果没有其他国家的监管合作,一个国家不仅难以对潜逃的洗钱分子进行司法管辖和实施制裁,而且也难以追查转移到境外的非法收益,更不要说对这些赃款进行扣押和没收。正如《联合国威胁、挑战和改革问题高级小组的报告》所言,国际合作不足是国际社会不能对洗钱和恐怖融资问题作出有效回应的基本障碍之一。因此,为预防和打击洗钱,提高反洗钱的监控效力,加强反洗钱控制标准的营建,是维护国家个体利益和国际社会共同利益的迫切需要。在此国际共识的基础上,控制洗钱的法律合作开始从国内层面逐渐扩展到国际层面,逐渐成为全球金融治理和金融监管的重要内容。

自 1988 年国际社会通过第一个控制洗钱的国际公约开始,在不到 30 年的时间里,国际反洗钱法迅速发展,初步形成了以联合国为中心的条约法体系,极大促进了反洗钱法律规制在世界范围内的协调和统一。

(二)1988 年《联合国禁止非法贩运麻醉药品和精神药物公约》

该公约旨在协调各国没收贩运毒品非法所得的立法,以促进控制毒品犯罪。在通过控制洗钱达到控制毒品犯罪这样一种全新的反洗钱国际合作战略中,公约对洗钱的定义、管辖权、犯罪收益的没收以及司法协助与引渡等反洗钱控制的实体法和程序法内容首次进行了详细的

规定。公约规定各国须采用立法形式确定洗钱为犯罪,具体犯罪形态为:(1)组织任何形式的贩毒活动,或为贩毒提供资金;(2)在明知财产或资金来源于毒品贩卖行为或参与毒品贩卖行为时,为了隐瞒或掩饰该财产的非法来源,或为了协助任何涉及此种犯罪的人逃避其行为的法律后果而转换或转让该财产;(3)明知财产或资金来自毒品贩卖行为或参与毒品贩卖的行为,为了隐藏或隐匿该财产的真实性质、来源、所在地,而处置、转移所有权或相关权利;(4)在接受财产或资金时,已经明知财产或资金来源于毒品贩卖的行为,仍然保存、占有或使用该财产或资金。此外,公约还对贩毒所得收益的没收规定了合作义务。如果公约缔约国接到了对贩毒所得拥有管辖权的另一缔约国提出的协助没收该贩毒所得的请求,该缔约国应立即将该请求交付其主管部门,并采取措施识别、追查、冻结和抵押贩毒所得,以便下令予以没收。

作为国际社会反洗钱控制的第一个具有法律拘束力的国际文件,联合国1988年公约从实体法和程序法两个方面对反洗钱进行了规定,初步奠定了国际社会对跨国洗钱进行预防、禁止和惩治的国际协调和合作框架,标志着国际社会正式把洗钱问题纳入到全球治理和监管的法治范围。公约在对洗钱进行国际法律控制方面所取得的历史性突破,奠定了国际社会在反洗钱法律控制方面进行国际合作的原则和基础。

(三)1999年《联合国制止向恐怖主义提供资助的国际公约》

鉴于金融机构在洗钱犯罪与恐怖主义犯罪中的特殊作用和影响,1999年公约对金融机构的义务和责任作出了特别规定,标志着国际反洗钱与国际反恐怖主义协同治理的开始。公约要求缔约国应采取一切切实可行的合作措施,防止发生资助恐怖主义的罪行。这些措施规定金融机构和从事金融交易的其他行业使用现行效率最高的措施查证其惯常或临时客户，以及由他人代其开立账户的情况，并特别注意不寻常的或可疑的交易情况和报告怀疑为源自恐怖主义犯罪活动的交易。

（四）2000 年《联合国打击跨国有组织犯罪国际公约》

2000 年联合国公约扩展了洗钱的上游犯罪行为，包括有组织的集团犯罪行为、腐败行为、妨碍司法等严重犯罪行为，各国都应采用立法手段将洗钱犯罪的上游犯罪的范围尽可能地扩大。针对跨国有组织犯罪的严重问题，公约以专条规定“法人责任”，以减少和消除各国立法的歧异和冲突。根据公约规定，各缔约国均应采取符合其法律原则的必要措施，确立法人参与和实施公约所规定的犯罪时应承担的责任。此外，由于犯罪所得是跨国有组织犯罪的“主要刺激因素”，各国应将没收犯罪所得作为控制跨国有组织犯罪的重要措施，并确立了没收犯罪所得的原则、规则和程序。2000 年公约从实体法和程序法两方面都继承和发展了原有的国际反洗钱规则，尤其对跨国有组织犯罪进行了具体规定，标志着跨国反洗钱与国际反跨国有组织犯罪的协同治理。

（五）2003 年《联合国反腐败公约》

近年来，腐败问题日趋严重，逐渐成为影响各国政治和经济社会发展的毒瘤。随着全球化的逐步深入与跨国移民的日益频繁，腐败分子裹挟赃款外逃，跨国腐败问题也成为需要各国密切合作的全球治理问题。2003 年公约将跨国反洗钱与国际反腐败治理相结合，在序言中规定“缔约国应当关注腐败同其他形式的犯罪，特别是有组织犯罪和包括洗钱在内的经济犯罪的联系，决心更加有效地预防、查处和制止非法获得资产的国际转移，并加强资产追缴方面的国际合作。”公约有关合作治理的内容主要体现为对洗钱控制的预防性措施，包括负责打击洗钱的有关机构能够在国际层面开展合作和交换信息，并考虑建立金融情报机构,进行反洗钱活动信息的收集、分析和交换。

二、金融市场准入监管标准

市场准入监管是指金融监管当局对符合一定资格条件的金融机构进入东道国金融市场、经营金融产品、提供金融服务的审查批准过程。市场准入是跨国金融监管的首要环节,是保障金融机构稳健运行和金融体系安全的重要基础。金融机构的市场准入包括三个方面:机构准入、业务准入和高级管理人员准入。WTO 以金融服务贸易为切入点,对国际金融服务贸易的市场准入进行了卓有成效的监管合作,WTO 有关金融服务贸易的国际协议是目前涉及市场准入和持续监管最全面和最完善的全球统一性标准。

根据 GATS 的规定,国际服务贸易可以跨境提供、境外消费、商业存在和自然人流动四种交易方式进行。成员方可以结合这四种交易方式分别作出市场准入和国民待遇的具体承诺。如果成员方对四种服务贸易方式都没有作出明确限制时,该成员就不能采取任何新的措施限制有关服务贸易的市场准入或持续经营;在成员方作出对某种特定交易方式有限制的情况下,则不能实施此种限制措施以外的任何其他的未说明措施,限制另一成员方的服务或服务贸易提供者的进入或运营。

市场准入监管的目的是防止外来金融机构对本国金融业的控制和冲击,避免金融业的过度竞争,维护金融秩序的稳定。市场准入监管是对外资金融机构监管的第一步,最集中反映了一个国家或地区对外资金融机构的开放态度。

与国内金融监管一样,金融监管的国际合作也要从市场准入开始把好关口,只让合格的金融产品和金融机构进入金融行业。但国际金融监管更为关注外来金融服务对东道国金融行业的冲击和影响,涉及各国如何对待外国金融机构进入本国金融市场的问题。由于各国或各地区社会经济情况不同,金融业发展水平不一,其在金融市场准入方面所实行的政策原则也存在差异。

在金融服务贸易领域,市场准入问题是一个十分重要且非常敏感的问题。在金融服务贸易的谈判过程中,发达国家与发展中国家就市场准入待遇的宽严问题发生了激烈的争论:以经合组织成员国为代表的发达国家极力支持创设一个自由宽松的市场准入环境,要求各国以"否定方式"(negative approach)开列其不愿给予市场准入的领域和部门,其余领域和部门则必须得到充分开放;发展中国家则将市场准入局限在一些特别限定的范围内,以保持对外国金融机构准入监管的主动权和灵活性,因此它们要求以"肯定清单"(positive list)的方式列举成员方愿意给予市场准入的领域和部门。最终 GATS 采纳了发展中国家的意见,将市场准入作为特定承诺义务(specific commitments)交由成员方进行个别谈判,即各成员方可以通过谈判决定其给予其他成员方金融服务或服务提供者市场准入的期限、限制和条件。但是,成员方一旦对金融服务市场准入义务作出承诺并附于该国市场准入承诺表中,就必须保证其给予外国服务或服务提供者的待遇不低于其在承诺表中所确定的待遇标准。

根据 GATS 第 16 条第 2 款的规定,成员方一经承诺市场准入义务,除非在具体承诺表中详加说明,便不得在相关金融部门中采取和维持下列六项限制措施:(1)以数量配额、垄断、排他性服务提供者或经济需求测定要求的形式,限制金融服务提供者的数量,如以许可证形式直接限制外资银行的开业数量;(2)以数量配额或经济需求测定要求的形式,限制金融服务交易或资产总值,如直接限定外资金融的资产总金额;(3)以数量配额或经济需求测定要求的形式,限制金融服务经营总量或按规定的数量单位表示的金融服务产出总值,如对外资银行的经营总额或银行市场份额作出限定;(4)以数量配额或经济需求测定要求的形式,限制特定金融服务部门或服务提供者雇佣提供金融服务所需自然人的总量,如限定外资银行从业人数或其代理人的数额;(5)限制或要求金融服务提供者通过特定类型的法律实体或合营企业提供服务,如只允许合资银行进行营业;(6)采取外国人最高持股比例、单独或累计外资总值的规定,限制外资参与,典型的如不允许外资在合资银行的持股比例超过50%。以上六项市场准入条件多违背了世贸组织“一般禁止数量限制”的原则,因而为GATS所禁止。但应注意的是,以上这些否定性义务并非绝对性义务,只要一国在其承诺计划表中予以说明,它仍可以保留其中一项或几项限制措施。

一般而言,各国都是根据本国国情采取适宜的外资金融机构准入原则,并根据情况的发展变化适时调整,使得外资金融机构的准入符合本国经济和金融发展的客观情势。但随着金融全球化和金融自由化的发展,各国也加强了外资金融机构准入原则和标准的协调和统一。GATS则在最惠国待遇的一般原则之下,要求各成员国就市场准入承担特定义务。

在WTO协议中,与金融业有关的国际协议主要体现在GATS的有关条款及附件和1997年达成的《金融服务协议》,这些协议和条款共同构成了WTO关于金融开放和市场准入的法律规范体系,其中关于金融业市场准入最为重要的国际规范是1997年达成的《金融服务协议》。在历经10余年的艰苦谈判之后,1997年12月13日,将近100个成员方在日内瓦达成了《金融服务协议》。该协议不仅旨在消除在各国长期存在的银行、保险和证券业的服务贸易壁垒,确立多边的、统一开放的金融服务准入规则和政策,同时,各成员方承诺逐步取消或减少对外国金融机构的限制。① 协议的主要内容有以下四个方面：

1. 新协议基本上以最惠国待遇原则为基础。美国、印度、泰国等国家撤回了原来基于互惠原则的广义最惠国豁免清单，仅有7个成员坚持互惠减免，而且也大多数限制在具体部门的开放中使用。

2. 东道国承诺扩大开业自由。东道国应允许外国在国内建立或参股金融服务机构，并把外资投资本国金融业的比例提高到至少超过10%。取消对外国金融服务公司及其子公司在设立方面的限制，东道国应允许提高外国公司在东道国银行和金融服务业中可以拥有的资本份额。

发展中国家普遍提高了金融服务市场准入和国民待遇的承诺水平。如泰国取消了外国银行只能有一家分支机构的限制；埃及首次对外国证券商开放门户；有的国家增加了外资金融机构每年准入的数量或取消数量限制，印度同意外国银行在合理和非歧视的基础上开设12家分支机构；韩国、菲律宾和印度尼西亚允诺特许外国银行可以更容易地开设分行；有的国家取消了将外国资本比例限制在51%以下的规定，如埃及、巴西、哥伦比亚、毛里求斯等六个发展中国家承诺银行及证券公司中外资比例可达100%。大多数发展中国家愿意开放保险服务和银行存贷款服务，并承诺对已设立的外资金融机构实施"祖父条款"。但是考虑到国内经济发展水平和市场条件，为保护国内金融业，发展中国家仍然限制开放一些金融服务部门，如保险业的人寿险、证券业的衍生金融产品交易，并严格限制外国金融机构跨境提供服务。

3. 取消跨境提供服务和境外消费的限制，使其居民能够使用外国为基地的银行业、投资和保险服务。如波兰允许外国证券公司在更多的地区销售更多的金融产品；日本允许外国银行的自动取款机每天运

① 索必成、胡昌之：《乌拉圭回合协议导读》，法律出版社2000年版，第405页。

行更多的时间;巴西新立法将建议扩大外国保险公司可以提供的产品和服务的范围。

4. 外国公司在参与市场竞争环节与国内公司享有同等待遇(国民待遇),并按公平竞争原则参与国内竞争。大多数发达国家除了对市场准入和国民待遇规定极少数限制外,基本承诺全面开放金融市场。在新的承诺清单中,泰国降低原来的外国股权不超过49%的限制,允许外国对证券和经纪业务拥有全部的股权;印度尼西亚允许外国对非银行金融机构拥有全部的股权。欧共体对外国资本所占份额、外国服务提供者所提供的服务形式和经营范围等没有任何限制。外资金融机构只要在欧共体任何一个成员国获得许可证,就可以在整个欧共体内提供服务,并享受国民待遇。

《金融服务协议》在多边金融服务贸易体制中具有重要的意义,它的达成被誉为WTO成立以来作出的最为卓著的贡献之一,进一步促进了各国金融服务业的开放和自由。该协议涉及全球95%的金融服务贸易领域,具体包括全球38万亿美元的银行贷款,18万亿美元的证券资产和2.5万亿美元的保险费。到1998年5月,已有102个国家参加这一金融协议。新协议将各缔约方对市场准入、国民待遇以及最惠国待遇的条件限制和要求以具体承诺的形式透明化,并在法律上受其承诺的约束,为全球金融服务贸易的发展提供了保障。《金融服务协议》以国际协议的形式巩固了WTO成员金融服务贸易开放和自由化的现有法律成果,并将在很大程度上决定未来全球金融服务贸易的发展方向。

三、持续性监管标准

建立统一的国际监管标准是各个国际监管协调组织的目标,20世纪80年代以来,相关国际金融监管组织纷纷提出了各自领域的监管标准。

巴塞尔银行监管委员会(BCBS)于1988年发表了《巴塞尔资本协议》,该协议成为银行业跨国监管的重要标准,得到了各国银行业和金融监管当局的普遍接受和广泛应用。该组织自成立以来,针对接踵而至的国际银行倒闭事件及成员国共同关心的金融监管问题,制定并发布了一系列文件。这些文件围绕国际银行业的审慎监管及其风险防范主题提出并阐述了一系列原则、标准和建议,由此形成了著名的"巴塞尔体制"(the Basle System)。伴随跨国银行业务更加多样化和复杂化而导致银行规避监管的水平与能力的提高,巴塞尔委员会2010年通过了《巴塞尔协议Ⅲ》,以应对金融创新对金融监管的新挑战。作为全球银行业监管的标杆,2010年《巴塞尔协议Ⅲ》三大支柱的监管安排集中反映了巴塞尔体制的监管路径安排,必将引发各国金融监管准则的改革和调整。

(一)资本监管

资本是银行从事一切业务活动的基础。资本充足,有助于降低存款者、债权人和其他有关利益方遭受损失的风险,有助于监管者实现整个银行体系的稳定。资本充足率监管,构成了各国银行监管的重要内容。巴塞尔委员会在《核心原则》中明确规定了资本的社会功能作用,银行的股权资本服务于以下几个目的:"为银行股东提供持久的收入来源,为银行提供持久的资金来源;能够承担风险和吸收损失;提供业务发展的基础;使股东相信银行的管理既安全又稳健。"

20世纪80年代初期,在银行资本充足率持续下降的背景下,监管当局出于保护存款人利益和维护公平竞争的需要,要求银行增加资本金;而银行则希望减少资本金的数量,以扩张资产的盈利能力。与此同时,各国之间在资本定义和测算方法等资本监管要素的差异,进一步加剧金融机构从事跨国经营的矛盾和冲突。在一系列银行倒闭事件的冲击和影响下,国际社会认识到安全和公平的竞争条件维系国际金融体系的重要性,开始着手制定统一的最低资本充足率标准。

1988 年 7 月,巴塞尔银行监管委员会出台了《统一资本计量与资本标准的国际协议》,其后经过了历次修订,最后文本形成于 1998 年 4 月。为适应国际金融发展变化的需要,2004 年 6 月,十国集团的中央银行行长和银行监管当局负责人举行会议,一致同意公布《资本计量和资本标准的国际协议:修订框架》,即新资本充足率框架,现在普遍称为《资本协议Ⅱ》,这些文件构成了巴塞尔委员会对资本进行管理监管的标准,逐渐成为各国普遍遵循的国际资本监管惯例。

在巴塞尔协议中,规定了“银行监管者必须针对所有银行,制定审慎规定和合适的最低资本充足率”的要求。这种要求具体包括银行承担的风险范围、不同资本组成的定义以及银行承受损失的能力。对跨国银行来说,这些要求至少不应低于《巴塞尔资本协议》及其修正案的标准。巴塞尔协议中的资本充足性标准是最低标准,委员会允许各成员方的监管机构使用比协议规定的更高资本比率,或对资本进行更严格的定义,或采用更高的风险权重。

资本充足性监管的核心,是要求银行持有充足的资本比率,应付可能发生的风险损失,这一监管制度的推行对于降低银行管理者的道德风险危害,可以起到积极的作用。资本充足性监管为国际银行资本衡量和资本标准协调提供了统一的监督范本,这一成果对完善跨国银行业务监管具有重要作用:首先,作为对银行资本结构决策的一种强制干预,资本充足性管制的实施,意味着对资本比率效应的逆转。以美国银行业为例,在 1988 年巴塞尔协议颁行以后,平均资本比率由 4% 迅速回升并稳定在 8% ~10% 的水平,这一指标成为银行体系安全系数增加和公众信心增强的一个积极信号。其次,资本充足性监管的推行减少了道德风险的事后成本。相对稳固的资本作为银行意外损失的缓冲,提高了银行抵御损失和风险的能力，即便银行因道德风险遭受损失，资本比率的上升也有助于减少对其他社会部门的冲击。最后，更重要的是，资本充足性监管还起到了在事前削弱银行管理者道德风险鼓励的目的。资本比率提高意味着银行管理者在投资项目中利益增加。利益增加有两层含义：一方面，表明银行股东在银行盈利中所占的份额会随之上升；另一方面，一旦投资项目失败，股东所面临的损失也会因此扩大。因而，出于自身利益考虑，银行管理者在进行高风险投资决策时，会采取更为谨慎的态度，也有利于银行自身的稳健经营。

(二)风险监管

1. 信用风险监管

信用风险，是指金融交易的对方当事人不能履约的风险。针对信用风险，《有效银行监管的核心原则》提出了“信用风险监管”概念。信用风险管理原则构成巴塞尔风险管理原则的主要内容。这一概念囊括了信用审批标准和信用监测程序、对资产质量和呆账准备金充足性的评估、风险集中和大额暴露控制、关联贷款限制、国家风险或转移风险控制五个方面的持续经营监管措施，并确立了一套基本原则。根据这些原则，独立评估银行有关放贷、投资及其贷款与投资资产的持续管理之政策和程序，是银行监管制度的一个必要组成部分；银行监管者必须要求银行建立并坚持用以评估银行资产质量、贷款损失储备金与呆账准备金充足性的适当政策、做法和程序；银行监管者必须要求银行建立管理信息系统，以使管理层能够识别其资产的风险集中程度，同时必须制定审慎限额(通常为资本金的25%)以限制银行对单一借款人或相关借款人群体的风险暴露；为防止关联贷款带来的问题，银行监管者必须要求银行仅依独立竞争原则向关联企业和个人提供贷款，并要求这类贷款的额度得到有效监测，以及采取其他合适的步骤控制或化解这种风险；银行监管者必须要求银行制定出各种完善的政策与程序，以便在其国际信贷和投资活动中识别、监测和控制国家风险及转移风险，并保持用以防范这类风险的适当准备金。

2. 市场风险监管

市场风险，是指由于市场价格的变动，银行的表内和表外头寸可能遭受损失的风险。对跨国银行而言，市场风险主要来源于汇率风险。作为外汇市场的主要交易商，银行持有各类可变的敞口头寸。在汇率剧烈波动时，外汇敞口头寸的风险会增大，甚至最终导致损失。

由于跨国银行日益活跃地参与国际金融市场交易，产生的市场风险已不容轻视。但是，银行界对市场风险的认识并不是一步到位的。直至大和银行、巴林银行等许多金融机构因从事衍生市场交易遭受重创，引起国际金融界极大恐慌，监管者又无能为力的时候，市场风险才引起重视。1988 年的《巴塞尔资本协议》就是主要针对信用风险制定有关的资本要求，强化银行的信用风险管理。

1996 年初，巴塞尔委员会正式公布了《巴塞尔资本金协议市场风险修正案》，制定了全球统一监测、监管商业银行市场风险的标准，标志着巴塞尔委员会在增强国际银行体系稳定性方面取得新的突破。在《修正案》中，规定允许银行在满足定性与定量标准的前提下，可以采用内部风险管理模式；在风险管理方面，将市场风险纳入监管范围，避免银行进行交易时，利用被忽视的市场风险取代信用风险，牟取高利润可能带来的高风险。1997 年的《核心原则》明确提出“市场风险监管原则”，即银行监管当局应当要求银行建立准确衡量和充分控制市场风险的体系；并在必要时，监管当局有权针对市场风险暴露设定具体的限额和(或)具体的资本金要求。

3. 其他风险监管

《核心原则》在信用风险和市场风险的监管之外，专门提出了一个

"其他风险监管"的概念,普遍适用于各项重大风险的监管。《核心原则》专门针对利率风险、流动性风险、法律风险、声誉风险和操作风险等风险管理提出了具体的审慎标准。据此,各国银行监管当局应当要求银行建立全面的风险管理程序,以便识别、衡量、监测和控制所有其他的重大风险。在必要时,还可要求银行建立相应的风险储备金。

(三)内部控制监管

以银行监管机关为主体实施的外部监管是一种典型的压制性监管,这种外在型监管虽然较为客观、规范和公正,但同时也具有明显的时滞性,通常会滞后于跨国银行金融规避与金融创新的步伐,无法有效识别跨国银行较为隐秘的高风险业务(如以金融衍生品为代表的表外业务),监管当局的外部监管永远存在"监管盲区"和"监管误区"。而作为市场竞争的实际参与者,跨国银行更容易发现其自身的问题,并迅速查知问题的症结,将风险隐患消灭于萌芽状态,因而银行的内部控制是防范银行风险的重要屏障。巴林银行、大和银行以及住友商社等一系列严重事件的发生,都与内控机制设计或执行上的缺陷有直接关系,从另外一个侧面说明了内部控制制度对于维护跨国银行稳定的重要性。

在《核心原则》的"其他风险监管"中虽已涵盖了内部控制监管的基本原则,但鉴于内部控制对维护跨国银行稳健经营的重要性,《核心原则》在"其他风险监管"之外,就内部控制监管另行作出了专门规定。《核心原则》提出了内部控制监管的两项重要基本原则,重申了巴塞尔委员会对内部控制监管的高度重视。

1. 银行监管者必须确定银行具有与其业务性质及规模相适应的完善的内部控制制度。具体内容包括对授权和职责分配的明确安排;对涉及银行承诺、资金支付以及资产与负债的会计处理方面的职能分离;

对上述程序的交叉核对；对资产安全的保护；适当独立的内部审计或外部审计以及检查上述控制措施和有关法律规章遵守情况的监察职能。

2. 银行监管者必须确定银行具有完善的政策、做法和程序，其中包括严格的"了解你的顾客"的政策，以促进金融机构形成较高的职业道德与专业标准，并防止银行有意或无意地被犯罪分子或洗钱分子所利用。

总体而言，巴塞尔委员会的协调方式充满了灵活性，它不强制要求各国金融监管机构一定要实施相关的文件，而是在尊重各国国家主权的基础上由每一国家的金融监管机构自行决定是否实施。巴塞尔委员会更多地关注成员国银行业的差异性，并将风险监管审慎原则作为评判的标准来看待银行业的经营和管理。比如像《资本协议Ⅱ》规定了成员方的银行可以自主地决定其管理模式，不一定非要强调准则条文上的完全统一。

然而，巴塞尔委员会也存在不尽如人意的地方，其协调能力存在一定的局限性。从发展过程来看，巴塞尔委员会事实上是应对危机的产物，是在危机发生后各国进行反思后才决定成立的，其先天性就决定了"其在法律协调中容易囿于事后处理的法律协调思维模式，导致了法律协调缺乏前瞻性和系统性，有悖于其预防危机及审慎监管的目标"。具体而言，巴塞尔委员会是一个具有行业协会性质的国际机构，较多地关注微观市场的主体行为，并主要从技术性角度进行协调，像众多"巴塞尔文件"基本上都是涉及资本充足率计量、衍生工具和操作风险监管的规则，而对宏观层面的协调则关注较少。2006 年新修订的《有效银行监管核心原则》向前迈进了一大步，开始关注银行业金融监管宏观层面的协调，然而在具体的执行过程中，巴塞尔委员会的非强制性及不具法律约束力的"巴塞尔文件"不能更多地介入主权国家的内部事务，导致其实施效果大打折扣，因此单单凭借巴塞尔委员会独自的力量想要从宏观层面对国际银行业进行监管和协调是十分有难度的,也很难达到预期的效果。

第四节 国际金融监管信息的交流与共享

并表监管是管理跨国金融机构经营活动的基础性会计制度,也是从金融实践中总结并得到检验的有效监管途径。在并表监管的制度框架下,及时、准确的信息共享是进行有效金融管理和监管的重要基础。因此,信息的交流和共享在国际金融监管活动中占有非常重要的地位,跨国监管的有效进行甚至在一定程度上完全依赖于并表监管的有效施行。但在目前的金融监管国际合作中,金融统计信息和统计数据的缺乏以及缺少必要的透明度不仅妨碍了市场参与者的决策制定,同时也引起了外国投资者对投资国经济信息真实性的担心。①

为加强各国监管部门之间以及它们与国际金融监管组织之间跨越国界的信息共享,有关国际金融监管组织单独或联合进行了一系列的立法尝试。巴塞尔委员会先后出台了《对国际银行集团及其境外机构的最低监管标准》(1992 年 7 月)及其补充《跨境银行监管报告》(1996 年 10 月),初步建立了各国监管部门信息交换的框架安排。为促进证券业监管部门之间的全面信息交换,国际证券委组织(IOSCO)拟定了《谅解备忘录基本原则》(1991),为各国证券业监管部门进行信息交流提供了制度安排。国际保险监管协会(IAIS)制定的《国际保险人和保险公司及其境外机构的适用原则》也为部门内的信息交流合作提供了

① 周道许著:《现代金融监管体制研究》,中国金融出版社 2000 年版,第 286 页。

基础。[1] 随后，相关国际金融监管组织单独或联合出台了一系列文件，如《巴塞尔委员会和证券会国际组织在里昂高峰会议上的联合声明》（1996 年5 月）、《金融集团联合论坛》（1998 年9 月）、《多元化金融集团监管的最终文件》（1999 年 2 月）及其《监管信息共享的框架安排》和《监管信息共享的基本原则》等，这些国际标准初步形成了有关国际金融监管信息交流与共享的制度框架，有力地促进了各国监管部门内部的信息交换。

一、信息的披露制度

信息披露是指“金融机构依照法律的规定，将与其经营有关的重大信息予以公开的一种法律制度”。信息披露是金融投资者的重要参考依据，也是金融监管的考察重点。金融机构提交的定期报告或非定期报告是金融监管机构获取信息的重要来源。金融监管机构应对金融机构的基本信息、监管过程中所需要的定期信息、危机情形下的关键信息等报告内容作出严格审查。同时，监管机构也应发挥主观能动性，对金融机构进行必要的现场稽查。

目前各国对金融信息披露的内容和范围并没有一个统一、明确的标准。以巴塞尔协议对银行的信息披露为例，具体有以下要求：“一是银行业务状况，二是银行的财务状况，三是风险管理的策略和原则，四是风险状况，包括信用风险、市场风险、流动性风险、操作风险、法律及其他风险”。对证券业和保险业除了遵照公司法的相关规定，需要履行零星的信息公示和披露义务外，目前证券和保险公司还没有统一的信息披露立法或标准。因此，在今后国际金融监管的信息披露法规制定过程中，除了继续完善银行、证券和保险等金融机构的自我信息披露制

---

① The Principles for Supervisory Information Sharing Paper, February, 1999, p. 6.

度外,还要对信息披露的内容、程序、质量作出具体规定;与此同时建立起国际金融监管信息储备中心,完善金融机构的信息库和相关交流机制。

二、信息的交流与共享机制

(一)国际金融监管主体之间的信息交流

只有有效的信息交流才能使金融信息流动起来,才会发挥金融信息的分流导向和激励优化作用。国际金融监管主体之间的信息交流既包括主权国家金融监管机构之间的信息交流,也包括主权国家金融监管机构与超国家金融监管机构之间的信息交流。目前国际金融监管主体之间的信息交流主要采取以下几种方式:

1. 金融统计资料定期交流制度

根据需要将有关金融统计资料在一定的范围内进行交流。明确双方责任、交流范围、交流内容和交流时间。

2. 文件抄送制度

对涉及有关金融机构监管、商业银行股份制改革、反洗钱、金融稳定、社会征信、信用村镇创建、信用环境建设、内控制度建设、信贷资金投向投量、金融机构市场准入与退出等重大事件、需要对方配合的文件,相互主动抄送。

3. 信息通报制度

对在金融机构执行货币政策等情况调查中新发现的风险隐患,对银行业日常监管中涉及利率、支付结算管理方面的监督检查情况,对保险及证券业务中出现的重大违规事项,相互间进行及时通报。

4. 工作沟通机制

通过一定的载体和形式,比如通过货币政策简报、金融监管简报、保险简报、证券简报等内部刊物,加强相互间的联系、协作,沟通金融监管相关工作和监管信息，商定具体工作合作事宜，分析金融数据信息和辖区内金融机构经营风险状况，研究化解辖区内金融风险的建议和对策，发挥整体合力，以共同提高监管效率和风险防范预警水平。

5. 信息查询制度

各国金融监管当局可根据监管工作需要，相互间适时借阅、查询有关金融数据信息资料，以方便及时地了解和掌握相关金融机构监管情况。

监管信息收集与共享一个值得注意的新发展趋势就是逐渐走向集中和统一，加强了国际范围内金融监管信息的交流与合作。作为综合性的全球性金融监管机构，成员方赋予了新近成立的 FSB 主导全球范围内金融信息收集与分享的监管职能。除了 FSB 为履行系统金融风险的预警职能所需的信息共享机制外，它还专门成立了一个危机管理联络组，包括了 35 个主要国家的金融管理机构，以及国际金融机构和主要的全球性金融机构。其实危机管理联络组可看作危机期形成的一个特定的信息联络组织，起到了临时的联络作用。

（二）信息共享过程中应遵循的基本要求

透明、及时、准确、全面是对信息披露和信息交流的基本要求。增强透明度可以确保金融机构处于充分的监管之下，增强金融机构本身的自律性；及时、准确、全面也是对信息本身的要求，只有有效的信息才能够对监管起到积极的作用。

三、金融监管信息的合理使用

（一）审慎目的收集与使用原则

监管信息获取或交流的目标在于防范金融风险，提高审慎监管的有效性。因此,监管信息主管部门无论是获取信息,还是使用或授权他人使用该监管信息,都应该遵从目标性原则,即仅用于审慎监管的目的。除金融监管部门外,不应该有来自任何其他政府或公共部门的、不负责或不涉及审慎监管的政府工作人员获取这些信息;在监管信息内容的提供范围方面也应完全符合审慎性原则,仅限于有关受监管实体的"财务稳健状况"及"一般的或并表的信息"而非其"清偿能力或流动性的特定统计信息";在监管信息传递方面,金融监管部门在传递具有上述特点的未公布信息时必须非常谨慎,除非监管信息请求部门保证信息的保密性,征得有关当局同意的情况下才能提供这些信息;在信息交流配合方面,监管信息提供部门应当根据具体情况对传递未公布信息的必要性自行做出审慎判断,并力所能及地满足监管信息请求部门的信息需求;监管信息请求部门可以协助其他监管同行并指明其所希望了解的信息类型及原因。对于在正常的业务条件下不能获取的信息,监管信息提供部门和请求部门应该审慎行事并协商解决;对于提供的信息有可能涉及违背公共利益或阻挠案件调查等特殊情形时,监管信息提供部门有权拒绝提供有关信息,并作出相应的理由说明。[①]

(二)保密性原则

考虑到监管信息请求部门的不同类型及其所属国的信息保密法的差异,监管信息请求部门应竭尽所能在最大程度上保证所接受信息的保密性,这也是交换审慎监管信息的前提条件。在有些情况下,双方还可以明确保密等级,使信息请求部门所在国不低于监管信息提供部门所在国的保密等级和保密程度。但是,在下述两种情况下,要特别注意其所接受信息的保密问题:

---

① Exchanges of Information between Banking and Securities Supervisors, April, 1990.

1. 监管信息请求部门属于自律组织

由于自律组织的会员大多同时是市场参与者,向自律组织提供信息容易引起信息泄露与扩大化的保密不当问题。当信息获取方得知有关竞争者的未公布信息时,就可能产生利益冲突。因此,必须要求自律组织对其雇员等信息知情者采取相应的措施,确保他们对所接触信息的保密。

2. 监管信息请求部门所在国与监管信息提供部门所属国的保密立法存在差异

一般情况下,监管信息请求部门应当被免除任何法律上要求其披露从其他监管部门所获取信息的义务。除非经外国的监管信息提供部门同意,法律不应当强制监管信息请求部门在法庭上公开其所获取的上述信息。虽然如此,绝大多数国家在立法上都会存在一些例外。信息的强制披露会被限制在最小的范围内,如对刑事案件的诉讼等。还有一种情况是,在实行"信息自由立法"的国家中,监管信息接受部门必须使监管信息提供部门了解上述"信息自由立法"的含义,以便监管信息提供部门可以提前采取适当的预防性措施。①

为了确保企业和市场的信誉,监管信息提供部门应当允许监管信息请求部门为了金融监管和法律实施的目的将信息传递给管辖范围内的其他监管部门和司法部门,这些部门在促进监管目标实现的原则下承担相关的执法职能。② 但是在采取分业监管的国家,由不同的监管部门分别实施证券、银行和保险机构信息的收集和共享,而且因民事、刑事和行政法律的不同监管信息收集和共享的要求也不同,信息传递和

---

① Exchanges of Information between Banking and Securities Supervisors, April, 1990.

② 周凤翱:《金融集团监管信息共享的基本原则与国际立法》,载《华北电力大学学报》(社会科学版)2005 年第 1 期。

共享的繁多限制，往往阻碍了信息的有效共享。因此，为促进监管信息的有效收集和共享，各级司法管辖部门都应该采取措施废除或修订阻止或妨碍必要的监管信息交换的法律和程序，监管部门之间的信息交换不应当受到不能把信息传递给刑事司法部门的限制。如果没有合适的途径允许司法管辖部门共享监管信息，那么法律和程序可能会对信息共享造成新的法律阻碍。① 虽然大多数监管信息提供部门把要求监管信息请求部门保守秘密作为提供信息的条件是完全合理的，但是他们不应当试图限制监管信息请求部门在履行其监管职责时对信息的合理使用。如在相关的行政、民事或刑事案件中，由于各国法律制度的差异性安排，监管信息请求部门或与此相关的政府金融监管机构往往会成为监管职责的行使所引起的诉讼案件的当事人。

---

① See The Ten Key Principles on Information Sharing Issued by the G7 Finance Ministers in May 1998, pp. 7 – 8.

结束语

2008年全球性金融危机的爆发、传导、蔓延、救助和治理，唤起了国际社会对金融监管法制的重新思考。在金融全球化、自由化的背景下，各国金融市场紧密钩连、相互牵动，单靠一个国家的力量显然难以实现对其全面、有效的监管。因而，本书试图在深谙本次金融危机的形成原因和治理难题的基础上，紧扣"国际金融监管法制现代化"这一主题，从微观和宏观两个层面，选取具有典型代表性的不同截面和视角，从实然和应然两个维度，对金融危机后国际金融监管组织和各国金融监管当局的金融监管体制改革进行全方位的深入研究，并试图构建适应现代国际金融市场环境的国际金融监管法制框架。

本书首先对2008年从美国开始的全球金融危机进行全面、深刻的反思，指出在金融自由化理念导向下毫无节制的金融创新以及国家为了追求特定的经济目的所实施的不适当的宏观调控政策，是美国次贷危机的主要原因。而金融全球化的全面推进，则为金融危机的全球传播提供了平台支撑。在金融危机爆发和全球蔓延过程中，国际社会表现出束手无策和一片茫然，即使是作为全球最具影响力的政府间国际货币金融组织的国际货币基金组织也显得一片慌乱和毫无对策，几乎任凭金融危机在全球范围内疯狂肆虐。危机过后，国际社会开始对全球金融监管的缺失进行深层次的反思，尤其是在“20 国集团”的倡导下，以金融稳定论坛为基础成立的全球稳定理事会，密集出台了多项旨在稳定国际金融秩序的原则和对策。鉴于国际金融秩序的稳定运行所需要的既灵活宽松又有效监管的全球金融环境，本书认为，国际金融监管法制的现代化需要建立起以金融稳定理事会为协调中心、国际货币基金组织为资源基础、国际金融监管标准制定机构为规则与标准供给保障和各国金融监管当局精诚合作的综合化的全球金融治理协调机制。

在宏观金融监管层面，鉴于传统的只重视微观审慎监管的金融监管体制在金融危机中的完全失灵，本书在对宏观审慎监管理念在金融危机后各国金融监管体制改革中的运用进行研究与反思的基础上，提出将宏观审慎监管与微观审慎监管相结合的综合性的金融监管体制具有无可替代的重要性的国际金融监管法制现代化思路。同时，鉴于单个国家的监管对金融风险跨境传导的无能为力，本书认为，建立完善的国际金融监管合作机制是防范系统性金融风险全球传导的有效屏障，也是国际金融监管法制现代化的重要内容。结合我国当前的金融发展环境，鉴于我国目前分业经营、分业监管存在的诸多弊端，本书提出应在设立以中国人民银行为核心的具有权威性的金融监管协调机构的基础上，引入综合监管和宏观审慎监管理念；同时，鉴于系统性风险在金融危机中表现出来的巨大破坏性，认为我国的金融监管体制改革应严防金融机构之间风险的系统性传导，尤其应注重对系统重要性金融机构的严密监控和对金融风险跨领域、跨市场传导的有效防范。

在微观审慎监管层面，鉴于在本次金融危机中表现出来的许多金融机构在以《巴塞尔资本协议Ⅱ》为核心的国际金融监管标准下对金融风险防范的无效性，以及在金融创新过程中对金融衍生品及其交易市场所蕴涵的风险的漠视给本次金融危机营造的风险滋生环境，本书首先对以《巴塞尔资本协议Ⅲ》为核心的微观金融审慎监管体制作了较全面的研析，在赞赏《巴塞尔资本协议Ⅲ》在银行资本充足性监管中多管齐下的创举和在银行监管中开始正视宏观审慎监管重要性的同时，提出在我国金融业尚处于成长阶段的背景下，我国在引入巴塞尔银行监管标准过程中应采取分阶段执行的策略。其次，本书对欧美国家在危机后的金融监管法制改革作了较全面的研究，通过分析与对比，指出在国际金融监管法制现代化改革过程中应予特别关注的若干重要问题。其中，鉴于金融创新的滥用和场外衍生品市场的无序运行在本次金融危机的负面冲击力，本书认为，加强对金融衍生品及其场外交易市场的监管是防范金融危机的重要内容，但结合目前我国金融创新严重不足的实际，我国应在确保金融衍生品市场有效监管的前提下，适度创新金融产品，在实现有序监管的同时，对包括私募基金市场在内的我国多层次资本市场的构建给予适度引导，以提升我国金融市场的活力和全球竞争力。同时，本书也注意到，在2008年金融危机中为千夫所指的信用评级市场的规范管理问题，也是金融危机后各国金融监管体制改革的重要内容。为此，本收对信用评级市场中争议最大的“利益冲突”问题作了专门性的研究，并提出破除利益冲突难题的路径和具体措施。

此外，鉴于在本次金融危机中受到伤害最深的广大金融消费者未能得到有效保护这一现实问题，本书特辟专章对危机后各国在金融消费者保护方面的制度改革作了深入研究，并将其作为国际金融监管现代化改革的重要内容对其进行制度构建。同时对我国金融消费者保护领域存在的薄弱环节进行剖析，并提出借鉴欧美的实践对金融消费者进行分类保护的制度构想。

总之，国际金融监管法制现代化是一项艰辛和浩大的系统工程，本书作者虽尽力贴近现代国际金融稳定运行的需要，努力寻找维持国际金融秩序长期稳定的制度路径，但在实践中能否奏效尚未可知。因此，本书作者更大的愿望应该是为国际金融监管法律制度的完善提供一种思路和范式。

后　记

本书是厦门大学法学院教授、博士生导师李国安主持的国家社科基金项目“国际金融监管法制的现代化及其对中国的启示研究”的最终成果。参加本书撰写的作者及其分工如下(按章节顺序排列):

李国安,法学博士,厦门大学法学院教授,撰写序言、第一章第二节至第四节、第四章第一节、结束语。

钟付和,法学博士,华侨大学法学院副教授,撰写第一章第一节。

周振春,法学博士研究生,集美大学法学院讲师,撰写第二章(合著)。

张晓凌,法学博士,招商证券股份有限公司董事会办公室副总裁,(金融)高级经济师,深圳市高层次人才,撰写第二章(合著)。

庄玉友,法学博士,厦门大学嘉庚学院法学院讲师,撰写第三章第一、二节。

陈斌彬,法学博士,华侨大学法学院副教授,撰写第三章第三节。

陈欣,法学博士,厦门大学法学院副教授,撰写第四章第二节。

石桐灵，法学博士，招商证券股份有限公司法律合规部副总裁，撰写第四章第三节。

方添智，法学博士，厦门市司法局，撰写第四章第四节。

罗传钰，法学博士，广西大学中国—东盟研究院副教授，撰写第五章。

吴永辉，法学博士，华侨大学法学院副教授，撰写第六章。

本书作者

2016 年 6 月 25 日

图书在版编目(CIP)数据

国际金融监管法制现代化研究/李国安主编.—北京:法律出版社,2016.10
ISBN 978-7-5118-9905-7

Ⅰ.①国… Ⅱ.①李… Ⅲ.①国际金融—金融监管—金融法—研究 Ⅳ.①D996.2

中国版本图书馆CIP数据核字(2016)第204846号

国际金融监管法制现代化研究 | 李国安 主编 | 责任编辑 黄琳佳 装帧设计 贾丹丹

开本 A5
版本 2016年10月第1版
出版 法律出版社
总发行 中国法律图书有限公司
印刷 固安华明印业有限公司
印张 13.625 **字数** 320千
印次 2016年10月第1次印刷
编辑统筹 学术·对外出版分社
经销 新华书店
责任印制 陶 松

法律出版社/北京市丰台区莲花池西里7号(100073)
电子邮件/info@ lawpress. com. cn
网址/www. lawpress. com. cn
销售热线/010-63939792/9779
咨询电话/010-63939796

中国法律图书有限公司/北京市丰台区莲花池西里7号(100073)
全国各地中法图分、子公司电话:
第一法律书店/010-63939781/9782
重庆公司/023-65382816/2908
北京分公司/010-62534456
西安分公司/029-85388843
上海公司/021-62071010/1636
深圳公司/0755-83072995

书号:ISBN 978-7-5118-9905-7
定价:56.00元
(如有缺页或倒装,中国法律图书有限公司负责退换)